GOLDMANN
Lesen erleben

Buch

Da weiß frau, was sie hat: gute Laune jeden Tag! Witzige, freche, geistvolle und mitunter leicht frivole Aussprüche berühmter Frauen vertreiben Morgengrauen und Alltagsfrust. Was Frauen mit spitzer Zunge, blitzendem Geist und funkelndem Witz über sich und andere Frauen – und natürlich über die Männer – zu sagen wissen, macht den Kopf frei und das Herz leicht. Perfekt illustriert mit Frauendarstellungen von amerikanischen Filmplakaten der 20er und 30er Jahre – verrucht, verführerisch und einfach stark!

Zusammengestellt und herausgegeben von Pia Stroom

Von Pia Stroom außerdem im Programm

365 freche Sprüche für beherzte Frauen (16817)

Pia Stroom

Coole Sprüche für starke Frauen

GOLDMANN

Trotz intensiver Bemühungen war es Herausgeber und Verlag leider nicht in allen Fällen möglich, den jeweiligen Rechteinhaber ausfindig zu machen. Für Hinweise sind wir dankbar. Rechtsansprüche bleiben gewahrt.

Der Verlag weist ausdrücklich darauf hin, dass im Text enthaltene externe Links vom Verlag nur bis zum Zeitpunkt der Buchveröffentlichung eingesehen werden konnten. Auf spätere Veränderungen hat der Verlag keinerlei Einfluss. Eine Haftung des Verlags ist daher ausgeschlossen.

FSC® www.fsc.org
MIX
Papier aus verantwortungsvollen Quellen
FSC® C014496

Verlagsgruppe Random House FSC® N001967

4. Auflage
Vollständige Taschenbuchausgabe Mai 2012
Wilhelm Goldmann Verlag, München,
in der Verlagsgruppe Random House GmbH,
Neumarkter Str. 28, 81673 München

Idee und Konzeption: © Carpe Diem Concept GmbH,
Freiburg im Breisgau / buchprojekte Norbert Lechleitner, Freiburg
Umschlaggestaltung: Uno Werbeagentur, München,
unter Verwendung eines Entwurfs von Eisele Grafik-Design, München
Umschlagillustration: Bildarchiv CDC, Freiburg
Innenillustration: Bildarchiv CDC, Freiburg
Satz: Uhl + Massopust, Aalen
Druck und Bindung: GGP Media GmbH, Pößneck
CB · Herstellung: IH
Printed in Germany
ISBN 978-3-442-17322-8

www.goldmann-verlag.de

Männer haben es schwerer als Frauen. Vor allem müssen sie mit uns fertig werden.

Françoise Sagan

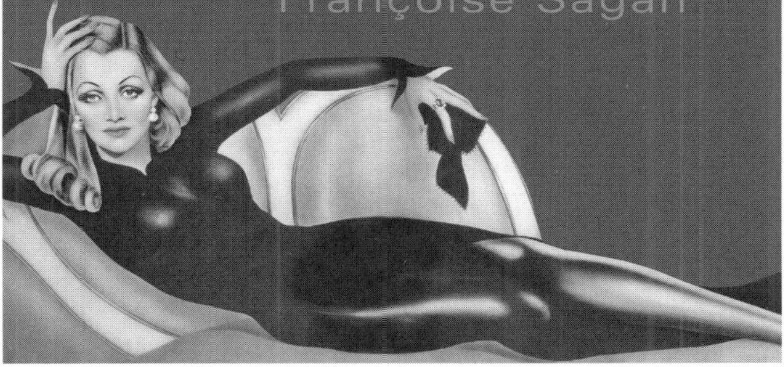

Im Tierreich

sind die Männer

schöner als die

Weibchen.

Diesen Fehler

hat Gott beim

Menschen

korrigiert.

Claudia Bini

Es gibt Mädchen,

die sind nicht artig.

Dafür sind sie

großartig.

Anonyma

Um ein soziales Gewissen zu haben, muss man nicht wie eine Vogelscheuche herumlaufen. Spitzenwäsche wird den Weltuntergang nicht beschleunigen.

Elizabeth Bibesco

Du wärst überrascht,

wie viel es kostet,

billig auszusehen.

Dolly Parton

Ein Kleid

macht keinen Sinn, wenn es
einen Mann nicht anregt,
es dir ausziehen zu wollen.

Françoise Sagan

Wenn sie die Augen
aufschlug, war es,
als entledigte sie sich
all ihrer Kleider.

Colette

Frauen sehen mich auf den Titelbildern der Magazine und glauben, dass ich niemals Pickel oder Tränensäcke unter den Augen habe. Nach zwei Stunden Föhnen, Make-Up und Retuschieren stimmt das. Aber selbst ich sehe beim Aufwachen nicht wie Cindy Crawford aus.

Cindy Crawford

Einige der jungen Starlets in Hollywood erinnern mich sehr an das alte Farmhaus meiner Großmutter: vorne überall bunt bemalt, eine große Schaukel auf der Rückseite und rein gar nichts im Dachstübchen.

Bette Davis

Ich habe diese griechische Figur mit den üppigen Brüsten und dem großen Hintern geerbt. Ich muss hart arbeiten, um das Gleichgewicht zu halten.

Jennifer Aniston

Auch Frauen mit großen

Brüsten können

gute Christen sein.

Jane Russell

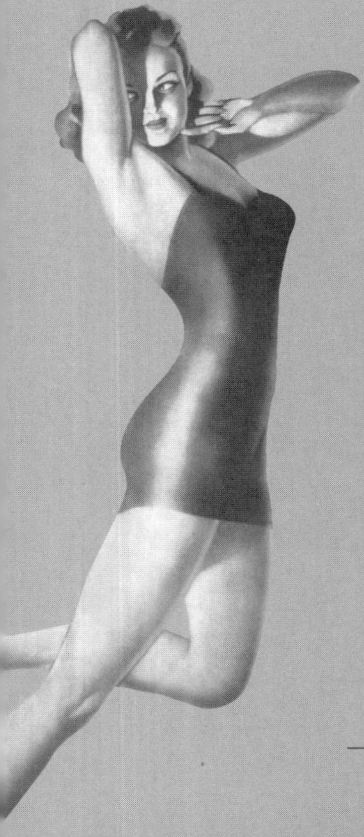

Alles, was

Sie hier sehen,

verdanke ich

Spaghetti.

Sophia Loren

Ich möchte emanzipiert sein und trotzdem einen schönen Hintern haben, mit dem ich wackeln kann.

Shirley MacLaine

Wenn du an der Oberfläche der meisten Feministinnen kratzt, wirst du darunter eine Frau entdecken, die ein Sexobjekt sein möchte. Der Unterschied zu anderen Frauen ist der, dass das längst nicht alles ist, was sie will.

Betty Rollin

Gleichberechtigung

ist eine gefährliche Sache.
Vielleicht kommen die Männer
auf die Idee, alle drei Tage
zum Friseur zu gehen, jeden
Monat einen neuen Anzug
haben zu wollen und sofort
eine Szene zu machen, wenn
sie etwas nicht
bekommen.

Cynthia Wells

Emanzipation ist die Kunst, den Mann kleinzukriegen – nur nicht an der falschen Stelle.

Evelyn Blythe

Unter
Gleichberechtigung
verstehen manche Männer,
dass sie eine Freundin
haben, weil ihre Frau auch
eine hat.

Lisa Goccioni

Der Mann steht im

Mittelpunkt.

Und darum allen

Frauen im Wege.

Anonyma

Jede Frau möchte lieber schön als klug sein, denn es gibt so viele dumme Männer und so wenig blinde.

Françoise Rosay

Viele erfolgreiche Männer haben keinerlei sichtbare Qualifikation außer der, keine Frau zu sein.

Virginia Woolf

Es gibt nur sehr wenige Berufe, die einen Penis oder eine Vagina erfordern. Alle anderen Berufe sollten jedem gleichermaßen zugänglich sein.

Florynce R. Kennedy

Sie ist eine von diesen Karrierefrauen, die die Leiter zum Erfolg Fehltritt für Fehltritt erklommen hat.

Mae West

Ich finde, ein Mann, der einen Job genauso gut macht wie eine Frau, sollte auch genauso gut bezahlt werden.

Celeste Holm

Wenn ich zwischen zwei
Übeln wählen musste,
habe ich immer das gewählt,
das ich noch nie ausprobiert
hatte.

Mae West

Ich muss nur meine 8-inch-Lucite-Stilettos anziehen – schon fühle ich mich toll.

Pamela Anderson

Ganz egal, wie eine Frau aussieht: Wenn sie sich sicher ist, ist sie sexy.

Paris Hilton

Du kannst sehr oft smarte Männer mit blöden Frauen sehen. Aber kaum jemals wird dir eine klasse Frau mit einem blöden Typen begegnen.

Erica Jong

Wenn Frauen
unergründlich scheinen,
dann liegt es am fehlenden
Tiefgang der Männer.

Katherine Hepburn

Frauen lieben die einfachen Dinge des Lebens – zum Beispiel: Männer.

Farah Fawcett

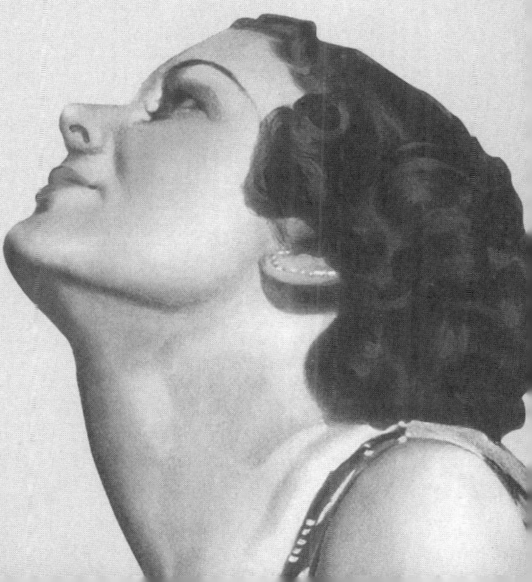

Frauen haben einen angeborenen Sinn für Humor, damit sie Männer lieben, statt nur über sie zu lachen.

Anonyma

Gott gab uns die Ausstattung und die Möglichkeit. Ein altes Sprichwort sagt: Falls Gott wollte, dass wir fliegen sollen, hätte er uns Flügel gegeben. Du siehst ja selbst, was er uns gegeben hat.

Dolly Parton

Die Fantasie des
Mannes ist die
beste Waffe
der Frau.

Katharina
Herberg

Eine Frau

lässt einen Mann

nur deshalb warten,

um seine Vorfreude

zu vergrößern.

Hannelore Elsner

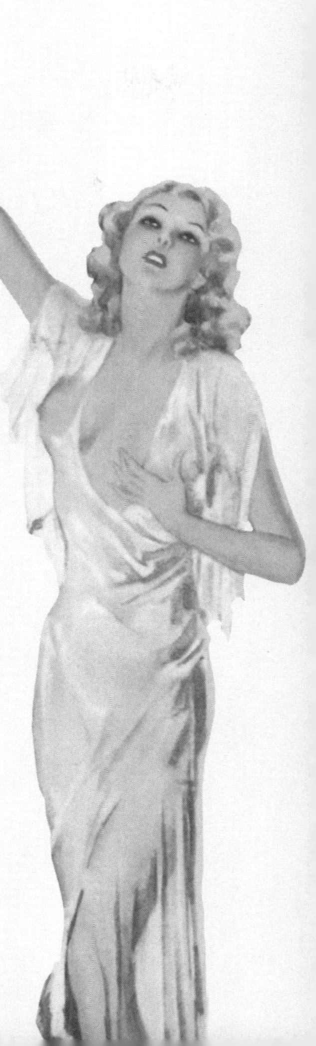

Jeder Mann,

den ich kennengelernt

habe, wollte mich

beschützen. Ich habe

nur nie herausgefunden,

wovor.

Mae West

Es macht mir nichts aus,
in einer **Männerwelt**
zu leben, solange ich die
Frau darin bin.

Marilyn Monroe

Der einzige

Ort, an dem

ein Mann bei

einer Frau Tiefe

erwartet, ist ihr

Dekolleté.

Zsa Zsa Gabor

Ein bisschen Lust auf jemanden zu haben bewirkt Wunder für die Haut.

Elizabeth Hurley

Jede Frau sollte vier Haustiere in ihrem Leben haben: einen Nerz in ihrer Garderobe, einen Jaguar in der Garage, einen Tiger im Bett und einen Esel, der alles bezahlt.

Paris Hilton

Manchmal raste ich aus und mache Sachen von bleibender Bedeutung – Tätowierungen und Heiraten zum Beispiel.

Drew Barrymore

Jeder will mit
dir im Cabrio
fahren. Aber
du brauchst
jemanden,
der auch im
Bus mitfährt,
wenn dein Cabrio
längst Schrott ist.

Oprah Winfrey

Drei Arten von Männern sind unfähig, Frauen zu verstehen: die jungen, die alten und die mittleren Alters.

Aus Indien

Es ist besser, dem Traummann im Traum zu begegnen als in der Wirklichkeit. Aus dem Traum kann man immerhin aufwachen.

Jeanne Moreau

Frauen mit Vergangenheit
haben eine Vorliebe
für Männer mit Zukunft.

Diana Rigg

Ich habe immer noch dasselbe Ziel, das ich schon als kleines Mädchen hatte: Ich will die Welt regieren!

Madonna

Es hätte nicht des Apfels bedurft, Adam zu verführen. Eva allein genügte schon.

Marianne Langewiesche

Die Männer mögen vielleicht das Feuer entdeckt haben, die Frauen aber, wie man damit spielt.

Samantha in *Sex and the City*

Mein Vater lehrte mich, dass alles, was wert ist zu besitzen, auch wert ist, darauf zu warten. Ich wartete bis ich fünfzehn war.

Zsa Zsa Gabor

Die wenigsten Männer
wissen, wie man gut küsst.
Glücklicherweise hatte
ich Zeit genug, es ihnen
beizubringen.

Mae West

Natürlich kann ein Mädchen warten, bis es den Richtigen trifft. Das heißt aber doch nicht, dass sie bis dahin nicht eine schöne Zeit mit den Falschen verbringen kann.

Cher

Was gibt es Schöneres,
als mit einem jungen
Mann und mit einem
alten Rotwein
gemeinsam die Schwelle
des gehobenen Niveaus zu
verlassen?

Stephanie Werger

Mit einem Mann wird eine Frau leicht fertig, mit zwei Männern wird sie leichtfertig.

Mae West

Seien wir doch ehrlich: Wenn ein attraktiver Mann daherkommt, gibt es immer einige Frauen, die bereit sind, seine Schuhe mit ihrem Slip zu putzen.

Lynda Barry

Auch ich hatte meine Teflon-Zeiten: da blieb kein Mann an mir kleben.

Dianne Brill

Ein Gentleman

ist ein Mann, der sich wenigstens vorstellt, bevor er einem nachstellt.

Marisa Mell

Wenn es darauf ankommt, in den Augen einer Frau zu lesen, sind die meisten Männer Analphabeten.

Heidelinde Weis

Ich weiß so viel
über Männer, nicht,
weil ich etwa in
der Abendschule
war, sondern
weil ich gleich in
die Nachtschule
gegangen bin.

Mae West

So toll sind

meine Beine nun

auch wieder nicht.

Ich weiß nur

genau, was ich

mit ihnen

machen kann.

Marlene Dietrich

Es ist nicht wahr, dass Männer immer an Sex denken. Nur wenn sie denken, denken sie an Sex.

Marilyn Monroe

Männer haben nur zwei Dinge im Kopf. Geld ist das andere.

Jeanne Moreau

Du brauchst einen netten Mann für die Regentage – und einen anderen, wenn es **nicht** regnet.

Mae West

Dekolleté ist die Kunst,

sich so zu erkälten, dass ein

Mann sich dafür erwärmt.

Ingrid van Bergen

Ich hatte mal

so einen Typen,

Friseur war der Kerl,

aber der Traum aller

Versicherungssekretärinnen:

Porsche natürlich,

außen Django,

innen Vollkasko.

Lisa Fitz

Was hält ein Mann für ein siebengängiges Menü? Eine Currywurst und ein Six-Pack Bier.

Anonyma

Männer sind wie Sparbüchsen: Die, in denen am wenigsten steckt, machen den größten Lärm.

Anonyma

Männer sind wie Wolken: Verziehen sie sich, kann es doch noch ein schöner Tag werden.

Jeanne Moreau

Männer sind wie Schweizer Messer: billig, überall zu haben und ein komplettes Werkzeug.

Anonyma

Männer sind wie Milch:

Lässt man sie stehen,

werden sie sauer.

Madonna

Männer sind wie Luft: zwar verschmutzt, aber unentbehrlich.

Michelle Pfeiffer

Männer sind wie Tee:

Du musst sie ziehen lassen.

Anonyma

Männer sind wie Gemüse: je ausgekochter, desto weniger bekömmlich.

Beate Hasenau

Männer sind wie Zwiebeln: Man pellt Schale um Schale ab, und was übrig bleibt, ist zum Heulen.

Anonyma

Männer sind wie
Servietten: entweder liegen
sie dir auf dem Schoß, oder
sie hängen dir um den Hals.

Anonyma

Männer sind wie

Taschenlampen:

Sie blenden, ohne viel

Licht zu verbreiten.

Lore Lorentz

Männer sind Wesen mit zwei Beinen und acht Händen.

Jane Mansfield

Männer sind geborene Sucher. Am liebsten suchen sie das Weite.

Ursula Herking

Männer sind wie Damenschuhe: Am besten passen die, die ein bisschen drücken.

Karin Jacobson

Alle Männer

sind Astronauten:

Sie träumen von

einer weichen Landung

auf der Venus.

Anonyma

Der Mann hat seine Achillesferse nicht am Fuß, sondern im Schritt.

Barbara G. Walker

Mobiltelefone sind das Einzige, bei dem Männer darüber streiten, wer das kleinere hat.

Calista Flockhart

Wenn Männer wüssten, worüber Frauen lachen, würden sie niemals mit uns schlafen.

Erica Jong

Männer können besser
Landkarten lesen als Frauen.
Männliche Gehirne können
sich besser vorstellen,
dass ein Zentimeter hundert
Kilometern entspricht.

Roseanne Barr

Der Unterschied zwischen einem Autoreifen und einem Mann: Der Autoreifen muss mindestens einen Millimeter Profil haben.

Lisa Fitz

Männer legen ihre Gefühle auf Eis, als könnten sie dadurch ihre Haltbarkeit verlängern.

Anonyma

Es gibt genug charakterfeste Männer, die eine Frau nicht sitzen lassen – zum Beispiel im Bus und in der Straßenbahn.

Trude Hesterberg

Alle Männer möchten zwei Frauen haben: eine schlanke, mit der sie angeben können, und eine mollige, mit der sie sich abgeben können.

Helen Vita

Erst Männer sind auf
die Idee gekommen,
nächtliche Unternehmungen
Tagungen zu nennen.

Helen Vita

Strohwitwer sind jederzeit entflammbar – das ist einfach materialbedingt.

Helen Vita

Unter Nächstenliebe

verstehen viele Männer

die Liebe zur

nächsten Frau.

Erika Pluhar

Eine Frau vergisst niemals die Männer, die sie kriegen konnte. Ein Mann vergisst niemals die, die er nicht bekam.

Anonyma

Wenn ein Mann der umworbenen Frau versichert, er sei ihrer nicht würdig, dann hat er meistens recht.

Jeanne Moreau

Jeder Mann wünscht sich eine Frau, die seine bessere Seite anspricht, sein edleres Verhalten, seine höheren Eigenschaften – und eine zweite, die ihm hilft, das alles zu vergessen.

Helen Rowland

Wenn man sich anschaut, wen manche Frauen heiraten, erkennt man, wie sehr sie es hassen, ihren Lebensunterhalt selbst zu verdienen.

Helen Rowland

Ich habe noch von keinem Mädchen gehört, das alte, arme Männer attraktiv fand.

Sophia Loren

Liebe ist,

wenn deine Neurosen

zu den Neurosen deines

Partners passen.

Amelie Fried

Viele Leute glaubten nicht, dass unsere Ehe halten würde. Doch wir feiern bereits unseren zweimonatigen Hochzeitstag.

Britt Ekland

Wenn eine Frau einen Mann ins Gebet nimmt, sagt er meistens Ja und Amen.

Marianne Langewiesche

Irren ist männlich.

Anonyma

Ich möchte auf den Mond.

Da soll es einen Mann geben.

Jeanne Moreau

Liebe ist blind.

Darum ist das Berühren so nötig.

Aus Frankreich

Wenn Frauen auf Abwege geraten, dann folgen ihnen die Männer gerne.

Mae West

Führe

mich nicht

in Versuchung.

Ich kenne den

Weg.

Rita Mae Brown

Der Pullover einer Frau sitzt richtig, wenn die Männer nicht mehr atmen können.

Zsa Zsa Gabor

Sex-Appeal ist das,

was Männer nur mit

Händen beschreiben können.

Uschi Glas

Junggesellen

sind Männer, die sich nicht

auf eine einzige Frau

versteifen.

Helen Vita

Sexualität

ist ein Teil der Natur. Und die Natur habe ich immer unterstützt.

Marilyn Monroe

Ich kann in zwölf Sprachen »Nein« sagen. Das genügt für eine Frau.

Sophia Loren

Es gibt keine guten

Mädchen, die vom rechten

Weg abkommen,

nur schlechte Mädchen,

die erwischt werden.

Mae West

Der Weg zum Herzen des Mannes geht nicht durch den Magen. Das wäre viel zu hoch gezielt.

Kathryn Lee

In der Liebe gibt es zwei

Sünden: die lässlichen

und die unerlässlichen.

Helen Vita

Wenn ich gut
bin, bin ich sehr gut.
Aber wenn ich schlecht
bin, bin ich besser.

Mae West

Das Schöne daran, vierzig zu sein, ist, dass man die fünfundzwanzigjährigen Männer noch mehr genießen kann.

Colleen McCullough

Die Jungs müssen meine Bedürfnisse akzeptieren. Ich dusche täglich vier Mal.

Anna Kournikova

Lieber einmal mit Schnee-
wittchen als sieben Mal mit
den Zwergen.

Anonyma

Du gehst zum ersten Mal mit einem Typen ins Bett und bevor du weißt, wie dir geschieht,lädt er dich zum Essen ein.

M.Yori

Sex macht mehr Spaß als Autos. Aber Autos sind schneller wieder aufgetankt als Männer.

Germaine Greer

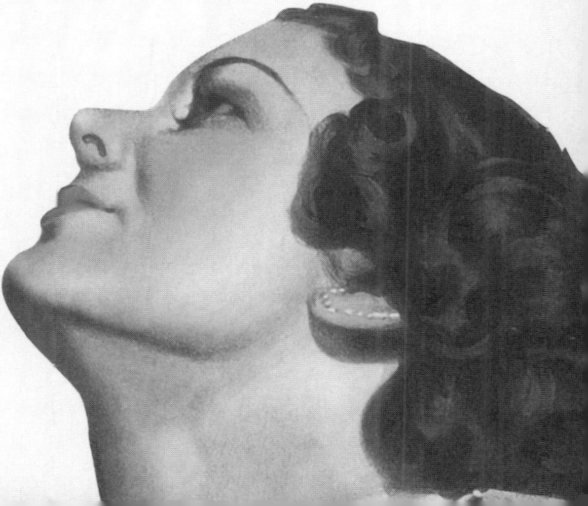

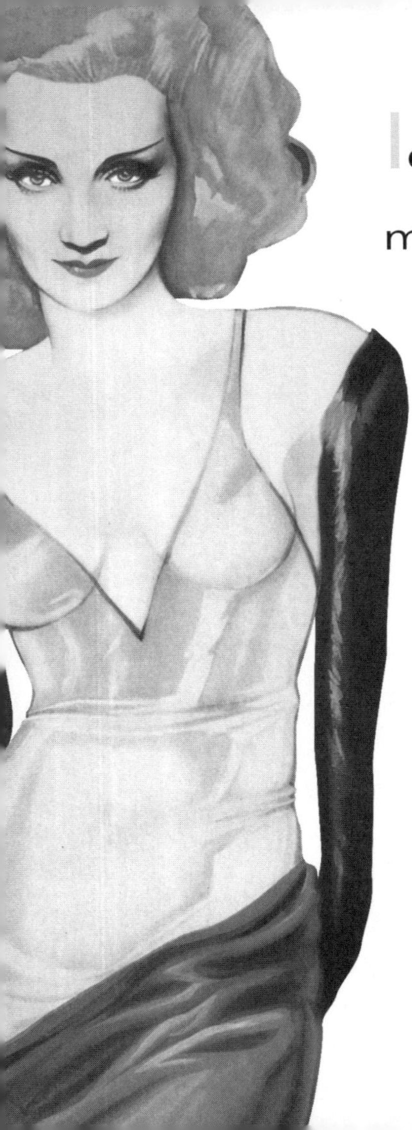

Ich erinnere mich nicht an den ersten Kuss, ich erinnere mich aber an den ersten tollen Kuss.

Angie Dickinson

Eine Frau braucht eine Menge Erfahrung, um wie eine Anfängerin zu küssen.

Anonyma

Ein Kuss kann ein Komma sein, ein Fragezeichen oder ein Ausrufezeichen. Diese Grundlagen der Rechtschreibung sollte jede Frau beherrschen.

Mistinguett

Küssen ist

die angenehmste

Methode,

Männern den

Mund zu

stopfen.

Anonyma

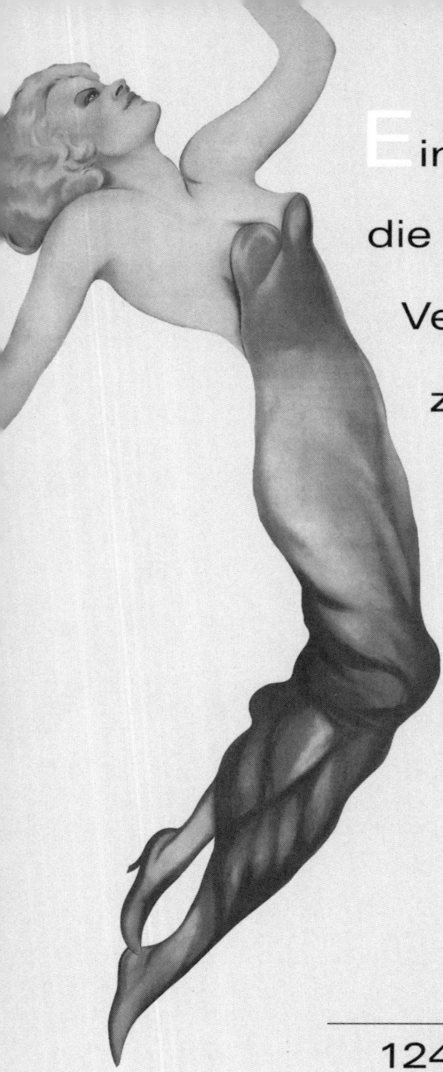

Eine Kurve ist
die schönste
Verbindung
zwischen zwei
Punkten.
Mae West

Er war einer dieser Typen, die dich hinters Ohr küssen und dir dabei das Gefühl geben, du hättest total verrückten Sex.

Julia Alvarez

Wohin du Parfüm tupfen sollst? Überallhin, wo du geküsst werden willst.

Coco Chanel

Es ist nicht wahr,

dass ich nichts anhatte.

Ich hatte das Radio an.

Marilyn Monroe

Ist das eine Pistole

in Ihrer Tasche – oder freuen

Sie sich nur, mich zu sehen?

Mae West

Frauen sind wie Öfen. Man braucht zehn bis fünfzehn Minuten, um ihnen einzuheizen.

Sandra Bullock

Was ist der Unterschied zwischen einer Hure und einer Schlampe? Die Hure geht mit jedem ins Bett. Die Schlampe geht mit jedem ins Bett, außer mit dir.

Anonyma

Samantha, steht deine Vagina eigentlich im Stadtführer? Sie ist doch der angesagteste Treff in der City.

Carrie in
Sex and the City

Macht eine Dame

acht Bauern

schwach, ist es

ganz eindeutig

Schach.

Anonyma

Menschen sind extrem anpassungsfähig. Wenn sie es in einem VW-Käfer tun können, dann können sie es überall tun.

Patricia Santy

Ich habe verschiedene Stellungen probiert: Bei der klassischen reagiere ich klaustrophobisch, bei anderen kriege ich einen steifen Nacken oder Kiefersperre.

Tallulah Bankhead

Testosteron ist normalerweise nicht giftig.

Anna Quindlen

Zu viel

von einer guten Sache

ist wunderbar.

Mae West

Liegend sah ich

immer besser aus.

Jerry Hall

Danke, ich habe jeden Zentimeter genossen.

Mae West

Männer wären

vollkommen überflüssig,

wenn Vibratoren

auch Rasen mähen könnten.

Janet Jackson

Sex ist eine unangenehme Sache. Er verknautscht die Bettwäsche.

Jackie Onassis

Das Bett ist die Oper

des kleinen Mannes.

Aus Italien

Ich liebe es aufzuwachen
und einen neuen Mann
neben mir zu fühlen.

Jean Harlow

Mein Privatleben ist so privat, dass nicht mal ich weiß, mit wem ich schlafe.

Nicole Kidman

Was Männer unter dem Begriff »Vorspiel« verstehen? Die Frage: Schatz, bist du wach?

Anonyma

Letzte Nacht ist mir etwas Schreckliches passiert – rein gar nichts.

Phyllis Diller

Der Mann ist für mich nur die Kirsche auf dem Kuchen. Aber der Kuchen bin ich, und mein Kuchen ist auch für sich genommen prima. Sogar wenn ich keine Kirsche draufhabe.

Halle Berry

Frauen mögen in der Lage sein, einen Orgasmus vorzutäuschen, aber Männer sind fähig, eine ganze Beziehung vorzutäuschen.

Sharon Stone

Ich würde nie mit einem verheirateten Mann schlafen – ich meine, um es präziser zu sagen, mit einem glücklich verheirateten Mann.

Britt Ekland

Soll ich mich jetzt beleidigt fühlen? Meine beste Freundin hat mir gesagt, sie würde ihren Mann bedenkenlos einen Abend mit mir allein lassen.

Marjorie Proops

Ein Geliebter ist ein Mann, den man nicht heiratet, weil man ihn gern hat.

Vanessa Redgrave

Liebschaften sind wie Pilzgerichte – beides sollte man nicht aufwärmen.

Inge Meysel

Wenn Sex kein Spaß ist, was ist es dann?

Nella Larsen

Wenn Sex etwas ganz Natürliches ist, warum gibt es dann so viele Bücher, um es zu erklären?

Bette Midler

Ich weiß leider gar nichts über Sex. Ich war ja immer verheiratet.

Zsa Zsa Gabor

Der ideale Ehemann
ist ein unbestätigtes
Gerücht.

Brigitte Bardot

Wenn du eine Beziehung beenden willst, brauchst du deinem Partner nur zu sagen: Ich liebe dich. Ich will dich heiraten. Ich will Kinder mit dir haben. Dann verschwindet er mit quietschenden Reifen.

Rita Rudner

Wenn du jemanden heiraten möchtest, gehe vorher mit seiner Ex-Frau essen.

Shelley Winters

Heirate einen Mann nicht, um ihn zu ändern. Dafür sind die Besserungsanstalten zuständig.

Mae West

Eine Heirat geht ja ziemlich schnell, aber die Scheidung ist immer so zeitraubend.

Brigitte Bardot

In unserer Familie lassen
wir uns nicht von unseren
Männern scheiden –
wir begraben sie.

Ruth Gordon

Die meisten Ehemänner sind der beste Beweis dafür, dass Frauen Humor haben.

Donna Leon

Das Problem mit den meisten Frauen ist, dass sie wegen nichts total aus dem Häuschen sind, und dann heiraten sie ihn.

Cher

Ich wäre gerne verheiratet. Mir gefällt die Vorstellung, dass mein Mann gesetzlich verpflichtet ist, jede Nacht mit mir zu schlafen.

Carrie Shaw

In Hollywood gilt eine Ehe schon als gut, wenn das Paar gemeinsam die Kirche verlässt.

Gaby Köster

Jede Frau erwartet von einem Mann, dass er hält, was sie sich von ihm verspricht.

Chariklia Baxevanos

Ein Heirats-
antrag ist das
größte Kom-
pliment, das
ein Mann einer
Frau machen kann.
Leider ist es meist
auch das letzte.

Grethe Weiser

Ich warte noch auf den Tag, an dem ein Mann um Rat fragt, wie er Familie und Karriere miteinander vereinbaren soll.

Gloria Steinem

Wie alle Eltern geben mein Mann und ich das Beste, was wir unseren Kindern bieten können: Wir halten die Luft an und hoffen, dass wir genügend Geld beiseitelegen können, um die Therapien unserer Kinder zu bezahlen.

Michelle Pfeiffer

Das Kind hat seinen Verstand meistens vom Vater, weil die Mutter ihren noch besitzt.

Adele Sandrock

Immer einfach »Nein« zu sagen verhindert die Schwangerschaft von Teenagern ebenso wenig wie der Gruß »Einen schönen Tag noch« einer chronischen Depression vorbeugt.

Faye Wattleton

Ob ich kochen kann?
Darum hat mich noch
niemand gebeten.

Mae West

Ich hasse Hausarbeit!
Man macht die Betten,
wäscht das Geschirr ab –
und sechs Monate später
geht alles wieder von
vorne los.

Joan Rivers

Meine Mutter hat mir erklärt, dass es einfach sei, einen Mann für immer zu behalten: Sei eine Dienerin im Wohnzimmer, eine Köchin in der Küche und eine Hure im Schlafzimmer. Ich habe erwidert, ich stelle die ersten beiden an, um den Teil im Schlafzimmer kümmere ich mich selber.

Jerry Hall

Erfolgreich ist ein Mann erst dann, wenn er mehr Geld verdient, als seine Frau ausgeben kann. Eine Frau ist dann erfolgreich, wenn sie einen solchen Mann für sich gefunden hat.

Lana Turner

Eine Ehe funktioniert am besten, wenn beide Partner ein bisschen unverheiratet bleiben.

Claudia Cardinale

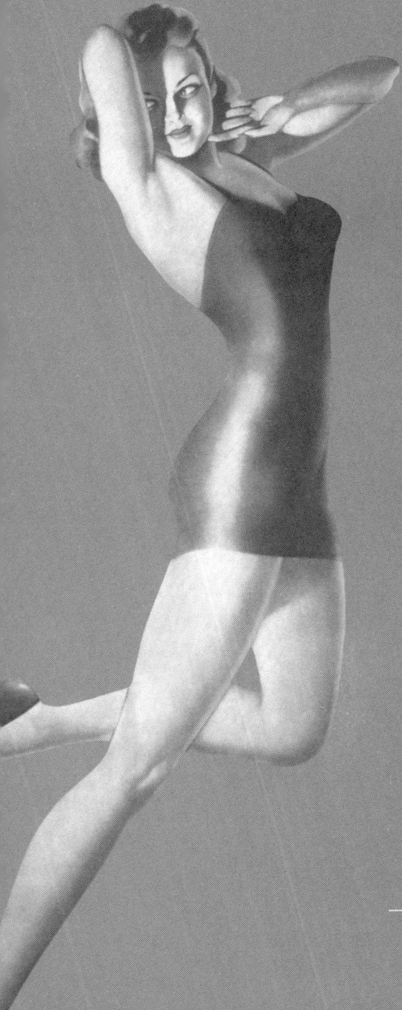

Was ich mit meinem Mann gemeinsam habe? Wir haben am selben Tag geheiratet.

Anonyma

Interessant, was manche
im früheren Leben waren:
Mein Freund zum Beispiel,
der war früher total nett!

Anke Engelke

Eine Frau arbeitet zehn Jahre daran, die Gewohnheiten ihres Mannes zu ändern. Warum beklagt sie sich dann, dass er nicht mehr der Mann ist, den sie geheiratet hat?

Barbra Streisand

Eine Frau verabscheut Brutalität. Sie kastriert ihren Mann behutsam durch Kritik.

Catherine Millet

Frauen beschweren sich immer, dass Männer nicht mit ihnen reden. Ich denke, sie sollten ihnen dankbar sein.

Ursula Herking

Wenn Ehemänner sich ein Aquarium anschaffen, dann deshalb, weil sie jemanden um sich haben möchten, der auch nichts zu sagen hat.

Gisela Schlüter

Es sind die Kleinigkeiten, die eine Ehe in die Brüche gehen lassen. Zum Beispiel, wenn der Mann anfängt, morgens das Kleid seiner Frau falsch zuzuknöpfen.

Marguerite Duras

Das Schlimme an der Ehe ist, dass man einen alltäglichen Mann geheiratet hat, obwohl man sich doch einen allnächtlichen gewünscht hat.

Farah Fawcett

Vor der Heirat bleibt ein Mann die ganze Nacht wach, um über etwas nachzudenken, was du gesagt hast. Nach der Heirat schläft er ein, noch bevor du zu Ende gesprochen hast.

Helen Rowland

Manche Frauen sind nur deshalb nicht Feuer und Flamme, weil sie mit einem Feuerlöscher verheiratet sind.

Senta Berger

Sex in der Ehe ist wie Kaffeetrinken – ohne ihn schläft man schneller ein.

Linda de Mol

Ehemänner, die sich morgens nach dem Rasieren um zehn Jahre jünger fühlen, sollten sich besser erst vor dem Zubettgehen rasieren.

Solange Lesueur

Männer ab 50 schwitzen heftig zwischen zwei Geschlechtsakten, denn dazwischen liegt der Sommer.

Anonyma

Der einzige Grund,
mit dem Joggen
anzufangen,
wäre, mich
wieder schnau-
fen zu hören.

Erma Bombeck

Nur weil Schnee auf dem Dach ist, bedeutet das nicht, dass die Heizung nicht mehr brennt.

Anonyma

Wenn du nach Hause kommst zu einem Mann, der dir Zuwendung und Zärtlichkeit schenkt – dann hast du dich in der Tür geirrt.

Bette Midler

Wenn ein Mann

unaufgefordert die

Wohnungstür ölt,

ist Vorsicht geboten.

Trude Hesterberg

Es ist meistens leichter mit einem Mann auszukommen als mit seinem Geld.

Ingrid van Bergen

Man muss unterscheiden zwischen Ehemännern und verheirateten Junggesellen.

Maureen Kelly

Erstens: Sage deinem Mann, dass du einmal in der Woche einen Weiberabend brauchst. Zweitens: Vergeude den Abend bloß nicht mit Weibern.

Tina Turner

Es kommt nicht darauf an, was ich mache, sondern wie ich es mache. Es kommt nicht darauf an, was ich sage, sondern wie ich es sage. Und wie ich aussehe, wenn ich es tue.

Mae West

Viele Frauen sind nur auf
ihren guten Ruf bedacht.
Die anderen werden glücklich.

Josephine Baker

Schönheit: in Reichtum geboren, immer ärmer geworden.

Joan Collins

Das Geheimnis

jung zu bleiben, liegt darin, rechtschaffen zu leben, langsam zu essen, ausreichend zu schlafen, hart zu arbeiten, andächtig zu beten – und über dein Alter zu lügen.

Lucille Ball

Ich kann doch nicht darauf warten, dass Kurven und ein kleiner Speckbauch wieder sexy werden.

Shakira

Ein Spiegel erzählt
dir nur Tatsachen,
nie die Geschichte.

May Sarton

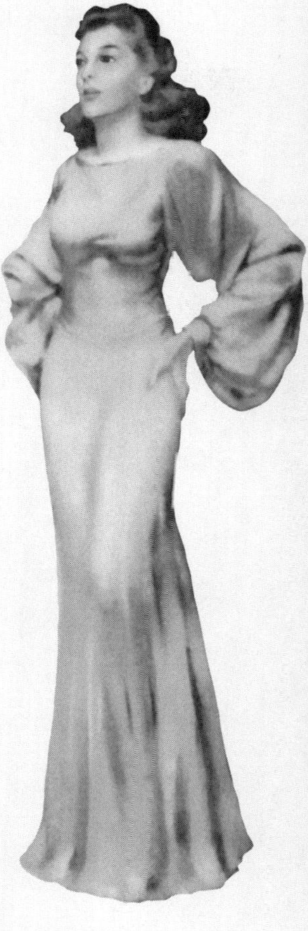

Alter schützt vor

Liebe nicht, aber Liebe

schützt vor Alter.

Jeanne Moreau

Wenn die Schönheit verblüht, geht die Liebe, so sagt man. Aber ist es nicht andersherum richtig? Schönheit verblüht nur, wenn die Liebe gegangen ist.

Majorie Holmes

Geburtstage sind wie eine Maß Bier: Wenn man genug davon gehabt hat, hört man von alleine auf zu zählen.

Sissi Perlinger

Mit Anstand alt

werden? Lieber

unanständig

jung bleiben.

Olga
Tschechowa

Natürlich gibt es Sex nach dem Tod. Du spürst nur nichts davon.

Lilly Tomlin

Wie sähe die Welt

ohne Männer aus?

Keine Gewalt,

keine Kriege

und lauter dicke, glückliche

Frauen.

Anonyma

Schüppel
Wissensmanagement

GABLER EDITION WISSENSCHAFT

Jürgen Schüppel

Wissensmanagement

Organisatorisches Lernen im Spannungsfeld von Wissens- und Lernbarrieren

Mit einem Geleitwort
von Prof. Dr. Günter Müller-Stewens

DeutscherUniversitätsVerlag

Die Deutsche Bibliothek - CIP-Einheitsaufnahme

Schüppel, Jürgen:
Wissensmanagement : organisatorisches Lernen im Spannungsfeld von Wissens- und Lernbarrieren / Jürgen Schüppel. Mit einem Geleitw. von Günter Müller-Stewens. - Wiesbaden : Dt. Univ.-Verl. ; Wiesbaden : Gabler, 1996
(Gabler Edition Wissenschaft)
Zugl.: St. Gallen, Univ., Diss., 1996
ISBN 3-8244-6304-0

Der Deutsche Universitäts-Verlag und der Gabler Verlag sind Unternehmen der Bertelsmann Fachinformation.

Gabler Verlag, Deutscher Universitäts-Verlag, Wiesbaden

Lektorat: Claudia Splittgerber / Ute Wrasmann

Druck und Buchbinder: Rosch-Buch, Hallstadt
Printed in Germany

ISBN 3-8244-6304-0

Geleitwort

Viele Unternehmen stehen heute vor einer Situation, in der sie sich einem fundamentalen Wandel unterziehen müssen. Dabei wird es nicht ausreichen, die Organisation nur strukturell zu ändern. Vielmehr geht es darum, über kollektive Lernprozesse der Mitarbeiter die Art und Weise, wie über das Geschäft gedacht wird zu verändern. Solche Prozesse mentalen Wandels werden aber häufig durch eine ganze Reihe von Barrieren behindert, die es zu überwinden gilt.

Vor diesem Hintergrund wird in der vorliegenden Arbeit zunächst ein integriertes Modell des Organisatorischen Lernens entwickelt, mit dem individuelle und kollektive Lernprozesse auf eine zweckmäßige Art abgebildet werden können. Entlang dieser Modellsicht wird dann eine typologisierende Betrachtung von Barrieren aufgebaut. Insgesamt entsteht dadurch ein Bezugsrahmen für die empirische Untersuchung von Prozessen des Lerntransfers, in der auch ein „Scheitern" oder „Abbremsen" dieser Lernprozesse systematisch mitgedacht ist.

Aufbauend auf die Betrachtung des Organisatorischen Lernens und der offensichtlich vorhandenen Wissens- und Lernbarrieren folgen die Überlegungen zu einem ganzheitlichen Wissensmanagement. Auf dem Weg zu einer „Wissensgesellschaft" stellt die Ressource Wissen mittlerweile nicht nur einen bedeutenden Produktionsfaktor dar - die Verfügbarkeit und der effiziente Einsatz dieser Ressource kann darüber hinaus zum wettbewerbsentscheidenden Element werden. In diesem Zusammenhang wird hier zunächst die Reichhaltigkeit des Gegenstands eines solchen Wissensmanagements über vier Dimensionen dargestellt und ausgearbeitet. Danach werden Schritte mit möglichen Maßnahmen benannt, um ein Management des Wissens in der Praxis zu installieren. Kleine Fallbeispiele zeigen, daß die Vorschläge nicht hypothetisch, sondern bereits anwendungsnah sind.

Dieses Buch offeriert kreative, gut durchdachte und weiterführende Ansätze im Anschluß an die bestehende Diskussion zum Thema des Organisatorischen Lernens. Trotz der noch bestehenden Abstraktheit des Themas, werden konkrete Vorschläge für den potentiellen Anwender in der Unternehmenspraxis aufgezeigt.

Prof. Dr. Günter Müller-Stewens

Vorwort

„Wandel ist die einzige Konstante". Mit diesem Wortspiel versucht man die gegenwärtig beobachtbare Permanenz von Veränderungen und deren atemberaubende Geschwindigkeit in einem Satz zu beschreiben. Unternehmer und ihre Unternehmen standen zwar schon immer vor der Herausforderung, Wandel zu bewältigen - es steht aber außer Frage, daß sich der Druck und die Intensität, mit der der Wandel heute auf die Unternehmen wirkt, deutlich zugenommen hat.

Im Bereich der technologischen Entwicklung sind es insbesondere die Möglichkeiten der elektronischen Datenverarbeitung und der Kommunikationstechnologie, mit der die vom Markt geforderten kurzen Produktionszyklen bewältigt werden müssen. Das Produktionslayout muß dabei insofern hochflexibel gehalten werden, als die Lebenszeit einzelner Produkte nur noch eine kurze Pay-back-Periode auf das investierte Kapital erlaubt. Für den Wettbewerb gilt: Vor Ort sein, wo die Märkte sind und nicht mehr nur im Rahmen eines beschränkten Binnenmarktes operieren. Darüber hinaus entstehen Differenzierungsvorteile immer seltener durch das Produkt selbst, sondern zunehmend aus kreativen Ideen und Serviceleistungen „rund um das Produkt".

Vor dem Hintergrund der zum Teil turbulenten Veränderungen der Rahmenbedingungen eines Unternehmens ist es kaum überraschend, daß in der Managementliteratur potentielle Formen der Bewältigung von Wandel immer häufiger (und heftiger) diskutiert werden. Eine wesentliche Strömung in dieser Diskussion stellt die „Theorie des Organisatorischen Lernens" dar, die auch für diese Arbeit den theoretischen Bezugsrahmen bildet. Im *ersten Kapitel* wird deshalb kurz erläutert, inwieweit Wandel ein erklärungsbedürftiges Phänomen ist und weshalb sich Lernprozesse von und innerhalb von Organisationen als Erklärungsmodell für die Verarbeitung von Wandel anbieten. Die Öffnung dieser Perspektive offeriert dabei nicht nur die Möglichkeit, die Steigerung der Problemlösungsfähigkeit und der Kompetenz zur Selbsttransformation von Organisationen umfassend zu beleuchten, sondern auch grundlegende Barrieren im Wandel- bzw. Lernprozeß unter die Lupe zu nehmen.

Die Konkretisierung dessen, was heute als Organisatorisches Lernen bezeichnet wird, mündet in einer paradigmatisch veränderten Betrachtung von Organisationen. Offenheit, Flexibilität, Vernetzung und Lernfähigkeit treten an die Stelle von Abgrenzung, Stabilität, Linearität und Kontrolle. In diesem Zusammenhang sind das individuelle und kollektive Wissen sowie die darauf gerichteten individuellen und kollektiven Lernprozesse die elementaren Größen einer Organisation. Konkret tritt Wissen als betriebswirtschaftlich relevanter Produktionsfaktor neben die klassischen Bestandteile Arbeit, Kapital und Rohstoffe. Inwiefern Wissen und Lernen aus einer Perspektive individueller Organisationsmitglieder einerseits und der Gesamtorganisation andererseits betrachtet und in ein integriertes Modell individuellen und kollektiven Lernens überführt werden kann zeigt das *zweite Kapitel.*

Durch diese Modellsicht ergibt sich die Möglichkeit, Organisatorisches Lernen anders als nur metaphernhaft abzubilden. Gleichzeitig wird der theoretische Bezugsrahmen um die Option erweitert, potentielle Wissens- und Lernbarrieren systematisch in die Betrachtung miteinzubeziehen. Im *dritten Kapitel* wird diese Option ausführlich genutzt. Anhand eines Differenzierungsrasters werden typische Hindernisse organisatorischer Lernprozesse vorgestellt, bezüglich der beobachtbaren Ursachen und Symptome erläutert und im integrierten Modell individuellen und kollektiven Lernens verortet. Die solchermaßen erweiterte Sicht Organisatorischen Lernens erlaubt dann gleichermaßen die Betrachtung „gelungener" und „gescheiterter" Lernprozesse - was insofern bedeutsam ist, als das Management von Wissen bzw. das Management der darauf gerichteten Lernprozesse exakt auf die Barrieren justiert werden kann.

Die Erkenntnis, daß Wissen nunmehr zu den Produktionsfaktoren zählt und daß die Beherrschung eines auf die Veränderung des wettbewerbsrelevanten Wissens gerichteten Lernprozesses offensichtlich den einzig verteidigbaren Konkurrenzvorteil liefert, führt in dieser Arbeit schließlich zu der Forderung nach einem ganzheitlich ausgerichteten, umfassenden und professionellen Wissensmanagement. Entlang von vier Gestaltungsdimensionen soll deshalb im *vierten Kapitel* eine Hilfe gegeben werden, wie die Optimierungsaufgabe hinsichtlich von Produktion, Reproduktion, Distribution, Verwertung und Logistik des Wissens geleistet werden kann.

Im *Anhang* wird schließlich eine empirische Studie zu fundamentalen Wandelprozessen in Unternehmen vorgestellt. Durch das Beispiel der Mercedes-Benz AG sollen noch einmal die Komplexität und die Unwägbarkeiten vor Augen geführt werden, die bei der Transformation von Unternehmen vor allem durch individuelle und kollektive Wissens- und Lernbarrieren regelmäßig auftreten. In der Fallstudie wird zudem deutlich, wie stark der Wandlungsdruck auf die Unternehmen heute ist und daß die Bewältigung des Wandels neue Ansätze in der Unternehmensführung geradezu herausfordert.

Die Suche nach neuen Ideen für die Unternehmensführung und für das Management fundamentaler Wandelprozesse prägt diese Arbeit ebenso wie deren Entstehungsgeschichte. Am Beginn dieser Geschichte steht das internationale Forschungsprojekt „New Winners?" und die Offerte von Herrn Prof. Dr. Günter Müller-Stewens, in diesem Projekt von St. Gallen aus mitzuarbeiten. Im Zuge der gemeinsamen Forschungsarbeit erhielt ich nicht nur die Gelegenheit, an mehreren „Orten des Wandels" innerhalb des Daimler-Benz-Konzerns meinen Blick für organisatorische Lernprozesse zu schärfen und die Grundzüge für meine Dissertation zu legen, sondern auch den notwendigen Freiraum, meine Gedanken zu einem eigenständigen Ansatz im Rahmen der Theorie des Organisatorischen Lernens zu entwickeln. Dafür danke ich Herrn Prof. Müller-Stewens ebenso, wie für die Möglichkeit, am Institut für Betriebswirtschaft herausfordernde Erfahrungen im Beratungs- und Trainingsgeschäft sammeln zu können. Dadurch konnte ich - ganz im Sinne dieser Arbeit - die Verbindung von Wissensgenerierung in der Forschung und von Wissensverwertung in der Praxis (und umgekehrt!) immer wieder hautnah erleben. Diese Erfahrung hat neben den vielen inhaltlichen Anregungen von Herrn Prof. Müller-Stewens die gesamte Arbeit geprägt. Mein Dank gilt in diesem Zusammenhang gleichermaßen für Herrn Prof. Dr. Peter Gomez, der für diese Arbeit das Korreferat übernommen hat.

Bei der Entstehung dieser Arbeit habe ich außerdem weitere wertvolle Hinweise durch die Herren Prof. Dr. Knut Bleicher, Prof. Dr. Georg von Krogh und Prof. Dr. Harald Geißler erhalten. Auch dem Dialog mit meinen Kolleginnen und Kollegen vom Institut für Betriebswirtschaft verdanke ich kritische Anregungen, insbesondere den Herren Hartmut Scholl, Dr. Jürgen Spickers und Arne Toepper. Mein Dank auch an Herrn Holger Schaefer für die kritische Begleitung dieser Arbeit und konstruktive Durchsicht des Manuskripts. Bedanken möchte ich mich auch bei der Mercedes-Benz AG, insbesondere den Herren Hans-Peter Fischer, Stephan Egnolff und Volker Stauch, die mit großen Engagement meine empirische Untersuchung in Ihrem Hause unterstützt haben.

Die Zeit in St. Gallen war aber nicht allein von intensiver Forschungs- und Beratungsarbeit gekennzeichnet. Die Wohngemeinschaften mit Frau Dr. Olivia Bosshart und Herrn Dr. Matthias Sahlberg bzw. mit den Herren Kai Henke und Arne Toepper waren zwar oft auch spontane Diskussionsforen, in denen die eigene Dissertation zur Disposition stand. Darüber hinaus wurde aber auch die alltagspraktische Lebenswelt fortentwickelt. Ein unvergessener „interdisziplinärer“ Ausgleich ergab sich vor allem aus einer von vielen Mit-Doktoranden geteilten Leidenschaft zu fußballerischer Betätigung. Die kickenden „Doktores St. Gallen“ am Mittwoch abend, die daran anschließenden Europacup-Abende und die detaillierte Aufarbeitung der Spieltaktik täglich um halb eins in der Mensa werden mir in bester Erinnerung bleiben.

Mein besonderer und besonders herzlicher Dank gilt aber meinen Eltern. Ohne ihre ideelle und finanzielle Unterstützung wäre weder meine akademische Ausbildung in München, noch meine Promotion in St. Gallen möglich gewesen. Zu jedem Zeitpunkt waren sie bereit, ihre eigenen Interessen hinter die Ermöglichung meines Fortkommens zu stellen. Ich hoffe, daß ich die empfangene Unterstützung ein Stückweit zurückgeben kann.

Jürgen Schüppel

Inhaltsübersicht

Inhaltsverzeichnis

Abbildungsverzeichnis

Tabellenverzeichnis

1 Organisatorisches Lernen und der Wandel von Organisationen

Etwa seit dem Beginn der sechziger Jahre, hat sich das Thema des „organisatorischen Wandels" zu einer zentralen Problemstellung in der Managementliteratur entwickelt. Die Bewältigung von Wandel wird angesichts der zukünftigen Perspektiven und der Notwendigkeit zur Anpassung an permanent wechselnde Umfeldbedingungen als *die* entscheidende Größe für das Überleben und die weitere Entwicklung von Organisationen angesehen. Betrachtet man Wandel diesbezüglich als „Konstante", bedeutet das, daß beispielsweise materielle Wettbewerbsvorteile aus Produkt-Markt-Kombinationen permanent in Frage gestellt sind Die jeweils aktuelle Sicht von Kundenbedürfnissen, Wettbewerbern, Ertragspotentialen, organisatorischen Fähigkeiten etc. sind ebenso nur momentane „Blitzlichtaufnahmen" ohne Garantie auf Dauerhaftigkeit. *Wandel* ist deshalb auch im betriebswirtschaftlichen Kontext zu Recht ein *erklärungsbedürftiges Phänomen*, das in Abschnitt 1.1 näher spezifiziert wird.

Vor dem Hintergrund der im ersten Abschnitt angebotenen Konkretisierung organisatorischer Wandelprozesse, wird in Abschnitt 1.2 versucht, die bislang vorliegenden Bausteine zu einer *Theorie des Organisatorischen Lernens* als einen möglichen *Bezugsrahmen* vorzustellen, innerhalb dessen die Bewältigung solcher Prozesse verständlich gemacht werden kann. Die mittlerweile zum Modethema gewordene Diskussion um „Lernende Organisationen" bzw. die verschiedenen Theorieansätze darüber, was „Organisationslernen" tatsächlich ausmacht, bietet sich als Bezugsrahmen vor allem aus zwei Gründen an.

Erstens geben die einzelnen Elemente der Theorie des Organisatorischen Lernens deutliche Hinweise darauf, wie im Zuge individueller und kollektiver Lernprozesse die *Problemlösungsfähigkeit* von Individuen und ganzer Organisationen gesteigert werden kann und gleichzeitig eine Fähigkeit zur *Selbsttransformation* mitangelegt wird. Der Abschnitt gibt in diesem Zusammenhang einen einführenden Überblick über den momentanen Stand der Diskussion und wird im zweiten Kapitel dieser Arbeit entlang der Konstruktion eines integrierten Modells des Organisatorischen Lernens vertieft.

Zweitens können aus dieser Perspektive auch potentielle *Hindernisse von Wandelprozessen* diskutiert werden. Die auf die Veränderung von Wissensbeständen gerichteten organisatorischen Lernprozesse können an vielen Stellen *durch Wissens- und Lernbarrieren blockiert oder zumindest erschwert* sein. Die Lerngeschwindigkeit einer Organisation wird dadurch herabgesetzt, der Modus zur Bewältigung von Wandel entsprechend beeinträchtigt. Die in Abschnitt 1.3 angelegte Betrachtung unterschiedlicher Barrierenkategorien wird dann als wesentlicher Bestandteil dieser Arbeit im dritten Kapitel fortgeführt.

Die in diesem ersten Kapitel vorgetragene Argumentationsfolge zeigt Abbildung 1-1 noch einmal im Überblick.

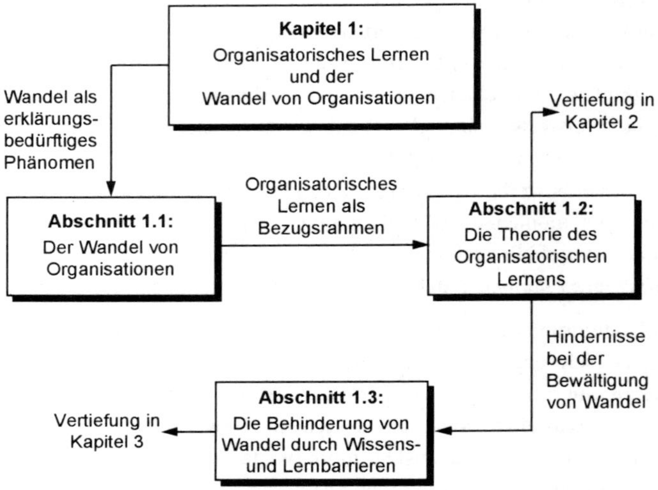

Abb. 1-1: Die Argumentationsfolge des ersten Kapitels

1.1 Der Wandel von Organisationen

Wandel ist der Motor, der Unternehmer schon seit jeher antreibt. Die Befriedigung der ausdifferenzierten Kundenbedürfnisse und die Intensivierung des globalen Wettbewerbs stehen stellvertretend für die Herausforderungen einer Zeit, in der Wandel zur Konstante geworden ist und Management zunehmend „Management des Wandels" bedeutet. Die nächsten Abschnitte beleuchten vor diesem Hintergrund einige Aspekte der aktuellen Diskussion um den Begriff des „organisatorischen Wandels".

1.1.1 Das Begriffsfeld des Organisatorischen Wandels

Unter dem Begriff „organisatorischer Wandel“ bzw. „organizational change“ findet seit etwa drei Jahrzehnten eine verstärkte Auseinandersetzung mit den Phänomenen der *Veränderung von und in Organisationen* statt. Gemeinsamer Ausgangspunkt aller Überlegungen ist dabei die Abkehr von der Vorstellung einer Organisation als quasistabile Einheit. Organisationen werden vielmehr als höchst fluide Gebilde verstanden, deren Prozeßhaftigkeit in allen wesentlichen Parametern einer Organisation, z.B. der Ressourcenbeschaffung, dem Kombinationsprozeß der Produktionsfaktoren, den Aktivitätsfeldern, etc. zum Ausdruck kommt. Neben den Begriffen „Wandel“ bzw. „change“, die als universelle Sammelbegriffe die Veränderungen von und in Organisationen kennzeichnen, werden allerdings viele ähnlich konnotierte Begriffe verwendet.[1] Tabelle 1-1 zeigt das solchermaßen weit gesteckte Begriffsfeld im Überblick.

Die in der Tabelle zuletzt genannten Stichwörter „Reengineering“ und „Lean Management“, die zum Teil in den Rang einer umfassenden „Management-Philosophie“ erhoben werden und in einer verblüffend raschen Folge neue Modetrends kreieren, betonen immer wieder die Erfordernis fundamentalen Wandels von Organisationen. Wandel deshalb, weil die *heutige Zeit* eben *insgesamt* durch fundamentale, umfassende und rasante Wandelprozesse gekennzeichnet ist - mehr als dies zu früheren Zeiten zu beobachten war.

Diese Feststellung gehört allerdings schon seit Jahrzehnten zu den Standardaussagen der Managementlehre.[2] Und auch die ideengeschichtliche Betrachtung der eben genannten Modetrends bringt Ernüchterung: Die Fokussierung auf das Denken in Prozessen im Rahmen eines Reengineering ist ebenso wie die Schaffung von Arenen der Selbstregulierung im Zuge von Lean Management keineswegs neu.[3]

Neu ist allerdings, daß diese Ideen angesichts des heute herrschenden Wettbewerbsdrucks offensichtlich bessere Chancen auf eine Verwirklichung in der Praxis haben, als dies noch vor einigen Jahrzehnten der Fall war und zwar aus zwei Gründen: Einerseits war „früher“ die einzel- und gesamtwirtschaftliche *Prosperität* in den westlichen Industrieländern mehr oder weniger flächendeckend im Steigen begriffen, waren die zur Verteilung anstehenden Marktanteile in insgesamt wachsenden Märkten keine derart restriktive Größe für die Evolution von Organisationen, wie dies „heute“

---

1 Vgl. den Überblick bei Perich 1992: 493ff. und allgemein Ulrich 1994.

2 Vgl. Ulrich 1994: 6.

3 Vgl. allgemein Kirsch/Müller-Stewens 1995, zum Denken in Prozessen Nordsiek 1961, zu selbststeuernden Gruppen Thorsrud/Emery 1964.

der Fall ist. Andererseits spricht einiges dafür, daß die Änderungsgeschwindigkeit gesellschaftlicher Phänomene „heute“ um ein Vielfaches höher ist, als „früher“. Auch wenn, wie angemerkt, die Bewältigung des Wandels schon immer ein virulentes Problem für Organisationen war, so ist es doch die dramatische *Beschleunigung des Wandels*, die von den Organisationen eine ebenso beschleunigte Anpassungsleistung ihrer Geschäftsprozesse und Organisationsstrukturen erzwingt.[4]

Begriff	**Kurzdefinition**	**Autoren**
Geplanter Wandel, Management of Change	Hervorhebung der intentionalen Steuerung von Veränderungsprozessen und Betonung einer Ko-Determination von Veränderungen durch das Management.	Bennis et al. 1961, Kirsch et al. 1979
Transformation, Wandel 2. Ordnung	Bezeichnung für fundamentale Wandelphänomene. Bezieht sich auf eine tieferliegende Ebene (Tiefenstruktur) von Organisationen, die sich von der Oberflächenstruktur und den dort laufenden Wandelprozessen 1. Ordnung unterscheidet.	Gomez/Müller-Stewens 1994, Levy/Merry 1986
Transition	Bezeichnet anhand von Phasenmodellen den Übergang von einem Organisationsparadigma auf das andere.	Beckhard/Harris 1987
Evolution	Anbindung der Wandelphänomene an die mit dem Begriff verbundene historische bzw. biologische Entwicklungsdynamik, die eine Art Höherentwicklung von jeweils niederen zu höheren Formen der Existenz unterstellt.	Kirsch 1979, Tushman/Romanelli 1985, Strasser 1991
Organisationsentwicklung, Organization Development	Verhaltenswissenschaftlich geprägte Veränderungsstrategien, die unter Beteiligung der Betroffenen, sowohl die Leistungsfähigkeit der Organisation, als auch die Entfaltung der Organisationsmitglieder intendieren.	French/Bell 1973, Gebert 1974
Adaption	Reaktive Veränderungsleistungen einer Organisation an Umweltparameter.	Chakravarthy 1982
Reengineering	Fokussierung auf die Kernprozesse einer Organisation und Redesign der Geschäftsprozesse durch strukturelle Veränderungsinterventionen.	Hammer/Champy 1993
Lean Management, Lean Production	Mobilisierung unternehmerischer Energien und ungenutzter Erfolgspotentiale durch Vereinfachung bzw. „Verschlankung“ der Strukturen und Ablaufprozesse.	Bösenberg/Metzen 1993

Tab. 1-1: Ausgewählte Begriffe zum Organisatorischen Wandel

4 Vgl. zum Phänomen der Beschleunigung in unserer Gesellschaft z.B. Sloterdijk 1989.

1.1.2 Die Evolution der Gesellschaftssysteme

Diese Argumentation gewinnt zusätzliche Plausibilität, wenn man sich in einem kurzen Exkurs die Evolution insbesondere der europäischen Gesellschaftssysteme vor Augen führt. In einer ersten Phase sind diese Systeme auf politisch-kultureller Ebene durch eine *vor-moderne* und auf ökonomischer Ebene durch eine *vor-industrielle* Logik geprägt. Dominantes Merkmal der Feudalgesellschaft war zum einen die monistische Machtverteilung, zum anderen der Agrarsektor, in dem etwa 70-80% der Bevölkerung arbeiteten. Die französische Revolution im politisch-kulturellen sowie die industrielle Revolution im ökonomischen Bereich forcierten dann den Übergang von feudalen zu modernen Gesellschaftsformen, ein Epochenwandel, der auch als Beginn der „Neuzeit" beschrieben wird.[5] An den Schilderungen aus dieser Zeit läßt sich erahnen, daß diese Phase der Stadienmischung und -ablösung durch ein extrem hohes Maß an Energie und Turbulenz gekennzeichnet war, die sich nicht zuletzt in explosiver und damit wenig „vernünftiger" Weise entlud. Dieser diskontinuierliche Bruch hatte selbstverständlich auch für die einzelnen Organisationen als gesellschaftliche Subsysteme seine Folgen, was in vielen Fällen zur Auflösung oder völligen Umwandlung führte.

Etwa mit dem Beginn des zwanzigsten Jahrhunderts verebbten die massiven Diskontinuitäten und *moderne* Gesellschaftsformen im politisch-kulturellen Bereich bzw. *industrielle* Produktionsformen im ökonomischen Bereich konnten sich etablieren. Hauptmerkmale der Gesellschaftsordnung waren nunmehr die Organisation der Gewaltenteilung und die Frage der Verteilung der Geld- und Produktionsmittel. Der gesellschaftliche Kontext war aber - auf einem anderen Niveau und nur bedingt vergleichbar - wieder von weitgehend kontinuierlichem Fortschritt und stabilem Wachstum gekennzeichnet. Allerdings zeigt sich seit etwa Mitte der sechziger Jahre wieder eine deutlich erhöhte Aktivitätsintensität, die auf einen erneuten Bruch der gesellschaftlichen Logik hinzuweisen scheint.

Vor diesem Hintergrund wird die *postindustrielle* Gesellschaft proklamiert,[6] in der beispielsweise die Logik der Massenproduktion und die Bedeutung der Kapitalintensität an Gewicht verlieren, während die Logik des „mass customizing" und die Bedeutung des „Wissens" bzw. dessen Verarbeitung in Produkten und vermehrt in Dienstleistungen deutlich zunimmt. Der Begriff einer „Wissensgesellschaft" taucht dabei bei Lane („knowledgeable society"[7]) zum ersten Mal auf und wird vor allem

---

5 Vgl. Koselleck 1977.

6 Vgl. z.B. Bell 1975 und 1976.

7 Lane 1966: 650.

durch Bell[8] weitergetragen. Wettbewerb in der Wissensgesellschaft ist nunmehr weitgehend als „Zeit"-Wettbewerb definiert. Aber auch im politisch-kulturellen Bereich wird eine *Postmoderne* als Gegenentwurf oder radikalisierte Fortführung der Moderne eingefordert. Postmodernität äußert sich z.B. in der Akzeptanz einer radikalen Pluralität von hochgradig differenten Wissensformen, Lebensentwürfen und Handlungsmustern. Nicht die Einheitlichkeit, sondern die Einzigartigkeit dieser permanent proliferierten Kontexte wird dabei betont. Die postmodern geprägten Individuen einer Gesellschaft sind eher Generalisten, die Vielfalt, Widersprüche, Inkonsistenzen und Paradoxien provozieren, während in der Moderne noch Klarheit, Kontinuität und Integration beherrschend waren.[9]

Tabelle 1-2 zeigt noch einmal die Phasen der eben beschriebenen gesellschaftlichen Entwicklung und deren hervorstechende Merkmale zur heute proklamierten „Wissensgesellschaft" im Überblick.

Gesellschaftsform	**Dominanter Produktionssektor**	**Dominanter Produktionsfaktor**	**Dominantes politisch-kulturelles Problem**	**Gesellschaftliche Infrastruktur**	**Ausgewählte Träger der Gesellschaft**
Feudalgesellschaft	Agrarwirtschaft	Boden/Arbeit	Gewalt	machtbasiert	Lehnherren, Polizei, Militär
Industriegesellschaft	Industrieproduktion	Kapital/Arbeit	Armut	kapitalbasiert	Unternehmer, Börse, Sozialversicherung
Wissensgesellschaft	Dienstleistungen	Wissen	Ignoranz	wissensbasiert	Forschungs-, Beratungsunternehmen

Tab. 1-2: Die Evolution der Gesellschaftssysteme (in Anlehnung an Willke 1995: 6ff., Bell 1976: XV und Freiburghaus 1991)

8 Vgl. Bell 1975 und 1976.

9 Vgl. zur Moderne-Postmoderne-Debatte Koslowski et al. 1986, Welsch 1988a und 1988b und die Reflexion dieser Debatte in der Betriebswirtschaftslehre bei Kirsch 1992: 422ff.

1.1.3 Die Verarbeitung von äußeren und inneren Wandelfaktoren

Als Ergebnis läßt sich festhalten, daß Organisationen heute mehr denn je vor der Herausforderung stehen, Wandel zu bewältigen. Zusätzlich zu den immer schon drängenden, eher „kontinuierlichen" Wandelproblemen treten vermehrt auch „diskontinuierliche" Brüche in allen Bereichen des politischen, technologischen, sozialen und ökonomischen Lebens auf. Die Notwendigkeit für organisatorischen Wandel kann man dabei an verschiedenen Klassen von äußerem und innerem Änderungsdruck illustrieren.

Der *externe Änderungsdruck*[10] ergibt sich aus der *Umweltkopplung einer Organisation.* Wie groß der Druck jeweils ist, hängt von der Bedeutung ab, die die einzelnen Aspekte für die fokale Organisation haben und in welcher Weise die Organisation diese Parameter als Subsystem des Gesamtsystems mitbestimmen kann. Für Unternehmen gelten z.B. die in Tabelle 1-3 dargestellten Faktoren in mehr oder weniger unmittelbarer Weise.

Interner Änderungsdruck[11] entsteht demgegenüber innerhalb der Organisation selbst, wobei deutliche Vernetzungen zu den äußeren Einflüssen (und umgekehrt) bestehen. Der innere Druck zwingt eine Organisation neben der ständigen Reproduktion der eigenen Handlungsfähigkeit zu neuen Anpassungsleistungen und entspringt auf der Ebene einzelner Organisationsmitglieder durch die in Tabelle 1-4 zusammengefaßten Faktoren.

Organisationen stehen angesichts dieser insgesamt beschleunigten und in ihrer Komplexität erhöhten Wandelphänomene vor der Aufgabe, den Anpassungsdruck im Rahmen organisatorischer Wandelprozesse zu verarbeiten. Wandel ist allerdings ein permanent laufender Prozeß *und* außerordentliche Herausforderung zugleich. Dies bestätigen empirische Untersuchungen,[12] die organisatorische Wandelprozesse als beständige Folge von unterschiedlichen Phasen zwischen den Extrempunkten „Evolution" und „Revolution" interpretieren.[13] Und schließlich sollten Organisationen nicht nur Adaptionsleistungen an externe und interne Wandelfaktoren leisten, sondern darüber hinaus von sich aus einen *Fortschritt* in der Bedürfnisbefriedigung der von der Organisation Betroffenen realisieren.[14]

---

10 Vgl. Krüger 1994.

11 Vgl. Grässle 1993: 10.

12 Vgl. Tushman/Newman/Romanelli 1986.

13 Vgl. Steinmann/Schreyögg 1993: 441ff. und Nadler 1989: 71ff.

14 Vgl. zur „Fortschrittsfähigen Organisation" Kirsch 1979 und 1990: 471ff.

Externer Druck durch	Kurzbeschreibung der Wandelfaktoren	Beispiel
Wandel der Beschaffungsbedingungen	• Einsatz neuer Materialien	• Substitution von Blech
	• Lieferantenkonzentration und Integrationskonzepte mit Lieferanten	• Kooperationsvereinbarungen in der Automobil-Zulieferindustrie
	• Ökologische Restriktionen	• Gesetzliches FCKW-Verbot
	• Restriktionen beim Arbeitseinsatz	• Facharbeiter-Mangel
	• Neue Logistikkonzeptionen	• Just-in-Time-Anlieferung
	• Neue Formen des Kapitaleinsatzes	• Venture Capital
Wandel der Produktionsbedingungen	• Hoher Automatisierungsgrad bei gleichzeitiger Flexibilisierung der Fertigungsprozesse durch Einführung von C-Technologien	• CAD, CIM, CAM etc.
Wandel der Verkaufsbedingungen	• Verschärfung des Wettbewerbs	• Globalisierung in der Triade
	• Verkürzung der Produkt-Lebenszyklen	• Innovationen in der Chiptechnologie
	• Individualisierung der Konsumpräferenzen	• Ausweitung der Sortimentsbreite
	• Veränderung der konjunkturellen Rahmenbedingungen des Konsums	• Kaufkraftverluste durch weltweite Rezession
	• Vernetzung der Märkte durch neue Kommunikationstechnologien	• Tele-Shopping
Wandel der politischen Bedingungen	• Deregulierung von Märkten	• Telekommunikations-Markt
	• Privatisierung von Staatsunternehmen	• Bahn, Post, Telekommunikation
	• Neuordnung von Handelsbeziehungen	• EWR, GATT
	• Staatliche Unterstützungsleistungen	• Subvention in der Flugzeugindustrie
	• Neuordnung ganzer Gesellschaftssysteme	• Osteuropa
Wandel der sozio-kulturellen Bedingungen	• Steigende Zahl und erweiterter Einfluß diverser Interessensgruppen	• Lobbyismus aller relevanten Stakeholder-Gruppen
	• Zunehmende Bedeutung der „Öffentlichkeit“	• Etablierung der Medien als „vierte Gewalt“ in der Gesellschaft
	• Wertewandel	• Einfluß postmaterieller Werte

Tab. 1-3: Externe Faktoren des Wandels

Interner Druck durch	Kurzbeschreibung der Wandelfaktoren	Beispiel
Wandel der psychischen Bedingungen von Organisationsmitgliedern	• Sinkende Halbwertszeit des Wissens und Erfordernis permanenten Lernens • Die Frage nach Lebenssinn, Lebensqualität und Selbstverwirklichung wird auch im organisatorischen Kontext gestellt • Zunahme beruflicher und privater Ängste	• Einführung neuer Technologien entwertet bisheriges Wissen • Abnehmende Identifikation mit den Organisationszielen • Reduzierung staatlicher und betrieblicher Sozialleistungen
Wandel der materiellen Bedingungen von Organisationen	• Humanressourcen avancieren zum bedeutendsten Wettbewerbsfaktor • Bedeutung von innerorganisationalen strukturellen Faktoren nimmt ab	• Differenzierung über Serviceleistungen • Abbau von Hierarchien und autoritären Führungsmechanismen

Tab. 1-4: Interne Faktoren des Wandels

1.1.4 Organisatorischer Wandel zwischen Evolution und Revolution

Wandelprozesse, die eher dem Pol der *Evolution* entsprechen, sind durch inkrementale Veränderungen gekennzeichnet mit denen der Anpassungsdruck im Sinne einer „Stückwerkstechnologie" verarbeitet wird. Derartige Veränderungen zielen zumeist auf die Wiedergewinnung bzw. Aufrechterhaltung des organisatorischen „fit" mit seiner Umwelt, fokussieren in der Regel nur auf Teile einer Gesamtorganisation und verlaufen weitgehend innerhalb des bestehenden Strategie-Struktur-Kultur-Geflechts. Es geht also um Detailabstimmungen („tuning") zur Optimierung der organisatorischen Effizienz und reaktive Adaptionen („adaption") vor allem externer Einflußparameter. In dieser Ausprägung des Wandels steht letztlich die *Anpassung des organisatorischen Paradigmas* („frame-bending") im Vordergrund.[15]

Wandelprozesse, die demgegenüber eher dem Pol der *Revolution* entsprechen, sind durch diskontinuierliche Veränderungen gekennzeichnet, die einen Bruch zu den bislang bestehenden organisatorischen Rahmenbedingungen beinhalten. Strategie,

15 Vgl. Nadler/Tushman 1986 und Nadler 1989.

Struktur und Kultur einer Organisation, die Definition des eigenen Selbstverständnisses - ergo das organisatorische Paradigma steht ganz oder teilweise zur Disposition. Derartige Wandelprozesse manifestieren sich als mehr oder weniger proaktive Veränderungen des organisatorischen Bezugsrahmens zur Neupositionierung in einem zukünftig anders erwarteten Umfeld. Dabei ist es ein Unterschied, inwieweit die Anschlußfähigkeit zum bisherigen Paradigma gewährleistet bleibt („reorientation“), oder aber der vollständige Bruch mit der Vergangenheit gesucht wird („recreation“). In jedem Fall handelt es sich letztlich um eher fundamentale Wandelprozesse eines Typs, der weiter oben auch als *Transformation* bezeichnet wurde und zu einem weitgehenden Wechsel des organisatorischen Paradigmas führt („frame-breaking“).[16]

Für den Wandel von Organisationen ist davon auszugehen, daß langanhaltende Phasen eher intensitäts- und komplexitätsarmen Wandels die Regel sind, die von unvorhersehbaren Phasen eher intensitäts- und komplexitätsreichen Wandels unterbrochen werden. Fundamentaler organisatorischer Wandel ist also ein eher seltenes Phänomen,[17] das allerdings vor dem Hintergrund der zur Jahrtausendwende zunehmend auftretenden diskontinuierlichen Veränderungsschübe immer mehr Organisationen unmittelbar betrifft.[18]

1.1.5 Wandel der materiellen und kulturellen Ebene

Organisatorische Wandelprozesse beziehen sich vor diesem Hintergrund auf zwei Dimensionen. Auf der *sachlich-materiellen Seite* werden die sogenannten „hard facts“ einer Organisation erfaßt.[19] Hier geht es im wesentlichen um eine Veränderung der „sichtbaren“ Elemente einer Organisation, die sich auf die strukturelle Gestaltung, wie z.B. die Aufbauorganisation, und die Modellierung der Geschäftsprozesse, wie z.B. die Ablauforganisation, beziehen. Interventionsmaßnahmen auf dieser Ebene sind unter dem Begriff der *Restrukturierung* zusammengefaßt und zielen in der Regel auf die Realisierung von Rationalisierungspotentialen. Ebenfalls zu dieser ersten Dimension, allerdings bereits mit Elementen der zweiten Dimension, gehören die Aspekte der strategischen Ausrichtung einer Organisation, mit denen u.a. die Produkt-Markt-Kombinationen und die Ressourcenstrategien festgelegt werden. Veränderungen in diesem Bereich subsumiert man gewöhnlich unter einer *Neuposi-*

---

16 Vgl. ebd.

17 Vgl. Gomez/Müller-Stewens 1994: 137 und ausführlich Kilman/Covin 1989.

18 Vgl. z.B. Toffler 1970 und 1980.

19 Vgl. Perich 1992: 145ff. und Krüger 1994: 210ff.

tionierung oder *Reorientierung* der Organisation, die auf eine Variation der Marktposition ausgelegt sind.

Auf der *psychologisch-kulturellen Seite* werden hingegen die sogenannten „soft facts" einer Organisation erfaßt. Im Gegensatz zur sachlich-materiellen Seite stehen nunmehr weniger greifbare, also „unsichtbare" Faktoren der Organisation zur Disposition. Zum einen sind dies die grundlegenden Verhaltensweisen und Fähigkeiten der Organisationsmitglieder, die ihren Niederschlag im Führungsstil, dem Kooperations- und Teamverhalten, der Wahrnehmung von Handlungs- und Entscheidungsspielräumen und der Übernahme von Initiative bzw. Verantwortung finden. Veränderungen in diesem Bereich werden zumeist als *Revitalisierung* oder Erneuerung bezeichnet. Zum anderen beinhaltet diese Dimension die „tiefste" Ebene der Werte, Weltbilder und Interpretationsschemata. Auf kollektiver, wie auf individueller Ebene ist dies der Ausdruck dafür „wofür man steht", was also den eigentlichen Sinn der Existenz ausmacht. Das paradigmatische Selbstverständnis ist entsprechend selten Objekt einer Veränderung und noch seltener das einer bewußten. Etikettiert werden derartige Wandelprozesse dann mit Begriffen wie Rekreation, Remodellierung oder *paradigmatischer Shift*.

Fallbeispiel: Strategie, Struktur und Kultur bei der Mercedes-Benz AG

Die strategische Neuausrichtung der Mercedes-Benz AG, sichtbar anhand der Produktoffensive in allen Nischensegmenten, war beispielsweise ohne strukturelle Eingriffe, wie die Einführung einer neuen Führungsorganisation oder der Center-Konzeption nicht vorstellbar. Gleichzeitig erforderten die Eingriffe auch das Erlernen bisher nicht benötigter Verhaltensweisen der Belegschaft, wie die Teamorientierung in der Fertigung, und hatte damit Wirkung auf die Organisationskultur.[20]

Die Unterscheidung eines Kontinuums von sachlich-materiellem und psychologisch-kulturellem Wandel ist, ebenso wie die Differenzierung von Evolution und Revolution, als „idealtypische" Ausprägung von Wandelprozessen, mit diversen Mischtypen zu denken. Außerdem wird deutlich, daß die Differenzierungskriterien „Evolution/Revolution" und „materiellerWandel/kultureller Wandel" korrespondierende Aspekte beinhalten. Inkrementale Veränderungen zur Optimierung der organisatorischen Effizienz finden eher auf der sichtbaren, strukturellen Ebene einer Organisation statt, während fundamentaler Wandel große Teile der psychologisch-kulturellen Ebene betrifft.

---

20 Vgl. das Fallbeispiel im Anhang.

1.1.6 Die Theorie des Organisatorischen Lernens als Erklärungsansatz organisatorischer Wandelprozesse

Der Wandel von Organisationen wird angesichts der bislang vorgetragenen Argumente von einer Vielzahl unterschiedlicher Aspekte bestimmt. Abbildung 1-2 stellt die einzelnen Punkte noch einmal übersichtlich dar und zeigt, daß es sich bei diesem Themengebiet offensichtlich um eine komplexe Thematik handelt.

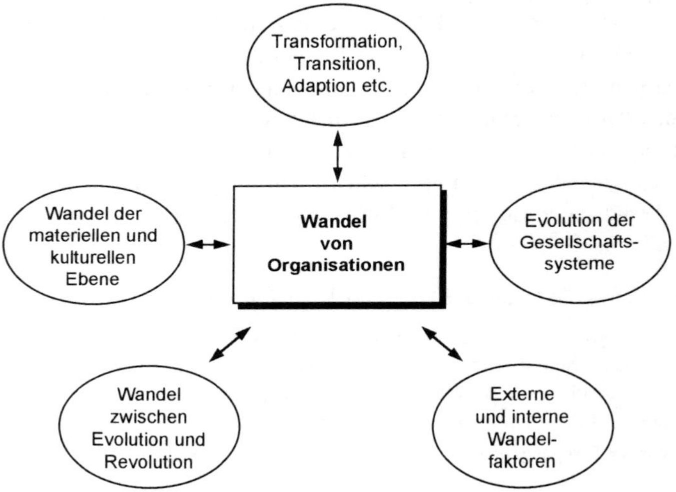

Abb.1-2: Die verschiedenen Aspekte des Wandels von Organisationen

Im Zusammenhang mit dieser Komplexität ist es auch nicht weiter verwunderlich, daß eine teilweise verwirrende Zahl unterschiedlicher Theorieansätze existiert, die das Phänomen des organisatorischen Wandels zu ergründen versucht.[21] Egal welcher Richtung man im einzelnen auch folgt, es stellt sich immer die zentrale Frage, *wie, auf welche Weise* Organisationen Wandel bewältigen. Gesucht wird also der *Modus*, über den der organisatorische Wandel allgemein, organisatorische Transformationen im besonderen ablaufen.

21 Vgl.zur Übersicht über die verschiedenen Ansätze Steinle 1985.

Die seit einiger Zeit auftauchenden Bausteine zu einer *Theorie des Organisatorischen Lernens* dürfen in dieser Frage als aussichtsreiche Kandidaten gelten, die Beschreibung und Erklärung organisatorischer Wandelphänomene leisten zu können. Organisatorisches Lernen beschreibt dabei die Evolution einer Organisation als fortlaufenden Lernprozeß an dessen Ende die Vorstellung einer „Lernenden Organisation" steht. In den folgenden Abschnitten werden die einzelnen Bausteine einer Theorie des Organisatorischen Lernens deshalb ausführlich vorgestellt.

1.2 Die Theorie des Organisatorischen Lernens

Der Themenkomplex des Organisatorischen Lernens hat sich in den letzten Jahren zu einem expansiven Forschungsfeld entwickelt. Ausgehend von ersten Publikationen aus dem anglo-amerikanischen Raum zu unterschiedlichen theoretischen Konstruktionen eines „*Organizational Learning*"[22] hat dieses Forschungsgebiet nunmehr auch Eingang in die deutschsprachige Betriebswirtschaftslehre gefunden.[23] Gemeinsam ist diesen Publikationen die These, daß im Rahmen organisatorischer Wandelphänomene *umfassende Lernprozesse in und von Organisationen* stattfinden.

Die folgenden Abschnitte geben vor dem Hintergrund dieser These eine Einführung in das Themengebiet des Organisatorischen Lernens und spannen dadurch gleichzeitig einen Bezugsrahmen zur Diskussion von Wandelprozessen auf. In Abschnitt 1.2.1 werden dazu die verschiedenen theoretischen Ansätze vorgestellt, danach erfolgt in Abschnitt 1.2.2 eine Synopse der bislang vorliegenden Bausteine.

1.2.1 Die verschiedenen Ansätze zu einer Theorie des Organisatorischen Lernens

Ausgehend von der gemeinsamen These, daß Wandelphänomene mit Lernprozessen zusammenhängen, beginnen die Differenzierungen der Erklärungsansätze, die in Tabelle 1-5 übersichtlich dargestellt sind. Die Kategorisierungen dürfen allerdings nicht darüber hinweg täuschen, daß die Abgrenzung nicht immer absolut trennscharf gelingt und zwischen den Ansätzen die unterschiedlichsten Anknüpfungspunkte bestehen.

---

22 Vgl. z.B. March/Olson 1976, Argyris/Schön 1978, Jelinek 1979, Duncan/Weiss 1979, Miles/Randolph 1980, Hedberg 1981.

23 Vgl. z.B. Riekmann/Sievers 1978, Wolff 1982, Pautzke 1989, Sattelberger 1991, Müller-Stewens/Pautzke 1991, Perich 1992, Pawlowsky 1992, Reinhardt 1993, Geißler 1994, Probst/Büchel 1994, Castiglioni 1994

Eine *erste Klasse*[24] von Theorien ist unter dem Begriff *behavioristische Lerntheorien* zu notieren. Organisatorisches Lernen ist hier hauptsächlich auf die beobachtbare Verhaltensmodifikation des organisatorischen Gesamtsystems bezogen. Das Wettbewerbsverhalten der Organisation am Markt, die strategischen Programme und weitere von außen rekonstruierbare Parameter werden im Rahmen klassischer Stimulus-Response-Modelle als Reaktionen der Organisation auf gegebene Umweltstimuli interpretiert. Organisatorisches Lernen ist damit in letzter Konsequenz mit organisatorischer Anpassung gleichzusetzen.

	Behavioristische Theorien	**Kognitive Theorien**	**Persönlichkeits-theoretische Ansätze**	**Systemische Theorien**
Fokus	Verhaltens-modifikation des sozialen Systems	Erkenntnisgewinn des sozialen Systems	Dominanz von Persönlichkeiten an der Spitze des Systems	Koppelung von behavioristischen und kognitiven Elementen
Lern-Modell	Lernprozesse entlang unterschiedlicher Stimulusbedingungen der Umwelt	Lernprozesse in den kognitiven Tiefen-strukturen	Lernprozesse stell-vertretend durch dominierende Persönlichkeiten	Lernprozesse als Lernzirkel zwischen Oberflächen- und Tiefenstruktur
Autoren	Jelinek 1979 Hedberg 1981	Argyris/Schön 1978 Duncan/Weiss 1979	Miller/Friesen 1984 Kets deVries/Miller 1984 und 1986	Fiol/Lyles 1985 Lundberg 1989 Gomez/Müller-Stewens 1994

Tab. 1-5: Ansätze zu einer Theorie Organisatorischen Lernens

Eine *zweite Kategorie*[25] von Theorieansätzen sind die *kognitiven Lerntheorien.* Organisatorisches Lernen bezieht sich hier vor allem auf einem möglichen Erkenntnisgewinn in den kognitiven Strukturen des sozialen Systems und rekurriert somit auf den Erwerb von neuen Einsichten und neuem Wissen. Der Organisation als soziales System werden damit - in Analogie zum Individuum - Strukturen eines intelligenten Wesens zugerechnet. Die Organisation hat aus dieser Sicht die Fähigkeit, im Laufe der Zeit Erfahrungen zu sammeln, zu speichern und weiterzuverarbeiten. Eine eigen-

24 Vgl. Perich 1992: 389 und Heimerl-Wagner 1992: 54ff.

25 Vgl. Perich 1992: 389.

ständige Identität ist das Resultat, wobei die Lernprozesse in den basalen, kognitiven „Tiefenstrukturen" ihren beobachtbaren Ausdruck im Verhalten der Organisation finden bzw. anders ausgedrückt: in der „Oberflächenstruktur" der Organisation.

Als *dritte Klasse*[26] können *persönlichkeitstheoretische Ansätze* Organisatorischen Lernens identifiziert werden. Derartige Modelle verbinden Aspekte der Persönlichkeit bestimmter (prominenter) Handlungsträger mit der Organisationskultur. Die Handlungsmuster der Individuen werden typologisiert und auf die Organisation als soziales System übertragen. Dabei unterstellen diese Ansätze eine weitgehende Konzentration der Entscheidungsmacht auf die Hand des Unternehmensleiters, z.B. in Pionierunternehmen bzw. kleinen und mittelständischen Eigentümerunternehmen, sowie die ebenso weitgehende Einflußlosigkeit des Systems gegenüber diesen Eingriffen. Organisatorische Lernprozesse werden dann entlang der zumeist pathologischen Typenbildung verortet.

Die *vierte Gruppe*[27] der theoretischen Ansätze bilden umfassende Lerntheorien bzw. *interaktionistisch-systemische Modelle* Organisatorischen Lernens. Diese Ansätze gehen davon aus, daß die ausschließliche Konzentration auf behavioristisch-aktionale bzw. kognitiv-strukturale Elemente allein nicht ausreichend ist. Organisatorische Lernprozesse weisen vielmehr beide Komponenten auf, die zudem wechselseitig aufeinander bezogen sind. Zwischen den grundlegenden kognitiven Denkmustern und sichtbaren Handlungsprozessen einer Organisation existiert demnach eine Kopplungsbeziehung. Im Vordergrund stehen insofern nicht allein die Interdependenzen zwischen einzelnen Individuen und der Organisation, sondern auch diejenigen komplexer sozialer Systeme (Gruppen, Organisationsgeflechte, etc.) innerhalb und außerhalb der Organisation. Organisatorisches Lernen kann dann zusammenfassend als Lernzyklus beschrieben werden, der sowohl auf der Ebene der impliziten Denkmuster - die oben bereits erwähnten Tiefenstrukturen -, als auch auf der Ebene des sichtbaren Verhaltens - die Oberflächenstruktur - abläuft.

Wenn man die Klassenbildung näher betrachtet, scheint vor allem die letzte Gruppe als Erklärungsmuster organisatorischer Lernprozesse die höchste Erklärungskraft zu besitzen. Die dort erfaßten Modelle einer *zirkulären Verflechtung* latent-kognitiver und evident-aktionaler Ebenen weisen insofern die höchste Plausibilität auf, als keine einseitige Theoriebildung aus behavioristischer oder kognitivistischer Perspektive

---

26 Vgl. Heimerl-Wagner 1992: 56f.

27 Vgl. Perich 1992: 389ff. und Heimerl-Wagner 1992: 57ff.

geschieht, sondern beide Perspektiven ihre angemessene Berücksichtigung finden.[28] Durch die Unterscheidung bestimmter Elemente in den interaktionistisch-systemischen *Lernzirkeln* werden die beiden abstrakten Ebenen der Oberflächen- und Tiefenstruktur außerdem zusätzlich konkretisiert. Beispiele für interaktionistisch-systemische Lernzirkel sind unter anderem:

- Der Kreis aus individuellem und organisatorischem Handeln, Umweltreaktionen und individuellen Überzeugungen bei March und Olson,[29]
- die Verbindung von Kollektivierung, Institutionalisierung, Handlung und Feedback bei Müller-Stewens und Pautzke,[30]
- der Zirkel aus Wahrnehmung, Sinngebung, Handlungsauslösung, Handlung und Resultat bei Perich[31] und
- der Kreislauf aus Handeln, Reflexion, Denken und Entscheiden bei Lewin bzw. Kolb.[32]

Auch in dieser Arbeit wird der interaktionistisch-systemischen Auffassung gefolgt. Die Betrachtung organisatorischer Lernprozesse entlang der miteinander verbundenen Prozesse aus individuellem und kollektivem Lernen bildet vor allem im zweiten Kapitel das Fundament zur Konstruktion eines integrierten Modells Organisatorischen Lernens. Doch zunächst ist es hilfreich, sich die verschiedenen Bausteine der bislang vorliegenden Ansätze noch einmal näher zu betrachten.

1.2.2 Bausteine zu einer Theorie des Organisatorischen Lernens

Die bislang vorliegenden Ansätze stehen in weiten Teilen nicht immer in einem grundsätzlichen Widerspruch zueinander - auch wenn sie aus zunächst inkompatibel scheinenden theoretischen Vorstellungen heraus entwickelt wurden.[33] Man kann deshalb den Versuch unternehmen, die einzelnen Bausteine systematisch zu rekonstruieren. Anhand von *zwei Leitfragen* werden die einzelnen Theoriestränge so analysiert,

---

28 Die Grenzüberschreitung erfolgt dabei unter bewußter Transzendierung des jeweiligen Theoriehintergrundes (Empirismus versus Rationalismus), die sich - von einem streng wissenschaftstheoretischen Standpunkt aus gesehen- gegenseitig ausschließen.

29 Vgl. March/Olson 1976.

30 Vgl. Müller-Stewens/Pautzke 1991: 195ff.

31 Vgl. Perich 1992: 390ff.

32 Vgl. Lewin 1963 und Kolb 1984.

33 Es sei nochmals auf die Unterschiede des Behaviorismus und Kognitivismus verwiesen.

als wären sie aus einer übergeordneten Theorieperspektive tatsächlich zusammenhängend entworfen worden:[34]

- Erstens steht die Frage im Vordergrund, was das eigentlich *„organisatorische“* an den hier diskutierten Lernprozessen ist (Abschnitt 1.2.2.1),
- bevor zweitens danach gefragt wird, entlang welcher Kriterien tatsächlich vom *„Lernen“* einer Organisation gesprochen werden kann (Abschnitt 1.2.2.2).

Die beiden Analyseebenen liegen quer zueinander, so daß in Abschnitt 1.2.2.3 die anhand der beiden Leitfragen diskutierten Bausteine als *propädeutische Elemente* einer Theorie des Organisatorischen Lernens in einer Matrix systematisch geordnet werden können. Abschnitt 1.2.2.4 vertieft vor diesem Hintergrund schließlich eine umfassende Sicht des Organisatorischen Lernens als *Evolution der organisatorischen Wissensbasis*.

1.2.2.1 Das „organisatorische“ in der Theorie Organisatorischen Lernens

Ohne den Ausführungen im zweiten Kapitel zu weit vorzugreifen, ist zunächst die Frage interessant, was denn das spezifisch *organisatorische* an organisatorischen Lernprozessen ist?[35] Hierzu sind *vier Möglichkeiten* festzustellen, die in der Überblicksmatrix in Abschnitt 1.2.2.3 (Tabelle 1-7) mit den Ziffern 1 bis 4 gekennzeichnet sind.

1.2.2.1.1 Organisatorisches Lernen als Veränderung von Organisationen

Im Vordergrund steht hier der „objektiv“ beobachtbare Wandel. Dabei ist es allerdings problematisch zu entscheiden, wann die Organisation sich tatsächlich geändert hat. Als mögliche Kriterien können beispielsweise die Handlungsroutinen bzw. „standard operating procedures“[36], die organisatorischen Systeme,[37] Verfahren, Programme und Regeln,[38] strukturelle Charakteristika[39] oder kulturelle Aspekte und de-

---

34 Vgl. ähnlich Geißler 1994: 10.

35 Vgl. Pautzke 1989: 103ff. und Reinhardt 1993: 44ff.

36 Vgl. Cyert/March 1963.

37 Vgl. Jelinek 1979.

38 Vgl. Rieckmann/Sievers 1978.

39 Vgl. Wolff 1982.

ren Artefakte[40] herangezogen werden. Bis auf den letzten Aspekt handelt es sich dabei um Erscheinungen der Oberflächenstruktur einer Organisation, also um „sichtbare" Materialisierungen. Mit kulturellen Werten sind Phänomene der Tiefenstruktur als das organisatorisch „Unterbewußte" angesprochen.[41]

Entlang der Oberflächenphänomene können relativ scharfe Abgrenzungen vorgenommen und die dort beobachtbaren Veränderungen als Kriterien organisationaler Lernprozesse herangezogen werden. Individuelles Wissen ist durch formale Materialisierungen institutionalisiert - beispielsweise in einem Handbuch - und damit kollektiv zugänglich. Die Organisation wird unabhängig vom eigentlichen Wissensträger und hat insofern dazu gelernt. Bei tiefenstrukturell bedingten Werten, Einstellungen, Eigenschaften, Interessen, Regelungen und Ereignissen ist dies allerdings nicht so offensichtlich möglich. Hier entzieht sich die Erfassung von Veränderungen und damit möglicher organisatorischer Lernprozesse sehr weitgehend einer nachvollziehbaren Operationalisierung. Gleichzeitig ist es offensichtlich, daß es gerade der Wandel in den Tiefenstrukturen ist, der echte Transformationen in der Lerngeschichte einer Organisation produziert.

1.2.2.1.2 Organisatorisches Lernen als stellvertretendes Lernen von Individuen in Organisationen

Kollektive Lernprozesse geschehen selbstverständlich in weiten Teilen stellvertretend durch die Mitglieder einer Organisation.[42] Im einem ersten Zugriff sind es immer Individuen, die Informationen und Daten wahrnehmen, diese prozessieren und verknüpfen, Wissen aufbauen und verändern, Handlungsoptionen generieren und Verhalten in Interaktion mit der Umwelt produzieren - und dies eben nicht nur für sich allein, sondern auch stellvertretend für die Organisation. Die prominente Position dominierender Persönlichkeiten erhöht dabei die Wahrscheinlichkeit, daß deren individuelles Verhalten auch die Handlungen der anderen Kollektivmitglieder prägt. Durch die Zuweisung entsprechender Machtpotentiale in Organisationen sind die Mitglieder einer „dominant coalition"[43] in der Lage, den Handlungs- und Verhaltensspielraum der „Restorganisation" zumindest teilweise zu determinieren. Entsprechend prominent können sich demzufolge die Lernprozesse der „Machthaber" in Änderungen des Handlungs- und Verhaltensspielraumes von Organisationen und deren

---

40 Vgl. Schein 1984.

41 Vgl. Müller-Stewens 1995: 144ff. und Gomez/Müller-Stewens 1994: 154ff.

42 Vgl. z.B. Duncan/Weiss 1979, Tichy/Devanny 1986, DeGeuss 1988, Kotter 1990.

43 Vgl. Thompson 1967.

Mitgliedern niederschlagen. Die Analyse organisatorischer Lernprozesse ist aus dieser Perspektive folgerichtig eine Betrachtung von Phänomenen der Führung und Macht in Organisationen.

In einem zweiten Zugriff muß diese Perspektive aber gleichzeitig relativiert werden: Das Lernen von Organisationen ist *nicht vollständig* mit dem Lernen der dort befindlichen Mitglieder bzw. der dominierenden Koalition gleichzusetzen. Der Lernprozeß erfolgt zwar über die Individuen, deren Interaktionen schaffen aber zugleich ein verändertes Ganzes.[44]

Fallbeispiel: Das Executive Development Programm der Deutschen Aerospace

Das Executive Development Programm bei der Deutschen Aerospace AG zielt auf die Mobilisierung der Gesamtorganisation über den Weg der Multiplikation. Führungskräfte mit hohem Potential sollen dabei zu „Unternehmern im Unternehmen" ausgebildet werden und die persönlich erlebten Veränderungsbedingungen durch das Programm in ihren Einheiten weitertragen. Die Multiplikatoren erfassen somit die kritischen Transformationsprozesse zunächst stellvertretend für die breite Masse der Organisation und sollen dann den intendierten Wandel im Rahmen eines kollektiven Lernprozesses zu einer tatsächlichen und tiefgreifenden Veränderung der Organisation bringen.[45]

1.2.2.1.3 Organisatorisches Lernen als Veränderung des von allen Organisationsmitgliedern geteilten Wissens

Einer Organisation wird neben der prinzipiellen Verfügbarkeit über individuelle Wissenspotentiale auch eine Art gemeinsamer Wissensbasis zugeschrieben. Dieses Wissen umfaßt beispielsweise das Paradigma einer Organisation, das als Bestandteil der Tiefenstruktur einen „gemeinsamen Nenner" aller Mitglieder darstellt. Mit Bezug auf die Organisationskultur wird dieses Weltbild auch als „shared frames of reference"[46], „shared assumptions"[47] oder „Sinnmodell"[48] bezeichnet. Sichtbarer Ausdruck ist beispielsweise das Leitbild einer Organisation als offizieller Verhaltenskodex aller Mitglieder. Das damit verbundene Wissen wird über den Mechanismus der Sozialisation von den Mitgliedern internalisiert und führt dazu, daß es einen auch tatsächlich gelebten kulturellen Kern bestimmter Glaubenssätze über alle individuellen Spezifizierungen hinweg gibt - der freilich nicht immer mit dem offiziellen Leitbild korrespondieren muß. Das gemeinsam geteilte Wissen ist aber in jedem Fall dafür

---

44 Vgl. ausführlich das zweite Kapitel.

45 Vgl. Deutsche Aerospace AG 1993.

46 Jelinek 1979: XVI.

47 Vgl. Schein 1984.

48 Kirsch 1990: 471ff.

(mit-)verantwortlich, daß Organisationen, ebenso wie Individuen eine unverwechselbare Identität zugeschrieben werden kann.[49] Außerdem verfügen Kollektive über arteigene Speichersysteme, wie beispielsweise Mythen, durch die bestimmte Annahmen über Wirkungszusammenhänge gespeichert sind.

Fallbeispiel: Kundenorientierung statt Technikorientierung bei Mercedes-Benz

Das dominierende Weltbild der Mercedes-Benz AG war über ein Jahrhundert lang die Orientierung am technischen Optimum. Die Leitfunktion der Spitzentechnologie fand bis vor kurzen auch seinen Ausdruck in der weithin sichtbaren Formulierung: „Das Beste oder nichts". Mittlerweile rechtfertigten aber die Märkte bei nurmehr geringer Differenzierung keine Preisprämien für die zum Teil kaum noch wahrnehmbaren technologischen Vorteile. Im Gegenteil wurde der Preis zum entscheidenden Kaufargument und technologische Sonderlösungen zum Ballast. Vor diesem Hintergrund fokussiert das MB-Erfolgsprogramm konsequent auf eine „Kompromißlose Kunden- und Marktorientierung" als entscheidende Grundlage des Alltagshandelns. Diese Verhaltensorientierung wurde auch in kurzer Zeit bei den meisten Mitarbeitern zu einer akzeptierten Größe und damit zu einem Teil der gemeinsamen Wissensbasis.[50]

Die Veränderung des Weltbildes einer Organisation ist aber, wie weiter oben bereits betont, ein von außen schwer zu beobachtendes Phänomen, zumal es eben in Interaktionen der Individuen mit der Umwelt zum Ausdruck kommt. Diese Individuen sind aber nicht nur hinsichtlich *„der"* Organisationskultur sozialisiert, sondern auch im Zusammenhang mit den vielfältigen organisatorischen Subkulturen - von den Sozialisationen außerhalb der Organisation einmal ganz abgesehen. Dennoch beziehen organisatorische Lernprozesse auch solche der Tiefenstruktur einer Organisation mit ein.

1.2.2.1.4 Organisatorisches Lernen als Nutzung, Veränderung und Fortentwicklung der organisatorischen Wissensbasis

In einer Art übergreifenden Sicht[51] rücken diejenigen Wissenspotentiale in den Fokus, die prinzipiell für die Organisation verfügbar sind. Organisatorisches Lernen umfaßt damit sowohl das Lernen von Individuen in Organisationen, als auch die Veränderung des gemeinsam geteilten Wissens - allerdings in dem Umfang, in dem es der Organisation tatsächlich zur Verfügung steht.[52] Maßgeblich ist also, inwieweit die Wissens*potentiale* in organisatorischen Handlungen, in den Strukturen und Pro-

---

49 Vgl. Etzioni 1975.

50 Vgl. ausführlich das Fallbeispiel im Anhang.

51 Vgl. ausführlich Abschnitt 1.2.2.4.

52 Vgl. Kirsch 1992: 316ff. und Pautzke 1989.

zessen wirklich zur Entfaltung kommen. Dabei muß für das Vorliegen eines organisatorischen Lernprozesses nicht jeder in der Organisation alles lernen. Es genügt vielmehr, daß immer dort gelernt wird, wo neues Wissen auch wirklich gebraucht wird.

In dieser Arbeit wird letztlich dieser übergreifenden Begrifflichkeit Organisatorischen Lernens gefolgt. Das integrierte Modell Organisatorischen Lernens im zweiten Kapitel enthält deshalb

- die Beschreibung individueller Lernprozesse innerhalb eines kollektiven Kontextes (Lernen in und für die Organisation),
- die Charakteristika einer kollektiven Wissensbasis mit Elementen der Oberflächen- und Tiefenstruktur sowie deren Entwicklungsmöglichkeiten (Lernen der Organisation),
- Die Wechselbeziehung zwischen kollektiven und individuellen Wissenselementen (Sozialisation) und
- die Handlungsoptionen, die sich aufgrund der individuellen und kollektiven Wissensbasis bzw. deren Veränderungen ergeben (Erweiterung des Handlungsspielraumes).

1.2.2.2 Die Kriterien für das „Lernen" von Organisationen

Nachdem nunmehr geklärt ist, was das eigentlich organisatorische des Organisatorischen Lernens ausmacht, soll jetzt die zweite Frage im Vordergrund stehen, was mit dem Begriff des *Lernens* in diesem Zusammenhang gemeint sein könnte und wie diese Prozesse verlaufen.[53] Hierzu sind *drei Möglichkeiten* festzuhalten, die in der Überblicksmatrix in Abschnitt 1.2.2.3 (Tabelle 1-7) mit den Buchstaben A bis C gekennzeichnet sind.

1.2.2.2.1 Lernen als Anpassung an die Umweltbedingungen

Diese Auffassung geht letztlich auf Simon[54] zurück, der organisationale Anpassungsleistungen an äußere Rahmenbedingungen[55] mit den Lernprozessen beteiligter Organisationsmitglieder erklärte. Bekannte Reiz-Reaktions-Muster werden zunächst durch

---

53 Vgl. dazu allgemein Pautzke 1989: 108ff., Pawlowsky 1992: 204ff., Reinhardt 1993: 46ff., Probst/Büchel 1994: 35ff. und Castiglioni 1994: 30ff.

54 Vgl. Simon 1953.

55 Vgl. Abschnitt 1.1.

die Wahrnehmung neuer Informationen aufgebrochen und interne Anpassungsleistungen führen dazu, daß veränderte Reizkonstellationen mit veränderten Reaktionen erwidert werden.[56] Mit Cyert und March[57] kann man beispielsweise die Anpassung der organisatorischen Ziele in Abhängigkeit bislang gemachter Erfahrungen als eine Möglichkeit der Adaption begreifen. Was sich im Umfeld bewährt hat, wird beibehalten, was nicht, entsprechend verändert.

Dieses „Lernen am Erfolg“ führt allerdings sehr weitgehend zu einer rein *passiven* Anpassung an die Umwelt. Solange keine tiefergreifenden Veränderungen im organisatorischen Normengefüge stattfinden, kann man auch vom „single- loop learning“[58] sprechen. Die einfache Schleife des single-loop ist dabei eine Anpassungsleistung im Rahmen vorgegebener organisatorischer Normen:

> „There is a 'single feedback loop' which connects outcomes of action to organizational strategies and assumptions which are modified so as to keep organizational performance within a range set by organizational norms. The norms themselves - for production quality, sales, or task performance - remain unchanged.“[59]

Abbildung 1-3 zeigt in einer schematischen Darstellung, wie die Prozesse des single-loop learning die Oberflächenstruktur einer Organisation verändert, ohne dabei wesentliche Auswirkungen auf die Tiefenstruktur zu produzieren.

Innerhalb des vorgegebenen, dominanten Kontextes der Umwelt bzw. des organisatorischen Normengefüges wird also ein auf *Effizienz* zielendes Anpassungslernen vollzogen und bestehende *Problemlösungen* optimiert.[60] Resultat sind beispielsweise weiter verfeinerte Handlungsroutinen an der Oberfläche einer Organisation, ohne die Prozeduren oder Routinen grundlegend zu verändern.[61] Die Handlungsroutinen werden dabei durch die Bildung und Veränderung organisatorischer Systeme der Oberflächenstruktur unterstützt.[62] Dies sind Systeme, die handlungsrelevantes Wissen speichern, kommunizieren und interpretieren, wie z.B. Handbücher oder interne Weisungsdienste. Dadurch erfolgt eine Art „Sedimentation von Wissen“[63], das dann nicht mehr diskursiv verfügbar sein muß, um dennoch das Handeln der Organisation mitzubestimmen.

---

56 Vgl. Hedberg 1981.

57 Vgl. Cyert/March 1963.

58 Vgl. ausführlich Argyris/Schön 1978.

59 Ebd.: 18f.

60 Vgl. Duncan/Weiss 1979: 81ff., Fiol/Lyles 1985: 808, Rieckmann/Sievers 1978: 263.

61 Vgl. Abschnitt 1.2.2.1.1.

62 Vgl. Jelinek 1979 und Shrivastava 1983.

63 Pautzke 1989: 111.

Fallbeispiel: Anpassungslernen in der Personalentwicklung bei ABB

Wenn die Mitglieder der Aus- und Weiterbildungsabteilung der Asea Brown Boveri versuchen, sich mit ihrem internen Schulungsprogramm auseinanderzusetzen, um die Ziele der Personalstrategie zu erfüllen und daraufhin das angesprochene Schulungsprogramm ändern, so hat Anpassungslernen stattgefunden.[64]

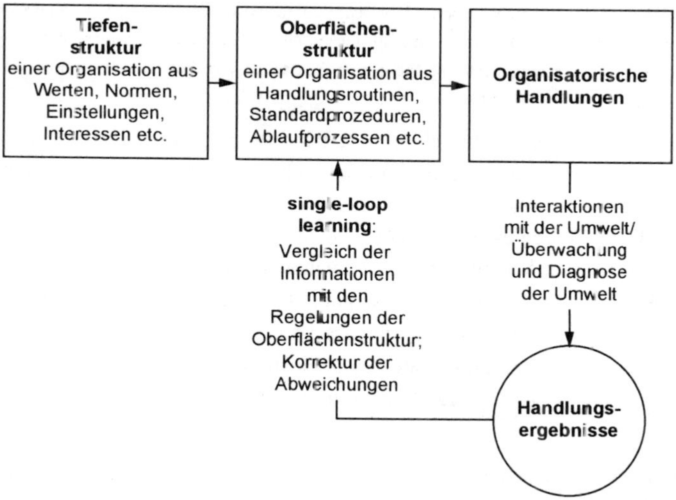

Abb. 1-3: Anpassungslernen im Rahmen des single-loop learning

1.2.2.2.2 Lernen als Veränderung von Wissensstrukturen in Organisationen

Die unter 1.2.2.2.1 gekennzeichneten Lernprozesse der Anpassung können als solche niedrigerer Ordnung gekennzeichnet werden, wenn zusätzlich solche *höherer Ordnung* ins Blickfeld geraten. Es geht nicht mehr um Phänomene der Oberflächen-, sondern diejenigen der Tiefenstruktur. Dazu verwenden die meisten Autoren[65] den Begriff des Paradigmas von Kuhn.[66] Veränderungslernen wird dann als Veränderung

64 Entnommen aus: Probst/Büchel 1994: 40.

65 Z.B. Jelinek 1979: 142ff., Duncan/Weiss 1979, Hedberg 1981.

66 Vgl. Kuhn 1967.

des organisatorischen Weltbildes und der damit in Verbindung stehenden Werte- und Normenmuster definiert.

Argyris/Schön benennen diese Art des Lernens „double-loop learning“.[67] Anders als bei den Lernprozessen mit einfacher Schleife, werden bei denjenigen der doppelten Schleife zugleich die Strategien und grundlegenden Annahmen sowie die zugrunde gelegten Normen einbezogen:

> „We will give the name 'double-loop learning' to those sorts of organizational inquiry which resolve incompatible organizational norms by setting new priorities and weightings of norms, or by reconstructuring the norms themselves together with associated strategies and assumptions“.[68]

Nunmehr wird nicht mehr ausschließlich, wie bei single-loop-Prozessen, die Beobachtung und Diagnose der Organisationsumwelt entlang der weitgehend unveränderbaren Regeln und Standards geleistet. Es findet darüber hinaus eine Überprüfung der Normen auf ihre Angemessenheit statt. Das System sondiert Alternativen und ist bereit, die herrschenden Vorgaben bei entsprechendem Bedarf abzuändern. Die Organisation muß dabei in der Lage sein, seine aktuelle Handlungstheorie kritisch zu hinterfragen. Konflikte bei der Veränderung des bestehenden bzw. bei der Implementierung eines „neuen“ Handlungskontextes sind allerdings die wahrscheinliche Folge. Die Prozesse des double-loop learning sind in Abbildung 1-4 noch einmal systematisiert.

Zusammenfassend differenzieren Argyris und Schön single-loop und double-loop learning folgendermaßen:

> „When the error detected and corrected permits the organization to carry on its present policies or achieve its present objectives, then error-detection-and-correction process is single-loop learning. (...) Double-loop learning occurs when error is detected and corrected in ways that involve the modification of an organization's underlying norms, policies, and objectives.“[69]

Die meisten Autoren sind sich einig, daß die Veränderung des Normengeflechts im Zuge einer doppelten Schleife große Schwierigkeiten mit sich bringt.[70] Meistens werden derartige Prozesse erst möglich, wenn im Zuge der Reflexionen über die fundamentalen Veränderungen Aspekte des „Lernen zu lernen“ in den Vordergrund rükken.

---

67 Vgl. Argyris/Schön 1978.

68 Ebd.: 24.

69 Ebd.: 3.

70 Vgl. Hedberg 1981, Watzlawick 1988, Argyris 1990.

Fallbeispiel: Veränderungslernen in der Personalentwicklung bei ABB

Wenn die Mitglieder der Aus- und Weiterbildungsabteilung der Asea Brown Boveri versuchen, sich mit den zugrunde liegenden Hypothesen und Annahmen ihrer Umwelt sowie ihrer eigenen Betrachtung der ABB-Personalpolitik auseinanderzusetzen und ein neues Schulungsprogramm zusammenstellen (das der Personalstrategie entspricht, jedoch auch andere Zielsetzungen verfolgt), so hat eine grundsätzliche Auseinandersetzung mit den Werten der Organisation stattgefunden.[71]

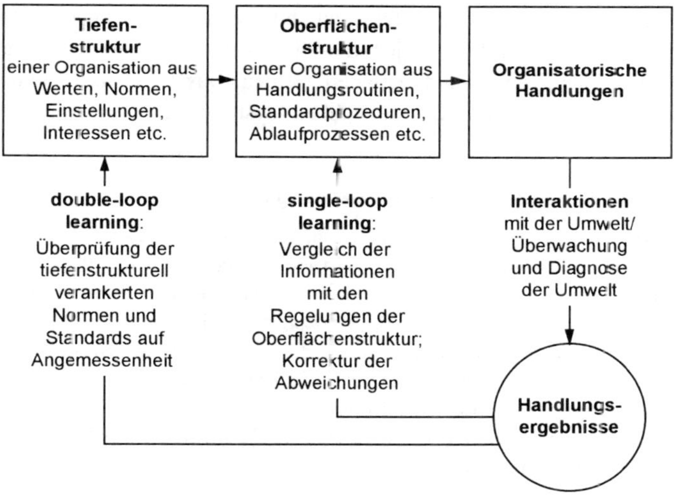

Abb. 1-4: Veränderungslernen im Rahmen des double-loop learning

1.2.2.2.3 Lernen als Einsicht über den Ablauf von Lernprozessen

Angelehnt an den Begriff des „deutero learning" von Bateson,[72] geht es für Organisationen darum, die Prozesse des single-loop bzw. double-loop learning selbst zum Gegenstand eines übergeordneten Lernprozesses zu machen. Organisationen können somit auf einer *Metaebene* lernen, was, wie, wann und warum sie lernen:

> „When an organization engages in deutero learning, its members learn, too, about previous contexts for learning. They reflect on and inquire into previous contexts for learning. They

---

71 Leicht verändert entnommen aus: Probst/Büchel 1994: 40.

72 Vgl. Bateson 1972.

reflect on and inquire into previous episodes of organizational learning, or failure to learn. They discover what they did that facilitated or inhibited learning, they invent new strategies for learning, they produce these strategies, and they evaluate and generalize what they have produced. The results become encoded in individual images and maps and are reflected in organizational learning practice."[73]

Der Prozeß des „Lernens zu lernen" besteht demnach darin, eine bessere Einsicht in die einzelnen Lernvorgänge zu erlangen, seien es solche des single-loop oder solche des double-loop. Dazu ist allerdings die Bereitschaft erforderlich, auch die Mißerfolge zu verwerten und echte Ursachenforschung hinsichtlich der Gründe des Scheiterns mitzubetreiben. Geschieht dies, können die Phänomene der Oberflächenstruktur und die der Tiefenstruktur umfassend verändert werden. Das Ergebnis ist eine deutlich verbesserte *Lernfähigkeit* und die Möglichkeit, systematische Lernstrategien aufzubauen.

Fallbeispiel: Prozeßlernen durch Multiplikationskonzepte

Das Multiplikationsprinzip nach Pümpin bedeutet die systematische Wiederholung bestimmter Geschäftsaktivitäten zur Erschließung von Nutzenpotentialen. Die quantitative Reproduktion bereits erfolgreich durchgeführter Lösungen (z.B. Franchise-Konzepte) entspricht dabei einem deutero learning auf der Ebene des Anpassungslernens. Die Konzepte werden in Details modifiziert (z.B. Anpassung an regionale Besonderheiten) und ansonsten im Sinne einer standardisierten Lösung möglichst häufig multipliziert. Bei qualitativer Reproduktion erfolgt hingegen ein deutero learning auf der Ebene des Veränderungslernens. Hier wird vor jeder neuen Implementierung das gesamte Konzept hinsichtlich der bislang geltenden Prämissen hinterfragt. Vor allem aber werden die Erfahrungen aus den vorangegangenen Multiplikationen systematisch mitverwertet.[74]

Abbildung 1-5 zeigt die Ebene des Prozeßlernens als eine Art „überlagernde Lernstruktur" von Organisationen. Allerdings muß an dieser Stelle betont werden, daß es sichtlich Mühe macht, hierfür geeignete Beispiele aus der Praxis zu finden. Dies liegt einerseits darin begründet, daß die Aktoren, die für bestimmte Handlungsstrategien verantwortlich waren, bei Erfolgen und Mißerfolgen häufig ausselektiert werden und eine konsequente Ursachenforschung dadurch erheblich erschwert ist. Zum anderen wurde der zur Reflexion notwendige „slack" in Organisationen[75] im Zuge der Wettbewerbsverschärfung systematisch abgebaut.

Mit dem Konzept des deutero learning gerät aber auch die systemtheoretische Begrifflichkeit in den Fokus. Die Auseinandersetzung mit sich selbst bzw. den eigenen

---

73 Argyris/Schön 1978: 26:

74 Vgl. Reinhardt 1993: 69, Pümpin 1989 und Pümpin/Imboden 1991.

75 Vgl. Abschnitt 4.3.4.2.1.

Lernprozessen kann als Ausdruck der Selbstreferenz gelten. Erst auf dieser Ebene ist es dann möglich, sich selbst als Umwelt anderer sozialer Systeme zu verstehen.[76]

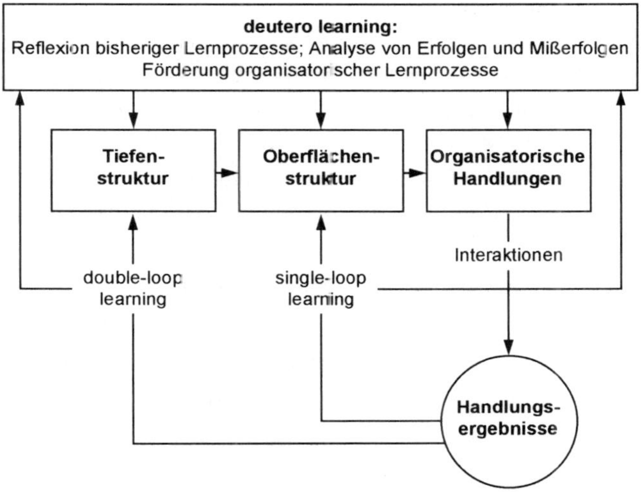

Abb. 1-5: Prozeßlernen als überlagernde Lernstruktur

Die soeben vorgestellten Konzepte des Anpassungslernens, des Veränderungslernens und des Prozeßlernens, also die Varianten dessen, was das „Lernen" einer Organisation ausmachen kann, wird in der Literatur mit sehr unterschiedlichen Begriffen belegt. Einig ist man sich aber offensichtlich darüber, daß es - mehr oder weniger - diese drei Ebenen sind, entlang derer organisatorische Lernprozesse verlaufen.

Tabelle 1-6 stellt deshalb in einer Übersicht noch einmal diese Ebenen sowie die damit verbundenen Etiketten der einzelnen Autoren dar. Die Tabelle gibt gleichzeitig auch einen Überblick über die wesentlichen Publikationen, die im anglo-amerikanischen und deutschen Sprachraum zur Thematik des Organisatorischen Lernens vorliegen.

76 Vgl. ausführlich das zweite Kapitel.

Autoren	Lerntyp 1	Lerntyp 2	Lerntyp 3
Cyert/March 1963	adaptation of goals, attention rules, search rules		
Argyris/Schön 1978	single-loop learning	double-loop learning	deutero learning
Duncan/Weiss 1979	learning the action-outcome relationship		
Hedberg 1981	adjustment learning	turnover learning	turnaround learning
Shrivastava 1983	adaptive learning	assumption learning	development of knowledge-base
Fiol/Lyles 1985	lower-level learning	higher-level learning	
Morgan 1986	self-organization		holographic learning
Pautzke 1989	Assimilation	Akkomodation	Äquilibration
Garrat 1990	operational learning	policy learning	integrated learning
Senge 1990	adaptive learning	generative learning	deutero learning
Sattelberger 1991	Organisationsänderung	Organisationsentwicklung und -transformation	
Klimecki et al. 1991	Mechanistisches Lernen	Evolutionslernen	Entwicklungslernen
Kirsch 1992	Assimilation	Akkomodation	Transzendenz
Pawlowsky 1992	Idiosynkratische Adaption	Umweltadaption	Problemlösungslernen
Probst/Büchel 1994	Anpassungslernen	Veränderungslernen	Prozeßlernen

Tab. 1-6: Konzepte Organisatorischen Lernens im Überblick (in Anlehnung an Wolfsteiner 1995)

1.2.2.3 Die Bausteine als Propädeutik zur Theorie des Organisatorischen Lernens

In den beiden vorangegangenen Abschnitten hat sich bereits ein facettenreiches Bild dessen ergeben, was unter Organisatorischem Lernen verstanden werden kann. Und obwohl die bislang zusammengetragenen Elemente aus teilweise unterschiedlichen theoretischen Ansätzen stammen, stehen sie nicht immer in grundsätzlichem Widerspruch zueinander. Im Gegenteil: in den meisten Fällen liegen die Bausteine „quer“

zueinander, ergänzen sich also weitgehend. Dies wird deutlich wenn man die Synopse aus Tabelle 1-7 betrachtet.

Organisatorisches Lernen als ...	(1) Veränderungen der Organisation	(2) Stellvertretendes Lernen von Individuen	(3) Veränderung von geteiltem Wissen	(4) Evolution der Wissensbasis
(A) Anpassungslernen	Veränderung der Aufbaustruktur entlang von Umweltveränderungen	Instrumentelle und operante Konditionierung entlang von Umweltreizen	Stabilisierung bzw. Veränderung geltender Normen durch Sozialisationseffekte	Tatsächliche Nutzung und Etablierung bereits vorhandener Wissenspotentiale
(B) Veränderungslernen	Veränderung des Leitbildes als formulierter Ausdruck des Normengeflechts	Veränderung des geltenden Weltbildes durch die „dominant coalition"	Veränderung des geltenden Weltbildes durch organisationsweite Mobilisierung	Veränderung der Wissensbasis im Zusammenhang mit dem Übergang zu einem neuen Sinnmodell
(C) Prozeßlernen	Veränderung in der Technologieanwendung durch Erfahrungskurveneffekte	Erlernen von Lernstrategien im Top-Management	Organisationsweite Reflexion des Mobilisierungsprozesses	Individuelle und organisationsweite Reflexion der Transformationsprozesse

Tab 1-7: Beispiele für die Bausteine einer Theorie des Organisatorischen Lernens

In der Horizontalen sind dabei die Möglichkeiten abgetragen, was das spezifisch organisatorische an organisatorischen Lernprozessen ausmachen kann (Abschnitt 1.2.2.1). Die Vertikale bezeichnet demgegenüber die verschiedenen Kriterien bzw. Verlaufsformen Organisatorischen Lernens (Abschnitt 1.2.2.2). Man sieht nun, daß es für jede der daraus entstehenden Felder - mehr oder weniger - plausible Beispiele aus der Praxis gibt. Das bedeutet, daß die empirische Evidenz der bislang diskutierten Phänomene in jedem Fall zum Verständnis organisationaler Lernprozesse beitragen kann. Die bislang vorliegenden Bausteine können demnach auch als eine Art *Propädeutik* zu einer Theorie Organisatorischen Lernens bezeichnet werden. Keines der Elemente ist für sich in der Lage die komplexen Phänomene umfassend zu klären. Jeder einzelne Baustein liefert aber ein Vorverständnis dafür, wie die einzelnen Vorgänge organisatorischer Lernprozesse interpretiert werden können.

Bevor vor dem Hintergrund der somit geschaffenen Grundlagen, im zweiten Kapitel versucht wird, ein integriertes Modell Organisatorischen Lernens zu konstruieren, soll aber noch eine Sichtweise vertieft werden, die das Lernen von Organisationen als Evolution der organisatorischen Wissensbasis begreift.

1.2.2.4 Organisatorisches Lernen als Evolution der organisatorischen Wissensbasis

Im deutschsprachigen Raum liegt mit der Arbeit von Pautzke[77] ein sehr umfassender Ansatz zur Entwicklung einer Theorie des Organisatorischen Lernens vor, von der auch viele andere Arbeiten zu diesem Thema befruchtet wurden.[78] Der reichhaltige Begriff einer „organisatorischen Wissensbasis"[79] einerseits, sowie die daran anschließende, ebenfalls sehr ausdifferenzierte Begriffsfassung des Organisatorischen Lernens anderseits, lassen es gerechtfertigt erscheinen, diese Arbeit ausführlicher vorzustellen, um daraus weitere Elemente für den hier notwendigen Bezugsrahmen zu destillieren.

In den Überlegungen Pautzkes zum Organisatorischen Lernen stellt der Begriff einer organisatorischen Wissensbasis das Zentrum seiner Auseinandersetzung dar. Die *Begriffskomponente „Wissen"* faßt Pautzke dabei bewußt weit, um nicht nur spezielle Ordnungskriterien mitaufzunehmen, sondern auch „das Alltagswissen und den Wissensvorrat der Lebenswelt"[80]. Unter Wissen wird all das subsumiert, was „tatsächlich in Handlungen und Verhalten einfließt und dieses prägt"[81]. Wissenschaftlich-technisches Wissen[82] ist insofern nur *eine* spezifische Form des Wissens, neben anderen, wie z.B. moralisch-praktisches und ästhetisch-expressives Wissen.[83]

Die *Entwicklung von Wissen*, im besonderen die Veränderung der Zusammensetzung der einzelnen Wissenskomponenten der Wissensbasis im Zeitablauf, versucht Pautzke mit dem Konstrukt der *Rationalisierung* zu verbinden. Analog zur Beschreibung des gesellschaftlichen Wandels als Prozeß der Rationalisierung, kann die Wissensevolution als Verdrängung weniger rationalen Wissens durch Etablierung rationale-

---

77 Vgl. Pautzke 1989.

78 Vgl. z.B. Kirsch 1990 und 1992, Müller-Stewens/Pautzke 1991, Sattelberger 1991, Reinhardt 1993, Probst/Büchel 1994, Castiglioni 1994.

79 Dieser Begriff geht ursprünglich auf Duncan/Weiss 1979 zurück.

80 Pautzke 1989: 64.

81 Ebd.: 66.

82 Man kann dies auch als „Expertenwissen" bezeichnen. Vgl. Stehr 1994: 350ff.

83 Vgl. dazu auch Habermas 1981a: 25ff. Mit Geißler 1995b: 8 kann man dieses Wissen im Gegensatz zum Expertenwissen auch als „alltagspraktisches Wissen" bezeichnen.

ren Wissens dargestellt werden. Die Weiterentwicklung der organisatorischen Wissensbasis erfolgt somit als permanente Aktualisierung und Revision expliziter und impliziter Wissensinhalte.[84]

Im Anschluß daran illustriert Pautzke die *organisatorische Wissensbasis* anhand eines Modells unterschiedlicher Schichten. Ausgehend von der These einer Organisation als kontextpluralistisches System, ist die genaue Festlegung eines für die Organisation prinzipiell verfügbaren Wissens ein mehr oder weniger unlösbares Problem. Die Heuristik zur Handhabung dieser Problematik besteht nun darin, die Wissensbasis als eine Art Zusammenfassung von *„lose gekoppelten" Wissensschichten* zu kennzeichnen. Dabei liegt die Differenz der einzelnen Schichten vor allem in der unterschiedlichen Wahrscheinlichkeit, mit dem das darin enthaltene Wissen bei organisatorischen Entscheidungen verwendet wird.

- Die innerste *Schicht 1* ist das von allen Mitgliedern geteilte Wissen und kann als Wissen der Organisation bezeichnet werden. Als Beispiele führt Pautzke die kollektiv akzeptierten und „gelebten" Teile der Organisationskultur bzw. der Welt- und Sinnbilder an.
- Ein großer Teil von Wissenselementen ist auf verschiedene lokale Wissensbasen verteilt, auf die die Organisation prinzipiell Zugriff hat (*Schicht 2*).
- Nicht alles Wissen der Individuen wird der Organisation auch zur Verfügung gestellt und bildet damit eine weitere *Schicht 3*.
- Darüber hinaus zeigt *Schicht 4* eine Art „latente Wissensbasis" der Organisation, die über das aktuelle Wissen der Organisation und ihrer Mitglieder hinausgeht. In der Organisation kann ein sog. „Metawissen" bestehen, also ein Wissen darüber, daß es jenseits der Organisation ebenfalls prinzipiell nutzbare Wissenspotentiale gibt.
- *Schicht 5* schließlich bezeichnet den Hauptteil, des im Kosmos insgesamt vorhandenen, sonstigen Wissens.

Mit diesem *horizontalen Schichtenmodell* zeigt Pautzke einen weit ausladenden Begriff der organisatorischen Wissensbasis:

> „In der hier vertretenen Fassung umfaßt sie sowohl den aktuellen Bestand an geteiltem und zur Verfügung gestelltem individuellen Wissen (das gegenwärtig tatsächlich die Entscheidungen in der Organisation prägt), als auch das Potential an latentem Wissen (über das ein Metawissen existiert bzw. das bereits Teil der individuellen Wissensbasis von Organisati-

---

84 Vgl. dazu auch Polanyi 1985.

onsmitgliedern ist und mit einer mehr oder weniger großen Wahrscheinlichkeit irgendwann einmal für die Organisation nutzbar gemacht werden wird)."[85]

Trotz dieser weiten Begriffsfassung repräsentiert die organisatorische Wissensbasis tatsächlich nur eine mikroskopisch kleine Teilmenge des grundsätzlich vorhandenen Wissens, weil zwischen den einzelnen Wissensschichten keine intensiven Austauschbeziehungen auszumachen sind. Dies deutet bereits auf das Vorhandensein von *Lernbarrieren* hin, die im dritten Kapitel ausführlich behandelt werden.

Die organisatorische Wissensbasis ist für Pautzke aber nicht allein durch ein horizontales Modell zu beschreiben, bei dem alles Wissen auf einer Ebene liegt. Er ergänzt diese Sicht vielmehr durch eine *vertikale Schichtung* dreier Dimensionen:

> „Eine empirische oder *phänomenologische Dimension* (x), die die Daten und Einzelhypothesen enthält (sie allein stand im Mittelpunkt unseres 'horizontalen' Schichtenmodells); daneben eine *heuristisch-analytische Dimension* (y), die mit dem Instrumentarium und der Methodologie des Wissenserwerbs und der Wissensüberprüfung zu tun hat; und schließlich eine *Dimension (z) der Themata oder Weltbilder*, die jene Annahmen umfaßt, welche den gesamten Prozeß der Wissensgewinnung und -anwendung tragen."[86]

Besondere Bedeutung hat vor allem die z-Dimension der Themata und Weltbilder, die letztlich darüber entscheidet, was als Wissen in der Organisation anerkannt und genutzt wird. Diese Dimension kann auch als „theory-in-action"[87], „Paradigma"[88] oder „Sinnmodell"[89] der Organisation bezeichnet werden. Organisationen verfügen also über ein Strukturgeflecht

> „das ein im Normalfall unwandelbares organisatorisches Weltbild fixiert (Tiefenstruktur der Wissensbasis). Durch das Paradigma wird der Rahmen dessen abgesteckt, was an 'Kernerweiterungen' möglich ist, das heißt, was an neuem Wissen, neuen Ideen Theorien usw. (Oberflächenstruktur der Wissensbasis) aufgenommen werden kann, ohne das Weltbild selbst in Frage zu stellen."[90]

Damit läßt sich dann auch erklären, warum Organisationen nur einen Teil des im Einzugsbereich liegenden Wissens für Entscheidungen nützen. In Organisationen herrschen bestimmte „Wissensvorstellungen", „Denkstile" und „Annahmen über die Welt", die darüber entscheiden, was als legitimes Wissen anerkannt wird. Ein Großteil von Perspektiven bleibt deshalb systematisch aus dem Sichtfenster der Organi-

---

85 Pautzke 1989: 81.
86 Ebd.: 83, Hervorhebungen im Original.
87 Vgl. Argyris/Schön 1978.
88 Duncan/Weiss, 1979: 90f.
89 Kirsch, 1990: 471ff.
90 Pautzke 1989: 86, Hervorhebungen im Original.

sation ausgeblendet. Organisatorische Lernprozesse haben somit auch die Aufgabe, die Zeichen auf Wandel bzw. Lernen zu stellen.

Organisatorisches Lernen bezeichnet aber zunächst „die Art und Weise, wie die Wissensbasis der Organisation genutzt, verändert und fortentwickelt wird“[91]. *Nutzung* bedeutet in diesem Zusammenhang die Wissensbasis besser auszuschöpfen, indem z.B. latentes Wissen durch den Abbau von Lernschranken verfügbar gemacht wird. *Veränderung* bezieht sich demgegenüber auf Modifikationen des aktuellen Wissens im Sinne der oben dargestellten Formen des Anpassungs- und Veränderungslernens. Mit der *Fortentwicklung* wird schließlich noch der Übergang der organisatorischen Wissensbasis von einer Entwicklungsstufe zur nächsthöheren und damit der fundamentale Wandel im Weltbild einer Organisation im Rahmen ihrer Evolution bezeichnet.

Im Anschluß an diese Definitionen und an das Schichtenmodell der organisatorischen Wissensbasis formuliert Pautzke schließlich *fünf grundlegende Lernarten*:[92]

- Organisatorisches Lernen als Überführung eines der Organisation bereits zugänglichen Wissens der Mitglieder in ein von allen geteiltes Wissen (= *Organisatorisches Lernen 1*),
- als Transfer eines bisher noch nicht zugänglichen Mitgliederwissens in ein von allen geteiltes Wissen (= *Organisatorisches Lernen 2*),
- als nunmehr prinzipiell abrufbares Wissen (= *Organisatorisches Lernen 3*),
- als Aneignung von sonstigem Wissen durch die Organisationsmitglieder (= *Organisatorisches Lernen 4*) und
- als Paradigmenwechsel in der Organisation, also als Lernprozeß höherer Ordnung (= *Organisatorisches Lernen 5*).

Zur Verdeutlichung, wie diese Lernarten im Schichtenmodell der organisatorischen Wissensbasis wirken, sind sie in Abbildung 1-6 noch einmal übersichtlich dargestellt.

Dieses Modell der verschiedenen Wissensschichten und der damit verbundenen Formen Organisatorischen Lernens wird im zweiten Kapitel an verschiedenen Stellen nochmals aufgegriffen. Und auch die Diskussion um die Gestaltung eines Wissensmanagements im vierten Kapitel wird den Blick dafür schärfen, inwieweit die Evolution der organisatorischen Wissensbasis gesteuert, in einem wohlverstandenen Sinn also auch „gemanagt“ werden kann.

---

91 Ebd.: 112.

92 Vgl. ebd.: 113f.

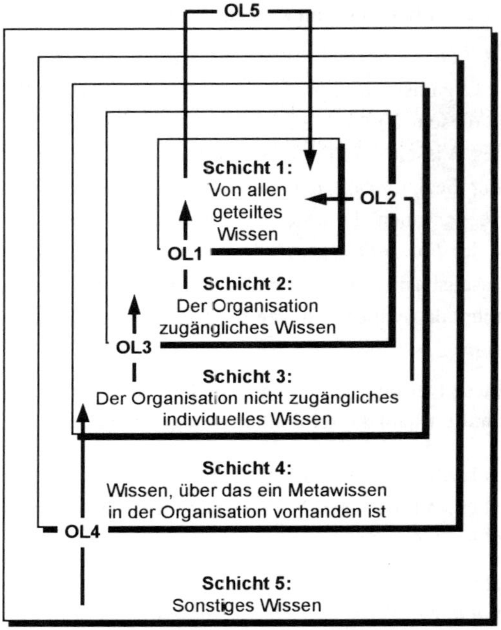

Abb. 1-6: Die organisatorische Wissensbasis und organisatorische Lernprozesse (Leicht verändert entnommen aus: Pautzke 1989: 79 und 113)

Bevor jedoch die Konstruktionsarbeiten zum integrierten Modell Organisatorischen Lernens aufgenommen werden, soll - als „zweiter Teil der Propädeutik" - der Frage nachgegangen werden, was mögliche Barrieren organisatorischer Lernprozesse sein können.

1.3 Die Behinderung organisatorischer Wandelprozesse durch Wissens- und Lernbarrieren

Wenn man sich mit den Prozessen organisatorischen Wandels befaßt, kommt es zunehmend auch darauf an, potentielle Hindernisse und Barrieren zu thematisieren, die diesem Wandel entgegenstehen. Die Beteiligten und Betroffenen als Träger von Veränderungen stehen mit ihren eingeübten Verhaltensweisen und Eigeninteressen dem intendierten Wandel entgegen. Je fundamentaler die Eingriffe in deren Verhaltensspektrum sind, desto gravierender regt sich in aller Regel offen gezeigter oder latent vorhandener Widerstand.[93] Interventionen zu einem „Management des Wandels" sollten sich daher mit den verschiedenen Hindernissen systematisch auseinandersetzen. Müller-Stewens gibt vor diesem Hintergrund entlang von *drei Dimensionen* eine umfassende Hilfe zur Systematisierung potentieller Wandelbarrieren, die in Abbildung 1-7 dargestellt ist.[94]

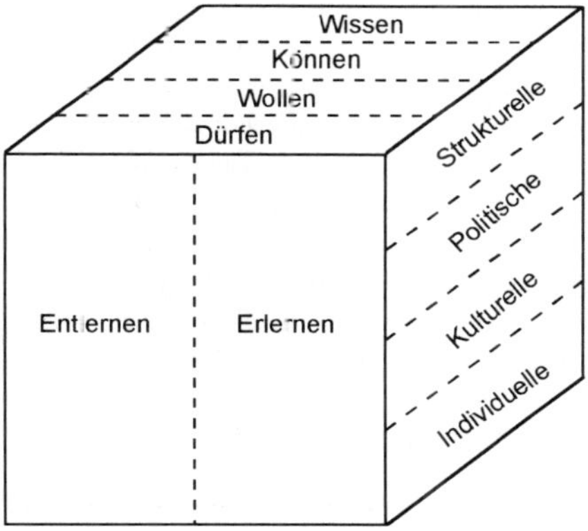

Abb. 1-7: Mögliche Hindernisse organisatorischer Wandelprozesse (leicht verändert entnommen aus Müller-Stewens i.V.)

Die *erste Dimension* zeigt das Wechselspiel aus *Erlernen* und *Entlernen*. Das Erlernen grundlegender Verhaltensmuster ist oftmals nur dann möglich, wenn zuvor auch bestehende Muster entsorgt werden.[95] Dem stehen allerdings massive Austrittsbarrieren entgegen. Man ist offensichtlich ungern bereit, dort, wo verläßliche Muster Verhaltenssicherheit geben, das Risiko einer Neuorientierung einzugehen. Gleichzeitig wirken für neue Verhaltensweisen analoge Eintrittsbarrieren.

93 Vgl. z.B. die „geheimen Spielregeln" bei Scott-Morgan 1994.

94 Vgl. Müller-Stewens i.V. und Kirsch/Müller-Stewens 1995.

95 Vgl. zum Begriff des „Entlernens" Hedberg 1981.

Die *zweite Dimension* zeigt mögliche Defizite bei der Bewältigung des Wandels. Mangelnde *Wissens-* und *Könnenpotentiale* beziehen sich dabei auf die notwendigen Fähigkeiten und Fertigkeiten, also auf das Know-how bzw. Know-why.[96] Mit dem *Wollen* ist demgegenüber die emotional-motivationale Grundlegung von Handlungen angesprochen. Die Frage des *Dürfens* bringt schließlich die strukturelle Ermöglichung von Verhaltensweisen innerhalb eines kollektiven Kontextes ins Blickfeld.

Fallbeispiel: Können, Wollen und Dürfen als Ansatzpunkte zur Steigerung des Problemlösungspotentials bei VOKO

VOKO, einer der führenden deutschen Büromöbelhersteller, hat seine strategische Neuorientierung explizit an den Aspekten des Könnens (Wissens), Wollens und Dürfens seiner Mitarbeiter festgemacht. Im Rahmen des organisationsweiten Mobilisierungsprogrammes VOKUSS, war es das ausdrückliche Ziel, kundenorientierter, schneller und schlanker zu werden, um in den veränderten Branchenstrukturen langfristig bestehen zu können. Der Prozeß der Neuorientierung bezog sich dabei auf das Problemlösungspotential aller beteiligten Mitarbeiter, das man durch mangelnde Leistungsfähigkeit (Können), Leistungsbereitschaft (Wollen) und Leistungsmöglichkeit (Dürfen) beschränkt sah. In einem ganzheitlich ausgelegten Konzept setzte man daher auf ein integriertes Maßnahmenpaket zur Qualifikation hinsichtlich der Ausweitung der Problemlösungsfähigkeit, zur Motivation, diese Fähigkeiten im Alltagshandeln auch tatsächlich einzusetzen und zur strukturellen Ermöglichung der Einheit von Aufgabe, Kompetenz und Verantwortung. Eine erste Evaluation brachte die Erkenntnis, daß ein großes Potential in den Köpfen der Mitarbeiter steckt, aber aufgrund der genannten Beschränkungen nicht genutzt wird. Schlimmer noch: Die ungenügende Nutzung des Wissens durch die Organisation wurde den Mitarbeitern als „Nicht-Wissen" unterstellt.[97]

Eine *dritte Dimension,* organisatorischen Wandel und seine Hindernisse besser zu verstehen, verortet Müller-Stewens schließlich im Bezugsrahmen von Bolman/Deal.[98] Die in den meisten Publikationen thematisierten *strukturellen Barrieren* sind hier nur noch eine von mehreren Perspektiven möglicher Hindernisse. Daneben existieren außerdem die weitaus weniger eindeutig faßbaren Aspekte *politischer, kultureller* und *individueller* Art.

Die Thematik der Wissens- und Lernbarrieren leitet sich weitgehend aus dieser Systematisierung von Müller-Stewens ab. Die Analyse der Barrieren im dritten Kapitel dieser Arbeit bezieht sich dabei hauptsächlich auf die Elemente des Wissens und Könnens und deren Veränderungen im Rahmen von Er- und Entlernprozessen. Aber auch die Bausteine des Wollens und Dürfens werden nicht vollkommen außer Acht gelassen, weil die Betrachtung der Vernetzung zu den ersten beiden Elementen interessante Erkenntnisse verspricht. Aus der dritten Dimension wird außerdem die Diffe-

---

96 Vgl. auch das zweite und vierte Kapitel.

97 Vgl. ausführlich Bellinger 1995.

98 Vgl. Bolman/Deal 1991.

renzierung in individuelle, strukturelle und politisch-kulturelle Ebenen übernommen Allerdings wird im Anschluß an die hier vorgetragene systemtheoretisch geprägte Argumentation der individuellen zusätzlich eine kollektive Ebene gegenübergestellt.

In der vorliegenden Literatur zum Thema des Organisatorischen Lernens ist die Betrachtung von Wissens- und Lernbarrieren ein bislang wenig beackertes Feld. Die meisten Publikationen zum Organisatorischen Lernen verweisen zwar pauschal auf potentielle Brüche, eine umfassende Auseinandersetzung mit diesen Aspekten fehlt aber in aller Regel. Ein Anliegen dieser Arbeit ist es deshalb, Systematisierungskriterien zu bilden, entlang derer die Barrieren besser identifiziert werden können.

Vor diesem Hintergrund werden *Wissens- und Lernbarrieren* hier als *pathologische Verlaufsformen organisatorischer Lernprozesse* gekennzeichnet.[99] Das bedeutet, daß die theoretische Vorstellung darüber, was Organisatorisches Lernen idealtypisch ausmacht, durch die *Berücksichtigung grundlegender Störungen* relativiert wird. Es wird also nach Gründen gesucht, warum ein Individuum bzw. ein Kollektiv im organisatorischen Kontext eben nicht lernt bzw. potentiell mögliche Wissens- und Lernpotentiale nicht vollumfänglich ausschöpfen kann. Die Ausgangsthese dabei ist, daß Wissens- und Lernbarrieren behindernd auf die Evolution der individuellen und kollektiven Wissensbasis[100] wirken. Die Verwendung des Begriffs der „Pathologie" bietet dazu die Möglichkeit, sowohl die *Symptome*, als auch die *Ursachen* „krankhafter" - eben nicht idealtypischer - Phänomene zu untersuchen. Bevor diese Diskussion im dritten Kapitel geführt wird, lohnt jedoch noch ein Blick auf die heute vorhandenen Ansätze zum Themengebiet der Wissens- und Lernbarrieren. Tabelle 1-8 zeigt diese Beiträge im Überblick.

An dieser Stelle können natürlich nicht alle Ansätze vertiefend dargestellt werden. Die frühen Beiträge von March und Olson sowie von Wilensky stehen daher pars pro toto für alle weiteren Versuche, sich in - mehr oder weniger - systematischer Weise mit Wissens- und Lernbarrieren auseinanderzusetzen. Die Auswahl macht nicht zuletzt auch deshalb Sinn, weil diese Gedanken im dritten Kapitel eine wesentliche Säule für die weiterführende Diskussion der Barrieren bilden und dort entsprechend ausführlich behandelt werden.

---

99 Vgl Abschnitt 3.1.3.

100 Vgl. zu diesen Begriffen das zweite Kapitel.

Autor(en)	Wissens- und Lernbarrieren
Wilensky (1967)	Strukturelle und doktrinenbedingte Bestimmungsfaktoren des Aufklärungsversagens in einer Organisation
March/Olson (1976)	role-constrained learning, audience learning, superstitious learning, learning under ambiguity
Türk (1976)	Überstabilisierung, Übersteuerung und Überkomplizierung eines Systems
Sorg (1982)	Produktionsbezogene, distributionsbezogene und verwertungsbezogene Informationspathologien
Argyris (1990)	skilled incompetence, organizational defensive routines, fancy footwork and malaise
Lullies et al. (1993)	Strukturelle, prozedurale und politische Barrieren
Kim (1993b)	zusätzlich zu den Barrieren von March und Olson: situational learning, fragmented learning, opportunistic learning
Kirsch (1993)	Fähigkeits- und Willensbarrieren
Probst/Büchel (1994)	Geschickte Unfähigkeit, organisationale defensive Routinen, phantasievolle Verrenkungen und Unbehagen, Normen, Privilegien und Tabus sowie Informationspathologien

Tab. 1-8: Die verschiedenen Ansätze zur Systematisierung von Wissens- und Lernbarrieren

1.3.1 Wissens- und Lernbarrieren im Konzept von March und Olson

In der Arbeit von March und Olson[101] wurde nicht nur frühzeitig ein zirkulär verbundenes Modell Organisatorischen Lernens vorgestellt,[102] die Autoren haben darüber hinaus bereits für jede Verknüpfung der von ihnen beschriebenen Zirkelelemente auch deren potentielle Unterbrechung analysiert. Die verflochtene Folge aus individuellen und organisatorischen Handlungen, den Reaktionen der Umwelt und der Wahrnehmung dieser Reaktionen im Rahmen individueller Überzeugungen kann nach March und Olson prinzipiell an jeder Verbindungsstelle dieser Elemente auch

101 Vgl. March/Olson 1976.

102 Vgl. Abschnitt 1.2.1.

unterbrochen sein. Abbildung 1-8 zeigt den Lernzirkel nach March und Olson mit den dort möglichen Barrieren im Überblick.

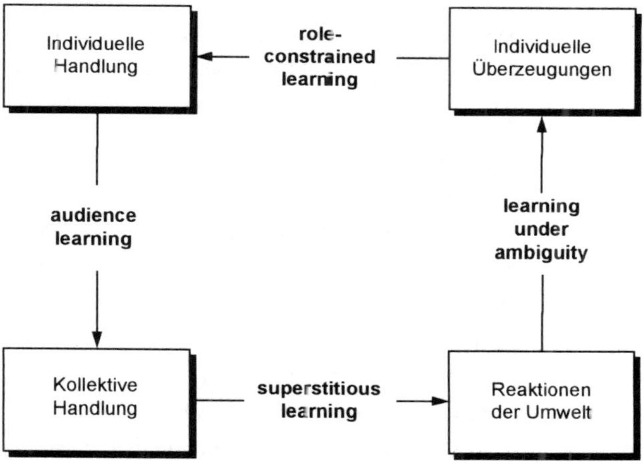

Abb. 1-8: Der Lernzirkel und Zirkelbrüche bei March und Olson (1976)

Zwischen den individuellen Überzeugungen und der individuellen Handlung steht das *„role-constrained learning"*. Eine solche Barriere liegt dann vor, wenn einzelne aufgrund ihrer Rollenzwänge nicht anders handeln können oder wollen als sie es tun (rollenrestringiertes Verhalten) und damit die Chance auf Erprobung alternativer Verhaltensweisen vergeben. In diesem Fall ist es möglich, daß das Individuum auf kognitiver Ebene bereits alternative Verhaltensoptionen generiert hat, der Lernfortschritt aber nicht in tatsächliches Verhalten umschlägt, weil kollektive, aber auch extrasystemische Rollenvorschriften dies verhindern. Individuell vorhandenes Wissen läuft damit quasi im „Leerlauf", es wird kollektiv nicht umgesetzt.

Die mögliche Unterbrechung zwischen der Verbindung der individuellen und organisatorischen Handlungen nennen March und Olson *„audience learning"*. Die Wirkung einzelner auf organisatorische Handlungen ist im Extremfall vollkommen blokkiert, zumindest aber ist der individuelle Partizipationsanteil an kollektiven Handlungen beschränkt. Die Barriere ergibt sich dabei zum einen aus strukturellen Aspekten, wenn z.B. Partizipationsregeln den Zugang zu Kommunikations- und Entscheidungsarenen definieren. Zum anderen aber auch aus der zumeist historisch und kulturell unterschiedlichen Weltsicht verschiedener beteiligter Aktoren und Aktorengruppen. Die oftmals gegensätzlichen und widersprüchlichen Ansichten finden dann nicht gleichermaßen Eingang in kollektive Handlungen.

„Superstitious learning" als nächste Bruchstelle liegt im Modell von March und Olson dann vor, wenn die extrasystemischen Umweltreaktionen auf individuelle bzw. kollektive Handlungen nicht unmittelbar und eindeutig erfolgen. Insofern ist die in Abbildung 1-8 angedeutete Feedback-Schleife unterbrochen. Das bedeutet einerseits, daß tatsächlich keine bzw. nur vage Reaktionen der Umwelt erfolgen. Andererseits bezeichnet diese Barriere auch den „Aberglauben" eines Individuums oder Kollektivs an vermeintliche Umweltreaktionen. Eine Einwirkung durch die ausgeübte Handlung ist dann nur unterstellt und geglaubt, statt faktisch gegeben. Das führt letztlich zur Mißinterpretation der Handlungswirkungen und der damit zusammenhängenden Ursache-Wirkungs-Beziehungen.

Schließlich existiert noch das *„learning under ambiguity"*, das auf die individuelle Wahrnehmung der Umwelteffekte zielt. Die Feedback-Schleife zwischen individuellen und/oder kollektiven Handlungen und der Wahrnehmung durch die handelnden und/oder beobachtenden Aktoren ist hier zwar grundsätzlich intakt, jedoch durch Mehrdeutigkeit verschleiert. Das bedeutet, daß „objektive" Reaktionen durch die individuell geprägten Wahrnehmungsmuster aufgenommen und entsprechend subjektiv interpretiert werden.

Die Art und Weise mit der March und Olson Bruchstellen in einem zirkulär verflochtenen Modell Organisatorischen Lernens identifizieren wird auch in dieser Arbeit weiterverfolgt. Aufbauend auf einer weiter verfeinerten Modellsicht werden allerdings noch weitere Möglichkeiten von Wissens- und Lernbarrieren in dieses Modell sortiert und auf ihren pathologischen Gehalt untersucht.

1.3.2 Wissens- und Lernbarrieren im Konzept von Wilensky

Mit der Arbeit von Wilensky[103] bzw. dessen Rezeption bei Sorg[104] soll noch ein weiterer zentraler Ansatz zur Barrierenthematik aufgegriffen werden. Dies ist deshalb zu rechtfertigen, weil von dort auch die Übernahme des Pathologiebegriffs stammt.

Wilensky's Beitrag setzt sich vor allem mit der informationellen Stützung von organisatorischen Führungsentscheidungen auseinander und arbeitet die damit zusam-

103 Vgl. Wilensky 1967.
104 Vgl. Sorg 1982.

menhängenden Aufklärungsprobleme in Organisationen auf. Dabei konzentriert er sich auf zwei Schwerpunktbereiche: Erstens die organisational notwendigen Aufklärungserfordernisse, die situativ jeweils unterschiedlich sind und zweitens die daraus abgeleitete Segmentierung der Informationslandschaft. Die determinierenden Faktoren in diesem Zusammenhang sind:[105]

- die Verfügbarkeit von Erkenntnis,
- die Beziehung der Organisation zur internen und externen Umwelt,
- das Ausmaß der Rationalisierung dieser Umwelt und
- die strukturelle Komplexität der Organisation.

Je nach unterschiedlicher Umwelt- und Organisationskonstellation ergibt sich ein zur Bewältigung der Aufkärungsproblematik erforderlicher Mix aus unterschiedlichen Experten. Die Qualität der organisationalen Aufklärung hängt von der Qualität und dem situationsadäquaten Mix der Expertenbeiträge ab. Umgekehrt ergeben sich pathologische Aufklärungserscheinungen durch qualitativ minderwertige und unausgewogene Beitragsmischungen. Pathologien entstehen also aus einem „misfit" zwischen eigentlich erforderlichen und tatsächlich vorhandenen Erkenntnisbedingungen.

Wilensky hebt schließlich *zwei Gruppen* organisatorisch relevanter Pathologieerscheinungen hervor und bezeichnet diese als strukturelle und doktrinenbedingte Informationspathologien. *Strukturelle Informationspathologien* erklären ein Aufklärungsversagen aus Gründen materieller Bedingungen in der Organisation. Dies sind beispielsweise Faktoren organisatorischer Hierarchie und der damit zusammenhängenden Substrate wie Statussymbole, Macht und Karriere, die aufgrund der Arbeitsteilung erfolgte Spezialisierung und der darauf folgenden Rivalität der Spezialisten sowie die Zentralisierung organisationaler Aufklärung. *Doktrinenbedingte Informationspathologien* beziehen sich demgegenüber nicht auf ein Aufklärungsversagen hinsichtlich organisationsstruktureller Phänomene, sondern auf Erscheinungen, die aus der spezifischen Sicht über die Beschaffenheit der Realität resultieren. Realitätsdoktrinen bezeichen erstens Aussagen bzw. Aussagensysteme hinsichtlich „objektiv" gegebener Sachverhalte und Ursache-Wirkungsbeziehungen, die das Entscheidungshandeln einzelner umfassend prägen und an deren Wahrheit nicht gezweifelt wird. Zweitens sind damit auch Doktrinen der Aufklärung ettiketiert. Sie enthalten die in Organisationen vorherrschenden Erwartungen darüber, welchen Merkmalen Informationen genügen müssen, um als relevant oder zulässig für die Organisation gelten zu können.

---

105 Vgl. ebd.: 192.

An diese Unterscheidung eher strukturell bzw. eher politisch-kulturell bedingter Barrieren wird auch die erste Unterscheidungsdimension von Wissens- und Lernbarrieren in dieser Arbeit aufbauen. Die Perspektive wird allerdings ergänzt durch eine zweite, quer zur ersten liegenden Dimension, mit der individuelle und kollektive Hindernisse ins Blickfeld geraten .

Bevor jedoch die Diskussion der einzelnen Barrieren im dritten Kapitel erfolgt, werden im zweiten Kapitel zunächst die Konstruktionsversuche zu einer Theorie des Organisatorischen Lernens wieder aufgenommen.

2 Das integrierte Modell Organisatorischen Lernens

Im ersten Kapitel konnte gezeigt werden, daß es mittlerweile einige konkrete Vorstellungen darüber gibt, was Organisatorisches Lernen eigentlich ausmacht und daß diese Lernprozesse in einem engen Zusammenhang mit dem Wandel von Organisationen stehen. Aus dieser Perspektive wird „die Organisation" insgesamt unter einem anderen Licht betrachtet, als dies mit der bislang unterstellten Sichtweise der Organisation als „quasi-stabile" Einheit geschehen ist.

Der Aspekt des Wissens einer Organisation und der darauf gerichteten Lernvorgänge bezeichnet insofern auch eine *paradigmatisch veränderte Auffassung* von Organisationen. Abschnitt 2.1 erläutert vor diesem Hintergrund, warum *Wissen und Lernen die ursprünglich zentralen Größen* einer Organisation sind und eben nicht die, aus diesen Größen abgeleiteten Materialisierungen, wie Produkte, Organisationsstrukturen etc. Die Betrachtung einer Organisation als informationeller Prozeß zwischen Wissensgenerierung und Wissensverwertung bedeutet dann, daß Wissen in jedem Fall eine betriebswirtschaftlich relevante Kategorie ist und ebenso „bewirtschaftet", also gemanagt werden muß, wie dies für die „klassischen" Produktionsfaktoren Kapital, Rohstoffe und Arbeit heute selbstverständlich ist.

Wissen und Lernen als basale Kategorien des organisatorischen Prozesses können dabei von einem individuellen und einem kollektiven Standpunkt aus analysiert werden. Sowohl die *Perspektive der Organisationsmitglieder* (Abschnitt 2.2), als auch die *Perspektive der Gesamtorganisation* (Abschnitt 2.3) zeigen noch einmal die Bedeutung der beiden Größen für die Gestaltung des im vierten Kapitel zentralen Wissensmanagements. Am Ende der beiden Abschnitte steht jeweils eine umfassende Definition einer individuellen und einer kollektiven Wissensbasis, wie sie für Individuen als psychische und Kollektive als soziale Systeme typisch sind.

Aus beiden Perspektiven ergeben sich zudem relevante Aspekte, die für die Konstruktion eines *integrierten Modells individueller und kollektiver Lernprozesse* (Abschnitt 2.4) notwendig sind. In diesem Modell werden die im ersten Kapitel diskutierten Bausteine zu einer Theorie Organisatorischen Lernens weitgehend wieder aufgegriffen und zu einem Muster verdichtet. Dadurch wird ein Referenzmodell erzeugt, mit dem Organisatorisches Lernen aus einer übergreifenden Perspektive diskutiert und in dem auch die im nächsten Kapitel zentralen Wissens- und Lernbarrieren verortet werden können.

Einen Überblick über die in diesem zweiten Kapitel folgende Argumentationslogik gibt abschließend Abbildung 2-1.

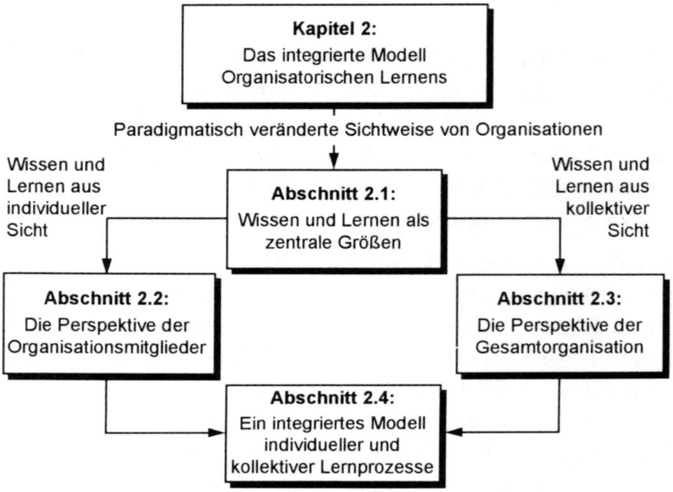

Abb. 2-1: Die Argumentationsfolge des zweiten Kapitels

2.1 Wissen und Lernen als zentrale Größen im organisatorischen Prozeß

Im Zusammenhang mit den genannten Veränderungen aus Abschnitt 1.1 wird in weiten Teilen der Literatur auch von einem *„Paradigmenwechsel“* gesprochen, der diesen zum Teil dramatischen Wandelprozessen zu Grunde liegt. An dieser Stelle sollen nun weder die allgemeinen Begründungen diskutiert werden, die die Unterstellung eines Paradigmenwechsel plausibilisieren,[1] noch danach gefragt werden, ob es in Anlehnung an die wissenschaftstheoretische Sicht von Kuhn[2] tatsächlich gerechtfertigt erscheint, die Veränderungen als Paradigmenwechsel zu bezeichnen. Im Vordergrund stehen in Abschnitt 2.1.1 vielmehr konkrete Hinweise, die für den Bereich der Managementlehre eine Neuorientierung in derjenigen Perspektive erforderlich machen, aus der Organisationen üblicherweise betrachtet werden. Anschließend wird

---

1 Vgl. z.B. allgemein Capra 1988 und Naisbitt 1984 bzw. für den Bereich der Betriebswirtschaftslehre Bleicher 1991a und Kirsch 1990.

2 Vgl. Kuhn 1967.

in Abschnitt 2.1.2 bereits der Rohentwurf zu einem darauf ausgerichteten Wissensmanagement entwickelt.

2.1.1 Zur paradigmatisch veränderten Sichtweise von Organisationen

In den sechziger Jahren tauchen in der sozialwissenschaftlichen Diskussion vermehrt Publikationen auf, die für die gesellschaftliche Entwicklung im allgemeinen[3] und für Organisationen im speziellen[4] eine deutliche Verschiebung in den grundlegenden Gestaltungsprinzipien der jeweiligen Systeme postulieren. Diese Auseinandersetzung hat sich bis zum heutigen Tag weiter zugespitzt, wobei unzählige Autoren für den Bereich der Organisationstheorie die Abkehr von traditionellen Organisationsformen beschrieben und an deren Stelle die flexible, intelligente, partizipative, dezentralisierte, lernende, systemische, prozeßorientierte, fraktale, virtuelle etc. Organisation gesetzt haben.[5]

Besonders durch die deutlich sichtbare Stagnation der organisatorischen Leistungsfähigkeit westlicher Produktionsunternehmen hat diese paradigmatisch veränderte Betrachtungsweise von Organisationen in den vergangenen zehn bis fünfzehn Jahren noch einmal zusätzliches Gewicht bekommen. Zwar unternahmen alle Organisationen mehr oder weniger vielfältige Anstrengungen zur Steigerung der eigenen Leistungsfähigkeit, die Produktivitätslücke, vor allem im Vergleich zu den aufstrebenden asiatischen Unternehmen, wurde aber dennoch immer größer.

Fallbeispiel: Produktivitätsrückstand in der Automobilindustrie

Besonders eindrucksvoll konnte dies in der Automobilindustrie vor Augen geführt werden. Die drastische Beschreibung dieses Rückstandes in der vergleichenden Studie des Massachusetts Institut of Technology von Womack et al.[6] war allerdings gleichzeitig die Initialzündung zu beinahe „revolutionären“ Produktivitätssteigerungen der amerikanischen und mittlerweile auch der deutschen Automobilproduzenten. Eine Haupterkenntnis der Studie war, daß die Produktivitätslücke nicht - wie oftmals vermutet - allein aus den geringeren Lohnkosten japanischer Unternehmen zu begründen war. Vielmehr bewiesen die japanisch geführten „transplants“ in England und USA, daß auch mit vergleichbaren Faktorkosten herausragende Produktivitätsvorteile erzielt werden konnten.

---

3 Vgl. vor allem Bell 1964, Lane 1966 und Drucker 1969.

4 Vgl. vor allem Bennis 1966.

5 Vgl. zum Überblick Frick/Hess 1994.

6 Vgl. Womack et al. 1990.

Professionell geführte Unternehmen nutzten zwar das gesamte Spektrum bereits vorhandener *Personalentwicklungsmaßnahmen*[7] als eine Möglichkeit zur Steigerung organisatorischer Effizienz und zielten damit auf veränderte Einstellungen und Verhaltensweisen innerhalb der Organisation. Hinzu kamen, als zweite Möglichkeit, strukturelle *Maßnahmen „klassischer" Organisationsentwicklung.*[8] Doch trotz der oft erreichten Verbesserungen im Bereich der organisatorischen Effizienz, blieben die erforderlichen „Quantensprünge", die zur Schließung der Lücke erforderlich gewesen wären, aus. Der Grund dafür ist darin zu finden, daß alle diese Maßnahmen nur Veränderungen innerhalb eines bestehenden Konzeptes waren: das der organisatorischen Hierarchie.

Die Hierarchie wurde zwar anders - meistens flacher - gestaltet, keinesfalls aber abgeschafft.[9] Die eigentlich intendierten diskontinuierlichen Sprünge sind im bestehenden, hierarchisch geprägten Organisationsmuster aber offensichtlich nicht mehr möglich:

> „Mittlerweile 'wissen' die Mitarbeiter nämlich, daß 'die Hierarchie' ausgereizt ist, nicht mehr ergänzt oder flexibilisiert werden kann und zum eigentlichen Entwicklungs- und Effektivitäts-Hemmnis geworden ist."[10]

Aktuelle Trends der Organisationspraxis zu konsequenter Gruppenarbeit, zu vernetzten und autonomen Einheiten, Projektgruppen, Projektmanagement-Organisationen, die Orientierung auf Kernprozesse etc. weisen bereits die Richtung zu einem *„neuen" Organisationsmuster* im Sinne eines *Netzwerkes selbststeuernder Gruppen* innerhalb der eigenen Organisation und auch über die Organisationsgrenzen hinaus.[11] Ursprung der autonomen Teams sind die zu erfüllenden Primäraufgaben, um die herum sich die Gruppen jeweils neu organisieren. Die Organisation als Ganzes fokussiert dabei insgesamt auf die eigentlichen *Kernprozesse* der eigenen Wertschöpfungsaktivitäten. Es gibt nicht mehr eine Organisation für alle Aufgaben, sondern für jede Aufgabe eine Organisation. Die Ressourcenallokation erfolgt also bereits bei Bildung der Gruppen problem- und prozeßorientiert.

---

7 Z.B. Trainings in Gesprächs-, Arbeits-, Visualisierungs- und Moderationstechniken, die Diskussion und Implementierung alternativer Führungsstile sowie umfassende Team- und Konflikt-Trainings.

8 Z.B. die Einführung von Gruppenarbeit in der Produktion, systematische Rationalisierungs- und Verbesserungsverfahren, Simultaneous Engeneering, Projektmanagement, Cost- und Profit-Center-Strukturen und Lean-Organization-Konzepte.

9 Vgl. zu dieser Thematik z.B. Ochsenbauer 1989, Mill/Weissbach 1993 und Frick/Hess 1994.

10 Schmidt 1993: 42.

11 Vgl. z.B. Gomez 1992, Gomez/Zimmermann 1992, Bleicher 1991b und Rall 1993.

Fallbeispiel: Die Identifizierung von Kernprozessen

Die Kernprozesse eines Unternehmens sind von Branche zu Branche und innerhalb einer Branche von Unternehmen zu Unternehmen unterschiedlich. In der Computerbranche kommt es z.B. vor allem auf die Prozesse der Technologievermarktung, der Auftragsbeschaffung und der integrierten Logistik an, während im Bankenbereich die Generierung von Spareinlagen, die Kreditbeschaffung und Kreditgewährung, das Management der Geldströme und die Kundenbetreuung im Vordergrund stehen. Die organisatorische Gestaltung erfolgt um die identifizierten Kernprozesse mit dem Leistungsziel die Prozesse selbst zu optimieren. Bei einem Computerbauer sind z.B. die Verkürzung der Entwicklungszeiten in der Technologievermarktung, die Verkürzung der Durchlaufzeiten im Auftragsprozeß und die Kostensenkung in der integrierten Logistik vom Prozeßverantwortlichen und seinen Teams zu leisten.[12]

Jenseits aller weiteren Gestaltungsmerkmale, die sich bei derartigen Organisationsmustern finden, z.B.

- ❑ die Bildung von interagierenden Netzwerken zwischen den selbststeuernden Gruppen, wobei die Vernetzungen bzw. die wechselseitigen Beziehungen und Prozesse zwischen den einzelnen Einheiten das eigentlich entscheidende in dieser Sichtweise sind,[13]
- ❑ den Arbeitsmethoden und Denkstrukturen innerhalb der Gruppen,[14]
- ❑ die Funktion der immer noch notwendigen Support-Systeme, durch die ein gewisses Maß an zentralen Funktionen zur Unterstützung der lokalen Geschäftstätigkeit weiterhin gewährleistet wird etc.,

ist es vor allem das *hinter diesem prozeßorientierten Muster stehende Verständnis, „was eine Organisation ist“*, das zum Nachdenken zwingt.

In dem bisherigen allgemeinen Verständnis unterstellte man offensichtlich, daß es „die Organisation“ in einem *körperlichen Sinne* gibt - man denke nur an die zahlreichen Metaphern zur Illustration von Organisationsmodellen, wie beispielsweise die Metapher der „Palastorganisation“.[15] Man kann aus dieser Sicht in „die Organisation“ hinein- und hinausgehen wie in ein Haus und sie hat eine materiale Struktur, die auch die Zuordnung komplexer Arbeitsprozesse scheinbar mühelos garantiert. Allerdings muß man immer häufiger konzidieren, daß dies nur eine simplifizierte, verdinglichte Vorstellung von Organisation ist und bei aller Hilfestellung, die dies bedeutet, deren *eigentlichen Kern* nicht transparent macht.

---

12 Vgl. dazu Stewart 1992, als Fallbeispiel ähnlich Leonard-Barton 1994.

13 Vgl. Senge 1990.

14 Vgl. das „vernetzte Denken“ als Methodik des ganzheitlichen Denkens und Problemlösens bei Gomez/Probst 1987, Ulrich/Probst 1988 und Probst/Gomez 1989.

15 Vgl. Hedberg 1984.

Organisationen bestehen ursprünglich aus *informationellen* bzw. *geistigen Prozessen*, also aus Wissen, Gefühlen und Verhaltensmustern.[16] Die Organisation wird damit täglich von den Trägern dieser Prozesse, eben allen Mitgliedern der Organisation, hervorgebracht. Mitglieder sind allerdings nicht mehr „nur" die „echten" Angehörigen einer Organisation in einem engeren Sinne, sondern auch die temporär „angedockten" Mitglieder anderer Organisationen, z.B. aus Zuliefer- und Partnerbetrieben sowie teilweise auch Kunden und alle weiteren Stakeholder einer Organisation.

Die Organisation als Netzwerk geistiger bzw. wissensgesteuerter Prozesse *organisiert* dabei hauptsächlich die Beziehungen und *Interaktionen zwischen den Mitgliedern*. Sieht man sich die materialen Organisationsstrukturen, die Führungs- und Kommunikationsmuster heute an, dann erkennt man als Hauptzweck eigentlich immer: die möglichst optimale Gestaltung der Interaktionsmuster, um ein effektives und effizientes Zusammenarbeiten zu ermöglichen. Die Ansatzpunkte nach denen die Beziehungen gestaltet werden können, liegen dabei in einer Art *Tiefenstruktur*, in der sich die Identität der einzelnen Organisationsmitglieder und die wechselseitig ausgebildeten und verinnerlichten Abhängigkeitsmuster spiegeln. Diese Tiefenstruktur prägt dann auch die Elemente der *Oberflächenstruktur*, mit der die „sichtbaren" organisatorischen Regelungen und Strukturen bezeichnet sind und auf deren Phänomene sich die bisher vorherrschende Sicht von Organisationen gründete.[17]

Man kann es sogar noch deutlicher formulieren: Die erkennbaren Materialisierungen einer Organisation, wie beispielsweise Organisationsstrukturen, Ablaufprozesse, Produkte, Dienstleistungen, etc. sind zu einem großen Teil *lediglich temporäre Materialisierungen* der dahinter liegenden individuellen und kollektiven Wissenspotentiale.[18] In solchermaßen *„wissensbasierten Systemen"* fungiert Wissen damit neben den traditionell bekannten Infrastrukturen der Macht und des Geldes als *die* relevante Operationsbedingung und Steuerungsressource.[19] Aus einer anderen Perspektive tritt die Ressource Wissen neben die volkswirtschaftlichen Produktionsfaktoren (Arbeit, Kapital, Boden) bzw. die hier relevanten betriebswirtschaftlichen Produktionsfaktoren (Arbeit, Kapital, Rohstoffe) und substitutiert große Teile dieser klassischen Ba-

---

16 Vgl. zu dieser Betrachtung Drucker 1986, Senge 1990, Quinn 1992, Handy 1993, Schmidt 1993, Pinchot/Pinchot 1993, Stewart 1994, Von Krogh/Roos/Slocum 1994, Wilkström/Norman 1994, Zucker/Schmitz 1994, Willke 1995.

17 Vgl. zur Unterscheidung dieser Begriffe Kirsch 1992: 133f. und Gomez/Müller-Stewens 1994: 154ff.

18 Vgl. ähnlich Starbuck 1990.

19 Vgl. Willke 1995: 1.

siselemente. Wissen kann damit auch als das eigentliche *Axialprinzip* von Organisationen bezeichnet werden.[20]

Fallbeispiel: Die zunehmende Bedeutung von Wissen in der Produktion

Die Produktionskosten in der Halbleiter-Fertigung beziehen sich zu etwa 70 Prozent auf die Ressource „Wissen" - vor allem durch Forschung & Entwicklung und Labortests - und nur zu etwa 12 Prozent auf „Arbeit". Ähnliches gilt in der Pharmaindustrie, in der „Arbeit" nurmehr 15 Prozent und „Wissen" über 50 Prozent der Kosten ausmachen. Im Gegensatz dazu entfallen selbst in einer voll automatisierten Automobilproduktion noch immer etwa 20 bis 25 Prozent der Kosten auf „Arbeit".[21]

Die These, daß Wissen das Axialprinzip einer Organisation repräsentiert, läßt sich beispielsweise anhand der Wertschöpfungskette[22] in Abbildung 2-2 illustrieren, wobei gleiches auch für andere Darstellungsformen von organisatorischen Prozessen gilt.[23] In der Abbildung ist die Wertschöpfungskette eines Unternehmens mit den Elementen F&E, Beschaffung, Fertigung, Vertrieb, Distribution und Service als eine mögliche schematische Darstellungsform organisatorischer Leistungsprozesse dargestellt. Die in diesen Elementen ablaufenden Vorgänge sind aber nichts anderes, als der systematisch organisierte Weg einer Produkt- oder Dienstleistungsidee zu einem fertigen Produkt und dessen Verwertung auf den entsprechenden Märkten - natürlich mit allen damit in Verbindung stehenden weiteren Aktivitäten eines Unternehmens.

Grob gesagt geht es also im organisatorischen Prozeß um die *Organisation des Wissensflusses* zwischen den beiden Endpolen eines Kontinuums aus *Wissensgenerierung* und *Wissensverwertung*. Dem Wissensprozeß, der sich solchermaßen von einer eher intangiblen auf eine immer mehr sichtbare Ebene bewegt, steht ein entgegengerichteter Fluß aus potentiellen Erlösen der Wissensverwertung gegenüber. Dieser Geldstrom alimentiert wiederum die notwendige Neuentwicklung von Wissen, die sich zum einen auf die Optimierung bestehender Produkte, zum anderen auf Produktinnovationen beziehen kann.

Die Betrachtung der Organisation als Wissensfluß, dem ein Strom an Verwertungserlösen gegenübersteht, gilt *rekursiv* für alle identifizierten Teilelemente der Wertschöpfungskette. So ist z.B. der Beschaffungsprozeß ebenfalls als systematisch organisierter Wissensfluß charakterisiert, der sich zwischen der Entwicklung von „Beschaffungs-Wissen" und der Verwertung in den konkreten Beschaffungsabläufen des Unternehmens bewegt. Die in diesem Zusammenhang entstehenden „Erlöse" aus

---

20 Vgl. Stehr 1994: 33f. und 133f., Bell 1974: 23.

21 Entnommen aus: Drucker 1986: 778, Übersetzung durch J.S.; vgl. ähnlich auch Sarges 1992: 358.

22 Vgl. Porter 1986: 62.

23 Z.B. für Ablaufdiagramme, Organigramme etc.

der Verwertung des Wissens können einerseits als Budgetierung des entsprechenden Beschaffungsbereiches, andererseits im Rahmen einer Center-Struktur als mehr oder weniger marktähnliche Zahlungsströme erfolgen. Dies gilt analog auch für alle anderen Elemente der Wertschöpfungskette.

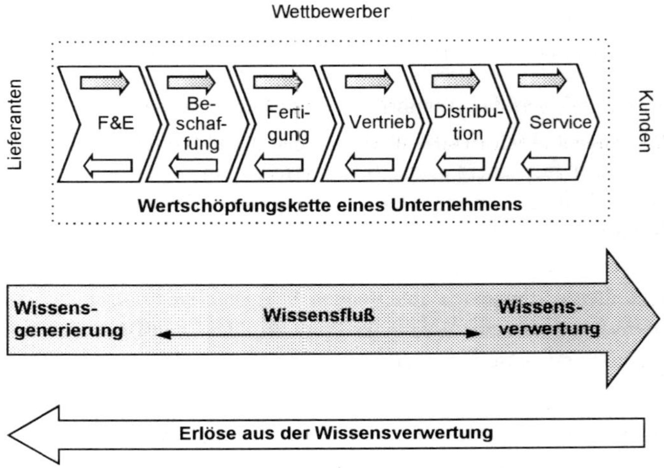

Abb. 2-2: Der organisatorische Prozeß zwischen Wissensgenerierung und Wissensverwertung

In Abbildung 2-2 ist dabei mitgedacht, daß die Generierung von Wissen nicht immer eine originäre und singuläre Leistung des fokalen Unternehmens bzw. des fokalen Teilelements der Wertschöpfungskette sein muß. Es ist vielmehr davon auszugehen, daß auf jeder Stufe das bereits existierende (Vor-)Wissen teilweise mit genutzt wird und den Ausgangspunkt der eigenen Wissensgeneration darstellt. Die Elemente der Wertschöpfungskette stehen also ebenso in einem interdependenten Zusammenhang bei der organisatorischen Gestaltung des jeweils eigenen Wissensflusses, wie die Wertschöpfungskette eines Unternehmens zu dem seiner Lieferanten, Konkurrenten, Kunden etc.

Natürlich hat Wissen in der Gesellschaft und in den dort konstituierten Subsystemen schon immer eine große Rolle gespielt.[24] Jede individuelle und kollektive Handlung

24 Vgl. bereits die Ausführungen von Marx 1939-1941: 593.

ist zu einem großen Teil wissensgeleitet, Wissen damit eine Art „anthropologische Konstante“[25]. Aber während die Bedeutung des Einsatzes der klassischen Produktionsfaktoren stagnierte und allenfalls die Dimension „Zeit“ entlang des Einsatzes dieser Faktoren wichtiger wurde, stieg die Ressource Wissen sowohl in einem makro-, als auch in einem mikroökonomischen Sinn zur wichtigsten Quelle des wirtschaftlichen Wachstums auf. Wie in Abschnitt 1.1.2 bereits angedeutet, wird die heutige Gesellschaftsform von vielen Autoren deshalb auch als *Wissensgesellschaft* bezeichnet.[26] Wesentliches Kennzeichen dieser Begrifflichkeit ist, daß nicht mehr wie in der Feudalgesellschaft der Boden und in der Industriegesellschaft die Arbeit, sondern eben das *Wissen als grundlegende Ressource* gilt:

> „Der konstitutive Mechanismus dieser Gesellschaft wird Wissen sein bzw. die Identität dieser Gesellschaftsformation wird durch Wissen bestimmt sein.“[27]

Diese Aussage gilt analog für Organisationen.[28] Wie das Fallbeispiel oben andeutet, besteht die eigentliche dominierende Produktivkraft nunmehr im Wissen einer Organisation:

> „In der Wissensgesellschaft machen kognitive Faktoren, Kreativität, Wissen und Information in zunehmenden Maße den Großteil des Wohlstandes einer Organisation aus. Auf den Punkt gebracht bedeutet dies, daß in den Wirtschaften (...) für die Produktion von Gütern und Dienstleistungen mit Ausnahme der hochstandardisierten Güterproduktion andere Faktoren im Mittelpunkt stehen, als ‘the amount of labour time or the amount of physical capital (...).’“[29]

Vor diesem Hintergrund wird in einem ersten Zugriff auch der Titel dieser Arbeit plausibel. Wenn Wissen das Axialprinzip bzw. die zentrale Ressource von Organisationen ist, dann muß sich das Management dieser Organisationen konsequenterweise mit *Fragen der Wissensproduktion, -reproduktion, -distribution, -nutzung und -entsorgung* auseinandersetzen bzw. damit, wer in der Organisation in spezifischer Weise *Wissensträger, -vermittler und -multiplikator* ist. Wie dieses *Wissensmanagement* dann im einzelnen auch ausgestaltet sein mag, der Blick auf (das Management von) Organisationen ist dadurch tatsächlich ein anderer geworden: Das zentrale Interesse gehört nicht mehr einer Ökonomie des Materiellen, sondern einer *Ökonomie des Immateriellen* mit ihren kognitiven, wissensfundierten Faktoren.

---

25 Stehr 1994: 32.

26 Vgl. z.B. Polanyi 1962, Lane 1966, Drucker 1969, Richta 1977, Bell 1973, Stehr/Böhme 1986, Borgmann 1992, Spinner 1994, Stehr 1994.

27 Stehr 1994: 28f.

28 Vgl. vor allem Drucker 1986 und Lipsey 1992.

29 Stehr 1994: 35f. am Ende Block 1985: 95 zitierend.

2.1.2 Wissensmanagement im organisatorischen Prozeß

Wissen und die mit dem Erwerb von Wissen verbundenen *Lernprozesse* sind also neben Verhaltensroutinen und Emotionen bzw. neben den klassischen Produktionsfaktoren konstitutiv für „die Organisation". Die organisatorischen Kernprozesse der Produktion und des Absatzes der eigenen Leistungen einerseits und der organisatorische Veränderungsprozeß andererseits, sind ohne kreative Kombination der individuellen und kollektiven Wissenspotentiale nicht möglich. Das Ziel jeder Managementintervention muß es demnach sein, die notwendigen Potentiale aufzubauen, die Nutzung vorhandener Potentiale möglichst optimal zu gewährleisten und damit möglicherweise bestehende Nutzungsbarrieren zu eliminieren. Das Management wird aus dieser Perspektive zu einem Wissensmanagement individueller und kollektiver Wissensbausteine, durch das *die Weiterentwicklung der organisatorischen Wissensbasis* sichergestellt werden soll.

Produktion, Distribution, Mobilisierung, Verarbeitung und Integration der organisationsweit vorhandenen bzw. noch zu entwickelnden *Wissenspotentiale* sind damit entscheidende Parameter. Nur wenn es gelingt, das *unternehmensinterne* Wissen - gebunden durch die einzelnen Organisationsmitglieder, die spezialisierten Funktionsbereiche und dem kulturellen Kontext der Gesamtorganisation - und in Zukunft auch vermehrt das *unternehmensextern* vorliegende Know-how-Potential so zu konzentrieren, daß es zum „richtigen Zeitpunkt am richtigen Ort" vorliegt, sind die intendierten Organisationsziele erreichbar. Dazu kommen als weitere Gestaltungsebenen außerdem die Eröffnung möglichst breiter Erfahrungshorizonte für die einzelnen Mitglieder und die *Möglichkeit der Reflexion* des dadurch aufgebauten *Erfahrungswissens.* Dabei muß nicht allein auf *gegenwärtig* relevantes Wissen geachtet, sondern gleichzeitig die Verfügbarkeit von *Zukunftswissen* gesichert werden. Schließlich steht das *explizite* Wissen einer Organisation und die damit verbundenen Elemente des *implizit* vorhandenen Wissens im Fokus der Bemühungen.[30]

Das darauf abgestimmte Wissensmanagement wird allerdings durch die Tatsache erschwert, daß jedes Kombinations- und Transformationsvorhaben ein interaktiver Prozeß der Wissensaktivierung und -verarbeitung ist. Zu jedem Zeitpunkt des Wandels kann in diesem offenen, dynamischen Prozeß „neues Wissen" entstehen bzw. Wissen verloren gehen und damit den Verlauf der Entwicklung beeinflussen. Die *Veränderung des Wissens als Lernvorgang* kommt deshalb als zweite relevante Größe ins Blickfeld. Wissen ist also eine Art *Bestandsgröße*, die die Summe der zum Zeitpunkt t_0 prinzipiell vorhandenen Wissensbestandteile zeigt. Jedes Individuum und jedes

---

30 Vgl. zu den Gestaltungsdimensionen ausführlich das vierte Kapitel.

Kollektiv verfügt über ein spezifisches Wissenspotential - zum einen in aktivierter, zum anderen in passiver Form. Lernen bezeichnet dagegen die *Prozeßkomponente*, also den Zuwachs, mit dem „Entlernen" aber auch die Abnahme an Wissen im Zeitraum zwischen t_0 und t_1. Für die Steuerbarkeit des Wandels ebenso wie für die Steuerbarkeit des Produktionsprozesses ergibt sich daraus insgesamt das Problem, die jeweils relevanten Wissenspotentiale ziel- und zeitadäquat aufzubauen, zu aktivieren und einzusetzen.

Damit ist der Blick erneut auf mögliche *Wissens- und Lernbarrieren* gerichtet. In einer Organisation werden überall dort, wo Wissen und Lernen existieren, auch entsprechende Schranken bestehen. Diese Barrieren wirken auf individueller und kollektiver Ebene gleichermaßen, wobei die empirische Evidenz allerdings abhängig vom Beobachtungszeitpunkt und -standort ist. Besonders deutlich werden sie aber bei organisatorischen Veränderungsprozessen: Gegen den massierten Widerstand der am Wandel Beteiligten, gegen strukturelle, politische und kulturelle Barrieren hat keine noch so kleine Veränderung Aussicht auf Erfolg. Eine vordringliche Aufgabe des Wissensmanagements wird es demnach auch sein, Wissens- und Lernbarrieren sowie die daraus resultierenden Pathologien zu identifizieren und handhabbar zu machen.

Die Notwendigkeit eines auf individuelle und kollektive Wissenspotentiale, die damit verbundenen Lernprozesse und die immer vorhandenen Barrieren gerichteten Wissensmanagements gewinnt auch noch aus einer weiteren Sicht Plausibilität. In einer Zeit, in der Produkt-, Produktions- und Marketingvorteile eine immer geringere Rolle spielen, wird das organisatorische Wissen und der darauf gerichtete Mobilisierungs- und Lernprozeß zum mehr oder weniger *allein entscheidenden Wettbewerbsvorteil.* Nur wer die externen und internen Veränderungserfordernisse besser bewältigt und damit schneller lernt als die Konkurrenz, kann dauerhafte Erfolgspositionen aufbauen. „Kompetenzintensität"[31] bzw. professionell ausgelegtes „Management des Wissens"[32] in dafür geeigneten organisatorischen Strukturen sind die vielversprechenden Perspektiven. Für eine Organisation wird es in Zukunft verstärkt darum gehen, eine auf ihr Wissen gerichtete dynamische Entwicklung voranzutreiben. Ziel ist eine „Spirale des Wissens"[33], die eine fruchtbare Evolution der organisatorischen Wissensbasis und der daraus erst resultierenden Produkte, Dienstleistungen und Problemlösungen ermöglicht:

> „In Zukunft wird die Wettbewerbsfähigkeit von Unternehmungen immer stärker von ihrer Fähigkeit zu Innovationen bei der Gestaltung von Produkten und deren effizienter Produkti-

---

31 Henzler/Späth 1993: 51.
32 Fohrmann 1990a.
33 Nonaka 1992.

> on und Vermarktung abhängen. Innovationen und erfolgreiche Steuerung des komplexen Systems Unternehmung aber bedürfen (...) auch der kognitiven Fähigkeit des komplexen Problemlösens bei möglichst vielen Mitarbeitern."[34]

Damit sich die Anforderungen an das nunmehr grob umrissene Wissensmanagement besser vor Augen führen lassen, ist es notwendig - über die Ausführungen zur Propädeutik des Organisatorischen Lernens hinaus - die Frage zu klären, was im einzelnen unter organisatorisch relevantem Wissen und den darauf gerichteten Lernprozessen zu verstehen ist. Zu diesem Zweck werden in den folgenden Abschnitten zunächst die Begriffe „Wissen" und „Lernen" aus einer Perspektive der Organisationsmitglieder (Abschnitt 2.2) und einer Perspektive der Gesamtorganisation (Abschnitt 2.3) schärfer konturiert. Am Ende steht schließlich ein integriertes Modell (Abschnitt 2.4), das ein idealtypisches Muster individuellen und kollektiven Lernens skizziert und die Basis für die Lokalisierung der diesen Prozessen immer auch vorhandenen Barrieren und Pathologien bildet.

2.2 Die Perspektive der Organisationsmitglieder

In den bislang diskutierten propädeutischen Bemerkungen zum Lernen von Organisationen stand mehr oder weniger ausschließlich eine kollektive Sicht von Wissen und Lernen im Vordergrund. Organisatorisches Lernen bedeutet aber zu einem großen Teil auch das stellvertretende Lernen von Individuen *in* Organisationen. Aus diesem Grund, und weil die kollektive Sicht oft in Analogie zur individuellen Perspektive gebildet wird, ist es erforderlich, sich auch einmal systematisch mit dem Wissen (Abschnitt 2.2.1) und Lernen (Abschnitt 2.2.2) von Individuen auseinanderzusetzen. Die Diskussion der dazu vorliegenden Konzepte mündet in Abschnitt 2.2.3 in die Konstruktion eines systemtheoretisch orientierten Lernmodells des Individuums als psychisches System.

2.2.1 Das individuelle Wissen

Zunächst ist festzuhalten, daß der Wissensbegriff seit langer Zeit eine zentrale Größe in unterschiedlichen Forschungsgebieten ist. Definitionsmerkmale können insofern z.B. aus Erkenntnissen der Philosophie, Soziologie, Psychologie, Pädagogik und Betriebswirtschaftslehre destilliert werden. In allen diesen Disziplinen ist heute zudem eine verstärkte Auseinandersetzung mit diesem Begriff auszumachen. Der Grund dafür liegt offenbar darin, daß viele Arbeiten anfänglich zwar verschiedene Wissensbe-

---

34 Sarges 1992: 355.

griffe ausgearbeitet, sich dem eigentlichen Phänomen aber nicht wirklich genähert haben. Wissen ist vielmehr immer noch eine Art „black box": Entstehungsweise, Eigenschaften, Wirkung und weitere Charakteristika werden in der Regel als allgemeinverständlich unterstellt und insofern keiner näheren Betrachtung unterzogen.[35] Mittlerweile sind aber in einigen Beiträgen Ansätze zu erkennen, eine wirklich grundsätzliche Klärung des Wissensbegriffes herbeizuführen. Dies sind zum einen Beiträge, die sich mehr oder weniger konkret mit den Bedingungen der Wissensgesellschaft bzw. der Wissensbasiertheit von Organisationen und zum anderen mit der neu entstandenen Disziplin der Wissenspsychologie beschäftigen. Die Selektion der im folgenden verwendeten begrifflichen Substrate erfolgt deshalb von dem Hintergrund von Beiträgen, die in etwa in diese Richtung weisen.

2.2.1.1 Wissenspsychologische Aspekte

Nimmt man zunächst die wissenspsychologischen Aspekte,[36] stehen Fragen im Vordergrund, wie die Wissensrepräsentation, die Differenzierung von Wissen und Information, der Wissenserwerb, der Anwendungsaspekt von Wissen zur Bildung von Verhaltensorientierungen bzw. die tatsächliche Produktion von Handlungen, die Abhängigkeit von Wissen und seinem kulturellen Kontext sowie der Zusammenhang von Wissen, Wahrnehmung, Denken und Sprechen.

Bei der *Wissensrepräsentation* lassen sich in grober Unterteilung *drei Kategorien* differenzieren.[37] *Deklaratives Wissen* als erster Typ

> „bezeichnet die Kenntnisse eines Menschen über die Realität, d.h. über Sachverhalte, Vorgänge, Personen und Objekte."[38]

Innerhalb dieser Kategorie unterscheidet man zusätzlich episodisches Wissen als selbsterfahrene Inhalte und semantisches Wissen als „Wissen, daß ...". Deklaratives Wissen ist interindividuell zwar unterschiedlich repräsentiert,[39] grundsätzlich aber verbalisierbar und somit kommunikationsfähig. *Prozedurales Wissen* als zweiter Typ umfaßt demgegenüber

> „die verfügbaren geistigen Operationen und Prozesse zur Verarbeitung von Information."[40]

---

35 Vgl. Stehr 1994: 201ff.

36 Vgl. z.B. Mandl/Spada 1988a.

37 Vgl. zum Überblick Mandl/Spada 1988b: 2 und ausführlich Kluwe 1990, Anderson 1983, Ryle 1958.

38 Kluwe 1990: 175.

39 Hier wird die Frage nach der Organisation des Gedächtnisses virulent.

40 Kluwe 1990: 175.

Derartige Prozesse liegen in Form diverser Produktionsregeln bzw. Produktionssysteme vor, z.B. Abstrahieren, Speichern, Wiedererkennen, Verknüpfen, etc. und sind nicht verbalisierbar. Schließlich existiert mit einer Art *Metawissen* auch das Wissen über die Planung und Steuerung von Handlungen bzw. ein „Wissen über Wissen".

Bereits an dieser Stelle wird deutlich, daß es sich beim *Wissen* eines Menschen *nicht allein* um die ausschließliche *Repräsentation objektivierter Informationen* bzw. Fakten handelt.[41] Ein wesentlicher Bestandteil des Wissens ist beispielsweise auch die Verknüpfung von Ursachen und Wirkungen sowie die Bildung bestimmter Algorithmen und Heuristiken. Bei den Begriffen „Wissen" und „Information" handelt es sich also um ein zusammenhängendes Begriffspaar mit beiderseitigen Überlappungen, aber auch deutlichen Differenzen. *Information*[42] ist ein Strom von Daten, Botschaften und Bedeutungen, der das „objektive Rohmaterial" des Wissens bildet.[43] Informationen erweitern, verändern und restrukturieren somit permanent das individuelle Wissen, das aber zusätzlich immer von der interpretativen Rückbindung an vorhandenes Wissen, den spezifischen Prozessierungsmustern sowie den Werten und Überzeugungen des individuellen Wissensträgers abhängig bleibt. *Wissen* weist damit eine eindeutig *subjektabhängige Prägung* auf, was letztlich dazu führt, daß eine identische Ausgangsinformation nach individueller Perzeption zu vollkommen unterschiedlichen Wissensbausteinen transformiert werden kann. Dabei ist noch nicht einmal sicher, daß dargebotene Informationen auch tatsächlich wahrgenommen werden. Zuvor existiert nämlich noch ein weiterer subjektabhängiger Filter, der dafür sorgt, daß nur bestimmte Informationen wahrgenommen werden. In Abbildung 2-3 ist dieser Zusammenhang von Information und Wissen noch einmal im Überblick dargestellt.

Die Frage nach dem *Wissenserwerb* ist ähnlich vielschichtig zu interpretieren wie die der Wissensrepräsentation. Das Individuum akquiriert nicht einfach eine bestimmte Menge an neuem Wissen. Informationssuche, -aufnahme und -verarbeitung sind vielmehr in vielfältiger Weise an Art und Umfang des bereits vorhandenen Wissens

---

41 Vgl. Cleveland 1985 und Gerke 1987.

42 Der Informationsbegriff selbst kann in eine syntaktische und eine semantische Dimension geschieden werden (vgl. Shannon/Weaver 1949 und im Anschluß daran Nonaka 1994: 16). Die *syntaktische* Dimension umfaßt die quantifizierbare Menge an Information, ohne Blick auf den qualitativen Informationsgehalt, die Aussagekraft, die Bedeutung und den Wert der Information. Hier geht es ausschließlich um die Frage, wieviel Informationseinheiten pro Zeiteinheit transportiert werden. Die *semantische Dimension* hingegen umfaßt gerade diesen qualitativen Aspekt. Aber auch hier kommt man bereits an einen Punkt, an dem die Aussagekraft einer Information vom jeweils sendenden bzw. wahrnehmenden Subjekt abhängig ist. Wissen setzt also zunächst an der semantischen Dimension der Information an.

43 Vgl. Machlup 1983.

rückgebunden.[44] Und auch die Frage des emotional-motivationalen Aktivierungsgrades spielt eine wesentliche Rolle. Von diesem Bezugspunkt aus gibt es dann verschiedene Erklärungsmodelle des Erwerbs von Wissen:[45] *Schematheoretische Ansätze*, die von Wissensstrukturen ausgehen in denen generisches Wissen gespeichert ist, der *Ansatz der Produktionssysteme*, der den Erwerb von Fertigkeiten formal beschreibt und der *Ansatz mentaler Modelle*, der die Bildung von Modellen innerer und äußerer Realität unterstellt.

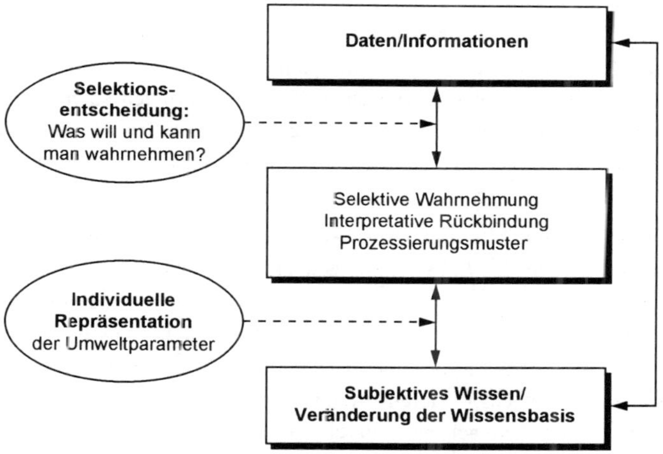

Abb 2-3: Der Zusammenhang von Wissen und Information

Mit dem Aspekt der *Wissensanwendung* steht nicht mehr Erwerb und Speicherung, sondern Aktivierung und Wirkungsweise von Wissen im Vordergrund. Individuelles Wissen eröffnet in diesem Zusammenhang nicht nur die notwendigen *Handlungsoptionen* zur Bewältigung bestimmter Problemstellungen, sondern kann im Gegenteil auch Handlungen und Lösungsstrategien behindern. Außerdem wirkt die Beziehung zwischen Wissen und Problemlösen in beide Richtungen: Wissen ist einerseits Ausgangsbedingung für das Lösen von Problemstellungen, andererseits aber auch Er-

44 Vgl. zum Überblick Mandl/Spada 1988b: 3.

45 Vgl. Mandl/Friedrich/Hron 1988.

gebnis dieser Aktivitäten.[46] Und ebenso wie beim Wissenserwerb spielen für die Anwendung von Wissenspotentialen - und damit für die Verhaltensregulation - die Faktoren der Emotion und Motivation eine wesentliche Rolle.[47]

Daß es sich bei der Betrachtung von Wissen nicht um eine objektivierbare Größe handelt, zeigt auch der Blick auf den *kulturellen Kontext* von Wissen. So sind identische kognitive Leistungen auf der Basis vollkommen unterschiedlicher kulturell bedingter Wissensbestände ebenso möglich, wie die Ausführung derselben Handlungen aufgrund divergenten Begründungswissens.[48] Auf der anderen Seite bedingt das kulturell vermittelte (Hintergrund-)Wissen signifikant unterschiedliche Verhaltensweisen. Der Zusammenhang von kulturell gebundenem Wissen und Denken bzw. von Wissen und Handeln läßt sich besonders durch kulturpsychologische und ethnologische Studien deutlich machen.[49] Als Konsequenz muß man daher *vor* der Interpretation irgendeines Zusammenhangs zwischen diesen Konstrukten auch für die individuelle Ebene die systematische Aufarbeitung des kulturellen Hintergrundwissens fordern - ein Punkt der für das integrierte Modell Organisatorischen Lernens später noch eine Rolle spielen wird.[50]

Im *Zusammenhang von Wissen und Sprache* ist schließlich noch eine weitere Besonderheit für das Wissen des Individuums festzuhalten. Schnotz unterstellt beispielsweise für das Verstehen von Texten: „Textverstehen ist der Aufbau mentaler Modelle“[51]. Die verbale Repräsentation des Textes ist also lediglich als eine Art Oberflächenstruktur zu interpretieren, der eine ganzheitliche Repräsentation - eine propositionale Abbildung - in einer Tiefenstruktur zugrundeliegt. Die Bildung von Wissensstrukturen erfolgt demnach nicht durch bloßes Aneinanderreihen von einzelnen semantischen Einheiten, sondern holistisch durch Bildung eines mentalen Modells. Diese Betrachtung ist - teilweise inhaltlich, in jedem Fall aber von der Begriffswahl - anschlußfähig an die Unterscheidung von beobachtbaren Oberflächenphänomenen und den diesen Phänomenen zugrundeliegenden Tiefenstrukturen, die von Vertretern des kognitiven Strukturalismus in der Entwicklungspsychologie[52] postuliert werden und der hier vertretenen Ansicht, daß diese Differenzierung auch für die Entwicklung von Unternehmen eine wesentliche Rolle spielt.[53]

---

46 Vgl. z.B. Putz-Osterloh 1988 und 1990.

47 Vgl. Dörner 1988.

48 Vgl. Mandl/Spada 1988b: 12 sowie ausführlich Oerter 1988 und Triandis et al. 1980.

49 Vgl. z.B. Scribner 1984.

50 Vgl. Abschnitt 2.4.

51 Schnotz 1988: 299.

52 Vgl. z.B. Kohlberg 1969.

53 Vgl. noch einmal Gomez/Müller-Stewens 1994.

Zu dieser Begriffsstrategie paßt außerdem auch die Unterscheidung von Ryle[54], Polanyi[55] und Anderson[56], wobei diese Autoren in ihren Beiträgen bereits nichtpsychologische Kontexte mitverarbeiten. Während Ryle in „knowing how“ und „knowing that“ differenziert, unterscheidet Polanyi in „explizites“ und „implizites Wissen“ sowie Anderson in „declarative knowledge“ und „procedural knowledge“. Die erste Kategorie ist auf das *Können* eines einzelnen gerichtet, wobei die damit in Verbindung stehenden Wissenspotentiale *sprachlich verfügbar* sind. Die zweite Kategorie hingegen bezeichnet die tieferliegende, *sprachlich nicht kommunizierbare Ebene des Kennens* - man könnte auch sagen die Ebene des Konzeptwissens, mit der durch eine kognitive Tiefenstruktur das jeweilige Verhalten (mit-)gesteuert wird.[57] Denkt man diese Überlegungen konsequent weiter, kann man eine eher *physisch-motorische Ebene der Fähigkeiten und Fertigkeiten*[58] und eine eher *mental-konzeptionelle Ebene der kognitiven Verarbeitungsmuster und Handlungsstrategien* unterscheiden, wie dies später in Abschnitt 2.2.3 noch ausführlich geschehen wird.

Fallbeispiel: Know-how-Transfer versus Kontext-Transfer

Beim Kauf bzw. bei den verschiedenen Formen der Kooperation von Unternehmen liegt das Hauptproblem in dem damit oftmals intendierten Wissenstransfer: Große Teile des Wissens können nicht als „Blaupausen“ übertragen werden. Das Wissen ist vielmehr an die Erfahrungshintergründe oder internen Kontexte der Wissensträger gebunden. Ein Know-how-Transfer setzt deshalb immer auch einen zumindest teilweisen Kontext-Transfer voraus. Der Import von Wissen ist demnach an zwei Größen gebunden: Erstens das Wissen, das explizit benennbar und direkter Gegenstand des Transfers ist und zweitens an das implizite Wissen, welches mit dem Erfahrungshintergrund des einzelnen vereinigt ist.[59]

2.2.1.2 Betriebswirtschaftliche, pädagogische, organisationspsychologische und wissenssoziologische Aspekte

An dieser Stelle bietet sich nunmehr die Betrachtung der in der Betriebswirtschaftslehre,[60] der Betriebspädagogik und der Organisations- und Arbeitspsychologie vertre-

---

54 Vgl. Ryle 1958.

55 Vgl. Polanyi 1985, im Original 1966.

56 Vgl. Anderson 1983.

57 Vgl. dazu auch Wolfsteiner 1995.

58 Auch: „skills“ oder „Handlungsroutinen“.

59 Verändert entnommen aus: Müller-Stewens/Osterloh 1994.

60 Eine explizite Auseinandersetzung mit dem Wissensbegriff findet in der Betriebswirtschaftslehre meistens nur im Zusammenhang mit Fragen der Information und Informationsverarbeitung sowie der Personalbeschaffung und -entwicklung statt. Vgl. dazu z.B. Kosiol 1972: 175, Wittmann 1959: 14 und 1979, Wacker 1971: 40, Pfeiffer 1980.

tenen Begriffsdefinitionen an. Die Definitionen sind dabei weitgehend auf das Individuum bzw. die menschliche Arbeit als Produktivkraft eines Unternehmens ausgerichtet. In der Regel unterscheidet man deshalb in die *Fertigkeiten* eines Individuums, die das aufgabenbezogene Wissen und das darauf basierende Leistungsvermögen abbilden und die *Fähigkeiten* eines Individuums, als diejenige Kompetenz, die eine Person unabhängig von seinem Aufgabenumfeld besitzt.[61] Die gerade erwähnte Strukturteilung zweier Ebenen findet sich also auch hier wieder.

Etwas spezifischer wird die Begrifflichkeit durch die Betrachtung verschiedener Aufzählungen, die - besonders in Publikationen zur Personalentwicklung - ein unterschiedlich differenziertes Bild davon entwerfen, welche Wissensbausteine für einen effektiven und effizienten Einsatz der menschlichen Arbeit relevant sein könnten. Wissen wird dann als *kognitives Element* innerhalb des umfassend konzipierten Begriffes der „Qualifikation" bzw. „Kompetenz" gesehen.[62] Neben dem Wissen sind als Bausteine der Qualifikation noch die Affektionen und der psycho-motorische Bereich vorhanden und alle Elemente stehen untereinander in wechselseitiger Abhängigkeit. Der kognitive Bereich des Wissens besteht seinerseits aus Kenntnissen, Auffassungsgabe und Problemlösungspotential. Als konkretes Beispiel sei hier die Unterscheidung von Fuchs und Besier[63] genannt, die in einer Art „Zwiebelmodell" vier *Kompetenzarten* auseinanderhalten: Persönlichkeits-Kompetenz (Werte, Einstellungen, Initiative, Kreativität etc.), soziale Kompetenz (Kommunikations-, Kooperationsfähigkeit etc.), methodische Kompetenz (Problemlösungs-, Konfliktfähigkeit etc.) und fachliche Kompetenz. Die erstgenannte ist dabei die am weitesten ausgelegte Form des Wissens und zugleich Basis für die nächstgenannte, die wiederum die nächste umschließt usw.

Bevor nun die bislang vorgetragenen Definitionskriterien zusammengefaßt werden können, sei noch ein Blick auf die Wissenssoziologie, im besonderen auf die Begriffsfassungen bei Stehr und Spinner gerichtet. Diese Arbeiten bieten sich deshalb an, weil dort ausdrücklich der Frage nachgegangen wird, wie individuelles Wissen eigentlich entsteht.

Stehr[64] unterscheidet in einem ersten Zugriff zwischen dem, „was man weiß" als *Wissensinhalt* und dem, „wie man weiß" als *Wissensprozeß*, wobei die Analogie zu den Begrifflichkeiten von Ryle, Polanyi und Anderson unübersehbar ist. Vor diesem Hintergrund stellt ein Individuum im Wissensprozeß grundsätzlich eine Beziehung zu

---

61 Vgl. z.B. Hoyos 1974, Hentze 1989: 396 und Rosenstiel 1987: 55.

62 Vgl. z.B. Gebhardt/Heitmeyer 1985 und Sarges 1990.

63 Vgl. Fuchs/Besier 1992.

64 Vgl. Stehr 1994: 204ff.

Dingen, Fakten, Regeln und Programmen her. Durch die symbolische Repräsentation von Wissen muß sich diese intellektuelle Aneignung (oder: Appropriation) allerdings nicht im direkten Kontakt mit den Dingen vollziehen, weil sozial relevante Mechanismen diesen ersetzen können. Der Wissenserwerb des einzelnen bedeutet daher die Aufnahme zu einem sozial vermittelten, mehr oder weniger objektivierten Apriori.[65] Dieses objektivierte Wissen bezeichnet Stehr[66] als „kulturelle Ressource", den individuellen Wissensprozeß demnach als *„Teilnahme an den kulturellen Ressourcen"*. Der immense Bestand an objektiviertem Wissen einer Gesellschaft führt schließlich dazu, daß ein überwiegender Teil individuellen Wissens zunächst in der *Reproduktion* von Wissen, nicht in dessen eigentlicher Produktion besteht. Der Produktion von Wissen ist freilich dennoch keine Grenze gesetzt. Als *„öffentliches Gut"* ist es prinzipiell für alle verfügbar, verliert auch bei Übertragung nicht grundsätzlich an Bedeutung und hat damit keine Nullsummeneigenschaften.

Die *elementare Bedeutung* des Wissens für ein Individuum ergibt sich aus dem zweiten Aspekt, den Stehr in seiner Begriffserläuterung betont:

> „Vorläufig möchte ich Wissen als *Fähigkeit zum sozialen Handeln* (Handlungsvermögen) definieren, als die Möglichkeit, etwas 'in Gang zu setzen'."[67]

Die Eröffnung individueller Handlungsmöglichkeiten will Stehr allerdings ausdrücklich als *Potentialbetrachtung* sehen:

> „Die Definition von Wissen als Handlungsvermögen signalisiert zudem, daß die Realisierung oder Anwendung von Wissen immer unter bestimmten sozialen und kognitiven Rahmenbedingungen stattfindet. Wissen transportiert damit nicht unbedingt *konstante* Handlungschancen, sondern ist immer noch von einer aktiven Ausarbeitung oder Interpretation dieses Potentials abhängig."[68]

Für den einzelnen eröffnet Wissen also beinahe unbegrenzte Handlungsoptionen, deren tatsächliche Ausschöpfung aber an andere Größen gebunden ist. Eine solche Rahmenbedingung ist beispielsweise die Relation von Wissen und Macht. Die Implementierung von Wissen erfordert - zumindest teilweise - auch die Kontrolle über die sozialen Bedingungen, durch die gewissermaßen die Akzeptanz der Handlungsoption sichergestellt werden kann. Neben den Aspekten der Macht wirken noch zahlreiche andere materielle und kulturelle Bedingungen von sozialen Systemen restriktiv auf die Wahrnehmung der durch individuelles Wissen grundsätzlich denkbaren

---

65 Vgl. dazu auch Berger/Luckmann 1977.

66 Vgl. Stehr 1994: 205.

67 Ebd.: 208, Hervorhebungen im Original.

68 Ebd.: 211, Hervorhebungen im Original, Fußnote weggelassen.

Handlungsoptionen. Denkt man hier konsequent weiter, führt dies erneut zur Betrachtung der im dritten Kapitel zentralen Wissens- und Lernbarrieren.

Spinner[69] geht in seiner Betrachtung zunächst von einem sehr ausladenden Begriff aus, der „Wissen aller Arten, in jeder Menge und Güte" zeigt und benennt den eigentlichen *Kern des Wissens*:

> „Der kognitive Kern allen Wissens, unbeschadet zusätzlicher epistemologischer Qualifikationen wie Geltung, Gewißheit oder philosophischer Vollkommenheits- und Vernunftprädikate, ist (...) der angenommene *Informationsgehalt*."[70]

Der Nukleus des Wissens besteht also in der Information, unabhängig von dessen Geltungsproblemen, den gestellten Güteanforderungen und wirksamen Gebrauchsweisen. Information ist dabei definiert als eine Selektion aus einer Alternativmenge des potentiell Möglichen. Mit der Benennung des Elementarelementes von Wissen wird man aber der ungewöhnlichen Bedeutung, das Wissen für den einzelnen hat, nur unzureichend gerecht. Spinner steckt daher den Definitionsraum von Wissen mit einigen *Sondereigenschaften* ab, die Wissen im Vergleich zu anderen „Gütern" als besondere Größe auszeichnen.[71]

Wissen verkörpert zunächst nicht eine Sache selbst, sondern ist deren kognitive Repräsentation. Damit erfüllt Wissen eine *symbolische Stellvertreterfunktion* für nicht gegenständlich gehandhabte Sachverhalte. Wissen ist darüber hinaus ein *immateriel-les*, im rechtlichen Sinne ein „geistiges" Gut. Aus dem Symbolcharakter und der Ungegenständlichkeit folgt, daß Wissen damit prinzipiell allgegenwärtig, endlos existenzfähig, ubiquitär, fungibel und unendlich kopierbar ist. Wissen ist außerdem im Gegensatz zu nicht-informationellen Gütern grundsätzlich *wahrheitsfähig*. Das bedeutet umgekehrt aber nicht, daß nur „wahres" Wissen unter die Wissensdefinition fällt. Auch wenn man Sondereigentumsrechte an bestimmten Wissensteilen definieren kann,[72] ist doch der *Gemeingutcharakter* und damit ein grundsätzlicher Freiraum in der Wissensproduktion bzw. -reproduktion zu konstatieren. In der Regel gilt also für Wissen eine *Nichtrivalität der Nutzung* und damit die Beschaffenheit von Wissen als „paradoxes" Gut: Wissen kann hergegeben werden, ohne es gleichzeitig zu verlieren. Kognitive Aktivitäten zur Erzeugung, Vermehrung, Verbesserung und Verbreitung von Wissen folgen zudem einer weitgehend *intrinsischen Motivation*. Der Wissensgebrauch belohnt sich damit quasi selbst. Wissen ist schließlich nicht grundsätz-

---

69 Vgl. Spinner 1994: 24ff.

70 Ebd.: 25, Hervorhebungen im Original.

71 Vgl. ebd.: 27ff.

72 Z.B. Patente.

lich an spezifische Träger gebunden und kann *beliebig reproduziert* bzw. zu jedem Zeitpunkt *verändert* werden.

2.2.1.3 Zusammenfassung und Definition

Wenn man die bis hier diskutierten Aspekte noch einmal zusammenfaßt, ergibt sich bereits ein relativ scharf konturiertes Bild davon, was im folgenden unter *indivduellem Wissen* verstanden werden soll.

Individuelles Wissen fällt in jedem Fall unter die *Kategorie menschlicher Kognition* (Erkenntnis) und ist demnach seit jeher ein Objekt philosophischer, in neuerer Zeit auch psychologischer, neuro-physiologischer, soziologischer, volks- und betriebswirtschaftlicher sowie pädagogischer Forschung.

Wissen liegt dabei in der Regel in zwei Ausprägungsformen vor: Zum einen gibt es eine Art *„Oberflächen-Wissen"*, das die jeweils subjektive Speicherung der Realität und der darin vorkommenden Objekte, Fakten, Personen, etc. sowie die eher physisch-motorischen Handlungsroutinen beinhaltet. Zum anderen existiert eine Art *„Tiefen-Wissen"*, das auf einer eher mental-konzeptionellen Ebene die Prozessierung der Realitätswahrnehmung steuert. Beides zusammen ergibt eine individuell sehr spezifisch geprägte *Wissensbasis*.

Individuelles Wissen bzw. die individuelle Wissensbasis als zentrales Element menschlicher Kognition ist darüber hinaus *interdependent* verwoben mit allen anderen Bereichen menschlicher Psyche (z.B. Motivation, Triebstruktur, Affektion, Emotion, Bedürfnisse, etc.). Außerdem steht Wissen offensichtlich ebenso in einem eng verzweigten Zusammenhang mit dem *individuellen Handlungsvermögen* bzw. der sich daraus ergebenden Problemlösungskapazität und dem eher senso-motorischen Konstrukt des Könnens. Schließlich ist der Aufbau neuer bzw. die „Entsorgung" alter Wissensbestandteile - allgemein formuliert: die Veränderung der individuellen Wissensbasis als Lernprozeß - wesentlich an die Struktur der „alten" Wissensbasis *rückgebunden*. In demselben Maße ist auch die Ausschöpfung der durch Wissen eröffneten Handlungsoptionen an sozial vermittelte Restriktionen gebunden.

In Abbildung 2-4 sind alle wesentlichen Definitionskriterien noch einmal zusammengetragen, die auch die Formulierung der in dieser Arbeit verwendeten Begriffsbestimmung prägen und fortan für Verwendung dieses Begriffes gelten.

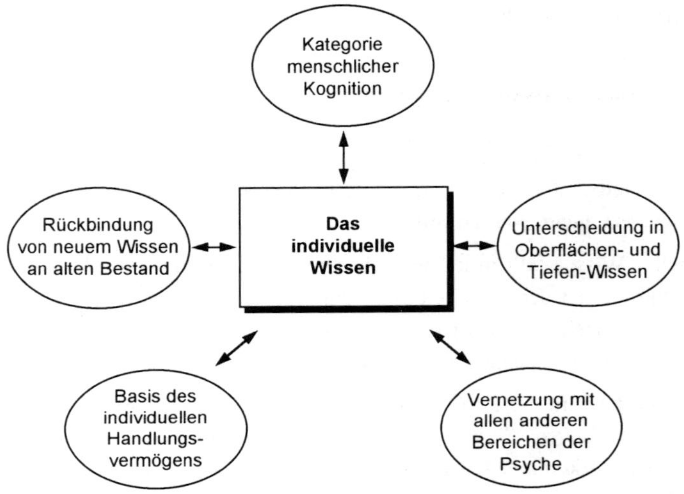

Abb. 2-4: Das individuelle Wissen

2.2.2 Die Lernprozesse von Individuen

Die Frage, wie Menschen lernen, steht in einem engen Zusammenhang mit dem Wissen, das entlang dieser Prozesse erworben werden kann. Lernen und Wissen stehen dabei in einer ähnlich engen Beziehung, wie allgemein ein Prozeß zu seinen Voraussetzungen und dem resultierenden Ergebnis. Vor diesem Hintergrund existieren heute in der modernen *Lernpsychologie* mit den „Behavioristen“ und den „Kognitivisten“ zwei Erklärungsvarianten, die aus fundamental verschiedenen Perspektiven individuelles Lernen analysieren.

2.2.2.1 Behavioristische Erklärungsperspektive

Die Gruppe der Behavioristen beschäftigt sich ausschließlich mit der Perspektive des *beobachtbaren Verhaltens* sowie dessen intendierten *Modifikationen.* Lernprozesse werden zum einen im Lichte der *klassischen Konditionierung* als eine Frage der geeigneten Reiz-Konstellationen gesehen.[73] Der Aufbau bestimmter Verhaltensweisen als Lernleistung erfolgt demnach über bestimmte Stimulusbedingungen in der Ausgangssituation der Umwelt.

Fallbeispiel: Klassische Konditionierung

Die mittlerweile berühmten Studien von Pawlow[74] haben gezeigt, daß die Kombination eines unbedingten Reizes (Darbietung von Futter) mit einem neutralen Reiz (Glockenton) bereits nach einigen Wiederholungen dazu führte, die ursprüngliche Reaktion, die auf den unbedingten Reiz folgte (Speichelabsonderung) auf den eigentlich neutralen Reiz zu übertragen. Die Hunde sonderten demnach bereits beim Ertönen der Glocke Speichel ab, auch wenn dann gar keine Futtergabe erfolgte. Diese Lernleistung wurde von den Versuchstieren auch über einen gewissen Zeitraum stabil beibehalten. Diese Art experimenteller Theoriebildung führte Hull[75] schließlich in unzähligen Varianten weiter.

Lernen bedeutet in einem behavioristischen Sinn zum anderen aber auch die Betrachtung von Mechanismen der *operanten Konditionierung* als eine Frage verhaltensbestärkender Nachfolgebedingungen.[76] Hier sind es nicht die Stimulusbedingungen der Ausgangssituation, sondern die antizipierten Konsequenzen einer Handlung, die Lernleistungen initiieren.

Fallbeispiel: Operante Konditionierung

Beispiele für operante Konditionierungen sind die Studien von Thorndike[77] und Skinner[78]. Thorndike zeigte an hungrigen Katzen in einem Problemkäfig die wachsende Stärke von befriedigenden Reiz-Reaktions-Verbindungen, indem er erfolgreiche Versuche, den Öffnungsmechanismus des Käfigs zu bedienen, mit Futter belohnte. Skinner unterstützte den Aufbau erwünschter Verhaltensweisen von Ratten in seiner „Skinnerbox" ebenfalls durch die selektive Gabe von Futter und konnte auf diese Weise den Tieren ein bestimmtes Verhalten anerziehen.

Diese, von den „klassischen" Behavioristen favorisierte, Betrachtung von weitgehend stabilen Reiz-Reaktions-Mustern wird von den *Neobehavioristen* zusätzlich um die Möglichkeit *intervenierender Variablen* erweitert, ohne allerdings den eigentlichen Theoriehintergrund zu verlassen. Insgesamt sind für die Behavioristen also erfahrungsbedingte Verhaltensänderungen im Rahmen des *Signallernens* (klassische Konditionierung) und des *Bekräftigungslernens* (instrumentelle Konditionierung) Grundpfeiler individueller Lernvorgänge.

---

73 Zur Übersicht vgl. Bower/Hilgard 1983 und Bredenkamp/Weinert 1976.
74 Vgl. Pawlow 1953.
75 Vgl. Hull 1952.
76 Vgl. auch hier zum Überblick Bower/Hilgard 1983 und Bredenkamp/Weinert 1976.
77 Vgl. Thorndike 1913 und 1932.
78 Vgl. Skinner 1974.

Die Lernvorstellung der Behavioristen basiert auf den Gedanken des *Empirismus*, nach dem Erfahrung die einzig mögliche Quelle von Erkenntnis und Wissen ist.[79] Kennzeichnend für den Empirismus sind zwei Lernmechanismen: Zum einen geschieht die innere Repräsentation der Sinneseindrücke in Form von einfachen Abbildungen, zum anderen werden komplexe Ideen durch Verknüpfung mehrerer elementarer Ideen produziert.

2.2.2.2 Kognitivistische Erklärungsperspektive

Kognitivistische Ansätze[80] stellen das „Bewußtsein" und die damit verbundenen kognitiven Prozesse wie beispielsweise Wahrnehmen, Denken, Urteilen, Folgern, Problemlösen etc. in den Fokus der Theoriebildung. Der Mensch ist in dieser Sicht zu weitgehend rational begründbaren Einsichten in komplexe Problemzusammenhänge fähig. Es geht um das *Einsichtslernen*, also um den Erwerb von bestimmten kognitiven Strukturen, die „vernünftiges" Handeln der Individuen ermöglichen.

Insgesamt beruht der Kognitivismus auf fünf Grundannahmen.[81]

- ❑ Prinzip der *Erkenntnis*: Der Kern des Psychischen ist Erkenntnis bzw. Kognition, die sich auf die Welt und die eigene Person beziehen.
- ❑ Prinzip der *Bewußtheit*: Diese Erkenntnis bildet sich im Medium des Bewußtseins.
- ❑ Prinzip der *kognitiven Ordnung*: Die Erkenntnis beruht nicht allein auf der Wahrnehmung von einzelnen Daten, sondern auch in der Bildung von Zusammenhängen. Auf struktureller Ebene bedeutet dies die Bildung begrifflicher Gruppen, auf funktionaler Ebene die Bildung von Ursache-Wirkungs-Beziehungen. Diese kognitive Ordnung schließt dabei vergangene, gegenwärtige und zukünftige Gegebenheiten mit ein.
- ❑ Prinzip des *einsichtigen Handelns*: Durch die kognitive Ordnung ist der Mensch in der Lage, Erwartungen für die Zukunft aufzubauen und damit sein Handeln zu planen. Nützlichkeitserwägungen und Erfolgserwartungen werden somit u.a. zum Kriterium der Handlungswahl.

---

79 Vgl. dazu Bower/Hilgard 1983: 19ff.

80 Als typische Vertreter vgl. z.B. Tolman 1932 und Lewin 1921-1934.

81 Vgl. Schönpflug/Schönpflug 1989.

- ❑ Prinzip der *Selbstverantwortung und Selbstregulation*: Der Mensch handelt grundsätzlich frei und einsichtig und wird damit zum Urheber seines eigenen Geschicks.

So wie sich die Position der Behavioristen weitgehend auf den Empirismus zurückführen lassen, bildet der *Rationalismus* die Grundlage für das Gedankengebäude der Kognitivisten.[82] Nicht Erfahrung, sondern Denken steht nunmehr im Fokus und ist Hauptquelle des Wissens. Erfahrungsbezogene Sinnesinformationen sind zwar auch hier das Ausgangsmaterial, stehen aber nur undifferenziert und unstrukturiert als „Rohprodukt" zur Verfügung. Dieses Material wird dann letztlich im Hinblick auf bestimmte Klassen teilweise angeborener Wahrnehmungshypothesen interpretiert. Vor diesem Hintergrund beschäftigen sich viele Kognitivisten konsequent mit der Frage, innerhalb welcher kognitiver Rahmenbedingungen der Erwerb und die Prozessierung des Wissens geschieht. Einen wesentlichen Forschungsschwerpunkt stellen z.B. die Theorien des Spracherwerbs dar, bei dem der linguistische Kompetenzerwerb offensichtlich mit einem angeborenen Set an Regeln zusammenhängt.[83]

An dieser Stelle soll als Beispiel für kognitivistisch beeinflußte Theoriebildung besonders das *Lewin'sche Modell* eines *zirkulären Verlaufs des Lernens* hervorgehoben werden, das Lewin im Zuge seiner Erforschung von Gruppenprozessen herausfilterte und mit dem er auf eine Integration von Beobachtung und Handlung in einem zielgerichteten Lernprozeß abhebt.[84] In der Vorstellung Lewins bzw. in den daran anschließenden Substraten formiert sich individuelles Lernen als ein Vier-Phasen-Kreislauf aus den Elementen konkret erfahrener Realität, der Reflexion und Analyse des Erfahrenen, der Entwicklung von Abstraktionen und Generalisierungen sowie dem Überprüfen der gezogenen Schlußfolgerungen in neuen Handlungssituationen. Das Modell von Lewin ist vielfach übernommen und modifiziert worden und taucht daher in verschiedenen Variationen immer wieder auf - nicht zuletzt als Grundmodell der auch hier bereits vorgestellten Überlegungen zum Organisatorischen Lernen.[85]

---

82 Vgl. nochmals Bower/Hilgard 1983: 21ff.

83 Vgl. z.B. Chomsky 1973.

84 Vgl. Lewin 1963 und Kolb 1984 sowie die ausführliche Beschreibung dieses Modelltyps in Abschnitt 2.2.3.2.

85 Vgl. dazu das erste Kapitel dieser Arbeit sowie z.B. Pautzke 1989, Pawlowsky 1992, Reinhardt 1993, Kim 1993a und 1993b, Geißler 1993 und 1994, Petersen 1994, Wolfsteiner 1995.

2.2.2.3 Zusammenfassung und Definition

Aus der hier vertretenen Sicht spielen bei individuellen Lernprozessen *sowohl kognitivistische, als auch behavioristische* Elemente eine Rolle. Die angestrebte Identifizierung von Lernbarrieren auf individueller Ebene findet im dritten Kapitel daher auf der Basis einer *umfassenden* Lerntheorie statt, deren plausible Verknüpfung - trotz aller Kontradiktionen der Ausgangstheorien - vor allem durch eine systemtheoretisch geprägte Argumentation geleistet wird. Bevor die Grundzüge dieser Argumentation im nächsten Abschnitt vorgestellt werden, gibt Tabelle 2-1 noch einmal einen Überblick über die zentralen Aussagen der behavioristischen und kognitivistischen Theoriepositionen.

	Behaviorismus	**Kognitivismus**
Zentraler Untersuchungsgegenstand	Beobachtbares Verhalten (Reaktionen und Reflexe)	Bewußtsein bzw. Kognition
Maßgebliche Ursache des Verhaltens	Milieubedingungen (Reize und Verstärker)	Kognitive Erkenntnisstrukturen
Prägendes Menschenbild	Verhalten des Menschen beruht auf Umgebung und Triebreize	Verhalten des Menschen beruht auf Einsicht und Voraussicht

Tab. 2-1: Zentrale Unterschiede kognitivistischer und behavioristischer Positionen

2.2.3 Zur Analyse einer individuellen Wissensbasis

2.2.3.1 Individuen als psychische Systeme

Folgt man den grundsätzlichen Aussagen der systemtheoretischen Argumentation, dann können zwei verschiedene Systemtypen unterschieden werden: psychische und soziale Systeme.[86] Beide Systeme sind eigenständig, indem sie sich nicht aus dem jeweils anderen ableiten lassen. Psychische Systeme konstituieren sich dabei durch strukturiertes Bewußtsein, soziale Systeme durch regelhafte Kommunikation. Beide Systeme sind autopoietischer Natur, was bedeutet, daß Bewußtsein und Kommuni-

[86] Vgl. zum folgenden ausführlich Luhmann 1984, Willke 1993 und 1994, Geißler 1993 und 1994 sowie Reinhardt 1993.

kationsregeln sowohl Bedingung und Ausgangspunkt, als auch Ergebnis der Entwicklung des jeweiligen Systems sind.

Individuen als *psychische Systeme* haben vor diesem Hintergrund eine durch vier Elemente gekennzeichnete *innere Struktur* aus Wissen, Können, Wollen und Glauben. Diese Elemente existieren nicht an sich, sondern im Prozeß ihrer Anwendung. Das Wissen wird z.B. immer dann erkennbar, wenn es in entsprechenden Handlungssituationen angewendet wird. Das bedeutet aber gleichzeitig, daß dieses Wissen nach seiner Anwendung nicht mehr das gleiche ist, wie vor der Anwendung, denn es ist nunmehr erprobt und damit bewährt bzw. veränderungsbedürftig. Analoges gilt für die anderen drei Elemente (Können, Wollen, Glauben) des psychischen Systems.

Die Elemente Wissen und Können bilden gegenüber den Elementen des Wollens und Glaubens allerdings mehr oder weniger eine Einheit. Hier spiegelt sich die bereits in Abschnitt 2.2.1 beschriebene Zweiteilung des Wissensbegriffes in eine eher physisch-motorische Ebene der Fähigkeiten und Fertigkeiten und eine eher mental-konzeptionelle Ebene der kognitiven Verarbeitungsmuster und Handlungsstrategien. Die solchermaßen „zweigeteilte Einheit“ aus Wissen und Können kann dann in einem Funktionszyklus beschrieben werden, der aus der Verbindung von fallbezogenem *Erfahrungswissen*, systematisiertem *Konzeptwissen*, verhaltensanleitendem *Planungswissen* und konkretem *Handlungswissen* besteht.

2.2.3.2 Der Lernzirkel von Individuen

Das Lernen eines psychischen Systems vollzieht sich im Anschluß an diese Vorstellung als *Lernzirkel*, wobei die Beziehung des Subjekts zu seinem Kontext durch vier verflochtene Lernaktivitäten reguliert wird:[87] Auf der Basis subjektabhängiger *Realitätswahrnehmung* wird das solchermaßen *Erfahrene analysiert*, was wiederum die Grundlage für die *Entwicklung von Verhaltensorientierungen* bildet und schließlich zur *Generierung von* - allerdings situationsbedingten - *Verhaltensweisen* führt. Diese vier Aktivitäten erzeugen als Produkt die zuvor angesprochenen Wissenstypen (Erfahrungswissen, Konzeptwissen, Planungswissen und Handlungswissen), die zugleich aber auch Ausgangsbasis für den Vollzug der Lernaktivitäten sind. Der Lernprozeß ist damit wie das psychische System selbst autopoietisch.

Abbildung 2-5 zeigt den Lernzirkel des Individuums mit der damit zusammenhängenen Bildung unterschiedlicher Wissenskategorien im Überblick.

---

[87] Vgl. Lewin 1963 und Kolb 1984.

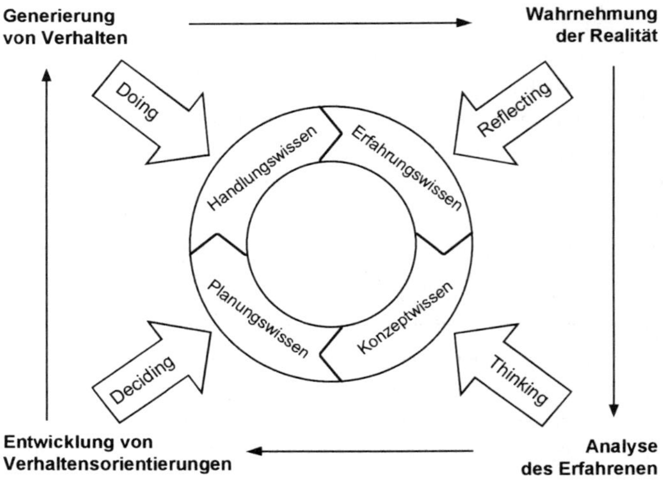

Abb. 2-5: Der Lernzirkel des Individuums als psychisches System (in Anlehnung an: Geißler 1994: 211 bzw. Kolb 1984: 21)

Die vier Elemente des Lernzirkels können in *zwei Lernkategorien* geschieden werden.[88] Realitätswahrnehmung und Verhaltenserzeugung repräsentieren eher eine Art *operationale Lernebene*, in der Erfahrungs- und Handlungswissen aufgebaut werden. Typisch für derartige Lernprozesse sind inkrementale und einfache Lernleistungen, die weitgehend auf experimentellem Ausprobieren basieren.[89] Erfahrungsanalyse und die Entwicklung von Verhaltensorientierungen bilden demgegenüber eher eine Art *konzeptionelle Lernebene*, auf der letztlich die Lösung komplexer Problemzusammenhänge basiert.[90] Während es auf der operationalen Ebene eher um die Bildung stabiler Reiz-Reaktionsmuster und Prozesse der Handlungseffizienz geht, überlegt man sich auf der konzeptionellen Ebene, ob man die „richtigen Dinge tut" - ob und wie also die vorliegenden Problemsituationen mit den zur Verfügung stehenden Lösungsstrategien adäquat gehandhabt werden können.

---

88 Vgl. dazu Kim 1993a und 1993b.

89 Hier gilt vor allem die behavioristische Erklärungsperspektive mit dem dort dominanten Modus von „trial-and error".

90 Hier gilt dann vor allem die kognitivistische Erklärungsperspektive mit dem dort zentralen Modus des „Einsichtslernens".

Abbildung 2-6 illustriert diese Differenzierung einer eher operationalen und einer eher konzeptionellen Lernebene.

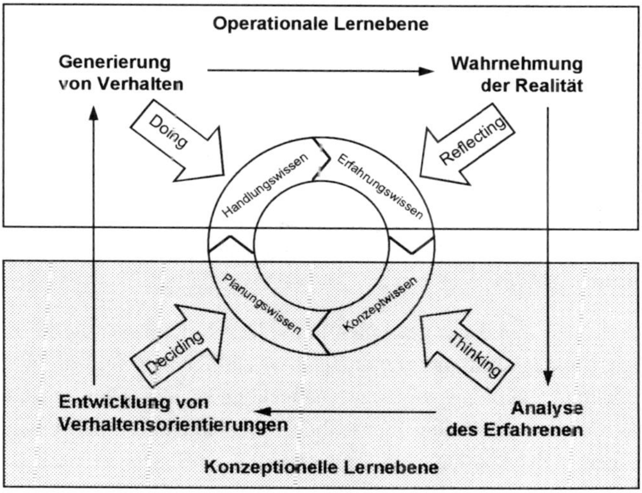

Abb. 2-6: Operationale und konzeptionelle Lernebene beim Individuum

Die Zweiteilung der Lernebenen darf allerdings nicht mißverstanden werden. Es handelt sich lediglich um eine *analytische Trennung* der in der Realität verflochtenen Lernelemente. Die zirkuläre Verbindung ist allerdings situationsabhängig unterschiedlich stark ausgeprägt und so kann für bestimmte Konstellationen von der *Dominanz* einer der beiden Ebenen ausgegangen werden. In Abbildung 2-6 wird diesem Umstand durch die Beibehaltung der Kreisdarstellung Rechnung getragen.

2.2.3.3 Der Kognitions- und Verhaltensrahmen von Individuen

Der Lernprozeß des Individuums ist aber nicht allein durch den immer wiederkehrenden Ablauf des Lernzirkels determiniert. Vielmehr erscheint es notwendig eine weitere Ebene individueller Psyche hinzuzufügen: den *individuellen Kognitionsrahmen.* Der Mensch ist in der Lage, kognitive Ordnungsschemata anzulegen bzw. angeborene rudimentäre Muster durch Reifung und Lernprozesse auszubilden, die seine jeweils eigene Sicht der Welt und die der eigenen Person begründen. In diesem Kognitionsrahmen sind die oben bereits erwähnten strukturellen und funktionalen Begründungszusammenhänge enthalten, die die Wahrnehmung und die Erzeugung von Handlungen zu großen Teilen bestimmen. In der Literatur wird in diesem Zusammenhang auch von der „cognitive map“ bzw. „mental map“ eines Individuums gesprochen.[91]

Fallbeispiel: Geistige Landkarten

Der Begriff einer „cognitve map“ geht ursprünglich auf Tolman[92] zurück, der bei seinen Versuchen zum Lernverhalten von Ratten, diesen eine Art „geistige Landkarte“ zuschrieb. Durch die Ausbildung einer solchen Landkarte konnten Ratten in einem Labyrinth mit drei unterschiedlichen Wegen zum Ziel (Futterkammer) nach vorheriger Erkundung sofort den günstigsten Weg zur gefüllten Kammer wählen, ohne daß umfangreiche „trial-and-error“-Versuche notwendig waren. Die Tiere eigneten sich also gleich zu Beginn eine Gesamtkonstruktion des Labyrinths an, anhand derer sie sich sinnvoll im Raum orientierten.

Mit einer derartigen Landkarte gewinnen Individuen Kenntnisse, die für die Bearbeitung und den Vollzug künftiger Handlungen wesentlich sind und die die Prozessierung des Lern- und Handlungsvorganges maßgeblich steuern. Dies bedeutet in letzter Konsequenz, daß die Auslösung menschlicher Verhaltensweisen weitgehend unabhängig von den meist kontingenten Umweltreizen wird. Der Mensch ist aber versucht, Wissen bzw. Kontexte zur Erweiterung des potentiell möglichen Handlungsraumes also seiner eigenen Weltsicht innerhalb seines Kognitionsrahmens zu proliferieren. Damit erhöht sich nämlich die Chance, Veränderungen und Verbesserungen der eigenen Verhaltensorientierungen beurteilen und vornehmen zu können.

Kim veranschaulicht die Metapher der geistigen Landkarte durch eine Analogie zu Computersystemen:

> „Mental models represent a persons's view of the world, including explicit and implicit understandings. Mental models provide the context in which to view and interpret new material, and they determine how stored information is relevant to a given situation. They represent more than a collection of ideas, memories, and experiences - they are like the source code of a computer's operating system, the manager and arbiter of acquiring, retaining, using, and deleting new information. But they are much more than that because they are also like the programmer of that source code with the know-how to design a different source code as well as the know-why to choose one over the other.“[93]

---

91 Vgl. z.B. Senge 1990, Eden 1992, Sigismund-Huff 1990.

92 Vgl. Tolman/Honzik 1930 und Tolman 1932.

93 Kim 1993b: 39.

Der individuelle Kognitionsrahmen reflektiert damit letztlich die grundlegende Fähigkeit zur erfolgreichen Planung und Ausführung von individuellen Handlungen bzw. allgemein ausgedrückt: die *Handlungskompetenz*.

In der Konzeption eines derartigen Kognitionsrahmens kann man zwei Hilfskonstruktionen unterscheiden, wobei die Trennung wiederum eine rein analytische ist. Vorgänge der *operationalen Lernebene* mit den Elementen der Wahrnehmung und Verhaltensgenerierung finden ihren Niederschlag in den *Handlungsroutinen* eines Individuums. Auf dieser Ebene werden weitgehend standardisierte Tätigkeiten vollzogen, bei denen die quasi-automatisierte Handlungsdurchführung mit großer Erfolgswahrscheinlichkeit das gewünschte bzw. geforderte Ergebnis bringt. Die Abhängigkeit der Erzeugung von entsprechendem Verhalten durch gespeicherte Handlungsroutinen, die nurmehr „abgerufen" werden müssen und dem Aufbau bzw. der Veränderung der Handlungsroutinen durch abweichende Lernergebnisse wirkt allerdings in beide Richtungen. Handlungsroutinen, die durch positive Rückmeldung, also dem mehr oder weniger erfolgreichen Ergebnis der Handlung, immer wieder bestätigt werden, verfestigen sich und können stärker unterbewußt ablaufen. Umgekehrt führen dauerhaft negative Rückmeldungen, also nicht-erfolgreiche Handlungsergebnisse im Sinne der Handlungsintention, auch zur Veränderung, in ausgeprägten Fällen zum Abbau vorhandener Handlungsroutinen. Im vorliegenden Zusammenhang können derartige Handlungsroutinen auch als *Oberflächen-Wissen* des individuellen Kognitionsrahmens bezeichnet werden.

Die zweite Ebene des Kognitionsrahmens ist demgegenüber das *Tiefen-Wissen*. Hier lassen sich die *kognitiven Verarbeitungsmuster und Handlungsstrategien* lokalisieren, die die charakteristische Welt- und Selbstsicht des Individuums ausmachen. Im Gegensatz zu den stark aktionsorientierten Handlungsroutinen ist dieser Teil des Kognitionsrahmens für die generelle Informationswahrnehmung und Informationsprozessierung verantwortlich und stellt die eigentliche Basis der Handlungskompetenz. Während also Handlungsroutinen eher den senso-motorischen und nach ausreichender Übung weitgehend automatisierbaren Handlungsbereich abdecken, repräsentieren die Verarbeitungsmuster und Handlungsstrategien eher die *perzeptiv-begriffliche* und *intellektuelle* Handlungsebene. Dadurch wird einerseits die Einordnung wahrgenommener Signale (Informationen) in ein begriffliches Schema möglich, andererseits entstehen dort Handlungsstrategien und Handlungspläne.[94]

Aufbau und Weiterentwicklung des Tiefen-Wissens resultieren zu großen Teilen aus Vorgängen der *konzeptionellen Lernebene* mit den Elementen der Erfahrungsanalyse und der Herstellung von Verhaltensorientierungen, wobei auch hier eine wechselsei-

---

94 Vgl. dazu Hacker 1973.

tige Relation festzustellen ist. Nicht vergessen werden darf zudem der interdependente Einfluß zwischen Verarbeitungsmustern und operationaler Lernebene, der allerdings in den meisten Fällen weniger deutlich zum Tragen kommt wie die Verbindung zwischen Verarbeitungsmustern und konzeptioneller Ebene. Schließlich bestehen auch Beziehungen zwischen den beiden Ebenen des Kognitionsrahmens selbst. Handlungsroutinen und Verarbeitungsmuster sind aufeinander bezogen und bedingen einander.

2.2.3.4 Zusammenfassung und Definition

Zusammenfassend kann man, wie in Abbildung 2-7, die Verbindungen zwischen dem individuellen Lernprozeß - dargestellt auf der Basis des Lewin'schen Lernzirkels aus Wahrnehmung, Analyse, Verhaltensorientierung und Verhaltensgenerierung - und dem individuellen Kognitionsrahmen - bestehend aus den Handlungsroutinen und allgemeinen kognitiven Verarbeitungsmustern - als *individuelle Wissensbasis* darstellen.

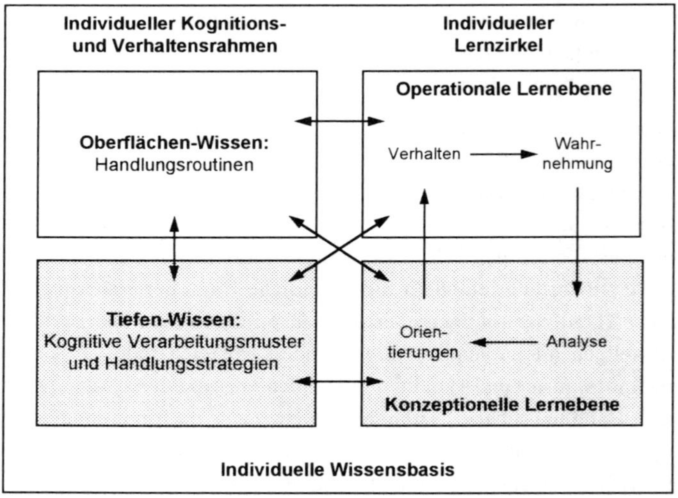

Abb. 2-7: Die individuelle Wissensbasis

Individuen sind demnach psychische Systeme, deren Bewußtsein durch diese individuelle Wissensbasis geprägt ist. Die Wissensbasis besteht dabei aus einem Oberflächen-Wissen im Sinne alltäglich relevanter Handlungsroutinen und einem Tiefen-Wissen zur Prozessierung der subjektiven Realitätsverarbeitung im Sinne kognitiver Verarbeitungs- und Handlungsstrategien. Das *Lernen von Individuen* bezeichnet vor diesem Hintergrund die evolutorische Weiterentwicklung dieser Wissensbasis, die immer zugleich Ausgangsbedingung und Ergebnis der permanent laufenden Lernprozesse ist. Individuelles Oberflächen- und Tiefen-Wissen stehen dabei in wechselseitiger Abhängigkeit und werden durch Lernprozesse operationaler und konzeptioneller Art transformiert.[95]

Im Zusammenhang mit der Konstruktion einer individuellen Wissensbasis wird schließlich auch die Kennzeichnung von Individuen als *nicht-triviale Systeme* verständlich.[96] Wie schon bei der Unterscheidung von Information und Wissen in Abschnitt 2.2.1.1 angedeutet wurde, bedeutet dies, daß ein Mensch in komplexer und nicht-linearer Weise auf externe Stimuli reagiert - die Prozessierung einer bestimmten Datenmenge zu subjektivem Wissen also prinzipiell nicht vorhersagbar ist. Im Gegensatz zur einfachen input-output-Schematik trivialer Systeme, wird Wahrnehmung und Verarbeitung externer Informationen durch die eben beschriebenen Elemente der individuellen Wissensbasis gesteuert, die für jeden einzelnen eine spezifische „Informationsverarbeitungkonstellation“[97] bedingt.

2.3 Die Perspektive der Gesamtorganisation

Nachdem im vorangegangenen Abschnitt die Vorstellung darüber konkretisiert wurde, was das Wissens und Lernen aus der Perspektive des Individuums bedeutet, steht nunmehr wieder eine kollektive Sicht dieser Begrifflichkeiten im Fokus. Im Anschluß an die bereits im ersten Kapitel diskutierten Ansätze zu einer Theorie des Organisatorischen Lernens, soll zunächst in Abschnitt 2.3.1 der Aspekt beleuchtet werden,

---

95 Die Rekonstruktion von Wissen und Lernen im Rahmen einer individuellen Wissensbasis hat bislang zwar umfassend kognitive und verhaltensbezogene Elemente verarbeitet, weitgehend ausgeblendet blieb aber die Betrachtung emotionaler und motivationaler Aspekte Diese beiden Parameter beruhen überwiegend auf den diversen menschlichen Bedürfnissen, Trieben und Motiven und führen die verhaltensnotwendige psychophysiche Erregtheit bzw. Aktiviertheit im Individuum herbei. Insofern ist in (fast) jedem menschlichen Verhalten auch eine emotional-motivationale Komponente enthalten (vgl. dazu Abschnitt 2.2.1 sowie allgemein z.B. Ulich 1982 und Heckhausen 1980). Im Rahmen der vorliegenden Arbeit können diese Aspekte nicht umfassend erörtert werden, sie tauchen aber bei der Betrachtung von Wissens- und Lernbarrieren im dritten Kapitel nochmals in etwas vertiefter Form auf.

96 Vgl. Willke 1994: 30ff.

97 Ebd.: 32.

was man konkret unter kollektivem Wissen zu verstehen hat. Danach werden in Abschnitt 2.3.2 die Prozesse des Lernens *von* Kollektiven näher beschrieben. In Abschnitt 2.3.3 wird zum Schluß die systemtheoretische Betrachtungsweise von Gruppen und Organisationen als soziale Systeme vertieft. Bei der Betrachtung und Verwendung des Begriffs eines „Kollektivs" ist es in dieser Arbeit grundsätzlich nicht von Bedeutung, ob dieser Plural eine einzelne Gruppe, oder eine weitverzweigte Organisation bezeichnet. Entsprechend dem Titel dieses Abschnitts steht zwar die Gesamtorganisation im Vordergrund der Betrachtung, die Aussagen gelten aber ebenso für organisationale Subgruppen.

2.3.1 Das kollektive Wissen

Anders als bei den Definitionsbemühungen für einen individuellen Wissensbegriff, liegt hinsichtlich des kollektiven Pendants kein so reichhaltiges, differenziertes und von verschiedenen Theoriegebieten hergleitetes Material vor. Eigentlich sind nur aus der Soziologie und den von dort abgeleiteten Strängen in Teilen der neueren Betriebswirtschaftslehre wesentliche Beiträge zu der Frage zu finden, was das Wissen einer Gruppe, Organisation oder Gesamtgesellschaft *konkret* ausmacht.

2.3.1.1 Wissenssoziologische Aspekte

In der Soziologie waren es im besonderen die Autoren Scheler[98] und Mannheim[99], die zu Beginn des zwanzigsten Jahrhunderts die wissenschaftliche Auseinandersetzung mit dem Wissen suchten und damit zugleich die Tradition der *Wissenssoziologie* begründeten.[100] Anders als bei den philosophischen Diskussionen, die um die Frage nach der Wahrheit von Wissen zentriert sind, stand jetzt die Art und Weise im Vordergrund, wie ein Kollektiv, beispielsweise eine Gesellschaft, Wissen reguliert. Scheler betonte dabei,

> „daß Wissen der individuellen Erfahrung vorgegeben ist und diese in eine gesellschaftlich vorgegebene Sinnordnung eingebettet."[101]

Die Sinnordnung eines Kollektivs war damit als eine Art „Speichermedium" für das -mehr oder weniger - objektiv vorliegende Wissen der Gesellschaft benannt und konnte anschließend in drei Kategorien geschieden werden: Erlösungswissen, Bil-

---

98 Vgl. Scheler 1924, [1926] 1960.

99 Vgl. Mannheim 1929, 1952, 1964.

100 Vgl. zu einem Überblick Meja/Stehr 1982 und die Einleitung bei Berger/Luckmann 1977.

101 Berger/Luckmann 1977: 9.

dungswissen und Herrschaftswissen. Für die Aneignung des solchermaßen definierten und „vorgegebenen" Wissens durch das Individuum unterstellte Scheler dessen sukzessive Erfahrungsbildung. Mannheim erweiterte diese Sicht dahingehend, daß die Betrachtung von Wissen - und damit auch die Aneignung dieses Wissens durch ein Subjekt - immer Wissen von einem bestimmten Standpunkt aus ist. Der zunächst unterstellte objektive Gehalt des Wissens einer Gesellschaft relativiert sich dadurch gravierend.

Von dieser Basis argumentieren z.B. Berger und Luckmann, daß das Wissen einer Gesellschaft nicht allein objektiv gegeben, sondern zu einem ebenso großen Anteil subjektiv konstruiert ist.[102] Dies deshalb, weil bereits „die Gesellschaft" an sich aus einem ständigen dialektischen Prozeß hervorgeht: Bestimmte Phänomene haben sich als Apriori bereits objektiviert, die der einzelne im Zuge seiner Sozialisation internalisiert. Gleichzeitig aber externalisiert jedes Mitglied eines Kollektivs beständig sein eigenes Sein und verändert damit die vorhandene Wirklichkeit.

Entlang dieser Argumentation wird deutlich, warum aus Sicht dieser Autoren nicht nur die „großen" Ideen, Ideologien, Theorien etc. das Wissen einer Gesellschaft ausmachen, sondern auch das „Alltagswissen" bzw. „Jedermannwissen". Wissenschaftlich fundiertes Wissen, z.B. aus der naturwissenschaftlichen Forschung, ist zwar weiterhin und sogar in zunehmenden Maße eine zentrale Quelle des Wissens, aber die dort gegebenen Definitionen der Wirklichkeit erschöpfen nicht allumfänglich das, was für die Mitglieder von sozialen Gruppierungen tatsächlich „wirklich" ist.[103] Jeder einzelne eines Kollektivs ist vielmehr simultan „Wissenskonsument" und „Wissensproduzent" und trägt somit zur Produktion, Reproduktion und Evolution der gemeinsamen Wissensbasis bei - eine Sicht die weiter oben in Abschnitt 2.1.1 für betriebswirtschaftlich geführte Organisationen bereits angedeutet wurde.

In der Wissenssoziologie sind in der Folge beide Formen der Dichotomie aus Alltagswissen und wissenschaftlichem Wissen konsequent untersucht worden. Als zentrales Beispiel für die Auseinandersetzung mit dem *Alltagswissen* gilt die bereits zitierte Arbeit von Berger und Luckmann.[104] Alltagswissen wird dort definiert als

> „das Wissen, welches ich mit anderen in der normalen, selbstverständlich gewissen Routine des Alltags gemein habe."[105]

In diesem Wissen ist eine Wirklichkeitsordnung gespeichert, in der die alltäglichen Phänomene der Wirklichkeit bereits arrangiert sind. Das Alltagswissen wird im Zuge

---

102 Vgl. ebd.
103 Vgl. ebd.: 16.
104 Vgl. ebd., im Original 1966.
105 Ebd.: 26.

der Aneignung durch den einzelnen zunächst nicht problematisiert, sondern als *objektivierte Repräsentation* der Wirklichkeit hingenommen. Darüber hinaus ist dieses Wissen durch *Intersubjektivität* gekennzeichnet, was nichts anderes heißt, als daß es mit anderen geteilt wird, bzw. daß die Wirklichkeit der Alltagswelt durch Interaktionen entsteht. Als relevante Interaktionsformen existieren beispielsweise „vis-à-vis-Situationen" und die daraus abgeleiteten Typisierungen, die in zunehmenden Maße anonyme Mechanismen der Interaktion ermöglichen. Weiteres Merkmal des Alltagswissens sind nach Berger und Luckmann außerdem die *sprachlichen Objektivationen* des Wissens, die durch das menschliche Ausdrucksvermögen realisierbar werden. Durch Begriffsbildung können sowohl „Erzeuger", als auch „Konsumenten" menschlicher Handlungen ihre damit verbundenen Wissenselemente gegenseitig begreifbar machen - und dies ohne eine unmittelbare Interaktion.

Besonders die Möglichkeit der Versprachlichung von Erfahrungen führt dazu, daß das solchermaßen charakterisierte Alltagswissen einen stabilen „Wissensvorrat" der Gesellschaft bilden kann. Berger und Luckmann nennen in diesem Zusammenhang das Wissen über Berufsbilder als Beispiel für die Archivierung kollektiv akzeptierter Wissensbausteine:

> „Die Summe sprachlicher Objektivationen, welche zu meinem Beruf gehört, ist ein semantisches Feld, das alle Routineereignisse meiner täglichen Arbeit sinnhaft ordnet. Im Rahmen semantischer Felder können biographische und historische Erfahrungen objektiviert, bewahrt und angehäuft werden. Die Anhäufung erfolgt selbstverständlich selektiv. Was an totaler Erfahrung des einzelnen und der Gesellschaft zu 'behalten' und was zu 'vergessen' ist, das wird in semantischen Feldern entschieden. Der auf diese Weise gespeicherte Wissensvorrat wird von Generation zu Generation weitergegeben, und das Individuum kann sich seiner in der Alltagswelt bedienen."[106]

Es gibt demnach eine Art „Wissen der Gesellschaft", das die Interaktionen innerhalb dieses sozialen Gefüges insofern vorstrukturiert, als alle Mitglieder Nutznießer und Teilhaber desselben kollektiven Wissensvorates sind. An prominenter Stelle dieses Wissensvorrates steht dabei das *Rezeptwissen*, mit dem die zentralen Routineverrichtungen in einer Gesellschaft bezeichnet sind.

Fallbeispiel: Rezeptwissen für die Nutzung von Telefonen

Viele Menschen benützen täglich Telefone. Jeder von ihnen weiß, wie sie mit ihm umgehen müssen. Jeder weiß auch, was zu tun ist, wenn es nicht funktioniert. Das heißt jedoch nicht, daß sie es auch reparieren könnten. Doch wissen die meisten, an wen sie sich zu wenden haben. Das Telefonwissen dieser Menschen enthält also auch Informationen über Möglichkeiten im Fernsprechwesen. Viele wissen zudem, daß manche Leute Geheimnummern haben, daß man bei Auslandsgesprächen die Zeitdif-

---

106 Ebd.: 43.

ferenz berücksichtigen muß etc. Diese ganze „Telefonkunde" ist Rezeptwissen, nur darauf gerichtet, was man für praktische Zwecke heute und morgen wissen muß.[107]

Daneben existiert als andere Form aber auch das *Spezialwissen*, mit dem besondere Gebiete der Alltagswirklichkeit strukturiert sind. Um das gerade genannte Beispiel weiterzuführen, wäre das Wissen über die detaillierte technische Funktionsweise des Telefons, wie es ein Mechaniker zum Reparieren benötigt, Spezialwissen.

An dieser Stelle kann bereits eine erste Analogie zum individuellen Wissen notiert werden: Ein großer Teil des kollektiven Wissens besteht offensichtlich in Rezepten zur Lösung alltäglicher Routineprobleme. Je öfter dieses Wissen gebraucht wird, desto vertrauter wird man in der Anwendung und desto unbewußter läuft die Anwendung des Wissens ab. Der Wissensvorrat hält also gewissermaßen kollektive *Handlungsroutinen* bereit, ein Begriff, der weiter oben in Abschnitt 2.2.3 für die Ebene des Individuums auch als *Oberflächen-Wissen* bezeicht wurde.

Einen weiteren Punkt für die Diskussion des Alltagswissens stellt die *Distribution* dieses Wissens dar. Verschiedene Individuen haben einen jeweils unterschiedlichen Zugang zum Alltagswissen der Gesellschaft und weisen zudem unterschiedliche Internalisierungs-Grade des Alltagswissens auf. Besonders deutlich wird dies dort, wo hohe Eintrittsbarrieren zu bestimmten Formen des Expertenwissens bestehen. Nur wer die erforderlichen Propädeutika dazu bereits verinnerlicht hat, erhält Zugang zu den darauf aufbauenden komplexeren Zusammenhängen. Entscheidend für die breite Masse eines Kollektivs ist daher nicht, jeden Spezialkontext verstehen zu können, sondern Wissen darüber zu erlangen, wie dieses Spezialwissen verteilt ist und bei Bedarf den dazu notwendigen Spezialisten anfragen zu können.

Dem Alltagswissen steht als andere Form kollektiven Wissens das *wissenschaftliche Wissen* gegenüber. Hier geht es im Anschluß an die Auffassung Schelers um Ideen, theoretische Gedanken, Weltanschauungen etc., die im Zuge der wissenschaftlichen Auseinandersetzung mit der Wirklichkeit entstehen und die den Verlauf der angestrebten Rationalisierung einer Gesellschaft zu prägen versuchen. Solange dieses Wissen in der Lage ist, die Bedeutungs- und Sinnstruktrur eines Kollektivs nachhaltig zu beeinflussen, ist es sicherlich notwendig auch diese Form näher zu betrachten. Und nicht zuletzt muß die Dichtotomie aus Alltags- und Wissenschaftswissen nicht diametral gedacht werden. Vielmehr ist es wahrscheinlich und in vielen Fällen empirisch nachweisbar, daß die Diffusion wissenschaftlicher Erkenntnis in ein von Jedermann zugängliches Alltagswissen in weiten Teilen gelingt.

---

107 Leicht verändert entnommen aus ebd.: 44.

Als Beispiel für einen Beitrag bei dem das wissenschaftliche Wissen als relevante Form des kollektiven Wissens im Vordergrund steht, soll noch einmal kurz auf den Beitrag von Stehr[108] eingegangen werden. Stehr geht davon aus, daß

> „wissenschaftliches Wissen auf fast allen Gebieten des Lebens eine einflußreichere Rolle spielt und der Grad unserer Abhängigkeit von Berufen, die in Wissen 'handeln' umfassender wird."[109]

Die hohe Bedeutung, die wissenschaftliches Wissen für die Gesellschaft insgesamt hat, verändert nicht allein die fundamentalen Konstruktionsprinzipien einer Gesellschaft - indem Wissen neben die klassischen Produktionsfaktoren Arbeit, Eigentum (Kapital) und Boden (Rohstoffe) tritt -, sondern auch die dort befindlichen Institutionen:

> „Es liegt in der Tat auf der Hand, daß Wissenschaft und Technik unsere sozialen Institutionen grundlegend verändern; die Arbeit, das Erziehungswesen, die Politik, die Wirtschaft, der Alltag, die physische und kulturelle Reproduktion sind betroffen. Im Grunde gibt es kaum soziale, wirtschaftliche und kulturelle Verhältnisse, die gegen wissenschaftliches Wissen immun sind."[110]

Vor dem Hintergrund der zentralen Relevanz von wissenschaftlichem Wissen in einer Gesellschaft unterscheidet Stehr drei Kategorien, mit denen der konkrete Gehalt des wissenschaftlich produzierten, kollektiven Wissensbestandes näherungsweise umrissen werden kann.[111] An erster Stelle steht das *Deutungswissen*, dessen Funktion vor allem die Einflußnahme auf das soziale Bewußtsein der Gesellschaftsmitglieder ist. Zweitens erzeugt wissenschaftliches Wissen ein sogenanntes *Produktivwissen*, das Methoden der unmittelbaren Naturaneignung bereitstellt. Und drittens entsteht durch wissenschaftliche Erkenntnis problembezogenes *Handlungswissen*, das den einzelnen bzw. eine Gruppe in die Lage versetzt, einerseits eine Fähigkeit zum Handeln, andererseits eine Fähigkeit zur Gewinnung weiteren Wissens aufzubauen.

Besonders die letzte Kategorie des Handlungswissens ist es, die in der von Stehr postulierten Wissensgesellschaft individuelle und kollektive Handlungskapazität aufbaut bzw. diese immer wieder reproduziert. Die Ausweitung der Handlungsmöglichkeiten bezieht sich dabei vor allem auf das „intermediäre kollektive Handeln"[112]. Das heißt, daß kollektives Wissen für ein Kollektiv die Möglichkeit bedeutet, auf sich als

---

108 Vgl. Stehr 1994.

109 Ebd.: 16.

110 Edb.: 18.

111 Vgl. ebd.: 251ff.

112 Ebd.: 220.

Kollektiv, auf die Institutionen des Kollektivs und auf das Verhältnis zu den umliegenden Umweltfaktoren einzuwirken.

2.3.1.2 Betriebswirtschaftliche Aspekte

Es ist nun an der Zeit, auch die in der Betriebswirtschaftslehre auffindbaren Definitionsbemühungen zu einem Begriff des kollektiven Wissen näher zu betrachten. Die Auswahl der einzelnen Arbeiten erfolgt nach dem Kriterium einer wirklich umfassenden Auseinandersetzung mit dem Phänomen kollektiver Wissensbausteine.

In der bereits zitierten Arbeit von Pautzke[113] wird kollektives bzw. organisatorisches Wissen zunächst bewußt unscharf definiert. Durch einen weiten Begriff sollen nicht allein spezielle Ordnungskriterien hinsichtlich verwertbarer Kategorien im organisatorischen Kontext mitaufgenommen werden, sondern auch „das Alltagswissen und der Wissensvorrat der Lebenswelt“[114] einzelner Aktoren. Die Analogie zur Begrifflichkeit des Alltagswissens bei Berger und Luckmann ist unübersehbar, weil Pautzke mit dieser Begrifflichkeit darauf zielt, das *potentiell erreichbare Wissen* einer Organisation erheblich weiter zu definieren, als dies durch die tatsächliche Nutzung evident ist.[115] Schließlich wird unter organisatorischem Wissen all das subsumiert, was „tatsächlich in Handlungen und Verhalten einfließt und dieses prägt“[116]. Wissenschaftlich-technisches Wissen in der durch Stehr beschriebenen Form ist insofern neben anderen Wissenselementen - eben dem Alltagswissen jedes einzelnen Mitglieds einer Organisation - nur eine spezifische Form des Wissens.

Sackmann[117] wird in ihrer Begriffsabgrenzung ein Stück konkreter und unterscheidet im Anschluß an Leiter[118] vier Wissensformen, die analytisch voneinander getrennt werden können.[119] Erstens existiert mit dem „dictionary knowledge“ ein *Situationswissen,* das die in Kollektiven allgemein geltenden Beschreibungen für Situationen und Problemstellungen bezeichnet. Es geht um das „Was“, also die Inhaltscharakteristik einer bestimmten Situation, die je nach kultureller Ausprägung einer Organisation natürlich unterschiedlich ausfallen kann. Das „directory knowledge“ als eine Art *Erklärungswissen* etikettiert zweitens die in Kollektiven geteilte Praxis, Ursache-Wirkungs-Ketten zu bilden. Die Interpretation von Zusammenhängen, die Klärung

113 Vgl. Pautzke 1989.

114 Ebd.: 64.

115 Vgl. auch Abschnitt 1.2.2.3.

116 Pautzke 1989: 66.

117 Vgl. Sackmann 1991 und 1992.

118 Vgl. Leiter 1980.

119 Zu den deutschen Begriffen vgl. auch Steinmann/Schreyögg 1993: 445.

des „Wie“, wird vor dem Hintergrund der kulturell spezifisch geprägten Erklärungsschemata getroffen. Mit dem „recipe knowledge“, dem *Rezeptwissen*, sind drittens die kollektiv gebräuchlichen Empfehlungen, Vorschriften und Lösungsalgorithmen für die anstehenden Probleme benannt. Im Rahmen der geltenden Normen steht insofern das „Soll“ im Sinne einer eingrenzenden Verhaltensregulierung im Vordergrund. Schließlich existiert viertens für Gruppen und Organisationen noch das „axiomatic knowledge“ als *Basiswissen* eines Kollektivs. Hierunter sind die grundlegenden Prämissen des kollektiven Handelns zu subsummieren, die als Letztbegründungen dienen und somit die Frage des „Warum“ zu klären imstande sind. Alle vier Ausprägungsformen kollektiven Wissens bilden zusammen die kollektive Wissensbasis. Sackmann weist aber bereits darauf hin, daß bestimmte Teile dieser Wissensbasis, wie z.B. das Rezeptwissen, bzw. deren materielle Repräsentationen in Artefakten deutlicher sichtbar sind als andere Teile, wie z.B. das Basiswissen. Konkret sind damit die von außen rekonstruierbaren Handlungsroutinen von den nicht-sichtbaren Tiefenstrukturen der Wissensbasis unterschieden.

Pawlowsky[120] erarbeitet sich die Definitionsmerkmale organisationalen Wissens mit Rekurs auf die Historie. Demnach begann die Kollektivierung individueller Wissensbausteine durch die Aufzeichnung der einzelnen Arbeitsschritte im Rahmen des Taylorismus. Das zunächst noch individuell gespeicherte Wissen wurde unabhängig vom eigentlichen Wissensträger und damit von jedem Organisationsmitglied beliebig reproduzierbar. Als institutionalisierte *Speichersysteme* der Organisation fungierten zunächst Handbücher mit niedergeschriebenen Arbeitsanweisungen und Leitlinien. In der weiteren Entwicklung wurden zusätzlich andere Speichermedien entwickelt, wie z.B. traditionelle Arbeits- und Handlungsroutinen, Mythen sowie andere Kulturmerkmale.[121] Neben dem Rezeptwissen für konkrete Arbeitsabläufe sind dadurch auch weniger detailliert faßbare Phänomene der kulturellen Ebene (Normen, Werte etc.) grundsätzlich fortpflanzungsfähig. Pawlowsky unterstellt damit ebenso wie Sackmann eine eher an der Oberfläche befindliche und eine darunterliegende Schicht kollektiven Wissens.

In die gleiche Richtung zielt auch die Definition organisatorischen Wissens bei Perich[122]. Wissen repräsentiert nicht allein die Ausgangsressource Information,[123] sondern

---

120 Vgl. Pawlowsky 1992.

121 Vgl. ausführlich Walsh/Ungson 1991.

122 Vgl. Perich 1992.

123 Vgl. die Differenzierung von Information und Wissen in Abschnitt 2.2.1.1.

> „die im Zuge kollektiver Erfahrungen und Erlebnisse internalisierten Denkschemata, Ideologien und Werthaltungen, eingespielten Handlungsmuster, erworbenen Fähigkeiten und Fertigkeiten usw."[124]

Das Wissen repräsentiert damit alle gegenwärtig nutzbaren Erfahrungspotentiale,

> „aus dem die Sinnbezüge für aktuelle Wirklichkeitsinterpretationen hergeleitet werden und der Prädisposition für das weitere (d.h. zukünftige Handeln) fungiert."[125]

Zum einen wird in dieser Begriffsfassung erneut eine Unterscheidung in eher sichtbare Elemente, wie Fähigkeiten und Fertigkeiten eines Kollektivs und eher unsichtbare Elemente, wie die Denkschemata und Werthaltungen deutlich. Zum anderen bringt Perich den Wissensbegriff mit dem *Handlungspotential eines Kollektivs* in Verbindung. Dieser Zusammenhang wurde weiter oben aus der soziologischen Perspektive sowohl für das individuelle, als auch für das kollektive Wissen unterstellt.

Die *Relation von Wissen und Handlungspotentialen* steht auch in den Beiträgen von Strasser[126] und Probst/Naujoks[127] im Vordergrund. Strasser definiert dabei den Wissensbegriff über die alltagssprachliche Auffassung hinaus und versteht darunter das

> „Material (...), welches Handlungspotentiale im Unternehmen bestimmt und zugleich deren Fortentwicklung strukturiert."[128]

Wissen ist nicht nur reines Faktenwissen, sondern darüber hinaus alles, was eine „faktische Kraft" besitzt, das Denken, Handeln und Ver-Handeln in Unternehmungen zu beeinflussen.[129] Probst und Naujoks bezeichnen organisationales Wissen in ihrer Arbeit als die „verdichteten organisational akzeptierten Wirklichkeitskonstruktionen"[130]. Dieser „organisationale Wissensvorrat" ist die Basis für die *Problemlösungsfähigkeit* einer Organisation und repräsentativ für eine spezifische Entwicklungstufe.

2.3.1.3 Zusammenfassung und Definition

Mit diesem - mehr oder weniger - repräsentativen Überblick über mögliche Definitionen *kollekiven Wissens*, ist nunmehr, wie bei der Begrifflichkeit des individuellen Wissens in Abschnitt 2.2.1, die Begriffsstruktur des Wissensbegriffes relativ scharf konturiert. Abbildung 2-8 trägt vor diesem Hintergrund noch einmal alle wesentli-

---

124 Perich 1992: 394.
125 Ebd.
126 Vgl. Strasser 1994.
127 Vgl. Probst/Naujoks 1993.
128 Strasser 1994: 17.
129 Vgl. ebd.
130 Probst/Naujoks 1993: 370.

chen Definitionskriterien zusammen, die auch die Formulierung der in dieser Arbeit verwendeten Begriffsbestimmung prägen und fortan für Verwendung dieses Begriffes gelten.

Kollektive können im Anschluß an die Ausführungen von Abschnitt 2.1 als *Wissens-Systeme* bzw. wissensbasierte Systeme beschrieben werden, die ebenso wie Individuen über verdichtete Repräsentationen der Realität und prozedurale Verarbeitungsmechanismen verfügen. Die darauf folgende Begriffsbildung kollektiven Wissens erfolgt in den meisten Fällen in offensichtlicher Anlehnung an die Charakteristika des individuellen Wissens.

Kollektives Wissen teilt sich entlang dieser Analogiebildung in eine Art *„Oberflächen-Wissen"*, das aus dem von außen rekonstruierbaren Fakten- und Rezeptwissen sowie den Fähigkeiten und Fertigkeiten eines Kollektivs besteht, und eine Art *„Tiefen-Wissen"*, das für die Prozessierung des Wissens insgesamt verantwortlich ist und die mit der Wissensrepräsentation verbundenen Handlungen und Verhaltensweisen kodeterminiert.

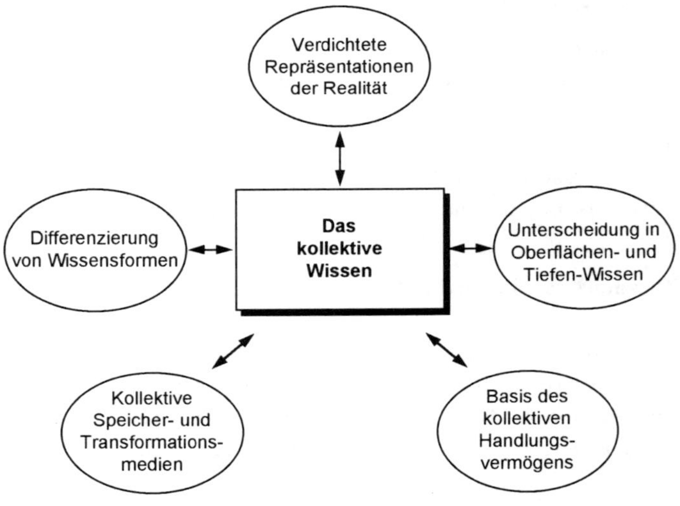

Abb. 2-8: Das kollektive Wissen

In Korrespondenz zur individuellen Wissensbasis kann insofern von einer jeweils spezifisch geprägten *kollektiven Wissensbasis* gesprochen werden. Kollektives Wissen steht dabei in einem unmittelbaren Zusammenhang mit dem *kollektiven Handlungsvermögen* und trägt folglich die Problemlösungsfähigkeit von Gruppen und Organisationen. Für die Institutionalisierung individueller Wissensbausteine existieren außerdem diverse *Speicher- und Transformationsmedien*, wie beispielsweise Handbücher, standardisierte Handlungsroutinen und kulturelle Normen. Innerhalb der kollektiven Wissensbasis können schließlich diverse *Formen von Wissensarten* unterschieden werden, die allerdings nur eine analytische Trennung der interdependent verwobenen Wissenselemente zuläßt.

2.3.2 Die Lernprozesse von Kollektiven

Nachdem nunmehr feststeht, unter welchen Aspekten kollektives Wissen in dieser Arbeit betrachtet wird, ist es an der Zeit, auf dieser Basis weiterführende Gedanken zum Lernen eines „Plural von Individuen"[131] anzustellen. Die angestrebte Einführung einer Modellvorstellung kollektiver Lernprozesse soll allerdings über die in der Literatur übliche Metaphern- und Analogiebildung hinausgehen. Bislang gestand man Organisationen nämlich einfach zu, was (Lern-)Psychologen bei der Erforschung individuellen Lernens über Jahrzehnte an Modellen entwickelt hatten. Abgesehen davon, daß der Bereich des Lernens psychischer Systeme weit von einer abschließenden Deutung entfernt ist,[132] scheint die ungeprüfte Übertragung von Konstrukten wie „Intelligenz"[133] und „Gedächtnis"[134] auf Kollektive mehr als problematisch.

Versucht man deshalb, jenseits der bloßen Übertragung von Erkenntnissen aus der Lernpsychologie, bereits vorhandene Ansätze zur Erklärung kollektiver Lernprozesse[135] zu finden, sind insbesondere drei Modellvorstellungen hervorzuheben: Erstens die sozial-kognitive Lerntheorie von Bandura, zweitens die soziologische Lerntheorie von Miller und drittens die Modellvorstellung von Müller-Stewens und Pautzke.

2.3.2.1 Die Theorie sozial-kognitiven Lernens

Kernpunkt in der Theorie des sozial-kognitiven Lernens von Bandura[136] ist die *Möglichkeit des Modellernens*, d.h. das Potential in einem kollektiven Kontext durch Be-

---

131 Hofstätter 1957.

132 Auch in der Lernpsychologie wird mit zum Teil unausgereiften Metaphern gearbeitet, z.B. der Vorstellung des Gehirns als „Bibliothek", „Hologramm" oder „Baustelle".

133 Holzner/Bloemer 1991.

134 Walsh/Ungson 1991.

135 Vgl. dazu aber auch die Propädeutika in Abschnitt 1.2.

136 Vgl. Bandura 1976 und insbesondere 1979: 9ff.

obachtung zu lernen. Der Auslöser für die Verhaltens(re)produktion durch den Beobachter einer bestimmten Situation ist dabei die Belohnung des beobachteten Vorbilds für seine Handlung. Die Simulation durch den Beobachter muß freilich nicht unmittelbar erfolgen, es kommt vielmehr oftmals zu verzögerten Nachahmungen. Außerdem kann durch die Verknüpfung verschiedener beobachteter Verhaltenselemente auch ein vollkommen neues Verhaltensmuster generiert werden. Ob die modellhaft gelernten Handlungsweisen allerdings tatsächlich angewandt werden, hängt wiederum stark von den Folgebedingungen ab, die mit der (Re-)Produktion von Verhaltensweisen einhergehen.

Hinter dieser Form kollektiven Lernens stehen letztlich *drei Lernmechanismen*. Erstens geht es um ein *Lernen durch Imitation*, mit dem die Verhaltensweisen der Vorbilder nachgeahmt werden. Zweitens werden nicht allein das Verhalten an sich, sondern auch die *Handlungskonsequenzen beobachtet*. Lediglich die im Sinne des Beobachters und seines Umweltkontextes positiv bewerteten Handlungen haben deshalb eine Chance auf Reproduktion. Und drittens geht es insofern um *latentes Lernen*, als die Reproduktion nicht unmittelbar erfolgt, sondern erst nach einer gewissen Reifungsphase bzw. beim Eintreten der entsprechenden Umweltbedingungen.

Das besondere an dieser Art des Modellernens ist die durch die soziale Interaktion bedingte *Verringerung der Lernerfahrungen* bzw. *Verkürzung der Lernzeiten*, die in einem kollektiven Kontext erfolgen müssen. Im Extremfall muß in einer Gruppe oder Organisation eine spezifische Erfahrung nur einmal gemacht werden, weil diese Erfahrung dann als Referenzmodell für alle vergleichbaren Situationen dienen kann. In diesem Zusammenhang fördert das Modellernen damit die *Institutionalisierung* individueller Lernprozesse. Zusätzlich gibt das Modellernen aber auch eine Interpretationsmöglichkeit für *die Entstehung sozialer Innovationen*. In Kollektiven können durch die (latente) Verknüpfung diverser Verhaltenselemente, die sowohl aus dem Kollektiv selbst als auch von außerhalb des Kollektivs stammen, neue Handlungsmöglichkeiten generiert werden, die den Verhaltensraum jedes einzelnen Kollektivmitglieds erweitern.

2.3.2.2 Lernen im argumentativen Dialog

Eine andere Perspektive auf kollektive Lernprozesse eröffnet sich im Anschluß an die soziologisch ausgerichtete Theorie von Miller.[137] Dem Lernen im Kollektiv liegen nach seiner Auffassung sehr elementare Formen der sozialen Interaktion zugrunde. Konkret benennt Miller mit verschiedenen Formen des *argumentativen Dialogs* bzw.

---

137 Vgl. Miller 1986: 207ff.

den diesen zugrundeliegenden Kooperationsprinzipien den eigentlichen Mechanismus, über den die Lernprozesse jeweils verlaufen. Im einzelnen sind dies das *Verallgemeinerungs-, Objektivitäts- und Konsistenzprinzip.*[138]

Diese Prinzipien destilliert Miller in seinen empirischen Untersuchungen aus dem Verlauf bestimmter Diskurse von Kindern, anhand derer er zeigt, daß bereits Kinder zu fundamentalem Lernen fähig sind, wenn diese an kollektiven oder kooperativen Aktivitäten teilnehmen. Die Prinzipien gelten aber nicht nur für Kinder. Auch erwachsene Individuen orientieren sich bei autonomen Lernprozessen an dem Ideal kollektiver Argumentationen. Letztlich können kollektive Sprachhandlungen immer dann zur Erklärung des Entstehens von „Neuem" herangezogen werden, wenn es gelingt, eine objektiv gegebene Problemsituation im Rahmen einer „neuen allgemeinen Regel" zu lösen. Das gilt auch für Organisationsgesamtheiten, in der kollektive Argumentationen eine wesentliche, wenn nicht die entscheidende Rolle spielen. Bei gelungenen Wandelprojekten sind beispielsweise die drei universalen Argumentationsprinzipien im Sinne nur abstrakt und prinzipienhaft formulierter Regeln allgemein anerkannt und als „geteiltes Wissen" aller Beteiligten zu identifizieren.

Festzuhalten bleibt also die *entscheidende Rolle der Kommunikation,* die für kollektive Lernprozesse konstitutiv ist. Dabei werden nach Ansicht von Miller[139] im Zuge dieser kommunikativen Lernprozesse nicht allein individuelle Fähigkeiten und Fertigkeiten jeglicher Art erworben und ausgebildet,[140] sondern das Kollektiv erwirbt insgesamt die besondere Qualifikation, *Probleme zu lösen* - und zwar auch diejenigen der interpersonellen Art. Damit schließt sich wiederum der Kreis zur Definition des kollektiven Wissens, das - wie weiter oben gezeigt - ebenfalls mit der Eröffnung von Handlungsoptionen in Verbindung steht.

2.3.2.3 Der kollektive Lernzirkel

An die Betrachtung von Miller schließt auch der Beitrag von Müller-Stewens und Pautzke[141] an. Dieser Aufsatz ist insbesondere deshalb bemerkenswert, weil dort die zirkuläre Verflechtung des Lernens von Individuen mit der Möglichkeit der Veränderung von Kollektiven thematisiert wird:

> „Bestimmte soziale Aktoren verfügen über ein (individuelles) Wissen, das sie der Organisation zur Verfügung stellen und in gewissen, der Organisation zugerechneten Handlungen

---

138 Vgl. dazu ausführlich ebd: 235ff.

139 Vgl. ebd.: 246ff.

140 Z.B. motorische, sprachliche, kognitive, affektive, expressive Fähigkeiten.

141 Vgl. Müller-Stewens/Pautzke 1991.

> realisieren. Sofern sie die Ergebnisse dieser Handlungen kritisch verfolgen, können sie möglicherweise aus den dabei gewonnenen Erfahrungen lernen. Falls das so gewonnene Wissen der Organisation wieder zur Verfügung gestellt wird, liegt hier zugleich ein Akt des organisatorischen Lernens vor."[142]

Zunächst ist also das Individuum die kritische Größe des Lernprozesses. Die eigentliche Lernerfahrung liegt bei ihm und somit auch die Entscheidung, ob diese Lernerfahrung der Organisation wieder zur Verfügung gestellt wird. Als Konsequenz für die Ausbildung organisatorischer Lernprozesse ist damit die Unterstützung individueller Lernprozesse zu fordern. Damit die Vorstellung darüber, wie individuelle Lernerfahrungen tatsächlich Eingang in das organisatorische Handlungsrepertoire finden können, nicht nur bei dieser bloßen Feststellung bleibt, erweitern Müller-Stewens und Pautzke ihr Modell um den Begriff des kollektiven Lernens:

> „Durch einen Prozeß des *kollektiven Lernens* wird das individuelle Wissen zum Teil des gemeinsam geteilten kulturellen Wissensvorrats der Organisation oder einer ihrer Subeinheiten."[143]

Als Beispiele für derartige Lernprozesse geben die Autoren die eben erwähnten kollektiven Argumentationen nach Miller[144] sowie die möglichen Diskussionen im Zuge der Erstellung eines Netzwerkdiagrammes nach Probst und Gomez[145] an. In beiden Situationen wird das bisher einzeln gespeicherte Wissen einer breiteren Masse von Organisationsmitgliedern zugänglich und das Risiko des Verlustes durch Abwanderung von Individuen gemindert. Medium der Kollektivierung ist in jedem Fall die *Sprache* bzw. *der Dialog/die Diskussion* als grundlegende Formen kollektiver Kommunikation.

Die damit beschriebenen Bausteine organisatorischer Lernprozesse stellen nach Ansicht von Müller-Stewens und Pautzke zunächst nur eine Wahlmöglichkeit dar: Das Organisationsmitglied kann letztlich wählen, ob er die zur Handlung notwendigen Wissensteile aus dem individuell-persönlichen oder kollektiven Wissensvorrat entnimmt. Die grundsätzlich offene Wahloption wird von Organisationen aber oftmals durch Reglementierungen beschränkt, wodurch sich im Laufe der Zeit bestimmte Handlungsregeln für die Anwendung von kulturellem Wissen herauskristallisieren. Veranschaulicht wird dies durch einen weiteren Baustein des organisatorischen Lernzirkels:

---

142 Ebd.: 193.

143 Ebd.: 194; Hervorhebungen im Original.

144 Vgl. den vorangegangenen Abschnitt.

145 Vgl. Probst/Gomez 1989.

„Durch Prozesse der Autorisierung wird verbindlich gültiges Wissen von nicht tolerierten getrennt. Durch die *Institutionalisierung* bzw. Formalisierung wird Wissen zudem in die Form von Handlungswissen gefaßt (...) und dem einzelnen Aktor die Umsetzung von Wissen in organisatorische Entscheidungen erleichtert."[146]

Damit ist der letzte Baustein des kollektiven Lernzirkels benannt und die Autoren erläutern die in Abbildung 2-9 dargestellten Lernprozesse zusammenfassend:

„Organisatorisches Lernen verläuft danach so, daß ein Individuum eine *Idee* für eine neue oder modifizierte 'Spielregel' hat (individuelles Lernen). Dieser wird als *Vorschlag* in organisatorische Arenen eingebracht und nach kritischer Diskussion in den kollektiven Wissensvorrat übernommen (kollektives Lernen). Daran anschließend wird sie im organisatorischen Rahmen *verankert* (Institutionalisierung, Autorisierung). Schließlich kommt es immer dann, wenn organisatorische Aktoren dieser Regel in ihren Handlungen folgen, zu einem *'Neuen Spiel'* bei dem der Lernprozeß auf die Handlungsebene durchschlägt."[147]

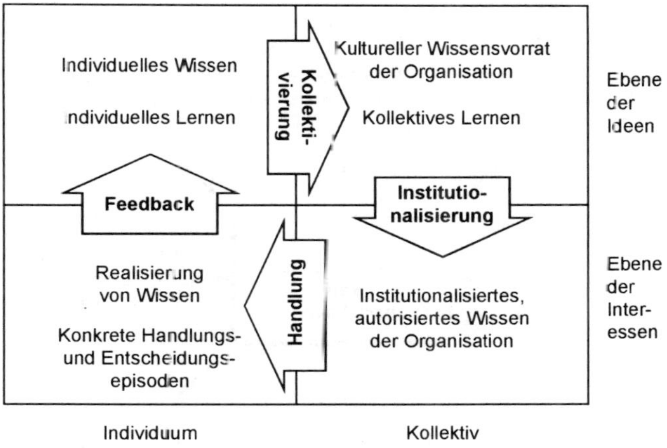

Abb. 2-9: Kollektivierung und Institutionalisierung als Mechanismen kollektiven Lernens (leicht verändert entnommen aus: Müller-Stewens/Pautzke 1991: 195)

146 Müller-Stewens/Pautzke 1991: 195, Hervorhebungen im Original.
147 Ebd.: 195f., Hervorhebungen im Original.

Den verschiedenen Bausteinen des Lernzirkels ordnen die Autoren schließlich entsprechende „Schlüsselprobleme“ zu. Erstes Problem ist die Kollektivierung individuellen Wissens, zweites die Institutionalisierung der Ideen innerhalb der Organisation, drittes die Verankerung neuer Regeln und Systeme in der Persönlichkeit der Individuen und viertes die Frage, ob aus konkreten Handlungen in denen neues Wissen erprobt wurde und dem entstehenden Feedback auch wieder neu gelernt wird. Mit den Mechanismen der *Kollektivierung* und *Institutionalisierung* sind gleichzeitig auch die relevanten *Mechanismen kollektiven Lernens* beschrieben.

2.3.2.4 Zusammenfassung und Definition

Abbildung 2-10 gibt noch einmal einen zusammenfassenden Überblick über die bislang vorliegenden Definitionskriterien, die fortan für Verwendung dieses Begriffes gelten.

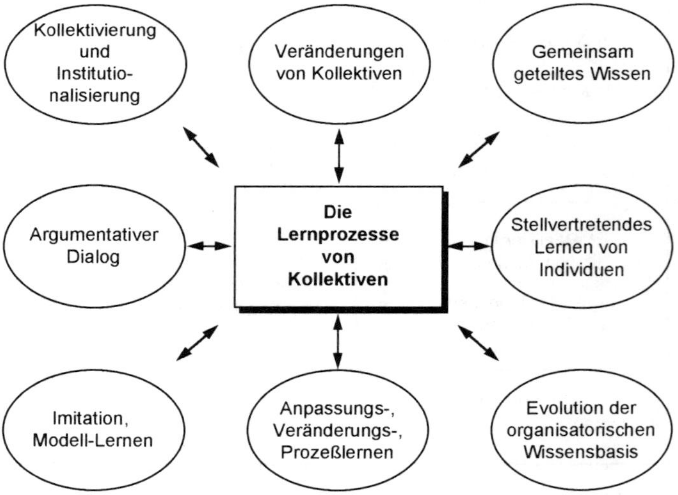

Abb. 2-10: Definitionskriterien kollektiver Lernprozesse

Die kurze Betrachtung dessen, was kollektives Lernen aus einer sozialpsychologischen und soziologischen bzw. einer daran anschließenden organisationstheoretischen Perspektive bedeuten kann, wird natürlich fortgesetzt mit denjenigen Ausführungen, die in Abschnitt 1.2 zum Themenkreis des Organisatorischen Lernens als äquivalente Form des kollektiven Lernens diskutiert wurde. Die dort vorgestellten Bausteine zu einer Theorie des Organisatorischen Lernens haben dabei den Unterschied deutlich werden lassen, daß kollektive Lernprozesse über das stellvertretende Lernen von Individuen weit hinaus gehen. Kollektives Lernen ist also mehr als die Summe der Lernprozesse von Kollektivmitgliedern und darüber hinaus imstande, die oben bereits angesprochene kollektive Wissensbasis zu entwickeln.

Die weitere inhaltliche Unterfütterung der einzelnen Definitionskriterien soll im nächsten Abschnitt - wie bei der individuellen Wissensbasis - aus einer systemtheoretisch geprägten Argumentation gewonnen werden.

2.3.3 Zur Analyse einer kollektiven Wissensbasis

2.3.3.1 Kollektive als soziale Systeme

Neben Individuen als psychische Systeme unterscheidet die systemtheoretische Betrachtung als zweite Ebene die *sozialen Systeme*, in der die *Kommunikation* als zentrales Element von Kollektiven im Vordergrund steht.[148] Im Zuge dieser Kommunikation bilden sich Regelhaftigkeiten im Sinne von *Kommunikationsregeln* aus, die sich einerseits auf Kommunikationen innerhalb des Systems, andererseits auf Kommunikationen des Systems bzw. von Systemmitgliedern mit der umgebenden Umwelt beziehen. Diese Regeln sind allerdings nicht immer geplant oder kodifiziert, sondern formieren sich in vielen Fällen unbewußt über einen gewissen Zeitraum.

Die erste Katgorie der Kommunikationsregeln für die *innersystemische Kommunikation* entsteht im Erleben und Handeln der Individuen vor allem in sogenannten *Kommunikationsepisoden.*[149] Innerhalb der Episoden, beispielsweise im wöchentlichen „jour fixe" der Geschäftsleitung, bildet die Kommunikation eine gewisse Ordnung aus, die den Episoden eine innere Struktur verleiht. Als mögliche Formen solcher *intraepisodischen Regelhaftigkeiten* nennt Geißler:[150]

- ❑ Regeln mit Bezug auf das Bild, das ein einzelner von der Situation hat, also Regeln für die Situationsinterpretation,

---

148 Vgl. hierzu wieder Luhmann 1984, Willke 1993 und 1994, Geißler 1993 und 1994 sowie Reinhardt 1993.

149 Vgl. zum Episodenkonzept Kirsch 1988.

150 Vgl. Geißler 1993: 5.

- Regeln mit Bezug auf die Erwartung, die ein einzelner bei den anderen Beteiligten im Hinblick auf seine Verhaltensweisen vermutet und
- Regeln mit Bezug auf die eigenen Interessen.

Daneben tauchen in Bezug auf die prinzipiell unbegrenzte Zahl von Episoden auch *interepisodische Kommunikationsregeln* auf. Sie resultieren daraus, daß in sozialen Systemen verschiedene Kommunikationsepisoden miteinander in Beziehung stehen. Geißler zählt dazu Regeln,[151]

- wer mit wem und mit wem nicht kommuniziert,
- wer welche Sprechakte vollzieht bzw. vollziehen darf,
- wann miteinander kommuniziert wird und wann nicht,
- wie miteinander kommuniziert wird und
- welche Themen in den Kommunikationsepisoden behandelt oder ausgeklammert werden.

Die zweite Kategorie von Kommunikationsregeln sind die *extrasystemischen Kommunikationsregeln*, die eine wesentliche Rolle für den Beginn, den Verlauf und das Ende einer Episode spielen und auf die Interaktionsbeziehungen sozialer Systeme untereinander Bezug nehmen.[152]

Ergebnis der jeweils geltenden Kommunikationsregeln sind erstens Koalitionen in Form von Zweckbündnissen und zweitens die Vermittlung sozialer Identität. Damit wird in einem sozialen System der wechselseitige Umgang mit individuellen Interessenlagen und die Stiftung eines intersubjektiven Sinnzusammenhangs ermöglicht.

2.3.3.2 Das Lernen sozialer Systeme

Wie stellt sich vor dem Hintergrund der Systembetrachtung nun das *Lernen sozialer Systeme* dar? Prinzipiell unterscheidet sich der Lernmodus nicht vom Lernen des psychischen Systems. Genauso wie ein Individuum hat ein Kollektiv einen äußeren Kontext mit dem es sich auseinanderzusetzen gilt und ebenso wie ein psychisches System verfügt ein soziales System über bestimmte Kompetenzen. Das Steuerungspotential im Umgang mit dem inneren und äußeren Kontext ist wiederum durch das

---

151 Vgl. ebd. 5f.

152 Vgl. ebd.

Wissen/Können, Wollen und Dürfen festgelegt.[153] Der Unterschied besteht allerdings darin, daß das „Innere" eines sozialen Systems aus einem *Plural* eben dieser psychischen Systeme zusammengesetzt ist und nicht das Bewußtsein, sondern die *Kommunikationsregeln* konstitutiv für das System sind.

Die Kommunikationsregeln bestehen nicht an sich, als quasi unveränderbares Gesetz, sondern nur im Zuge ihrer jeweiligen Anwendung. Sie sind demnach zugleich Ausgangsbasis und Produkt von intra- und extrasystemisch ablaufenden Kommunikationen - nota bene: ständigen Veränderungen unterworfen. Die Veränderungen können in diesem Zusammenhang einerseits inkrementaler, andererseits fundamentaler Natur sein.

Inkrementale Veränderungen resultieren vor allem aus dem kommunikativen Austausch bereits vorhandenen Wissens, der Anwendung bereits vorhandenen Wissens, der Aufnahme relevanten Wissens aus den umliegenden Kontexten und der inkrementalen Veränderung der Kommunikationsregeln selbst. *Fundamentale* bzw. essentielle Veränderungen resultieren aus dem Wandel der den Kommunikationsregeln zugrundeliegenden Vorannahmen. Dies geschieht zumeist dann, wenn diese Hypothesen im Zuge von Metakommunikationen ausdrücklich thematisiert und problematisiert werden. Das Lernen sozialer Systeme stellt sich demnach als ein elementares Kennzeichen dieser Systeme dar und vollzieht sich in der permanent laufenden Transformation der konstitutiven Kommunikationsregeln.

Überträgt man diese Überlegungen nunmehr auf betriebswirtschaftlich ausgerichtete Organisationen, sind einige zusätzliche Modellvorstellungen einzubauen. Unternehmen als soziale Systeme[154] sind zum einen von den herausragenden Strukturmerkmalen der Arbeitsteilung und Hierarchie gekennzeichnet. Daraus resultieren Besonderheiten in den Kommunikationsregeln, wie z.B. besondere Regelungen des personellen Zugangs zu Kommunikationsepisoden, die weitgehende zeitliche Festlegung der Episoden, die Chancenverteilung der Interessensdurchsetzung, die kommunikativen Modalitäten der Kommunikation und die Vordetermination der thematischen Relevanz. Diese Charakteristika werden zum anderen mittels spezieller organisatorischer Medien oder Speichersysteme[155] sichergestellt, wobei die Medien explizit festlegen, welcher Input von wem erwartet werden kann, welcher Output gefordert ist, welche Hilfsmittel verwendet werden können und welche Sanktionen im einzelnen bereitstehen. Allein diese Festlegungen bedingen bereits eine Asymmetrie der interindividuel-

153 Vgl. Abschnitt 2.3.3.

154 Vgl. vertiefend Ulrich/Probst 1984 und Probst 1987.

155 Z.B. Aufgabenverteilung, Stellenbeschreibung, Organigramm, Anreizsysteme, Manuals etc.

len Interessensverteilung und den anderen Modi inner- und extrasystemischer Kommunikationsregeln.

Man kann die eben genannten organisatorischen Medien auch als *materiale Bedingungen* der Organisation bezeichnen, die auf die interpersonellen Kommunikationsregeln strukturierend Einfluß haben. Die Abhängigkeit geht allerdings in beide Richtungen, denn die Kommunikationsregeln produzieren auch die materialen Organisationsbedingungen. Damit ist, wie beim psychischen System, ein wechselseitiger Verweisungszusammenhang gegeben, der ein autopoietisches System typisiert.[156] Die materialen oder strukturellen Bedingungen einer Organisation als soziales System sind damit zugleich Ausgangsbedingung und Ergebnis der Herausbildung und Anwendung basaler Kommunikationen (Kommunikationsregeln) - ebenso wie die Kategorien individuellen Wissens (Erfahrungswissen, Konzeptwissen, Planungswissen, Handlungswissen) Ausgangsbedingung und Ergebnis der zirkulär verflochtenen Lernaktivitäten (Realitätswahrnehmung, Erfahrungsanalyse, Entwicklung von Verhaltensorientierungen, Verhaltensgenerierung) des psychischen Systems sind.

Organisationen sind darüber hinaus immer auch durch die *Ausbildung von kulturellen und politischen Phänomenen* gekennzeichnet. Daraus folgt in aller Regel eine weitere Verzerrung oder Asymmetrie der Kommunikationsregeln aus machtinduzierten Gründen. Zumeist überlagern die kulturell-politischen dabei die materialen bzw. strukturellen Organisationsbedingungen, was zu überaus dysfunktionalen Kommunikationsverläufen führen kann. Mit dieser Feststellung ist man wie bei der Betrachtung psychischer Systeme bei Wissens- und Lernbarrieren und deren pathologischen Folgephänomenen angelangt. Bevor dieser Aspekt jedoch im dritten Kapitel weiter vertieft wird, soll die bis hier vorgetragene Diskussion einer kollektiven Wissensbasis zu einer Definition zusammengefaßt werden.

2.3.3.3 Zusammenfassung und Definition

Ein Kollektiv ist ein soziales System und konstituiert sich, wie in Abbildung 2-11 angedeutet, durch Kommunikation. Das Kollektiv ist geprägt durch eine *kollektive Wissensbasis*, die durch die Regelhaftigkeiten der inner- und extrasystemischen Interaktionen bzw. Kommunikationen entsteht. *Kollektives Lernen* bezeichnet in diesem Zusammenhang die evolutorische Weiterentwicklung der kollektiven Wissensbasis. Die Weiterentwicklung umfaßt sowohl Veränderungen des *Oberflächen-Wissens* im Sinne kollektiver Handlungsroutinen, als auch Modifikationen des *Tiefen-Wissens* im Sinne kollektiver Verarbeitungsmuster bzw. organisatorischer Welt-

---

[156] Vgl. dazu auch Kirsch 1992.

anschauung. Die kollektive Wissensbasis ist immer zugleich Ausgangsbedingung und Ergebnis der permanent laufenden Kommunikationsepisoden und stellt zugleich die materialen Bedingungen des Kollektivs her. Neben den materialen Bedingungen eines Kollektivs spielen aber auch politisch-kulturelle Faktoren eine Rolle für die Fortentwicklung der kollektiven Wissensbasis.

Abb.: 2-11: Die kollektive Wissensbasis

Im Zusammenhang mit der Konstruktion einer kollektiven Wissensbasis wird analog zur Kennzeichnung von Individuen als nicht-triviale Systeme auch ein soziales System als *nicht-trivial* aufgefaßt.[157] Die als Regelhaftigkeiten angelegten Strukturen bedingen jeweils arteigene Prozessierungsmuster im Innern des sozialen Systems, die externe Stimuli in nicht vorhersagbarer Weise verarbeiten. Auch für Kollektive gilt daher eine spezifische „Informationsverarbeitungskonstellation“[158], die im Gegensatz zur einfachen input-output-Schematik trivialer Systeme steht.

157 Vgl. Willke 1994: 30ff.

158 Ebd.: 32.

2.4 Ein integriertes Modell individueller und kollektiver Lernprozesse

Nachdem in den vorangegangenen Abschnitten die vielfältigen Aspekte individuellen und kollektiven Wissens und Lernens ausführlich diskutiert und unter den Begriffen einer individuellen und kollektiven Wissensbasis subsumiert wurden, sollen diese Bausteine jetzt in ein integriertes Modell sortiert werden. Die Idee zu dieser Modellbildung basiert auf den Konstruktionsversuchen zum „Integrated Model of Organizational Learning“ von Kim[159], das in kreativer Weise die auch hier schon diskutierten Ansätze von Kolb[160], March und Olson[161], Daft und Weick[162], Argyris und Schön[163] sowie Senge[164] zu verbinden versucht.

2.4.1 Das Gesamtmodell im Überblick

Ausgangspunkt des Gesamtmodells ist der in Abschnitt 2.2.3 ausführlich dargestellte *Lernzirkel individuellen Lernens*. Das Lernen von Individuen als psychische Systeme findet demnach in einer zirkulären Verflechtung der Elemente „Wahrnehmung der Realität“, „Analyse des Erfahrenen“, „Entwicklung von Verhaltensorientierungen“ und „Generierung von Verhalten“ statt und ist ein permanent laufender Prozeß der Bewußtseinsbildung von Individuen. Die Elemente der Wahrnehmung und Verhaltensgenerierung repräsentieren in diesem Zirkel die Ebene des eher operationalen, die Elemente der Erfahrungsanalyse und Verhaltensentwicklung die Ebene des eher konzeptionellen Lernens von Individuen. Die operationale Lernebene steht dabei in Zusammenhang mit den stark erfahrungsabhängigen individuellen Handlungsroutinen, die konzeptionelle Ebene mit den kognitiv-strukturellen Denkmustern. Diese Ebenen wurden hier auch als *Oberflächen-* und *Tiefen-Wissen* unterschieden. Die Verstrikkung des Kognitionsrahmens mit dem Lernzirkel bildet insgesamt die *individuelle Wissensbasis* als erstes Modellelement, für die aber zusätzlich noch emotionale und motivationale Aspekte eine Rolle spielen.

Ein *Kollektiv* (Gruppe, Organisation) als soziales System konstituiert sich, wie in Abschnitt 2.3.3 gezeigt, durch die Ausbildung regelhafter Kommunikation als Folge

---

159 Vgl. Kim 1993a und 1993b.

160 Vgl. Kolb 1984.

161 Vgl. March/Olson 1976.

162 Vgl. Daft/Weick 1984.

163 Vgl. Argyris/Schön 1978.

164 Vgl. Senge 1990.

der *Interaktion von Individuen*. Die Kommunikationsregeln sind nicht endgültig fixiert oder kodifiziert, sondern innerhalb eines ständig laufenden Lernprozesses zugleich Ausgangsbedingung und Ergebnis der durch sie vorstrukturierten Kommunikationen. Das soziale System besteht dabei „an sich", d.h. es kann nicht aus dem Vorhandensein eines anderen Systems, z.B. eines psychischen Systems abgeleitet werden. Im Modell wird das Kollektiv als eine Art Klammer um diverse Individuen dargestellt, wobei es letztlich nicht auf die einzelnen Individuen, sondern auf die Ausbildung der Kommunikationsregeln zwischen diesen Individuen ankommt.

Im Modell wird außerdem konsequent zwischen *individuellen* und *kollektiven Handlungen* unterschieden, auch wenn kollektive Handlungen durchaus individuellen Aktoren zugerechnet werden können. Ein Kollektiv bildet im Zuge der spezifischen Kommunikationsregeln bestimmte Deutungsmuster heraus, durch die die Wahrnehmung der Realität in charakteristischer Weise geprägt ist und die auch das kollektive Handeln beeinflussen. Solche Deutungs- und Handlungsmuster sind unter dem Begriff *„shared mental models"*[165] subsumiert. Der Aktionsradius individueller Handlungen wird durch diese kollektiv geteilten Kognitionsmuster eingeschränkt oder erweitert - in jedem Fall aber prägen die kollektiven Kognitionsmuster das individuelle Handeln. Dies gilt allerdings auch im umgekehrten Fall, wenn die jeweils individuelle Wissensbasis der kollektiven Aktoren einen Einfluß auf die kollektiven Deutungsmuster ausüben.

Damit ist man an der für kollektive Lernprozesse relevanten Möglichkeit der *Speicherung* und *Prozessierung* von Kommunikationen bzw. Wissen und Können angelangt. Neben der *statischen Option*, wie beispielsweise die Archivierung von Dokumenten, die Explikation von Verfahrensvorschriften in Manuals, die EDV-technischen Verarbeitungsprocederes etc., sind es die einzelnen *Elemente der individuellen und kollektiven Wissensbasis*, also die jeweils spezifischen Wahrnehmungs-, Deutungs-, Verarbeitungs- und Handlungsmuster, die diese Leistung vollbringen. Aus der Perspektive der Organisationsmitglieder, wie auch aus der Perspektive der Gesamtorganisation wurde dafür die jeweils relevante Wissensbasis in eine eher operationale Ebene der Handlungsroutinen sowie eine eher tiefer liegende Ebene der kognitiven Verarbeitungsmuster getroffen.[166]

Fallbeispiel: Die Speicherung und Prozessierung von Wissen durch die individuelle und kollektive Wissensbasis

Als Beispiel dafür, wie wichtig die individuelle und kollektive Wissensbasis für die Speicherung und Prozessierung von Wissen in einem kollektiven Kontext ist, stellt Kim eine rhetorische Frage:

165 Vgl. ebd.

166 Vgl. dazu nochmals die Abschnitte 2.2.3 und 2.3.3.

„Imagine an organization in which all physical records disintegrate overnight. Suddenly there are no reports, no computer files, no employee record sheets, no operating manuals, no calendars - all that remain are the people, buildings, capital equipment, raw materials, and inventory. Now imagine an organization where all the people simply quit showing up for work. New people who are similar in many ways to the former workers but who have no familarity with that particular organization, come to work instead. Which of these two organizations will be easier to rebuild to its former status?“[167]

Eine erste Form kollektiv gebildeter und weitgehend geteilter Muster sind die sogenannten „standard operating procedures“ in Form *kollektiver Handlungsroutinen.* Auf dieser Ebene existieren Regeln und Vorgehensvorschriften für die Behandlung alltäglicher inner- und extrasystemischer Kontextfaktoren. Analog zur individuellen Wissensbasis ist hier von einer Art *Oberflächen-Wissen* gesprochen worden, die das Wissen und Können des Kollektivs auf einer sichtbaren bzw. beobachtbaren Ebene ausmacht. Die zweite Form kollektiver Muster kann als „Weltanschauung“ der fokalen Organisation bezeichet werden und meint damit die eigentümliche „Sicht der Dinge“, die ein Kollektiv im Zuge der Aggregation individueller Realitätswahrnehmung und der spezifischen historischen Entwicklung ausbildet. Dies wurde als eine Art *Tiefen-Wissen* beschrieben, das die kognitiven Verarbeitungsmuster enthält. Ebenso wie beim Individuum steuert diese Schicht die Prozessierung der einzelnen Wahrnehmungsbestandteile. Natürlich stehen dabei kollektives Oberflächen- und Tiefen-Wissen sowie individuelles Oberflächen- und Tiefen-Wissen in wechselseitiger Abhängigkeit. Und selbstverständlich ist jedes einzelne dieser Elemente permanenter Veränderung unterworfen.

Wenn man nun alle bereits in den vorangegangenen Abschnitten ausführlich beschriebenen Elemente zusammenfügt, entsteht eine *integrierte Sichtweise, wie individuelles und kollektives Lernen modellhaft abgebildet werden kann*:

- ❑ Ein Kollektiv konstituiert sich aus den Interaktionen bzw. Kommunikationen diverser Individuen mit einer jeweils eigenen individuellen Wissensbasis.
- ❑ Das Kollektiv bildet im Zuge dieser Kommunikationen eine spezifische und historisch bedingte kollektive Wissensbasis aus.
- ❑ Handelt eine dem Kollektiv in irgendeiner Weise zugehörige Einzelperson nicht mehr ausschließlich im eigenen Kontext, sondern als kollektiver Aktor, ist sein Handeln potentiell auch durch kollektiv Geltendes geprägt.
- ❑ Die auf die Handlung möglicherweise folgenden Reaktionen bzw. Aktionen der extrakollektiven Kontexte werden - wenn überhaupt - zunächst durch die Wahrnehmung einzelner und damit stellvertretend für das Kollektiv geleistet.

---

[167] Kim 1993b, S. 44.

- Interpretation und Prozessierung des Wahrgenommenen geschieht dadurch vor dem Hintergrund der jeweils spezifischen individuellen Wissensbasis, die allerdings auch durch den kollektiven Kontext geprägt ist.
- Durch die Anwendung der individuellen Wissensbasis hat sich diese bereits wieder verändert. Es wurde gelernt, auch wenn über Evidenz, Relevanz, Qualität und Nachhaltigkeit des Lernens keine prinzipielle Aussage möglich ist.
- Im Zuge weiterer, vielleicht sogar direkt anschließender Kommunikationen bzw. Interaktionen wird die zunächst individuelle Realitätswahrnehmung, die Interpreation dieser Wahrnehmung und die darauf aufbauende Lernerfahrung möglicherweise wieder in das Kollektiv eingespeist.
- Dadurch kann schließlich durch Kollektivierung und Institutionalisierung individueller Wissenselemente auch die kollektive Wissensbasis verändert werden. Ebenso ist die anschließende Auslösung weiterer kollektiver und individueller Reaktionen/Aktion möglich.

Die Mechanismen dieser integrierten Vorstellung der Prozesse Organisatorischen Lernens zeigt abschließend Abbildung 2-12.

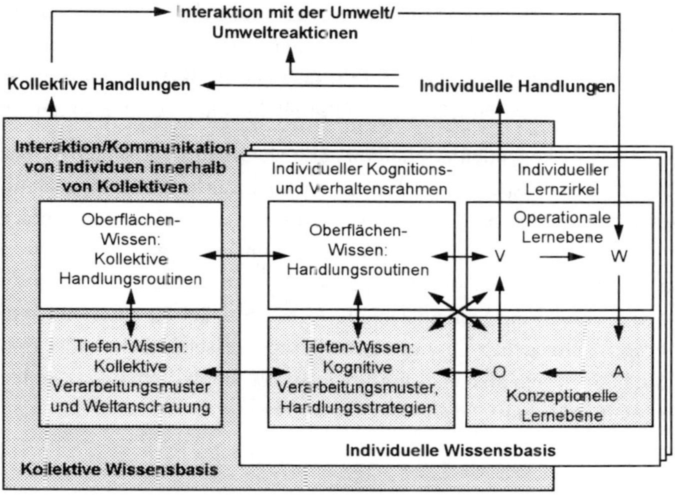

Abb. 2-12: Ein integriertes Modell individueller und kollektiver Lernprozesse

Entlang der dort vorgenommenen Modellbildung kann, in einer relativ umfassenden Weise, der interdependente Zusammenhang zwischen individuellem und kollektivem Lernen sowie die Abhängigkeit beider Prozesse von den extrasystemischen Kontexten systematisch erfaßt werden. Die Modellvorstellung gibt demnach eine *Interpretationshilfe*, wie Organisationen im allgemeinen bzw. Unternehmen im speziellen lernen.

Wie jedes Modell als reduktionistisches Abbild der Realität, verführt auch dieses Bild womöglich zu einer mechanistischen Perspektive. Man könnte also zu der Annahme veranlaßt werden, Organisationen funktionierten zu jedem beliebigen Zeitpunkt nach dem eben entworfenen „Schaltplan". Interventionen in das System seien deshalb nach einer trivialen input-output-Regel entsprechend einfach und vorhersagbar. Diese Perspektive ist aber bereits an anderer Stelle, mit dem Verweis auf nicht-triviale Maschinen ausdrücklich verworfen worden.[168]

Was das Modell aber in jedem Fall liefert, ist erstens ein *Vorverständnis* dafür, wie verwoben und von welchen Parametern abhängig die Lernprozesse in Organisationen sein können und zweitens ein *Analyseraster* zur Bestandsaufnahme der jeweils eigenen Situation. Mit dem Modell kann demnach versucht werden, organisatorische Konstellationen aufzuarbeiten und dabei den Status der Beziehungen von individuellen und kollektiven Wissensbasen sowie die Interaktionen mit der Umwelt zu klären. Dazu ist es notwendig, daß man sich in selbstreflexiver Einstellung mit sich selbst bzw. der eigenen Organisation auseinandersetzt - ein Schritt, der auch dazu geeignet ist, Wissen über das eigene Wissen bzw. das eigene Lernen zu generieren. Diese Bestandsaufnahme ist bereits ein erster Schritt in Richtung *Wissensmanagement*, dessen weitere Eckpfeiler im vierten Kapitel ausführlich diskutiert werden sollen.

In der nunmehr vorliegenden Modellvorstellung Organisatorischen Lernens fehlen allerdings noch zwei Aspekte, die für ein wirklich umfassendes Verständnis dieser Lernprozesse wesentlich sind. Zum einen muß noch berücksichtigt werden, daß in Abbildung 2-12 lediglich ein einzelnes Kollektiv im Vordergrund steht, die Wechselbeziehung zwischen verschiedenen organisatorischen Subgruppen einer Gesamtorganisation erst einmal ausgeblendet bleibt (Abschnitt 2.4.2). Zum anderen ist auch noch der Frage nachzugehen, inwieweit die Lernprozesse einfacher oder fundamentaler Natur sind, ob es sich also eher um Prozesse des single-loop oder des double-loop learning handelt (Abschnitt 2.4.3).

---

168 Vgl. Abschnitt 2.2.3.4 und 2.3.3.4.

2.4.2 Das Lernmodell ausdifferenzierter Organisationen

Zunächst also zur Frage der Wechselwirkung verschiedener Subgruppen untereinander. Zu Beginn des Abschnittes 2.3 wurde darauf verwiesen, daß die Betrachtung von kollektiven Lernprozessen prinzipiell unabhängig davon geschehen kann, wie ausdifferenziert das betrachtete Kollektiv als soziales System ist - ob es sich also um eine überschaubare Gruppe oder eine komplexe Organisation mit verschiedenen Subgruppierungen handelt. Diese Betrachtung ist nach wie vor als grundsätzliche Annahme aufrecht zu erhalten - die modellhaft dargestellten Prozesse des individuellen und kollektiven Lernens aus Abbildung 2-12 gelten also generell für Kollektive unterschiedlicher Größenordnung. Allerdings darf die Realität ausdifferenzierter Organisationen nicht vollkommen aus den Augen geraten. In der organisatorischen Praxis finden sich unendlich viele Beispiele dafür, wie komplex Organisationsgeflechte und wie wesentlich die Beziehungen der einzelnen Subgruppierungen dort sein können. Das Fallstudie im Anhang ist jedenfalls ein gutes Exempel dafür.

An dieser Stelle soll also nach dem *Komplexitätsgrad* der sozialen Systeme unterschieden werden. Es wird differenziert in solche Systeme mit einer geringeren Komplexität, also in die Ebene mehr oder weniger überschaubarer *Gruppen* und in solche Systeme mit einer höheren Komplexität, also in die Ebene weitverzweigter *Organisationen.* Die Differenzierung ist dabei als ein Kontinuum gedacht, das den Übergang zwischen dem Extrem einer Gruppe aus zwei Personen und dem Extrem einer Organisation mit mehreren tausenden Mitgliedern fließend darstellt.

Diese Unterscheidung gewinnt aus verschiedenen theoretischen Perspektiven Plausibilität. Orientiert man sich an den drei wesentlichen sozialwissenschaftlichen Teildisziplinen (Psychologie, Soziologie und Betriebswirtschaftslehre) findet sich hinsichtlich der Diskussion von Kollektiven in der Regel eine Zweiteilung. Steinle[169] kommt in diesem Zusammenhang beispielsweise zu dem Ergebnis, daß die Unterscheidung einer individualistischen und einer einzigen holistisch-kollektiven Ebene nicht befriedigend ist. Aus seiner Sicht beziehen sich die sozialwissenschaftlichen Positionen vielmehr auf sehr unterschiedliche Substratverständnisse was Kollektive konkret bedeuten und es bleibt daher insuffizient, daß bestimmte Phänomene, wie z.B. „die Gruppe", nicht eindeutig eingeordnet werden können. Steinle schlägt daher eine *Stufung in eine Mikro-, Meso- und Makroebene* vor, die dem Dreiklang aus Individuum, Gruppe und Organisation entspricht.[170] Während aus einer sozialpsychologischen Perspektive beispielsweise die Interaktionsbeziehungen zwischen den

169 Steinle 1985: 35.

170 Vgl. dazu auch Abschnitt 3.1.

Gruppenmitgliedern und der Prozeß der darin enthaltenen wechselseitigen Beeinflussung innerhalb des sozialen Kontextes zentrale Aspekte sind, rückt in soziologischen Ansätzen „die Organisation" als Ergebnis zum Teil geplanter und überdauernder Installation von Formalität in den Vordergrund. In jedem Fall aber zeigt die Betrachtung komplexer Organisationen eine Besonderheit, die auch in Abbildung 2-13 zum Ausdruck kommt.

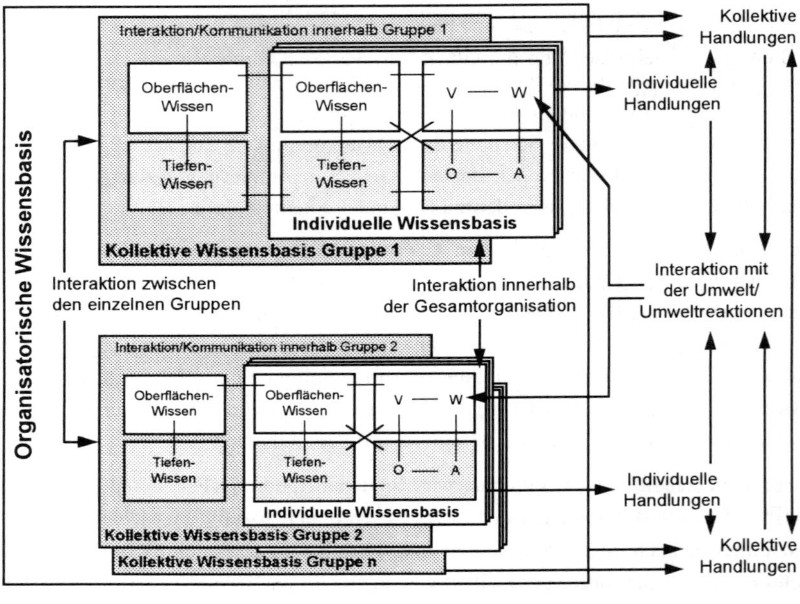

Abb. 2-13: Das Lernmodell ausdifferenzierter Organisationen

Während in sozialen Systemen geringer Komplexität allein die Interaktionsbeziehungen zwischen den einzelnen Mitgliedern relevant sind und dies die Bildung materialer Rahmenbedingungen nach sich zieht, kommen bei größeren Organisationen auch die *Interaktionsbeziehungen zwischen den einzelnen organisatorischen Subgruppen* ins Spiel. Die einzelnen Gruppen bilden quasi eine zweite Ebene möglicher Aktoren. Dadurch entstehen erneut alle möglichen Folgeprobleme, die eine organisatorische Ausdifferenzierung hinsichtlich von Arbeitsteilung, Aufgabensegmentation, Spezialisierung, Integration, Zielerreichung etc. auch auf der Ebene einzelner Individuen schafft. Als Konsequenz müssen in einem integrierten Modell Organisatorischen

Lernens demnach auch die wechselseitigen Aktionen zwischen den einzelnen Gruppen als kollektive Aktoren und das Geflecht der verschiedenen Subkulturen einer Organisation mitbeachtet werden. Dabei sind sowohl die „offiziellen", formalen Strukturen einer Organisation zu berücksichtigen, als auch die „inoffiziellen", lediglich formierten Strukturen. In Abbildung 2-13 ist ein solches Organisationsgeflecht in rudimentärer Form angedeutet.

Das Modell basiert auf dem im vorangegangenen Abschnitt vorgestellten Modell individueller und kollektiver Lernprozesse aus Abbildung 2-12 und erweitert es erstens um die Beziehungen zwischen einzelnen organisatorischen Subgruppen sowie zweitens um die Beziehungen von Individuen, die vor dem Hintergrund ihrer jeweils spezifischen Gruppenidentität innerhalb der Gesamtorganisation in Interaktion treten. Beide Interaktionsformen treten neben die schon angesprochenen Interaktionen innerhalb der einzelnen Subgruppen und sind allesamt konstitutiv für das soziale System „Organisation".

2.4.3 Single-loop-, double-loop- und triple-loop-Lernen im Modell

Im Rahmen der in Abbildung 2-12 dargestellten Modellvorstellung individueller und kollektiver Lernprozesse kann auch das Konzept von Argyris/Schön[171] zum single-loop- und double-loop-Lernen diskutiert werden. Wie in Abschnitt 1.2.2.2 bereits gezeigt, bezeichnet *single-loop-Lernen* die Optimierung interner Anpassungsprozesse innerhalb vorgegebener Ziele und Normen, *double-loop-Lernen* hingegen die Anpassung und Veränderung grundlegender Ziele und Normen. Die einfache Lernschleife führt zu einer erhöhten Handlungseffizienz und optimiert bestehende Problemlösungsstrategien, die doppelte Lernschleife verändert zusätzlich die bestehende Wissensstruktur mit den darin befindlichen, grundlegenden Wertemustern. Diese Unterscheidung ist für das vorliegende Modell insofern von Bedeutung, als sich die Konstruktion des hier zentralen Wissensmanagements mit beiden Prozessen beschäftigen muß. Im vierten Kapitel wird zu zeigen sein, daß einerseits bestehendes Wissen bzw. die darauf aufbauenden Handlungspotentiale möglichst optimal eingesetzt, gleichzeitig aber auch immer wieder die Frage nach dem für die Zukunft relevanten Handlungskontext bzw. den daraus resultierenden Handlungsnormen gestellt werden müssen.

Die beiden Lernformen können wie in Abbildung 2-14 innerhalb des Modells sowohl in individuellen, als auch in kollektiven Lernprozessen verortet werden.

---

171 Vgl. nochmals Argyris/Schön 1978.

- Individuelles Lernen ist immer dann auf single-loop-Lernen (= ISLL) reduziert, wenn die Reaktionen auf individuelles Verhalten zu keinerlei Veränderungen des individuellen Tiefen-Wissens führen. Die bereits existierenden Handlungsstrategien bleiben bestehen, Anpassungen an bestimmte Differenzen zwischen Handlung und Umweltreaktion erfolgen lediglich auf Ebene der Handlungsroutinen.

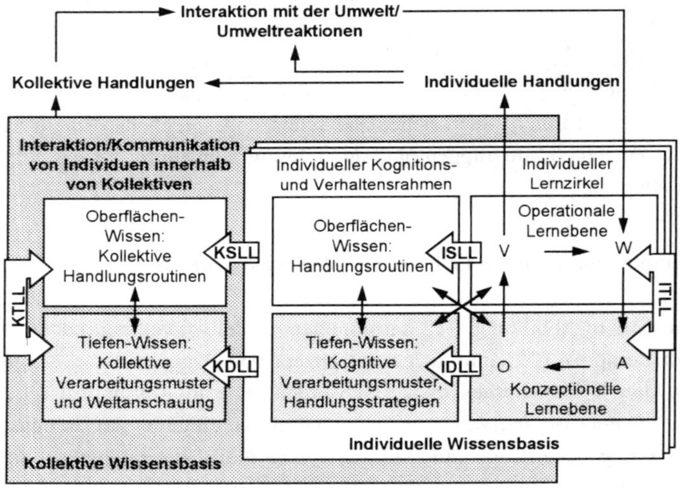

Abb. 2-14: Single-loop-, double-loop- und triple-loop-Lernen im integrierten Modell individuellen und kollektiven Lernens

- Sobald ein Individuum aber Rückkopplungen zu seinem im Tiefen-Wissen verankerten Werte- und Normengeflechts vornimmt, kann man von Individuellem double-loop-Lernen sprechen (= IDLL). Die aktuelle Handlungstheorie wird angesichts der Umweltsituation auf Gültigkeit hinterfragt und gegebenenfalls verändert.

- Kollektives single-loop-Lernen (= KSLL) bezieht sich analog zur einfachen Lernschleife beim Individuum auf eine Veränderung der kollektiven Handlungsroutinen. Auch hier werden die Problemlösungsstrategien nicht grundsätzlich hinterfragt, sondern lediglich bestehende Handlungsschemata optimiert.

- Kollektives double-loop-Lernen (= KDLL) findet demgegenüber immer dann statt, wenn das Normenfundament der kollektiven Wissensbasis in irgendeiner Weise transformiert wird. Es findet dann eine Veränderung in den kollektiv geltenden „kognitiven Landkarten“ statt.

Und schließlich kann die Verwendung des vorliegenden Modells auch die *Einsicht in den Ablauf von Lernprozessen* befördern.[172] Das Modell ist unter anderem dazu entworfen worden, ein grundlegendes Verständnis für die Prozesse Organisatorischen Lernens als Verstrickung individuellen und kollektiven Lernens zu erzeugen bzw. ein elementares Analyseraster für die Aufarbeitung derartiger Vorgänge bereitzustellen. Sobald dieses Modell (oder ein anderes Referenzmodell) aber tatsächlich für die Untersuchung bisheriger Lernprozesse genutzt wird, setzt man sich in *selbstreflexiver* Weise mit dem eigenen System auseinander und kann dadurch in einer Art *triple-loop-Lernen* Erfolgs- und Mißerfolgskriterien bzw. fördernde und behindernde Faktoren der eigenen Lerngeschichte erfassen. Dadurch wird das erforderliche Metawissen aufgebaut, das zur Verbesserung der Lernfähigkeit eines Systems notwendig ist. In der Abbildung 2-14 ist diese Form des Lernens durch einen Doppelpfeil angedeutet, der darauf hinweist, daß sich das Individuum (ITLL = individuelles triple-loop-Lernen) bzw. Kollektiv (KTLL= kollektives triple-loop-Lernen) mit der jeweils eigenen Wissensbasis bzw. der Evolution dieser Wissensbasis auseinandersetzt.

Fallbeispiel: Kollektives triple-loop-Lernen durch gemeinsame Reflexion von Interaktionsbeziehungen

Im Hinblick auf ein Kollektiv gibt es verschiedene konkrete Möglichkeiten der selbstreflexiven Auseinandersetzung. So könnte man beispielsweise in einem gemeinsamen Workshop mit Führungskräften und Mitarbeitern folgende Ebenen kollektiver Interaktionsbeziehungen diskutieren: Die Bedeutung von Symbolen innerhalb der fokalen Gruppe bzw. den Prozeß der Bedeutungszuweisung, die Definition des Führungsverständnisses bzw. die Parameter des Führungsprozesses, die Bestimmung des Zwecks, der Ziele und der Gestaltungsoptionen organisatorischer Strukturierung bzw. den Entstehungsprozeß materialer Rahmenbedingungen und schließlich die übergreifende Einbettung des eigenen Kollektivs in einen kulturellen Kontext mit den daraus entstehenden Umweltkopplungen. Auf jeder Stufe der genannten Reflexionsebenen erfolgt dann in einem günstigen Fall nicht nur die Auseinandersetzung mit dem kollektiv geltenden Wissen, sondern wird darüber hinaus die Reflexion auf die Ebene der beteiligten Individuen übertragen.[173]

In vielen Fällen wird die Reflexion der eigenen Wissensbasis bzw. der eigenen Lerngeschichte auch zahlreiche *Hindernisse* zu Tage fördern, an denen die Weiterent-

---

172 Vgl. Abschnit 1.2.2.2.

173 Vgl. zur Gestaltung dieser Reflexionsebenen ausführlich Reinhardt 1993: 293ff.

wicklung behindert wurde.[174] Der Identifikation dieser Barrieren ist aber sowohl in der praktischen, als auch in der theoretischen Auseinandersetzung mit dem Lernen von Organisationen noch nicht die notwendige Aufmerksamkeit geschenkt worden. Abgesehen von einigen Beiträgen, die sich weitgehend an den psycho-physischen Beschränkungen des Individuums orientieren,[175] fehlt eine umfassende und systematische Erörterung dieser Thematik. Mit dem folgenden dritten Kapitel wird diese Lücke geschlossen. Dazu werden unter Verwendung des nunmehr entwickelten integrierten Modells individuellen und kollektiven Lernens verschiedene Dimensionen potentieller Wissens- und Lernbarrieren unterschieden und anschließend hinsichtlich ihrer Auswirkungen in das Modell sortiert.

---

174 Vgl. Abschnitt 1.3.

175 Vgl. z.B. Argyris 1990.

3 Wissens- und Lernbarrieren als Pathologien des Organisatorischen Lernens

Mit dem im vorangegangenen Kapitel erarbeiteten integrierten Modell Organisatorischen Lernens können die Prozesse individuellen und kollektiven Lernes in idealtypischer Form rekonstruiert werden. Bei der Modellbildung ausgeblendet blieb die Frage, wodurch diese Lernprozesse möglicherweise *be-* bzw. *verhindert* werden können. Der Aspekt potentieller Wissens- und Lernbarrieren soll deshalb entlang der in Abbildung 3-1 dargestellten Argumentationslogik im Vordergrund stehen.

In Abschnitt 3.1 wird zunächst ein *Differenzierungsraster* entworfen, das erstens danach unterscheidet, wer die für den Wissenstransfer relevanten Wissensträger sind und zweitens entlang welcher Konstituierungskriterien dieser Wissensträger der Wissenstransfer scheitern kann. Anhand dieses Analyserasters werden dann in Abschnitt 3.2 typische und für organisatorische Lernprozesse besonders relevante Wissens- und Lernbarrieren *identifiziert* und hinsichtlich ihrer Wirkungsweise im Modell *systematisiert*. Abschnitt 3.3 zeigt schließlich zusammenfassend noch einmal die Vernetzung zwischen den einzelnen Barrieren.

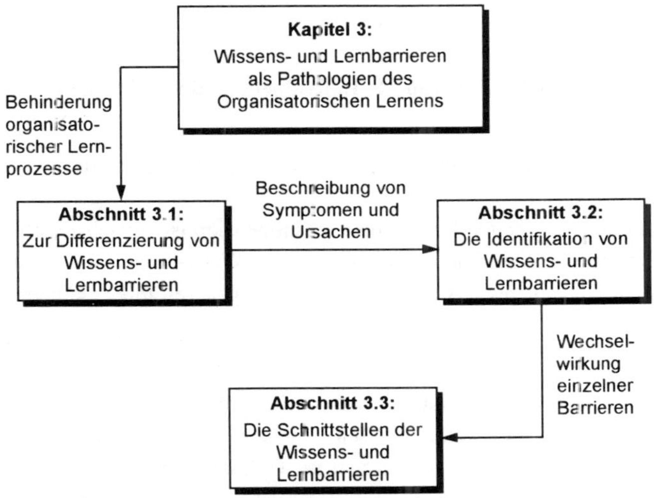

Abb. 3-1: Die Argumentationsfolge des dritten Kapitels

3.1 Zur Differenzierung von Wissens- und Lernbarrieren

In diesem Abschnitt werden die einzelnen Kategorien von Wissens- und Lernbarrieren als pathologische Erscheinungen organisatorischer Lernprozesse näher spezifiziert. Die Differenzierung schließt einerseits an die im vorangegangenen Kapitel erläuterte Modellvorstellung Organisatorischen Lernens an, andererseits kommen weitere Überlegungen, vor allem psychologischer und soziologischer Natur zum Tragen.

Ausgangspunkt der Überlegungen ist die triviale Frage, *warum es in Organisationen nicht zur Nutzung des potentiell erreichbaren Wissensreservoirs* und damit zu *Beschränkungen in den Entwicklungsmöglichkeiten der individuellen und kollektiven Wissensbasis* kommt. In diesem Zusammenhang existieren offensichtlich Hindernisse, die einen umfassenden Wissenstransfer und den damit in Verbindung stehenden Lernprozeß hemmen. Diese Beschränkungen können zum einen entlang der systemtheoretischen Unterscheidung psychischer und sozialer Systeme (Abschnitt 3.1.1), zum anderen entlang der dort vorhandenen strukturellen und politisch-kulturellen Restriktionen (Abschnitt 3.1.2) systematisiert werden. Beide Dimensionen stigmatisieren dabei die idealtypische Vorstellung von individuellen und kollektiven Lernprozessen: Es sind die Wissens- und Lernbarrieren, die es erlauben von pathologischen Verlaufsformen Organisatorischen Lernens zu sprechen (Abschnitt 3.1.3).

3.1.1 Unterscheidungsdimension 1: Individuelle und kollektive Barrieren

3.1.1.1 Wissensträger und potentielle Formen des Wissenstransfers

Für die Herleitung der ersten Unterscheidungsdimension ist zunächst die Überlegung hilfreich, an welchen Stellen in Organisationen Wissen relevant ist und welche idealtypischen *Formen des Wissenstransfers* daraus generell folgen können.

Geht man von einem *einzelnen Organisationsmitglied* aus, dann besteht sein Wissen allgemein aus der Summe seiner individuellen Handlungsroutinen (= individuelles Oberflächen-Wissen) sowie seiner kognitiven Verarbeitungsmuster und Handlungsstrategien (= individuelles Tiefen-Wissen). Im besonderen - und auf dieser Ebene kommt es in Organisationen in aller Regel zur Geltung - ist es sein produkt-, funktions- und organisationsbezogenes Wissenspotential. Stellt er dieses Reservoir der Organisation, seiner Arbeitsgruppe oder anderen Mitgliedern der Organisation zur Verfügung, kommt es zum *personenbezogenen Wissenstransfer*. Die entscheidende Größe ist deshalb der einzelne mit seinem Wissenspotential, das in seiner Nutzung gewissen Restriktionen unterliegen kann.

Auf der *Ebene von Gruppen* (Arbeitsgruppen, Funktionsbereiche, Divisionen, etc.) existiert spezifisches Fachwissen zur Bewältigung der jeweils übertragenen Spezialaufgaben im Sinne der weiter oben beschriebenen kollektiven Handlungsroutinen (= kollektives Oberflächen-Wissen). Durch Sozialisationsprozesse und Personalselektion kommt es über einen gewissen Zeitraum zur Ausbildung einer arteigenen Sichtweise von Problemen, zu typischen Werten, Denkmustern, Standards und Ideologien (= kollektives Tiefen-Wissen). Innerhalb der Gruppe wirkt dabei ein *personenübergreifender Wissenstransfer*. Entscheidende Größe ist nunmehr das kollektiv gespeicherte Wissenspotential, das bis zu einer kritischen Masse weitgehend unabhängig von den einzelnen Gruppenmitgliedern besteht.

Schließlich existiert auf der *Ebene der Gesamtorganisation* ein kulturell bedingtes Wissenspotential - ähnlich dem der Gruppen, aber auf einem anderen Aggregationsniveau. Voraussetzung für die Bewältigung gesamtorganisatorischer Aufgaben ist aber nicht nur ein *personenübergreifender* sondern zusätzlich ein *gruppen- und bereichsübergreifender Wissenstransfer*, der zum Teil auch über die Grenzen der Organisation hinausgehen kann.

3.1.1.2 Die Unterscheidung individueller und kollektiver Barrieren

Jeder der beschriebenen Wissens- und Transferbereiche beinhaltet aber nicht nur das Potential zur Übertragung, sondern auch das zumindest ebenso wahrscheinliche *Potential des Scheiterns*. Das eigentlich verfügbare Wissen innerhalb und außerhalb einer Organisation wird zurückgehalten oder mangelhaft genutzt. Die erste Unterscheidungsdimension kann sich demnach an diesen Formen des Wissenstransfers orientieren.

Allerdings ist hier eine *theoretische Einschränkung* zu treffen. Die Unterscheidung einer Ebene von Individuen und einer Ebene von Kollektiven ist zwar mit der im zweiten Kapitel charakterisierten systemtheoretischen Sicht kompatibel. Die einzelnen Gruppen einer Organisation unterscheiden sich aber nicht grundsätzlich von der Gesamtorganisation selbst. Beide Kollektivformen sind soziale Systeme, die sich durch Kommunikationsprozesse konstituieren. Die Ebene sozialer Systeme läßt sich nur noch dahingehend ausdifferenzieren, indem man nach den formalen und informalen Strukturen dieser Systeme fragt. Beide „Erscheinungsformen", die „kleineren" sozialen Systeme wie z.B. Arbeitsteams und die „größeren" sozialen Systeme wie z.B. eine Gesamtorganisation, weisen organisational-formale und personal-informale Strukturen auf, ein Aspekt, der weiter unten in der zweiten Unterscheidungsdimension wieder aufgegriffen wird. Zwischen den Gruppen einer Organisation und der Organisation selbst, gibt es somit keinen prinzipiellen, systemtheoretisch begründbaren Unterschied.

Dennoch erscheint es sinnvoll, wenn man für die Diskussion der Kategorie kollektiver Barrieren *gedanklich* zwei Unterkategorien bildet. Das bedeutet, daß sich alle kollektiven Wissens- und Lernbarrieren grundsätzlich auf das besondere Merkmal der kollektiven Systeme beziehen - nämlich die Konstituierung des Systems durch Kommunikation. Die Ausprägung und Wirksamkeit der Barrieren wird aber vom *Komplexitätsgrad* der betrachteten Systeme abhängen. Und hier ist es plausibel, kollektive Systeme in der Größenordnung überschaubarer Gruppen und solche weitverzweigter Gesamtorganisationen zumindest implizit zu trennen. In dieser Arbeit werden demnach in einer ersten Unterscheidungsdimension differenziert:

- ❑ Individuelle Wissens- und Lernbarrieren und
- ❑ kollektive Wissens- und Lernbarrieren, wobei implizit Kollektive mit geringem und solche mit hohem Komplexitätsgrad unterschieden werden.

Individuelle Wissens- und Lernbarrieren beeinträchtigen den personenbezogenen Wissenstransfer und führen dazu, daß ein einzelnes Organisationsmitglied sein individuelles Wissenspotential an seinem Arbeitsplatz, in seiner Arbeitsgruppe und der Gesamtorganisation nur bedingt zur Verfügung stellt. Die Barrieren wirken allerdings auch in umgekehrter Richtung, d.h. Wissenspotentiale aus der organisatorischen Umgebung bleiben vom einzelnen ungenutzt.

Kollektive Wissens- und Lernbarrieren wirken auf den personenübergreifenden Wissenstransfer in Gruppen und erzeugen eine suboptimale Ausschöpfung des Gruppenpotentials bzw. behindern den gruppen- und bereichsübergreifenden Wissenstransfer in der Gesamtorganisation. Die Barrieren isolieren im ersten Fall die unterschiedlichen Wissensreservoire, Fähigkeiten, Erfahrungshorizonte, Interpretationsschemata und Standpunkte einzelner Gruppenmitglieder. Als Bezugsrahmen und Organisationsform für die Kooperation mehrerer Individuen agiert die Gruppe maximal auf dem Niveau des besten Einzelmitglieds - meist sogar noch darunter. Zudem sind die Wissenspotentiale der einzelnen Gruppenmitglieder nicht immer vollständig institutionalisiert und damit weiterhin von den Trägern des Wissens abhängig. Im zweiten Fall zeigen sich die ausdifferenzierten Wissenspotentiale, die alternativen Sichtweisen und Kulturmerkmale einzelner Gruppen (und deren Mitglieder) wenig kompatibel und ohne wechselseitige Austauschbeziehung. Einerseits ist eine Vielfalt an spezifischen und kontroversen Sichtweisen durchaus erstrebenswert - für die Bewältigung von komplexen Problemstellungen sind sie sogar die notwendige Voraussetzung. Andererseits müssen zur Erreichung der organisatorischen Intentionen die Wissenspotentiale nicht nur addiert, sondern ziel- und zeitadäquat aktiviert und integriert werden.

In Abbildung 3-2 sind die potentiellen Formen des Wissenstransfers und die daraus abgeleitete erste Unterscheidungsdimension von Wissens- und Lernbarrieren noch einmal übersichtlich dargestellt.

Abb. 3-2: Wissens- und Lernbarrieren entlang der Formen des Wissenstransfers

Die Differenzierung von individuellen und kollektiven Wissens- und Lernbarrieren ergibt sich auch aus anderen theoretischen Perspektiven. Orientiert man sich an den drei wesentlichen sozialwissenschaftlichen Teildisziplinen - Psychologie, Soziologie und Betriebswirtschaftslehre - lassen sich in jedem dieser Aspektspezialisierungen zwei Grundströmungen diagnostizieren: eine individualistische und eine holistisch-kollektive.[1]

---

1 Vgl. hierzu und zum folgenden Steinle 1985: 34ff. sowie zur wissenschaftstheoretischen Fundierung Brodbeck 1958 und Spinner 1973.

Psychologische Ansätze betonen generell das Erleben und Verhalten von Individuen.[2] Aus dieser Perspektive geht es um die dominierende Orientierung am Individuum, dessen Verhalten in Abhängigkeit von Motiven, Dispositionen, Erwartungen und Werten untersucht wird.[3] Aber auch die Thematik der Gruppenprozesse wird aus psychologischer Sicht aufgegriffen. So pointiert die sozialpsychologische Betrachtungsweise der Meso-Ebene[4] primär die Interaktionsbeziehungen zwischen Gruppenmitgliedern und den Prozeß der darin enthaltenen wechselseitigen Beeinflussung innerhalb des sozialen Kontextes. Es geht weniger um die Frage der Herausbildung und Gestaltung sozialer Strukturen, als vielmehr um die Art und Weise, wie innerhalb der Gruppen ein Aushandlungsprozeß zwischen den divergenten Interessen hergestellt bzw. eben nicht hergestellt wird. Im vorliegenden Zusammenhang werden vor allem für die Betrachtung individueller Wissens- und Lernbarrieren, zum Teil aber auch für diejenigen einer Gruppenebene psychologische Aspekte diskutiert. Besonders wertvoll sind die zahlreichen Beiträge der Organisationspsychologie, die sich ausdrücklich auf das Gestaltungs-, und damit häufig auch auf das Konfliktfeld „Individuum - Gruppe - Organisation“ beziehen.

In *soziologischen Ansätzen* zur Meso- und Makro-Ebene geht es um „die Organisation“ als Ergebnis zum Teil geplanter und überdauernder Installation von Formalität.[5] Der Blickwinkel verschiebt sich auf eine Perspektive „von oben nach unten“, fokussiert also auf die Organisation bzw. die Gruppe als ein dem Individuum übergeordnetes Aggregat. Aus dieser Sicht gelingt es, die regelungsbedürftigen Bereiche von Kollektiven herauszustellen, wie beispielsweise kollektive Differenzierung, Integration, Zielerreichung und Adaption. Aus den damit verbundenen soziologischen Beiträgen läßt sich dementsprechend reichhaltiges Material zur Betrachtung der kollektiven Wissens- und Lernbarrieren destillieren.

Die *betriebswirtschaftlich-organisationstheoretische Sicht* befaßt sich schließlich hinsichtlich der Meso- und Makro-Ebene mit Konzeptionen zweckorientierten Organisierens,[6] verhaltenswissenschaftlich-entscheidungsorientierten Ansätzen[7] und Theorien sozialer Gebilde. Erstere betonen einen instrumentalen Organisationsbegriff, konzentrieren sich weitgehend auf die mechanistische Gestaltung von Organisationsstrukturen und unterstellen eine normative Zweckmäßigkeit von strukturellen

---

2 Vgl. z.B. die Ansätze von Vroom 1967, Porter et al. 1975, Herzberg 1969 sowie Argyris 1964.

3 Vgl. Steinle 1985: 67.

4 Vgl. z.B. Weick 1969.

5 Vgl. z.B. Parsons 1965, Luhmann 1976, Etzioni 1961 und Blau/Schönherr 1971.

6 Vgl. als Beispiel Kosiol 1976.

7 Vgl. z.B. March/Simon 1958, aber auch Kirsch 1990 und 1992 bzw. Bleicher 1991a.

Aufgabengliederungen. Aus Sicht des verhaltenswissenschaftlich-entscheidungstheoretischen Bereiches wird ein institutionaler bzw. systemzentrierter Organisationsbegriff verwendet und die „Binnenperspektive" organisationaler Praxis herausgestellt. Die Perspektive der Organisation als soziales Gebilde akzentuiert schließlich auch die „Außenperspektive" einer Organisation und damit die situativen Bedingungen wirkungsvoller Organisationsgestaltung. Jedes dieser Themengebiete wird im weiteren Verlauf dieser Arbeit vielfältige Anhaltspunkte zur Beschreibung und Identifikation vor allem der kollektiven Wissens- und Lernbarrieren liefern.

3.1.1.3 Zusammenfassung und Definition

Die erste Unterscheidungsdimension von Wissens- und Lernbarrieren differenziert in *individuelle* und *kollektive* Barrieren. Die Unterscheidung der beiden Ebenen ergibt sich entlang der beiden Systemgrößen psychischer und sozialer Systeme als relevante Wissensträger sowie aus den damit verbundenen Konstituierungskriterien der betrachteten Systeme. Die Barrieren bezeichnen dabei das Potential des Scheiterns möglicher Wissenstransfers zwischen den einzelnen Systemengrößen.

3.1.2 Unterscheidungsdimension 2: Strukturelle und politisch-kulturelle Barrieren

3.1.2.1 Barrieren der Wissenslogistik

Neben der ersten Differenzierungsdimension entlang der Wissensträger und den daraus abgeleiteten Formen potentiellen Transfers existiert noch eine zweite - quer zur ersten Dimension liegende - Unterscheidungsdimension für Wissens- und Lernbarrieren. Als erster Schritt zur Herausarbeitung dieser Dimension ist zunächst ein Blick auf die Überlegungen von Lullies et al.[8] zur Thematik der „Wissenslogistik" hilfreich, die in ihrem Beitrag strukturelle, prozedurale und politische Schranken auseinanderhalten.

Strukturelle Barrieren beziehen sich auf die Dysfunktionalitäten, die im Zuge der Aufgaben- und Kompetenzverteilung in einer Organisation entstehen. Die Trennung der Gesamtaufgabe in einzelne Teilaufgaben und deren Übertragung auf organisatorische Subeinheiten führt zur Zersplitterung des ganzheitlichen Bezugs und mithin zu den bekannten Schnittstellenproblemen einer arbeitsteilig organisierten Struktur. Die-

---

[8] Vgl. Lullies et al. 1993: 227ff.

se Problematik verstärkt sich mit der im weiteren Zeitablauf zunehmenden Spezialisierung und der daraus folgenden Ausbildung von Spezialqualifikationen. Vereinseitigung des Wissens tritt dadurch an die Stelle einer integrativen Sicht und behindert den wechselseitigen Wissensaustausch.

Mit *prozeduralen Barrieren* sind die in Organisationen geltenden Regeln und Richtlinien der Prozeßgestaltung benannt. Sobald ein Korsett von Vorschriften den Wissensfluß zu stark determiniert, kann es dazu kommen, daß problemadäquates Wissen zwar vorhanden ist, durch die geltenden Prozeßvorschriften aber nicht aktiviert wird. Eine virulente Problemstellung wird dann möglicherweise nicht erkannt bzw. „nach Vorschrift" abgewickelt, ohne daß es zu einer wirklich problemadäquaten Lösung kommt. Besonders hinderlich wirken in dieser Hinsicht sequentielle Bearbeitungsreglemente.

Politische Barrieren deuten schließlich auf die in Organisationen immer existenten politischen Zielsetzungen. In die einzelnen Handlungen der Organisationsmitglieder sind in der Regel nicht allein funktionale, sondern ebenfalls persönliche Interessen eingelassen. Das führt oftmals dazu, daß Wissenspotentiale bewußt zurückgehalten, manipuliert oder vernichtet werden, wenn dies der Durchsetzung der individuellen oder kollektiven Interessen dienlich ist. Im Zuge von Aushandlungs- und Integrationsprozessen führt das „politische Spiel" darüber hinaus zu erheblichen Zeitverlusten und einem hohen Konfliktpotential.

3.1.2.2 Die Unterscheidung struktureller und politisch-kultureller Barrieren

Der Differenzierung von Lullies et al. kann man sich prinzipiell anschließen - allerdings mit einer theoretisch begründbaren Einschränkung. Die Aufteilung in strukturelle und prozedurale Barrieren bezieht sich zwar entlang der Differenzierung der Aufbau- und Ablaufstruktur auf zwei wesentliche Eckpfeiler jeder Organisation. Aus systemtheoretischer Sicht ist dies aber eine nicht notwendige Unterdifferenzierung, da sich *beide Kriterien auf die materialen bzw. strukturellen Bedingungen eines sozialen Systems beziehen.* Sowohl die hierarchischen und funktionalen Ordnungskriterien der Aufbaustruktur, als auch die Geschäftsprozesse der Ablaufstruktur sind Regelhaftigkeiten von Verfahren und damit Strukturen im Sinne Luhmanns.[9] Eine Unterscheidung von strukturellen und prozeduralen Aspekten wird vor diesem Hintergrund theoretisch unhaltbar - obgleich sie als heuristische Orientierungskategorie dennoch ihre Nützlichkeit zeigt.

---

9 Vgl. Luhmann 1984.

In dieser Arbeit werden demnach in der zweiten Unterscheidungsdimension nach den Konstituierungsprinzipien der Wissensträger differenziert:

- Strukturelle Barrieren, die sich aus den materialen Bedingungen von Systemen ergeben und
- politisch-kulturelle Barrieren, die sich den gewachsenen Doktrinen eines Systems resultieren.

Die Unterscheidung struktureller und politisch-kultureller Barrieren ist anschlußfähig an die Überlegungen Wilenskys,[10] der als erster eine systematische Betrachtung patholgischer Entwicklungs- bzw. Lernprozesse von und in Organisationen vorgenommen hat sowie die Ausführungen von Sorg,[11] der in seiner Arbeit den Begriff der „Informationspathologien" konkret auf den individuellen und kollektiven Lernprozeß anwendet.

Der Beitrag von Wilensky setzt sich mit der informationellen Stützung von organisatorischen Führungsentscheidungen auseinander und arbeitet die damit zusammenhängenden Aufklärungsprobleme in Organisationen auf. Seine Grundthese ist, daß es je nach unterschiedlicher Umwelt- und Organisationskonstellation auch diverser Mischungen von Experten bedarf, um die spezifische Aufklärungsproblematik zu lösen. Die Qualität einer organisatorischen Aufklärung hängt demnach von der Qualität und dem ausgewogenen Mix der Expertenbeiträge ab. Umgekehrt ergeben sich *pathologische Aufklärungserscheinungen* durch entsprechend insuffiziente bzw. unausgewogene Beitragsmischungen. Vor diesem Hintergrund hebt Wilensky schließlich zwei Gruppen organisatorisch relevanter Pathologieerscheinungen hervor und bezeichnet diese als *strukturelle und doktrinenbedingte Bestimmungsfaktoren* bzw. „information pathologies". Die erste Gruppe setzt an den materialen Bedingungen eines Systems an und beschreibt mehr oder weniger apolitsche Situationen, während die zweite Gruppe gerade die politisch bzw. kulturell gewachsenen Doktrinen ins Auge faßt.

Die *strukturellen Bedingungsfaktoren* erklären ein „Aufklärungsversagen"[12] erstens aus Gründen organisatorischer Hierarchie und der damit zusammenhängenden Substrate wie Statussymbole, Macht und Karriere, zweitens aufgrund der durch Arbeitsteilung erfolgten Spezialisierung und der daraus folgenden Rivalität der Spezialisten, drittens wegen der Zentralisierung organisationaler Aufklärung und viertens

10 Vgl. Wilensky 1967 und Abschnitt 1.3.2.

11 Vgl. Sorg 1982 und Abschnitt 1.3.2.

12 Aufklärungsversagen wird von Wilensky als Unfähigkeit definiert, diejenige Erkenntnis zu gewinnen, die zur Erreichung der angestrebten Organisationsziele notwendig wäre (vgl. Wilensky 1967: IX).

hinsichtlich eines misfits zwischen der Problembeschaffenheit und dem dazu erforderlichen Expertenmix in der Organisation. *Doktrinenbedingte Bedingungsfaktoren* beziehen sich demgegenüber nicht auf ein Aufklärungsversagen hinsichtlich organisationsstruktureller Phänomene, sondern auf Erscheinungen, die aus der spezifischen Sicht über die Beschaffenheit der Realität resultieren. Realitätsdoktrinen bezeichnen Aussagen bzw. Aussagensysteme hinsichtlich „objektiv" gegebener Sachverhalte und Ursache-Wirkungs-Beziehungen, die das Entscheidungshandeln umfassend prägen und an deren Wahrheit nicht gezweifelt wird. Darüber hinaus sind damit auch Doktrinen der Aufklärung etikettiert, die die in Organisationen vorherrschenden Erwartungen darüber enthalten, welchen Merkmalen Informationen genügen müssen, um als relevant oder zulässig für die Organisation gelten zu können.[13]

Sorg unterstreicht in seinem Beitrag die Relevanz derartiger Pathologien für die organisatorische Wissenserzeugung. Die von Wilensky übernommene Konstruktion von „Informationspathologien" subsumiert all diejenigen Tatbestände, „die mit der unzureichenden informationellen Fundierung wichtiger Entscheidungen in Organisationen zusammenhängen"[14] und den Erkenntnisfortschritt insgesamt behindern. Die Wissenserzeugung im Sinne eines hier bereits diskutierten organisatorischen Lernprozesses verläuft damit auf einem Niveau, das der Komplexität und der Dynamik der inneren und äußeren Umweltfaktoren nicht ebenbürtig ist. Es wird durch Pathologien behindert, die in einem wohlverstandenen medizinischen Kontext, Ursachen *und* Symptome umfassen.[15]

Die zweite Unterscheidungsdimension ist *quer* zur ersten gedacht. Das bedeutet, daß es, wie Abbildung 3-3 zeigt, strukturelle und politisch-kulturelle Barrierenelemente sowohl hinsichtlich der individuellen, als auch der kollektiven Ebene gibt.

Die bisherigen Ausführungen sind allerdings weitgehend an sozialen Systemen festgemacht. Die Unterscheidungsdimension gilt gleichwohl auch für psychische Systeme. Strukturelle Barrieren individueller Art beziehen sich dabei weitgehend auf die *psycho-physischen Beschränkungen* der individuellen Wissensbasis. Diese „biologischen" Restriktionen, z.B. strukturell begrenzter Wahrnehmungs-, Aufnahme- und Verarbeitungskapazität führen dazu, daß der Mensch bereits „aus seiner Natur heraus" ein individuell nicht überschreitbares Aufklärungsversagen produziert: Selbst wenn man „will", muß man noch lange nicht „können". Politisch-kulturelle Barrieren bezeichnen dann die durch *kulturelle Sozialisation* aufgebauten Restriktionen der individuellen Wissensbasis. Durch Interaktionen mit der Umwelt wird für

---

13 Vgl. dazu ausführlich Wilensky 1967: 41ff. und Sorg 1982: 202ff.

14 Sorg 1982: 6.

15 Vgl. ebd.: 133 und weiter unten Abschnitt 3.1.3.

jedes Individuum eine spezifische Sozialisation vollzogen, in der er einerseits in seiner Kindheit zum Mitglied der Gesellschaft (primäre Sozialisation) und andererseits von bereits sozialisierten Personen in bestimmte Abschnitte der „objektiven" Welt eingewiesen wird (sekundäre Sozialisation). Auch wenn die subjektive Aneignung dabei immer einen eigenen Konstruktionsprozeß der Wirklichkeit darstellt und diese dadurch gleichzeitig verändert, gibt es doch Objektivationen der Wirklichkeit, die im Sozialisationsprozeß ein Apriori darstellen und die individuelle Wissensbasis in eindeutiger Weise prägen.[16]

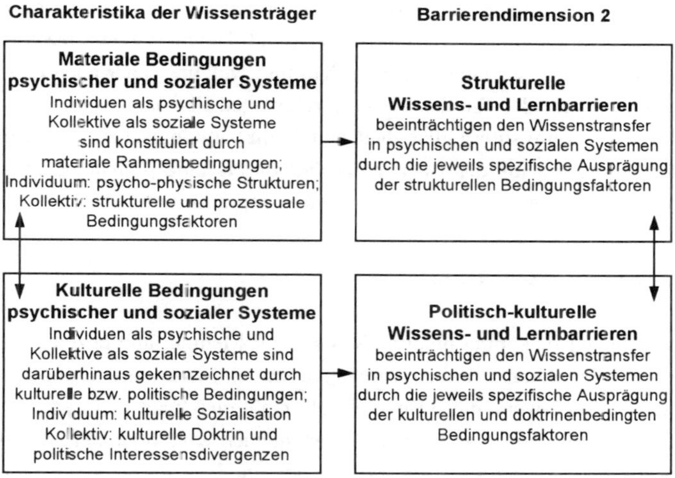

Abb. 3-3: Wissens- und Lernbarrieren entlang der Charakteristika der Wissensträger

3.1.2.3 Zusammenfassung und Definition

Die zweite Unterscheidungsdimension von Wissens- und Lernbarrieren differenziert in *strukturelle* und *politisch-kulturelle* Barrieren. Strukturelle (materiale, apolitische) Barrieren beziehen sich bei Kollektiven auf die Regelhaftigkeiten eines Systems, während die politisch-kulturellen Barrieren durch die Involvierung bzw. Durchset-

16 Vgl. Berger/Luckmann 1977: 39ff.

zung von divergenten Interessenslagen bedingt sind. Bei Individuen sind die psychophysischen Restriktionen und kulturellen Sozialisationen Ausprägungsformen der beiden Kategorien.

3.1.3 Der pathologische Gehalt von Wissens- und Lernbarrieren

Im Anschluß an die nunmehr definierten Unterscheidungsdimensionen können jetzt systematisch die einzelnen Ausprägungsformen individueller und kollektiver bzw. struktureller und politisch-kultureller Barrieren beschrieben und identifiziert werden.

Die Wissens- und Lernbarrieren wirken in jedem dieser Fälle mehr oder weniger *behindernd* auf die Evolution des Oberflächen- und Tiefen-Wissens psychischer und kollektiver Systeme. Sie beschränken Aufbau und Nutzung, aber auch den zum Teil notwendigen Abbau, der für die Systeme relevanten und konstitutiven Wissensbestandteile. Man kann insofern gleichbedeutend von pathologischen Erscheinungen im Lernprozeß sprechen, als der Begriff der *Pathologie* eine *Sammelbezeichnung der krankhaften,* eben nicht idealtypischen *Phänome* repräsentiert.

3.1.3.1 Der medizinische Pathologiebegriff

Der Pathologiebegriff kommt ursprünglich aus der Medizin und bezeichnet dort „die Lehre von den krankhaften Lebensvorgängen und Entwicklungsstörungen sowie deren Folgen“ [17]. Auch wenn diese Begriffswahl nicht gleich auf den ersten Blick überzeugt, so sind es die mit diesem Begriff verbundenen Konnotationen, die ein fruchtbares Bild für den hier zentralen Aspekt von potentiellen Störungen des Organisatorischen Lernens erlauben.[18]

Als der Pathologie untergeordnete Teildisziplinen beziehen sich beispielsweise

- ❑ die Ätiologie auf die *Krankheitsursachen,*
- ❑ die pathologische Anatomie auf die körperlichen *Veränderungen,*
- ❑ die Pathogenese auf die *Krankheitsentstehung* und den *Krankheitsverlauf,*
- ❑ die Nosologie auf die *systematische Beschreibung der Krankheiten* und
- ❑ die Symptomatologie auf die *Krankheitszeichen.*

---

17 Zetkin/Schaldach 1974: 1056.

18 Vgl. auch Sorg 1982: 130ff.

Krankheitsphänomene[19] werden demnach aus einer Reihe unterschiedlicher Blickwinkel beleuchtet und erlauben dadurch eine abgestufte Analyse. Besonders wichtig ist die *Trennung der Symptome von den Ursachen* einer krankhaften Erscheinung. Ereignisse der Oberflächenstruktur, die in der Regel eine Fülle von Symptomen beherbergen (z.B. eine Grippe beim Menschen oder ein Absatzeinbbruch des Unternehmens) können dann „ätiologisch" nach zugrundeliegenden Auslösern hinterfragt werden (z.B. ein Infekt oder Qualitätsprobleme). Allerdings sind weder die Symptome immer eindeutig identifizierbar, noch läßt sich jedesmal ein konsequenter Rückschluß zu den Ursachen herstellen. Im Gegenteil: Symptome sind meist vieldeutig und Ursache-Wirkungs-Beziehungen komplex und vernetzt (im Beispiel kann der grippale Infekt seine Ursache in einer längerdauernden Streßsituation haben und die Qualitätsprobleme durch eine chronische Unterbesetzung der Einkaufsabteilung bedingt sein).

Das bedeutet für die Verwendung im hier vorliegenden Zusammenhang, daß zuweilen lediglich beobachtbare Symptome von Wissens- und Lernbarrieren identifiziert werden können, ohne gleichzeitig Aussagen über deren Ursachen parat zu haben. Umgekehrt sind manchmal die Ursachen der Barrieren bekannt, während die einzelnen empirischen Ausprägungen und Folgen der pathologischen Erscheinung ungewiß bleiben bzw. von Fall zu Fall variieren. In der Regel wird jedoch davon auszugehen sein, daß *Wissens- und Lernbarrieren pathologische Störungen auf individueller und organisationaler Handlungsebene produzieren.* Eine Konzentration auf offensichtliche Verhaltensstörungen darf aber nicht dazu führen, daß die, auch unabhängig von gezeigten Handlungsweisen, bestehenden defizienten Ausprägungen von Systemstrategien Widersprüchlichkeiten, Ambiguitäten und Inkompatibilitäten hervorrufen können. Und ebenso ist auch an die immer vorhandenen pathologischen Potentiale zu denken, die zwar latent vorhanden sind, aber noch keine sichtbaren Störungen zeitigen konnten. Schließlich sind im Rahmen einer umfassend-systemischen Betrachtungsweise auch diejenigen Wirkungszusammenhänge zu beachten, die zu Barrieren bzw. Pathologien zweiter Art führen, indem sie außerhalb des betrachteten organisatorischen Zusammenhangs zu Störungen führen, z.B. in anderen sozialen Systemen in denen der einzelne zusätzlich agiert.[20]

---

19 Eindeutige Regeln für die Abgrenzung des „Kranken" vom „Gesunden" existieren nicht und sind an Wertfragen gebunden, was allgemein als „normal" und damit „gesund" akzeptiert wird. Die entsprechenden Grenzziehungen müssen beim Menschen individuenspezifisch gesehen werden und sind für soziale Systeme noch erheblich ungenauer. Vgl. für die Medizin z.B. Zetkin/Schaldach 1974, für die Psychologie z.B. Frese et al. 1978 und für die Soziologie z.B. Eder 1991.

20 Vgl. dazu auch Türk 1976: 108.

3.1.3.2 Die Verwendung des Pathologiebegriffs in sozialwissenschaftlichen Kontexten

Trotz der Probleme, die die Verwendung des Pathologiebegriffs mit sich bringt, ist die Übertragung dieses Terminus von der Medizin in sozialwissenschaftliche Bereiche auch an anderen Stellen bereits erfolgreich vollzogen worden. In der Soziologie hat z.B. Habermas[21] in einer Übersicht „Sozialpathologien" festgehalten, die bei der symbolischen Reproduktion der Lebenswelt für die Bereiche der Kultur, der Gesellschaft und der Person auftauchen können. Als pathologisch etikettiert finden sich hier beispielsweise die in vielen Zeitdiagnosen erscheinenden „Sinnkrisen", „Orientierungskrisen" und „Psychopathologien".

Ein Stück näher zur Thematik des Lernens begibt sich die Untersuchung Eders zur Pathogenese politischer Modernität in Deutschland.[22] In diesem Beitrag wird der spezifisch deutsche Weg in die Moderne als ein von Lernpathologien gekennzeichneter Pfad beschrieben. Eine gesellschaftliche Lernpathologie besteht nach Ansicht Eders darin, daß gerade diejenigen Lernprozesse, die die Veränderung des gesellschaftlichen Systems erlauben, blockiert sind. Damit ist nicht die ungenügende Problemlösungsfähigkeit eines Systems gemeint,[23] sondern

> „eine Pathologie desjenigen Lernprozesses, in dem Individuen ihre subjektiven Deutungsschemata erwerben und ausformulieren und durch die Sozialsysteme ihre Anpassungskapazitäten reproduzieren und erweitern. (...) Eine Analyse gesellschaftlicher Pathologien ist damit (...) eine Analyse systematisch verzerrter Formen kollektiven Lernens."[24]

Diese Auffassung pathologischer Lernprozesse kann für die folgenden Überlegungen teilweise nutzbar gemacht werden, auch wenn es hier nicht um derart komplexe Zusammenhänge wie der historischen Evolution eines ganzen sozio-kulturellen Systems auf ein höheres Entwicklungsniveau geht, sondern „nur" um diejenige von Organisationen.

Die Behinderung organisatorischer Evolution durch pathologische Erscheinungen steht schließlich bei Sorg[25] explizit im Vordergrund einer betriebswirtschaftlichen Auseinandersetzung mit diesem Thema. Seinem Beitrag ist es zu verdanken, daß er

---

21 Vgl. Habermas 1981b: 215.

22 Vgl. Eder 1991.

23 Diese werden von Eder als Systempathologien bezeichnet (vgl. ebd.: 31ff.)

24 Ebd.: 33f.

25 Vgl. Sorg 1982.

die von Wilensky[26] identifizierten und beschriebenen Pathologien in das Modell Organisatorischen Lernens von March und Olson umsortiert.[27]

3.1.3.3 Zusammenfassung und Definition

Wissens- und Lernbarrieren kennzeichnen *pathologische Phänomene* im Zusammenhang mit der Evolution individueller und kollektiver Wissensbasen. Die Barrieren wirken in unterschiedlicher Weise behindernd auf die Prozesse des Aufbaus, der Nutzung und des Abbaus der fokalen Wissensbasis, wobei Ursache und Wirkung der Barrieren nicht immer evident sind. Der idealtypisch unterstellte Verlauf individuellen und kollektiven Lernens weist dadurch an verschiedenen Stellen beobachtbare und/oder latente Bruchstellen auf.

3.2 Die Identifikation von Wissens- und Lernbarrieren

Mit diesem Abschnitt wird der Versuch unternommen, die potentiellen Bruchstellen individuellen und kollektiven Lernens systematisch zu beschreiben. Damit wird ein Bezugsrahmen geöffnet, mit dem die Wissens- und Lernbarrieren sowohl theoretisch (im Modell), als auch praktisch (im Rahmen eines darauf ausgerichteten Wissensmanagements) identifiziert werden können. Die grundlegende These ist, daß jedes System grundsätzlich über ein viel höheres Niveau an Problemlösungs- und Transformationsfähigkeit verfügt, als dies im täglichen Handlungsvollzug zum Tragen kommt. Sind die weitgehend dysfunktional wirkenden Restriktionen der Wissens- und Lernbarrieren einmal benannt und „sichtbar", erhöht sich gleichzeitig die Chance, das eigentliche Potential tatsächlich auszuschöpfen.

Die Beschreibung erfolgt vor dem Hintergrund der beiden zuvor differenzierten Unterscheidungsdimensionen. Kreuztabelliert ergeben diese Dimensionen die in Abbildung 3-4 dargestellte Matrix mit insgesamt vier Barrierenkategorien.

Die Zuordnung der einzelnen Ausprägungsformen von Wissens- und Lernbarrieren zu einer der Kategorien ist nicht in jedem Fall zwingend, da die meisten dieser Barrieren untereinander vernetzt, also mehr oder weniger voneinander abhängig sind. Die Klassifizierung ist daher als heuristisches Ordnungskriterium zu verstehen, mit dem die *primäre Wirkungsintensität* der Barrieren auf die unterschiedlichen Formen des Wissenstransfers (Dimension 1) und die Charakteristika der Wissensträger

26 Vgl. Wilensky 1967.

27 Vgl. die kurze Beschreibung dieses Modells in Abschnitt 1.3.1.

(Dimension 2) erfaßt wird. Die vorhandenen Interdependenzen zwischen den einzelnen Barrieren führen allerdings zu „Nebenwirkungen", die die Kategoriengrenzen teilweise verwischen. Den wechselseitigen Abhängigkeiten wird am Ende dieses Kapitels mit einer schematischen Darstellung der Zusammenhänge Rechnung getragen (Abschnitt 3.3). Außerdem erfolgt bereits bei der Beschreibung der Barrieren ein Verweis auf die jeweils bestehenden Schnittstellen.

Barrierendimension 1

Barrierendimension 2	**Individuelle** Wissens- und Lernbarrieren	**Kollektive** Wissens- und Lernbarrieren
Strukturelle Wissens- und Lernbarrieren	Wahrnehmungs-, Verarbeitungs- und Lernkapazität (3.2.1.1) Individualität und Vergangenheitsorientierung (3.2.1.2) Emotional-motivationaler Aktivierungsgrad (3.2.1.3) Intrapsychische Konflikte (3.2.1.4) Skilled Incompetence (3.2.1.5)	Vertikale, horizontale, laterale Informationsfilter(3.2.3.1) Spezialisierung und Zentralisierung (3.2.3.2) Machtverteilung und Partizipationsregeln (3.2.3.3) Kooperationskonflikte (3.2.3.4) Defensive Routinen (3.2.3.5)
Politisch-kulturelle Wissens- und Lernbarrieren	Rollenzwang (3.2.2.1) Audience learning (3.2.2.2) Superstitious learning (3.2.2.3) Learning under Ambiguity, Realitäts- und Aufklärungsdoktrinen (3.2.2.4)	Überbetonung der Einheitskultur und Binnenorientierung (3.2.4.1) Kulturelle Diversität (3.2.4.2) Mythen, Traditionen und Groupthink (3.2.4.3)

Abb. 3-4: Die Wissens- und Lernbarrieren im Überblick

In den folgenden Abschnitten werden nun zunächst die einzelnen Barrierenkategorien ausführlich erläutert und dann jeweils auf das integrierte Modell des Organisatorischen Lernens bezogen. Als konkreter Bezugspunkt für die Verortung der einzelnen Barrieren im Modell dient dabei Abbildung 3-5. Für jede einzelne Barriere wird die behindernde Wirkung auf die Entwicklung der betroffenen Wissensbasis anhand der *Ziffern 1 bis 16* illustriert. Damit ist es möglich, Organisatorisches Lernen und dessen Hindernisse in einem geschlossenen Modell darzustellen und zur Basis weiterführender Analysen bzw. für die Entwicklung eines darauf aufbauenden Wissensmanagements zu machen.

Die *individuell-strukturellen Barrieren* betonen in diesem Zusammenhang vor allem die psycho-physischen Restriktionen, denen der individuelle Lernprozeß allgemein unterliegt und die den personenübergreifenden Wissenstransfer hemmen (Abschnitt 3.2.1). Zusätzlich zu diesen Barrieren erzeugen kulturelle Sozialisationsprozesse in Organisationen spezielle *individuell-kulturelle Barrieren.* Die Evolution der individuellen Wissensbasis und deren Nutzung innerhalb eines kollektiven Kontextes wird dadurch ebenfalls beeinträchtigt (Abschnitt 3.2.2). *Kollektiv-strukturelle Barrieren* beziehen sich auf die materialen Rahmenbedingungen sozialer Systeme und blockieren den personen- und gruppenübergreifenden Wissenstransfer (Abschnitt 3.2.3). Darüber hinaus wird die Entwicklung der kollektiven Wissensbasis auch durch *kollektiv-kulturelle Barrieren* beeinflußt, die sich durch die Doktrin und die politischen Konstellationen im sozialen System konstituieren (Abschnitt 3.2.4).

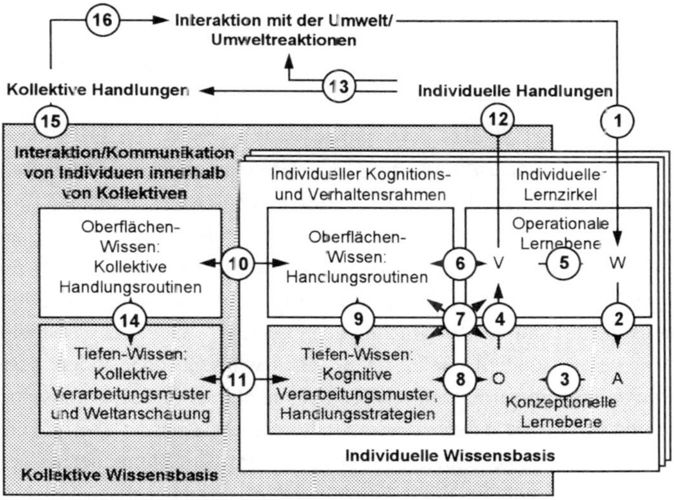

Abb. 3-5: Die Verortung der Wissens- und Lernbarrieren im Modell

3.2.1 Individuell-strukturelle Wissens- und Lernbarrieren

Die individuell-strukturellen Barrieren beziehen sich auf die psycho-physischen Restriktionen, die sich im Laufe der Entwicklung des einzelnen Menschen als individuelle Strukturmerkmale gefestigt haben. Aufgrund dieser Charakteristika unterbleibt der personenbezogene Wissenstransfer ganz oder teilweise. Für die nähere Betrachtung stehen hier fünf derartige Barrieren im Vordergrund: Die begrenzte Wahrnehmungs-, Verarbeitungs- und Lernkapazität (3.2.1.1), Individualität und Vergangenheitsorientierung (3.2.1.2), der emotional-motivationale Aktivierungsgrad (3.2.1.3), die intrapsychischen Konflikte (3.2.1.4) und skilled incompetence als „antrainierte Unfähigkeit" (3.2.1.5).

Die Auswahl deckt sicherlich ein breites Spektrum individuell-struktureller Barrieren ab, kann aber selbstverständlich *nicht alle* relevanten Ursache-Wirkungs-Beziehungen dieser Art umfassen.

3.2.1.1 Begrenzte Wahrnehmungs-, Verarbeitungs- und Lernkapazität

3.2.1.1.1 Beschreibung der Barriere

Die Betrachtung dieser Barrierenkategorie knüpft an den psycho-physischen Voraussetzungen und Mechanismen der menschlichen Wahrnehmung, der Informationsprozessierung sowie den damit verwobenen individuellen Lernvorgängen an.[28]

Als menschliche *Realitätswahrnehmung*[29] versteht man einen aktiven Prozeß, in dessen Verlauf ein Subjekt (= der jeweils wahrnehmende Mensch als Wahrnehmungssubjekt) hinsichtlich eines in der Umgebung existierenden Wahrnehmungsgegenstandes (= Wahrnehmungsobjekt) ein inneres Abbild (= Wahrnehmungsbild) produziert. Der Wahrnehmungsprozeß ist keine „objektive" Beobachtung, sondern vielmehr durch das Psychogramm des Wahrnehmenden geprägt.[30] Der Mensch sieht die Welt nicht so wie sie ist, sondern wie er sie zu sehen wünscht, oder anders ausgedrückt: Der Wahrnehmungsprozeß ist immer auch ein subjektiver Konstruktionsprozeß. Jede Wahrnehmung produziert dabei grundsätzlich neues Wissen, ist aber gleichzeitig an vorhandenes Vorwissen gebunden. Zwischen dem im Gedächtnis bereits gespeicherten Wissen und den durch die Wahrnehmung potentiell neuen Wissenselementen findet demnach ein interdependenter Entwicklungsprozeß statt, der weiter oben bei der Konstruktion der individuellen Wissensbasis bereits kurz erläutert wurde.[31]

Nimmt man den Wahrnehmungsprozeß etwas genauer unter die Lupe, werden mit

- ❑ der Selektion von Wahrnehmungsreizen,
- ❑ den neurophysiologischen Restriktionen,

---

[28] Vgl. Schönpflug/Schönpflug 1989: 62ff.

[29] Vgl. Hajos 1980 und Stadler/Seeger/Raeithel 1975.

[30] Vgl. bereits die Ausführungen zur Unterscheidung von Information und Wissen in Abschnitt 2.2.1.

[31] Vgl. nochmals Abschnitt 2.2.1 und Schmidt 1991.

- den Prozessen der Informationsverarbeitung und
- der Wahrnehmungsresistenz

vier potentielle *Wahrnehmungs- und Prozessierungsbarrieren* evident.

(1) Erstens bedingt die Rückbindung der Wahrnehmung an vorhandenes Vorwissen auch die *Selektion von Wahrnehmungsreizen* nach strukturell bereits bekannten Informationsmustern. Man kann prinzipiell nur etwas sehen, von dessen Existenz man sich mittels vorhandener Wissensbausteine vorstellen kann, daß man sie sieht. Nur in Ausnahmefällen wird man sich durch etwas vollkommen „Neues" überraschen lassen. Als Beispiel sei auf das Selektionsmodell von Broadbent hingewiesen, das von einer Selektion in der Sinnesperipherie ausgeht und damit eine Auswahl *vor* der Informationsverarbeitung unterstellt.[32] Deutsch und Deutsch verorten den Selektionsmechanismus dagegen *innerhalb* des Verarbeitungsprozesses,[33] was am Resultat der Selektion freilich nichts ändert. Eng mit diesen Aspekten verbunden ist auch die im Wahrnehmungsprozeß vorhandene Tendenz, eine Isomorphie (Gestaltgleichheit) zwischen dem Erlebten und den parallel dazu ablaufenden physiologischen Prozessen herzustellen. Objektiv bestehende Differenzen zwischen der eigenen Wahrnehmung und der Realität werden insofern eingeebnet.[34]

(2) Zweitens beschränken *neurophysiologische Voraussetzungen* die notwendigen Sinnesempfindungen. Die für die Wahrnehmung zuständigen Sinnesrezeptoren (Hören, Sehen, Riechen, Fühlen, Schmecken, Gleichgewicht) sind beim Menschen zwar vergleichsweise hoch entwickelt, dennoch entgehen diesen Rezeptoren viele Reize, die im Wahrnehmungsraum grundsätzlich verfügbar und auch nachweisbar sind. Dies hängt beispielsweise mit der Wahrnehmungsmotivation,[35] der Reizintensität,[36] dem gesamten Angebot an dargebotenen Reizen, dem Zusammenhang mit vorangegangenen Reizen und dem Anpassungs- oder Adaptionseffekt[37] zusammen. Die eintreffenden Reize werden zudem über eine ganze Hierarchie von Analyse- und Verarbeitungsstufen prozessiert. Die Ermittlung von Reizintensitäten, die Bestimmung räumlicher und zeitlicher Reizabstände, das Entdecken von Mustern und die Klassifikation der Muster sind Verarbeitungsstufen, auf denen relevante Informationen jeweils verloren gehen bzw. falsch interpretiert werden können.

---

32 Vgl. Broadbent 1958.

33 Vgl. Deutsch/Deutsch 1963.

34 Vgl. z.B. die Untersuchungen zur „guten Gestalt" von Köhler 1920.

35 Vgl. Leuba 1955.

36 Vgl. Fechner 1860.

37 Vgl. Helson 1964.

(3) Die dritte Kategorie von Wahrnehmungsbarrieren resultiert aus der zweiten und leitet bereits zum Aspekt der *Informationsverarbeitung* über. Wenn man davon ausgeht, daß die Sinnesrezeptoren aufgrund ihrer Konstruktionsmerkmale nur unvollkommene, zum Teil auch widersprüchliche Informationen über die Realität liefern, dann stellt sich konsequenterweise die Frage, wie Lücken im Verarbeitungsprozeß geschlossen werden. Zur Prozessierung der wahrgenommenen Informationen verfügt der Mensch über ein sehr leistungsfähiges, sensorisches Nervensystem, mit dem er unter anderem auch die Kompensation der Informationsmängel steuert. Das Nervensystem organisiert zunächst die vielen Millionen eintreffenden Informationsbestandteile, z.B. verstreut vorliegende Informationen desselben Gegenstandes zu einem Gesamtbild. Dabei ist es die Leistung des Nervensystems die unterschiedlichen Sinnesreize oder Sinnesmodalitäten zu einem einheitlichen Abbild zusammenzufassen (multimodale Wahrnehmung). Fehlen zur sinnvollen Interpretation des Wahrnehmungsbildes weitere Informationen, vollzieht das Nervensystem die Erfahrungsrückbindung und ergänzt diese Bausteine aus dem Gedächtnis bzw. löst etwaige Verzerrungen der Sinnesorgane auf. Problematisch und im vorliegenden Zusammenhang zur Barriere wird dieser Vorgang aber gerade durch diesen prinzipiell hilfreichen Korrekturvorgang. Existierende Ambiguitäten, Widersprüchlichkeiten und Inkonsistenzen werden in aller Regel erfahrungsabhängig aufgelöst und in ein „stimmiges“ Bild überführt, das der Realität allerdings nur teilweise entspricht.[38]

(4) Viertens kann im Wahrnehmungsprozeß auch von Wahrnehmungsabwehr und Verkennung gesprochen werden, die beide auf die *Resistenz* gegenüber bestimmten Informationskategorien zielen. *Wahrnehmungsabwehr* vollzieht sich einmal auf der Ebene der aktiven Orientierung, indem man bewußt vermeidet, bestimmte Informationen aufzunehmen, beispielsweise durch Abwenden des Blickes, Abdecken des Gehörs etc. Zum anderen wirken Abwehrmechanismen auf der Ebene der inneren Verarbeitung. Hier werden Informationen aus dem laufenden Wahrnehmungsprozeß selektiert, nachdem sie erkannt worden sind. Die psychoanalytische Diskussion[39] erläutert dieses Phänomen durch ein Zwei-Stufen-Modell, das vor die Stufe des bewußten, die des unbewußten Erkennens stellt. Die in der Subzeption (vorbewußtes Erkennen) als emotional gefährlich identifizierten Inhalte werden für die Stufe der Perzeption (bewußtes Erkennen) ausgesondert. Die *Verkennung* bestimmter Informationen ist eine weitere Steigerung dieses Verarbeitungsverhaltens: An die Stelle der eigentlich objektiv gegebenen Information wird eine gewünschte andere gesetzt. An-

---

38 Vgl. auch Abschnitt 3.2.1.2.

39 Vgl. vor allem Freud 1972.

stelle einer realistischen Wahrnehmung wird damit ein individuell geprägter Ersatz, ein „Strohmann" gebildet.

Multidimensionale Reizsituationen können für die organisatorische Realität jederzeit unterstellt werden. Das im Rahmen eines Kollektiv handelnde Individuum ist sicherlich in vielen Situationen der Gefahr ausgesetzt, die vorhandenen Informationen nicht ausreichend oder nicht rechtzeitig verarbeiten zu können. Die überbordende Komplexität der dargebotenen Stimuli führt zum *„information overload"*. Auch Sorg[40] betont hinsichtlich des Verhaltens von Individuen ein nurmehr sporadisches Aufgreifen der Informationsreize bzw. eine völlige Aufnahmeverweigerung. Die Verarbeitungsgrenze ist allerdings individuenspezifisch sehr unterschiedlich ausgeprägt und ergibt sich nicht zuletzt aus der jeweils eigenen Lernvergangenheit[41] bzw. aus den Rahmenbedingungen des sozialen Systems. Ein „optimales" Verarbeitungsniveau ist damit nicht allgemein bestimmbar.

Fallbeispiel: Informationelle Überlastung

Weil beim „Informationsfresser Mensch" der potentielle Wissenshunger weit größer ist, als die tatsächlichen *Verdauungsmöglichkeiten*, kommt es zur informationellen Überlastung des Individuums infolge der sich weitenden Schere zwischen gleichbleibender Aufnahme- und Verarbeitungskapazität einerseits, exponentiellem Wissenswachstum, kognitiver Komplexität und semantischer Umweltverschmutzung andererseits.[42] Dies ist vor allem bedingt durch die *infrastrukturellen* Optionen der Wissensgesellschaft. Der Aufbau von Kommunikations- und Datennetzen - bekannt unter dem Schlagwort „information superhighway" - und die Speicherungs- und Verarbeitungsmöglichkeit der dort transportierten Daten und Informationen durch Personal Computer, hält Wissenspotentiale parat, die jedes Vorstellungsvermögen sprengen. Die Wirksamkeit der Infrastruktur ist allerdings deshalb noch so gering, weil die gesellschaftlichen Akteure, namentlich die Individuen, ihrerseits erst lernen müssen, mit dem exponentiellen Wachstum an Informationsfülle gezielt umzugehen.[43]

Folgewirkungen restringierter Verarbeitungskapazität ergeben sich aber nicht allein für eine Überbelastung dieser Kapazität, sondern auch für deren *Unterbelastung*. Während es bei permanenter Überforderung[44] zu einem deutlichen Absinken des Verarbeitungsniveaus kommt, führt Unterforderung zum Brachliegen der eigentlich vorhandenen Fähigkeiten. Über einen längeren Zeitraum resultiert Unterforderung im

---

40 Vgl. Sorg 1982: 290ff. im Anschluß an Miller 1962 und Guetzkow 1965.

41 Vgl. Abschnitt 2.1.1 und 3.2.1.2.

42 Vgl. Spinner 1994: 179.

43 Vgl. Mayntz et al. 1988 und Willke 1995.

44 Eine situative Überbelastung muß nicht in jedem Fall pathogene Züge bekommen. Im Gegenteil: Ein kurzfristiges Überschreiten der Verarbeitungskapazität wirkt i.d.R. als Stimulus für neue Lernprozesse.

allmählichen Abbau der Verarbeitungskompetenz.[45] Zu fordern ist demnach ein jeweils individuenspezifisch konstruiertes Optimum an Informationsbelastung.

3.2.1.1.2 Zusammenfassung und Wirkung

Durch Selektion von Wahrnehmungsreizen, neurophysiologischen Bedingungen, Prozessen der Informationsverarbeitung und Wahrnehmungsresistenz bestehen Restriktionen für die Aufnahme und Verarbeitung neuer Wissenselemente. Signifikante Über- und Unterbelastung der individuellen Kapazitäten verhindert dabei die „optimale" Entwicklung der individuellen Wissensbasis.

Im Modell wirkt sich die individuell-strukturelle Barrierenkategorie der begrenzten Wahrnehmungs-, Verarbeitungs- und Lernkapazität an mehreren Stellen aus: Erstens ist durch die Selektion der Wahrnehmungsreize, die neurophysiologischen Voraussetzungen und die Wahrnehmungsresistenz die authentische Wahrnehmung der Umweltreaktionen durch das Individuum potentiell gestört (*Nr. 1* in Abbildung 3-5). Zweitens kann die Informationsprozessierung innerhalb des individuellen Lernzirkels an allen Verbindungen der vier Elemente inkommodiert sein (*Nr. 2-5*). Und schließlich ist durch Über- und Unterforderung der Verarbeitungskapazität eine restringierte Entwicklung der individuellen Handlungsroutinen und kognitiven Verarbeitungsmuster möglich (*Nr. 6-8*).

3.2.1.2 Individualität und Vergangenheitsorientierung

3.2.1.2.1 Beschreibung der Barriere

Im Zusammenhang mit den gerade genannten Beschränkungen begrenzter Wahrnehmungs-, Verarbeitungs- und Lernkapazität, stehen noch weitere individualpsychologische Restriktionen des Lernens. Diese schließen zum Teil auch an die Ausführungen zur behavioristischen und kognitivistischen Aufassung des Lernens an[46] und ergänzen diese.

So stützen beispielsweise umfangreiche Tierversuche die These, die *Lernfähigkeit* sei zumindest zum Teil *vererbbar*.[47] Lernoptimisten, die alle Fertigkeiten als individuell erlernbar auffassen, erfahren durch den Nachweis verhaltensprägender Erbfaktoren

---

45 Vgl. Driver/Seufert 1969: 265.

46 Vgl. Abschnitt 2.2.2.

47 Vgl. z.B. Mc Clearn/De Fries 1973 und allgemein Eibl-Eibesfeld 1973.

eine gewisse Beschränkung. Außerdem hat sich die Hoffnung auf *universell anwendbare Lernprinzipien* nicht erfüllt. Im Gegenteil unterstellt die Lernpsychologie heute interindividuell sehr unterschiedlich ausgeprägte Lernmuster.[48] Verschiedene Persönlichkeiten lassen sich dementsprechend nur anhand einer Nachbildung der jeweils spezifischen Lerngeschichte interpretieren[49].

Als Resultat dieser Phänomene entsteht ein Charakterprofil, das für jedes Individuum unterschiedlich ausgebildet ist. Die Entfaltung individueller Spezifika hat in der Persönlichkeitspsychologie zunächst zur Formation sogenannter *Persönlichkeitstypen* geführt, mit denen hinsichtlich bestimmter psychologischer Konstrukte eine Klassenbildung versucht wird.[50] Dieser Art der Kategorisierung nach Einzelmerkmalen wird in der modernen Psychologie allerdings zunehmend Skepsis entgegengebracht. Einig ist man sich aber darüber, daß interindividuell gravierende Unterschiede in der Ausprägung spezifischer Charaktermerkmale bestehen. Verantwortlich dafür ist die jeweils eigene *Lerngeschichte*, in deren Verlauf der Erwerb von Fertigkeiten und Gewohnheiten über das gesamte Spektrum lerntheoretisch relevanter Elemente der klassischen und operanten Konditionierung sowie einsichtigem (kognitiven) Lernen geschieht. Sicherlich ist dabei auch von unterschiedlichen Lerntypen auszugehen,[51] insgesamt ergibt sich aber „die Persönlichkeit" aus der Summe differierender Lernabschnitte.

Die individuelle Wissensbasis reflektiert damit eine jeweils spezifisch ausgeprägte Form der Wahrnehmung, des Denkens, des Lernens, etc., die sich von anderen grundsätzlich unterscheidet. Dies wird auch unter dem Begriff der *Individualität* subsummiert. Es gibt nun verschiedene prominente Punkte, an denen die individuelle Ausformung der Persönlichkeit entscheidende Weichenstellungen erfährt. Beispiel ist die Spezialisierung in der Berufsausbildung, durch die die Evolution der individuellen Wissensbasis auf bestimmte Wissensbausteine ausgerichtet wird, während andere ausgeblendet bleiben. Die Fortsetzung der Spezialisierungen findet sich in den Routinisierungsprozessen der Organisationen, die die Verengung auf das jeweils übertra-

---

48 Vgl. z.B. die Arbeiten zur differentiellen Psychologie des Lernens bei Eysenck 1973 und den Überblick in Bower/Hilgard 1983.

49 Aus dieser Perspektive muß auch das hier verwendete Lernmodell individuellen Lernens relativiert werden: Es ist als eine Art Hilfskonstruktion zu verstehen, mit der individuelles Lernen näherungsweise rekonstruiert, in keiner Weise aber der jeweils spezifische Verlauf exakt beschrieben werden kann.

50 Vgl. Spranger 1930 oder Jung 1960.

51 Vgl. z.B. die Untersuchung zur Lerngeschwindigkeit Introvertierter und Extrovertierter durch Eysenck 1973.

gene, in tayloristischem Sinne stark abgestufte Aufgabenfeld geradezu herausfordert.[52]

Der Charakter einer Barriere ergibt sich nun daraus, daß Individuen durch ihre Lerngeschichte beinahe zwangsläufig „blinde Flecken“ ausbilden, die ihre Wahrnehmungs-, Denk- und Handlungspotentiale deutlich beschränken. Resultat ist erstens eine mit zunehmender Verstetigung der Persönlichkeitsmerkmale deutliche *Vernachlässigung innovativen Lernens.*[53] Das Individuum verliert mit der Ausbildung seiner Persönlichkeitsstruktur seine prinzipielle Offenheit. Zweitens sind Individuen *immer weniger bereit, als Prämissen geltende Annahmen zu hinterfragen.* Bestimmte als stabil unterstellte Parameter werden stillschweigend fortgeschrieben, ohne deren weitere Gültigkeit zu überprüfen. Das Auftauchen von Widersprüchlichkeiten als potentieller Lernstimulus wird dadurch eher unwahrscheinlich.

In einem engen Zusammenhang mit der eigenen Lerngeschichte steht auch das Phänomen der *Vergangenheitsorientierung.* Menschen haben die Eigenschaft, zukünftige Tendenzen aus den Erfahrungen der Vergangenheit abzuleiten. Im Extremfall führt dies dazu, daß in früherer Zeit gewonnene Erkenntnisse ungeprüft für die Zukunft fortgeschrieben werden. Was fehlt, ist eine kritische Reflexion der einmal getroffenen Annahmen, die Überprüfung der Plausibilität dieser Annahmen für die Zukunft und deren Veränderung angesichts gewandelter Rahmenbedingungen. Verschärfend kommt hinzu, daß einmal erreichte Besitzstände hartnäckig verteidigt und Änderungsprozesse als Bedrohung der eigenen „claims“ interpretiert werden. Als Resultat kann man Individuen eine *konservative Bewahrungstendenz* gegenüber substantiellen Veränderungen unterstellen.

Schulz identifiziert in diesem Zusammenhang überzeugend „Zufriedenheit“ als eine Kategorie, die das Aufgreifen neuer Stimuli verhindert. Solange eine insgesamt positive Deutung der Situation vorliegt und der Status quo akzeptiert ist, werden keine Anstrengungen zur Veränderung der Situation unternommen. Die Wahrscheinlichkeit des Aufgreifens neuer Umweltstimuli hängt dabei vom Grad der Zufriedenheit ab: „Je größer die Zufriedenheit, desto unwahrscheinlicher wird die Problem- und Alternativensuche sein.“[54]

Fallbeispiel: Beschwörung alter Erfolgsformeln

Bei einem Workshop zum Wandel der Mercedes-Benz AG kam die Vergangenheitsorientierung offen zum Ausdruck: Die durch einen externen Unternehmensberater vehement geforderte Verhaltensände-

---

52 Vgl. Abschnitt 3.2.3.2.

53 Vgl. dazu z.B. Bendixen 1976: 40, Oerter 1977: 373 und Sorg 1982: 276ff.

54 Schulz 1977: 64.

rung besonders der oberen Hierarchieebenen, konterte einer der anwesenden Direktoren: „Wir müssen wieder so werden wie früher! Nur wenn wir die Erfolgsformeln der Vergangenheit wiederbeleben, können wir auch wieder erfolgreich sein."

In diese Kategorie der Wissens- und Lernbarrieren sind auch konsistenztheoretische Aussagen miteinzubeziehen. Nicht allein die Betrachtung kognitiver Dissonanzen im Sinne Festingers[55], die eine Bereinigung auftretender Spannungen *nach* individuellen Entscheidungen unterstellt ist hier relevant, sondern auch das Streben nach kognitiver Konsistenz *vor* und *während* der Entscheidungsphasen.[56] Eine Begründung dafür liegt z.B. in dem bereits eingeschränkten Informationsbeschaffungsverhalten, das sich meistens an bereits bewährten Praktiken orientiert. Die Glaubwürdigkeit von Informationen wird eben auch aus Erfahrung gebildet und für zukünftige Entscheidungssituationen weiterhin unterstellt. Letztlich bewegt sich die Informationsbeschaffung damit aber auf „eingefahrenen Wegen". Besonders in schwierigen Entscheidungssituationen werden Erfolgsformeln aus bereits gemachten Erfahrungen wieder hervorgeholt und mit dem Schlachtruf „back to basics" die Vergangenheit erneut heraufbeschwört.

3.2.1.2.2 Zusammenfassung und Wirkung

Die individuelle Wissensbasis ist das Ergebnis einer spezifischen Lerngeschichte. Zusätzlich zu den Beschränkungen der begrenzten Wahrnehmungs- Verarbeitungs- und Lernkapazität, bewirkt die subjektive Erfahrungsrückbindung restriktive Möglichkeiten in der Entwicklung des eigenen Wissens: Lernstimuli werden entweder nicht mehr selektiert, oder mit Hilfe bereits gespeicherter Verarbeitungsmuster verarbeitet.

Individualität und Vergangenheitsorientierung bewirken im Modell erstens, daß die Wahrnehmung von Umweltbedingungen einem, im Zeitablauf zunehmend verstetigten, Individualitätsfilter unterliegt (*Nr. 1* in Abbildung 3-5). Es gibt dann nur noch bestimmte Arten von Informationen die als relevant anerkannt und entsprechend weiterprozessiert werden. Zweitens ist die Rückbindung an die bereits etablierten Bestandteile des Oberflächen- und Tiefen-Wissens derart dominant, daß selbst starke Lernstimuli, die über den Lernzirkel eintreffen sollten, wenig Chancen auf Veränderung haben (*Nr. 6-8*). Mit der Annahme interindividuell unterschiedlicher Lernmechanismen wird gleichzeitig auch die von Individuum zu Individuum unterschiedliche Ausprägung und Stärke der individuellen Lernbarrieren relevant. Wie virulent die

---

55 Vgl. Festinger 1957 und 1964.

56 Vgl. Grabitz 1969, Irle 1971 und Kozielecki 1966.

hier identifizierten Barrieren letztlich de facto sind, wird immer durch die spezifische Lerngeschichte bestimmt sein.

3.2.1.3 Produktion dominanter Verhaltensweisen und Erlernen neuen Verhaltens in Abhängigkeit vom emotional-motivationalen Aktivierungsgrad

3.2.1.3.1 Beschreibung der Barriere

Bei der Betrachtung von Lernprozessen wurde bislang die emotional-motivationale Seite weitgehend ausgeklammert. Die Auslösung und der Verlauf von Lernprozessen beim Menschen ist aber eigentlich immer an diese Parameter gebunden, so daß ein kurzer Exkurs in die Motivations- und Emotionspsychologie lohnenswert ist.

Als psycho-physische Größen sind „Motivation" und „Emotion" schwer voneinander zu trennen. Beide Begriffe bezeichnen zunächst einen *inneren Erregungszustand*, der Wahrnehmungsprozesse, Denkabläufe und Verhaltensweisen entscheidend prägt:

> „Wenn Wahrnehmen und Denken, Handeln und Lernen sich zu koordinierten Aktionen zusammenfügen und daraus das Bild einer einheitlichen Persönlichkeit entsteht, so ist dies wohl dem individuell geprägten und Kontinuität stiftenden Wirken der Motive und emotionalen Einstellungen zu verdanken."[57]

Der motivational bzw. emotional bedingte Erregungszustand wird in der Psychologie auch als *Aktiviertheit* bezeichnet. Kommt die Aktiviertheit einer Handlung und deren Zielen zu Gute, spricht man von *Motiviertheit*. Die Erregung ist in diesem Fall eine quantitative Größe, die den einer Tätigkeit innewohnenden Betrag an Energie bezeichnet. *Emotionalität* ist demgegenüber derjenige Teil der Erregtheit, der nicht, oder noch nicht als Tätigkeitsenergie wirkt.

Natürlich ist diese Differenzierung nicht überschneidungsfrei. Emotionen können nämlich auch als handlungsvorbereitend, handlungsbegleitend und handlungsbewertend interpretiert werden und stehen damit der Motiviertheit als handlungsleitende Funktion nur wenig nach.[58] Die Grenze zwischen Motiviertheit und Emotion sowie deren feststellbare Auswirkungen auf sichtbares Verhalten können demnach abschließend nicht sinnvoll fixiert werden. Als sicher gelten jedoch folgende Aspekte:

(1) Nach der *Yerkes-Dogson-Regel*[59] verhält sich die individuelle Leistungsfähigkeit als Funktion des Aktiviertheitsgrades (Erregungsstärke) in einem n-förmigen Verlauf.

---

57 Schönpflug/Schönpflug 1989: 350.

58 Vgl. z.B. Lantermann 1982.

59 Vgl. Yerkes/Dogson 1908.

Mittlere Erregungszustände produzieren demnach - egal ob es sich um eine leichte, mittlere oder schwierigere Aufgabe handelt - die besten Leistungsergebnisse, während zu geringe, oder zu hohe Erregungsgrade zu suboptimalen Leistungen führen. In den Extrema (keine Erregung bzw. bedrohlich hohe Erregung) kommt es schließlich zur Unterlassung jedweden Verhaltens.[60]

(2) *Bedürfnisse* als individuell erlebte körperliche, soziale oder kognitive Mangelzustände, *Motive* als zeitlich relativ überdauernde psychische Dispositionen und *Triebe* als angeborene Verhaltensparameter liegen sowohl der Motiviertheit, als auch der Emotionalität zugrunde. Als verhaltensauslösende Mechanismen wirken dabei die Prinzipien der Triebreduktion und der Homöostase.

(3) Die „Kontrolle" oder, neutraler formuliert, die Möglichkeit zur Veränderung von Motivations- und Emotionszuständen geschieht zum einen über *Außenregulationen*, zum anderen über *Selbstregulationen*[61] bzw. sind bedingt durch Fremd- oder Selbstkontrolle.

(4) Bei der kognitiven Repräsentation von Motivation und Emotion kann es zu *Verleugnung* oder *Verkennung* nicht-wünschenswerter Inhalte kommen.[62] Andererseits können Inhalte so konstruiert sein, daß es zum Aufbau einer „Wunschwelt" kommt.

Im hier vorliegenden Zusammenhang von Wissens- und Lernbarrieren interessiert es besonders, welche *Auswirkungen* die Aktiviertheit auf die Produktion von Verhaltenweisen hat bzw. was dem Aufbau veränderter oder neuer Verhaltensweisen im Zuge eines Lernprozesses entgegensteht.

Sicher ist, daß jedes Verhalten und jede Handlung immer auch emotionalmotivationale Komponenten beinhaltet. Mehr noch: Die Produktion von Verhaltensweisen und Handlungen ist als Voraussetzung an ein gewisses Maß an emotionalmotivationaler Aktiviertheit gebunden. Die bereits als Handlungsroutinen im Oberflächen-Wissen gespeicherten Verhaltensweisen werden durch „bekannte" und damit kognitiv prinzipiell repräsentierte Bedürfnis/Motiv/Trieb-Konstellationen ausgelöst. Daß Verhalten aber nicht *exklusiv* an eine bestimmte Reiz-Reaktions-Kombination gebunden ist, wurde allerdings bei der Behaviorismus-Kognitivismus-Debatte klargestellt.[63]

---

60 Vgl. Abschnitt 3.2.1.1.

61 Unter Außenregulation sind eigene Eingriffe in die Umwelt zu verstehen. Selbstregulation geschieht durch Veränderung der Wahrnehmung, Veränderung von Vorstellungen, Einflußnahme auf Gefühls- und Willenserlebnisse und Einflußnahme auf den eigenen körperlichen Zustand (vgl. Schönpflug/Schönpflug 1989: 381).

62 Vgl. Abschnitt 3.2.1.1.

63 Vgl. Abschnitt 2.2.2.

Natürlich setzt auch die Möglichkeit, neue Verhaltensweisen zu produzieren, Aktiviertheit voraus. Die Wahrscheinlichkeit angesichts *bekannter* Reizkonstellationen *neue* Handlungen zu zeigen ist aber deutlich kleiner, als die in der Regel erfolgende *Re*-produktion von Routinen. Dies wird besonders dann der Fall sein, wenn die Aktiviertheit ein normales Maß erreicht: Die „gewohnte" Art der Aktiviertheit wird „gewohnte" Handlungen nach sich ziehen.

Beim Vorliegen von Extrema der Aktiviertheit (keine Aktiviertheit, besonders hohe Aktiviertheit), oder vergleichsweise neuen Bedürfnis/Motiv/Trieb-Konstellationen hingegen, steigt die Wahrscheinlichkeit, neue Verhaltensalternativen kognitiv vorzubereiten und in konkreten Handlungen auch tatsächlich zu zeigen. Als empirische Fundierung dieser These, kann dabei an sozialpsychologische Ergebnisse angeschlossen werden, die z.B. allein für die Anwesenheit sozialer Partner die Weckung neuer Emotionen und Motive unterstellt.[64] Sobald also der eigene Kontext in Abhängigkeit mit einem anderen, nunmehr sozialen Kontext interpretiert werden muß, geschieht auch die Uminterpretation bisher dominanter Verhaltensweisen. Dieser Prozeß wird im allgemeinen auch als *Sozialisation* bezeichnet, in deren Verlauf die Qualität der Emotionalität und Motiviertheit eine neue Qualität gewinnt bzw. neue Emotionen und Motive erlernt werden.

Interessant ist vor diesem Hintergrund auch eine Studie von Hackman.[65] Hier ist belegt, daß die individuelle Leistung bei bereits gelernten Verhaltensweisen (Routineaufgaben) durch die Gegenwart anderer (z.B. Gruppenmitglieder, Kontrolleure, etc.) erhöht, während die Produktion neuer Verhaltensweisen (kreative Lernprozesse) dadurch eindeutig behindert wurde. Als Erklärung bemüht Hackman die eben beschriebene psycho-physische Aktiviertheit, die mit der Anwesenheit anderer Personen korreliert ist:

> „Aktivierung begünstigt die Ausführung maximal gelernter Verhaltensweisen, während sie als Barriere beim Verlassen „ausgefahrener Gleise" im Wege steht."[66]

Mit der gebotenen Vorsicht, mit der man solchen, aus Laborsituationen gewonnenen Aussagen immer begegnen sollte, kann im vorliegenden Zusammenhang davon ausgegangen werden, daß die *normale Aktiviertheit eine verstärkende Bedingung konservierenden Verhaltens* ist. Dies beeinflußt die Evolution der individuellen Wissensbasis insofern positiv, als die Routinisierung bestimmter Verhaltensschemata dadurch erst ermöglicht wird. *Dysfunktional* wirkt diese Aktivierung aber hinsichtlich

---

64 Vgl. z.B. LeBon 1953.

65 Vgl. Hackman 1976.

66 Rosenstiel 1993: 319 zur Interpretation der Ergebnisse von Hackman 1976.

der, besonders in Transformationsprozessen notwendigen, Verhaltensänderungen Hier wird die normale psycho-physische Aktiviertheit zur Wissens- und Lernbarriere

Die dysfunktionale Komponente kommt noch deutlicher zum Vorschein, wenn diese Aussagen nunmehr konkret auf organisatorische Veränderungsinitiativen übertragen werden. So ist beispielsweise bei aufbauorganisatorischen Restrukturierungsbemühungen häufig zu beobachten, daß zwar „auf dem Papier" neue Strukturen etabliert sind, die konkrete Arbeitswirklichkeit der einzelnen Organisationsmitglieder aber de facto unverändert bleibt. Solange die Umgestaltung der materialen Randbedingungen des sozialen Systems jedoch nur als intellektuelles „Verschieben von Kästchen" im Organigramm wirksam wird, verändert sich konsequenterweise auch die jeweilige Reizkonstellation der einzelnen Arbeitsplätze nicht. Es ist dann von einer konstant normalen Aktiviertheit auszugehen, die das einzelne Organisationsmitglied in keiner Weise zum Überdenken gewohnter Verhaltensweisen und potentieller Alternativen zwingt. Erst die faktische und deutlich spürbare Veränderung der eigenen Arbeitswirklichkeit bedingt emotional-motivationale Spannungsfelder („creative tension"[67]), die ein ungewohntes Maß an Aktivierung erzeugen und damit die Suche nach neuen Verhaltensweisen initiieren.

Ebenso verhält es sich mit den bei Reorganisationsprozessen immer mitzuberücksichtigenden Anreiz- und Sanktionssystemen. Nur veränderte, im optimalen Fall vollkommen neu gestaltete, Anreiz- und Sanktionssysteme befördern neue Bedürfnis-, Motiv- und Trieb-Konstellationen bzw. unterstützen Versuche, diese in der eigenen Erlebniswelt zu etablieren. Man kann umgekehrt nicht davon ausgehen, daß sich Verhaltensweisen (rasch) ändern, wenn die Systeme bisher bewährtes Verhalten weiterhin honorieren. Welchen Grund sollte jeder einzelne haben, sich neu zu orientieren und veränderte Motivationen zu suchen?

3.2.1.3.2 Zusammenfassung und Wirkung

Die Entwicklung und Nutzung der individuellen Wissensbasis hängt stark vom emotional-motivationalen Aktivierungsgrad ab. Vergleichsweise normale Aktivierungsniveaus wirken eher behindernd auf den Aufbau neuer Wissenselemente, während relativ extreme Niveaus als Lernstimulus wirken.

Emotional-motivationale Faktoren sind relevante Randbedingungen, die auf die tatsächliche Virulenz der individuellen Barrieren (*Nr. 1-12* in Abbildung 3-5) wirken. Das bedeutet, daß erst durch das Zusammenspiel der kognitiven und psycho-

---

67 Vgl. Senge 1990.

physischen Elemente die hier diskutierten Aspekte auch wirklich zu Barrieren werden. Umgekehrt bedeutet dies aber auch, daß sich die Wirksamkeit der Barrieren durch eine entsprechende Gestaltung der umgebenden Reizkonstellation positiv beeinflussen läßt.

3.2.1.4 Intrapsychische Konflike aufgrund postmoderner Identitäten

3.2.1.4.1 Beschreibung der Barriere

Betrachtet man die aktuelle soziologische oder philosophische Diskussion, stößt man unweigerlich auf die „Moderne-Postmoderne-Diskussion".[68] Vertreter postmoderner Positionen konstatieren mehr oder weniger stark die Ablösung des Zeitalters der „Moderne" durch die „Postmoderne" - auch wenn die Frage der Epochenabgrenzung heftig umstritten bleibt.[69] Unabhängig von dieser Frage, ist es im hier vorliegenden Zusammenhang interessant, wie sich die Bedingungen der „postmodernen" Zeit auf das Erleben und Verhalten der Individuen auswirken und welche Barrieren sich aus derart geprägten Bedürfnisstrukturen ergeben.

Im Anschluß an Welsch können als Charakteristika der Postmoderne zunächst folgende Punkte herausgearbeitet werden:[70]

- ❑ Die Postmoderne fordert eine radikale *Pluralität* und verteidigt diese. Zwar ist auch in der Moderne Pluralität vorhanden, diese Pluralität ist aber bei weitem nicht so stark in die Lebenswirklichkeit des Individuums bzw. der Gesellschaft eingebunden wie in der Postmoderne.
- ❑ In der Postmoderne existieren hochgradig *differente Wissensformen*, Lebensentwürfe und Handlungsmuster. Identische Sachverhalte stellen sich bei differenter Betrachtungsweise unterschiedlich dar. Jede dieser Betrachtungsweisen hat ihre eigene Berechtigung. Wahrheit, Gerechtigkeit und Menschlichkeit stehen insofern im Plural.
- ❑ Es existiert eine *„antitotalitäre Option"*. Ein Ausschließlichkeitsanspruch wird von Vertretern der Postmoderne als unzulässige Verabsolutierung eines in Wirklichkeit Partikularen abgelehnt.

---

68 Vgl. dazu z.B. Koslowski et al. 1986, Lyotard 1986 und Welsch 1988a bzw. 1988b.
69 Vgl. Welsch 1988b.
70 Vgl. Welsch 1988a.

- Die Postmoderne ist keine Absetzbewegung von der Moderne, sondern eine andere, *radikalisierte Form der Moderne*. Die Postmoderne verabschiedet dabei den Einheitsglauben, der in der Moderne bzw. Neuzeit geboren wurde.
- Die neugewonnenen Formen der Pluralität erfordern eine gesteigerte Sensibilität im Umgang mit den verschiedenen Wissens-, Lebens- und Sprachformen. Gefordert wird eine Ethik, die auf diesen radikalen und damit eo ipso *konflikthaften Pluralismus* zugeschnitten ist.
- Aus der Pluralität der Lebenspraxis ergibt sich eine *Pluralität der Rationalitätsformen*, da die Existenz einer Über-Rationalität abzulehnen ist.

Insgesamt gesehen betont die Postmoderne gegenüber der Moderne Pluralität, Heterogenität *und* Inkommensurabilität gesellschaftlicher Kontexte. Dies wird aber nicht als Bedrohung, sondern als Chance begriffen, adäquate Lösungen für die heute hochkomplexen und dynamischen Problemsituationen zu finden.[71] Was bedeutet es vor diesem Hintergrund für ein Individuum in der „postmodernen" Realität zu leben?[72]

Parallel zur Pluralisierung gesellschaftlicher Kontexte - und in verschiedener Weise damit interdependent verwoben - vollzog sich die *Pluralisierung, Entgrenzung, Ausdifferenzierung und Fragmentierung individueller Bedürfnisstrukturen.* Bereits ein Blick auf die begriffsgeschichtliche Entwicklung des Bedürfnisbegriffs[73] zeigt die prinzipielle Offenheit von Bedürfnisstrukturen gegenüber den historisch, kulturell und gesellschaftlich wandelbaren Kontexten. Konnte in der Moderne noch von weitgehend stabilen Bedürfnismustern ausgegangen werden,[74] sind deren Wandelbarkeit, Unberechenbarkeit und Gleichzeitigkeit die heute kennzeichnenden Merkmale:

> „Selbst wenn man eine kleine Anzahl phylogenetisch ererbter, unwandelbarer Grundbedürfnisse als gegeben akzeptiert, so besteht doch kein Zweifel daran, daß schon die jeweiligen Ausprägungen und Konkretisierungen dieser Grundbedürfnisse, vor allem aber eine große Zahl weiterer Bedürfnisse *historischem, gesellschaftlichem und kulturellem Wandel unterliegen.*"[75]

---

71 Vgl. ebd. im Anschluß an Lyotard 1986.

72 Vgl. dazu Keupp 1990.

73 Vgl. Schüppel 1990.

74 Man denke in diesem Zusammenhang z.B. an die Grenznutzenschule der Ökonomie, die den Bedürfnissen der Menschen als Wirtschaftssubjekte mehr oder weniger errechenbare Nutzenschätzungen zugrunde legte (vgl. Müller 1972). Auch die hierarchische Gliederung der Bedürfnisse in der Bedürfnispyramide von Maslow (1954) unterstellt eine berechenbare Logik in der Folge bedürfnisgesteuerter Verhaltensweisen.

75 Rohpol 1978: 123, Hervorhebungen im Original.

Individuelle Bedürfnisstrukturen sind damit immer mehrschichtig, zum Teil sogar chaotisch, die Ausprägung der einzelnen Bedürfnisse stark fragmentiert.[76] Welche Bedürfniskategorien in der postmodernen Kontextvielfalt aktualisiert werden und demnach das jeweilige Verhalten prägen, hängt von den kontigenten Randbedingungen ab. Selbst bei vergleichbaren Situationsvariablen ist das Verhalten aber nicht mehr vorhersagbar. Daß das Individuum aber dennoch nicht seine eigene Identität verliert, kann anhand des Begriffs der „kontextuierten Identität" erklärt werden: Eine Person kann demnach im Rahmen ihrer diversen Tätigkeiten in unterschiedliche Identitätsversionen „morphieren" und kehrt trotz dieser Metamorphosen zu einem stabilen Identitätskern zurück.[77]

Fallbeispiel: Madonna als postmoderne Figur

Die fortschreitende Ausdifferenzierung neuer Lebensstile, Ausdrucks-, Sprach- und Gesellschaftsformen als Kennzeichen der Postmoderne spiegelt sich besonders bei Künstlern. Analog zu den pluralen Gesellschaftstrukturen findet sich beispielsweise bei Madonna ein breiter Identitätsfächer, mit dem sie die Vielfalt im „Äußeren" im „Inneren" abzubilden versucht. Welsch bezeichnet dies als Verlagerung der gesellschaftlichen Pluralisierung in den individuellen Binnenraum.[78] Identität bestimmt sich nicht mehr durch eine eindeutig zuzuordnende Rolle. Vielmehr ist es ein immer wieder neu zu findender Rollenset, der zu Individualisierung durch Pluralisierung führt. Damit verbunden ist die laufende Gratwanderung zwischen „echter" und damit authenischer Übernahme der Rollen und banaler Scheinvarietät durch bloßes Zitieren.[79]

Auf individueller Ebene können dadurch eigenproduzierte Widersprüchlichkeiten, Paradoxien und Inkonsistenzen entstehen, die immer auch individuelle Wissens- und Lernbarrieren implizieren. Sie resultieren daraus, daß im Sinne eines intraindividuellen oder *intrapsychischen Konflikts* divergente Handlungstendenzen bestehen. Diese Spannungen können beispielsweise als „Sinn- und Orientierungskrisen" oder „Psychopathologien" bezeichnet werden.[80] Letztlich haben intrapsychische Spannungen *drei Auswirkungen* auf das Handeln eines Individuums.

(1) Erstens kann es durch die Konflikte dazu kommen, daß jedwede Handlung unterbleibt. Das Individuum ist aufgrund der nicht vereinbarten Handlungstendenzen mehr oder weniger *paralysiert.* Hierzu paßt das Bild vom Esel, der sich nicht zwischen den Reizen zweier im gleichen Abstand dargebotenen Möhren und damit zu einer zielgerichteten Handlung entscheiden kann.

---

76 Vgl. z.B. Bolz 1992 und 1993.

77 Vgl. Willke 1995 und Sahlberg/Schüppel 1995.

78 Vgl. Welsch 1992.

79 Vgl. ausführlich Sahlberg/Schüppel 1995.

80 Vgl. zu diesen Begriffen Habermas 1981b: 215.

(2) Zweitens können die intrapsychischen Konflikte zu einem *Time-lag* in der Bearbeitung vorliegender Reizkonstellationen führen bzw. zu einem nicht-adäquaten Verhalten hinsichtlich der Problemsituation.[81]

(3) Und schließlich kann das Individuum drittens tatsächlich widersprüchliche und *paradoxe Handlungen* vollziehen, was natürlich Auswirkungen auf die Berechenbarkeit des einzelnen hat.

3.2.1.4.2 Zusammenfassung und Wirkung

Die Identitäts- und Bedürfnisstrukturen der Individuen haben sich parallel zur gesellschaftlichen Evolution zunehmend ausdifferenziert. Derartig fragmentierte Strukturen führen zu unvereinbaren Handlungstendenzen und damit potentiell zu intrapsychischen Konflikten. Das Verhalten der einzelnen wird damit teilweise unberechenbar, eine direkte Verknüpfung zu bestimmten Reizkonstellationen zunehmend schwieriger erkennbar.

Im Modell können diese Verhaltensweisen durch die Barriere *Nr. 12* (Abbildung 3-5) lokalisiert werden. Handlungen werden nicht vollzogen, weisen eine Zeitverzögerung auf oder wirken paradox.

3.2.1.5 Skilled Incompetence

3.2.1.5.1 Beschreibung der Barriere

Im Anschluß an Argyris[82] resultiert eine weitere Kategorie individueller Wissens- und Lernbarrieren aus der seit frühester Kindheit antrainierten Verhaltensweise, möglichst zu jedem Zeitpunkt „Herr der Situation" bleiben und einen Gesichtsverlust vermeiden zu wollen. *„skilled incompetence"* - mit „geschickter Unfähigkeit"[83] nur unzureichend ins Deutsche übersetzbar - bezeichnet den Einsatz der auf dieses Verhalten gerichteten Handlungsstrategien. Eine potentielle Differenz zwischen den Erfordernissen einer Situation und den darauf folgenden Reaktionen wird retrospektiv mit schönfärbenden Erklärungen, verzerrenden Argumenten und Entschuldigungen geglättet. Damit wird die Diskrepanz, die eigentlich einen Lernstimulus darstellen müßte, systematisch umgangen. Für den Betroffenen ist dieses Verhalten eine Berei-

---

81 Vgl. dazu auch die Bemerkungen zu den Fehlern 1., 2. und 3. Art in Abschnitt 3.2.3.2.

82 Vgl. Argyris 1990: 12ff.

83 Probst/Büchel 1994: 75.

nigung seiner kognitiven Dissonanzen und kann bei oftmaligem Anwenden dieser Handlungsstrategie zur pathogenen Erscheinung der Wahrnehmungsverzerrung anwachsen.[84]

Derartige Verhaltensweisen werden bereits in frühester Kindheit Bestandteil der Bewußseinsstruktur. Wann immer bedrohliche, peinliche oder überbeanspruchende Situationen auftauchen, bieten Defensivstrategien offenbar den besten Schutz. Diese Reaktionen werden von der Umwelt noch zusätzlich unterstützt, indem besonders in unangenehmen Situationen, Werte wie z.B. „Respekt vor dem anderen" und „Integrität" gute Rückzugspositionen vor einer Konfrontation und damit einem Konfliktfall bieten. In einer argumentativen Auseinandersetzung ist es vergleichsweise einfach, sich auf diese allgemein akzeptierten Grundwerte zurückzuziehen und damit den Diskussionspartnern(-gegnern) die Angriffsfläche zu nehmen. Argyris nennt in diesem Zusammenhang ausdrücklich „caring, help and support", „respect for others", „honesty", „strength" und „integrity".[85] Solche Wertmaßstäbe sind kollektiv akzeptiert und bieten deshalb einen hohen persönlichen Schutz.

Als Resultat von skilled incompetence entstehen häufig Mißverständnisse und sich selbst erfüllende Prophezeihungen. Und zwar nicht, weil man es nicht besser weiß, sondern weil man es durch Strategien zur Gesichtswahrung geradezu herausfordert. Dabei müssen derartige Defensivstrategien noch nicht einmal *bewußt* angewendet werden. In der Regel vermeidet man zwar *absichtlich* jede unangenehme Konfrontation. Aber je öfter man so handelt, desto geschickter wird man in der Anwendung und desto *unbewußter* laufen diese Prozesse wiederum ab. Ergebnis ist eine wesensimmanente Unfähigkeit, die man an sich selbst immer seltener wahrnehmen kann.

Fallbeispiel: Es gibt keine guten Ausreden, außer man redet sich heraus!

Empirische Ergebnisse bestätigen das. Auf die Frage „Für gemachte Fehler finde ich immer gute Ausreden" antworteten über 90% der Befragten eines Direktionsbereiches der Mercedes-Benz AG, daß dies überhaupt nicht bzw. kaum zutrifft. Nur etwa 7 Prozent konzidieren ein derartiges Verhalten.[86] Gleichzeitig belegen andere Untersuchungen, daß täglich etwa 150 „Halbwahrheiten" und Ausreden benutzt werden - besonders dann, wenn das eigene Verhalten positiver erscheinen soll, als es tatsächlich ist.

Letztlich geht es also um eine Handlungsroutine des Oberflächen-Wissens, die mehr oder weniger automatisch abläuft. Folgende kognitive Prozessierungsmuster sind typische *Beispiele für derartige Defensivmuster*:

---

84 Vgl. dazu auch Abschnitte 3.2.1.1 und 3.2.1.2.

85 Argyris 1990: 19f.

86 Vgl. zu diesen Ergebnissen auch das Fallbeispiel im Anhang.

- Der Mensch neigt dazu, „die anderen" oder „das System" für Fehler verantwortlich zu machen. Die Frage, ob nicht auch die eigenen Annahmen bzw. Handlungsroutinen dafür (mit-)verantwortlich sein könnten unterbleibt.[87]
- Bestimmte Fehler werden so oft reproduziert, daß sie mehr oder weniger akzeptierter Bestandteil der Persönlichkeit werden. Die Fehler können dann ohne großen Widerstand aus dem Umfeld unablässig wiederholt werden.
- Für jede Art von Informationen, vor allem aber für die schlechten Nachrichten, gibt es ein „Bermuda-Dreieck", in dem diese Informationen unwiderruflich eliminiert werden.[88]
- Für viele Verhaltensweisen gelten „versteckte" Regeln der Handlungskontrolle und -bewertung. Diese versteckten Regeln werden nicht thematisiert und somit einer „öffentlichen" Diskussion nicht zugänglich gemacht.[89]

Insgesamt sind kognitive Verarbeitungsmuster und Handlungsstrategien im Sinne von *Abwehrmechanismen* ausgebildet, die, entgegen der eigentlich „offiziellen" Handlungsmaximen („espoused theory"), im Alltag zu gegensätzlichen Verhaltensweisen führen. Man ist kreativer im Finden von schönfärbenden Erklärungen, als im offenen Ansprechen von begangenen Fehlern. Fatalerweise laufen diese Handlungsstrategien zunehmend unterbewußt ab und werden außerdem durch entsprechende Reaktionen der Umwelt bekräftigt. Mehr noch: Weil alle Individuen derartige Verhaltensweisen benutzen, sind sie akzeptierter Teil der Realität. Gruppen bzw. Organisationen anerkennen sie als ein wesentliches Element der kollektiv geltenden Normen und damit als „rational" und „realistisch". Damit ist zugleich die Basis für organisationale defensive Routinen gelegt, die in Abschnitt 3.2.3.5 näher erläutert werden.

3.2.1.5.2 Zusammenfassung und Wirkung

In frühester Kindheit beginnt die Ausbildung von Verarbeitungsmustern und Handlungsstrategien, die einen persönlichen Gesichtsverlust vermeiden helfen. Selbst offensichtliche und schwerwiegende Fehler lassen sich mit Ausweichmanövern überdecken. Mit jeder neuen Anwendung dieser Strategie werden die Mechanismen zusätzlich geschult und die Eliminierung der tatsächlich vorhandenen Unfähigkeit im Zeitablauf immer unwahrscheinlicher.

---

87 Vgl. dazu auch das Phänomen des „shifting-the-burdon" bei Senge 1990.

88 Vgl. auch Abschnitt 3.2.3.1.

89 Vgl. Scott-Morgan 1994

Im Modell können diese Mechanismen mit *Nr. 12* in Verbindung mit *Nr. 6-8* (Abbildung 3-5) illustriert werden. Die Verschleierungsmuster aus dem Oberflächen- und Tiefen-Wissen führen zu Handlungen, die immer dann abgerufen werden, wenn eine kritische Situation aufgrund erfolgter Handlungskonsequenzen droht.

3.2.2 Individuell-kulturelle Wissens- und Lernbarrieren

Kulturelle Sozialisationsprozesse in Organisationen (sekundäre Sozialisation) erzeugen spezielle individuell-kulturelle Barrieren. Die Evolution der individuellen Wissensbasis und deren Nutzung innerhalb eines kollektiven Kontextes - gleichbedeutend mit dem personenbezogenen Wissenstransfer - wird dadurch ebenso beeinträchtigt, wie durch die zumeist in primärer Sozialisation erworbenen bzw. durch Prädisposition angelegten strukturellen Barrieren. Als typische Beispiele werden Role-Constrained Learning (3.2.2.1), Audience Learning (3.2.2.2), Superstitious Learning (3.2.2.3) und individuelle Realitäts- und Aufklärungsdoktrinen behandelt (3.2.2.4). Auch hier stehen die beschriebenen Barrieren - pars pro toto - für alle weiteren möglichen Formen.

3.2.2.1 Kollektiver Rollenzwang: Role-Constrained Learning

3.2.2.1.1 Beschreibung der Barriere

Bereits March und Olson haben in ihrem einfach konstruierten Lernmodell Möglichkeiten des Lernversagens mit einkalkuliert. Ein erster Bruch ist das sogenannte „role-constrained learning“, also die durch *kollektiven Rollenzwang* bedingten Wissens- und Lernbarrieren.[90] Aus dieser Perspektive ist das individuelle Handeln und Verhalten auf kollektiv geltende Rollenvorgaben beschränkt:

> „The circle is broken by the constraints of role-definition and standard operating procedures“[91]

Die Anwendung individuell vorhandenen Wissens unterbleibt immer dann, wenn der Einsatz zu Verletzungen der mit den Rollen verknüpften Regeln führt. Für den einzelnen besteht zwar weiterhin die Möglichkeit, persönliche Lernfortschritte zu realisieren, es gibt aber keine Gelegenheit für die Erprobung des neuen Wissens im Rah-

---

90 Vgl. March und Olson 1976: 57.

91 Ebd.

men der organisatorisch festgelegten Handlungsroutinen.[92] Das Individuum kann somit auf kognitiver Ebene alternative Verhaltensoptionen generieren, der Lernfortschritt schlägt aber nicht in tatsächliches Verhalten um, weil kollektive Rollenvorschriften dies verhindern. Damit wird letztlich die Bildung einer hohen Varietät an Erlebniswissen unterbunden.[93]

Durch die mangelnde Chance zur Erprobung intentional gebotener Verhaltensoptionen ist aber nicht allein die Kollektivierung individuellen Wissens gestört. Der unterbrochene Lernzirkel kann für den einzelnen auch zum Verlust bereits generierten Wissens führen. Dies ist z.B. dann der Fall, wenn ein neuer Mitarbeiter durch kollektive Rollenvorschriften gezwungen ist, sein eigentlich vorhandenes Potential zu unterdrücken. Die daraus folgenden Restriktionen der Anwendbarkeit von Fähigkeiten, läßt diese über einen längeren Zeitraum verkümmern.

Fallbeispiel: Leistungsrestriktion in der Gruppe

In Kollektiven bestehen die unterschiedlichsten Normen. Ein herausragendes Phänomen ist aber das der Leistungsrestriktion, wie es in vielen empirischen Untersuchungen belegt ist.[94] In unterschiedlich besetzten Gruppen wurde ein bestimmter Leistungswert von allen Gruppenmitgliedern nicht überschritten, obwohl einzelne durchaus dazu in der Lage waren. Herrschende Rollenvorschriften über das Leistungsverhalten verhinderten den Ausbruch „nach oben" und damit eine für die Gruppe insgesamt befürchtete Leistungsanpassung.

In diesem Zusammenhang greift Geißler die entstehenden Widersprüchlichkeiten auf, die aufgrund existierender Handlungsimpulse und der Beschränkung durch die Organisationsstruktur und -kultur hervorgebracht werden.[95] Indem der einzelne die eigene Handlungsintention zurückstellt und gemäß der geltenden Rollenzwänge agiert, reproduziert er diese Rollenvorschriften und stabilisiert die herrschende von ihm selbst gelebte Organisationsordnung. Gleichzeitig erfährt er aber die von ihm mitkonstituierte Ordnung als Restriktion zur Umsetzung seiner eigenen Verhaltensoptionen. Individuelle Überzeugungen hinsichtlich alternativer Handlungsvarianten können sich daher nur *außerhalb* der organisatorisch definierten Rollen etablieren. Ein erfahrungsmäßig abgesichertes, weil bereits erprobtes Wissen, kann sich dadurch im organisatorischen Kontext nicht herausbilden. Dies ist unter anderem auch ein Grund dafür, warum es vielen Mitgliedern einer Organisation so schwer fällt, in Phasen fundamentalen Wandels, alternative Verhaltensweisen anzunehmen: In der Wissens-

---

92 Vgl. Sorg 1982: 176ff.

93 Vgl. zur Vertiefung dieser Barriere z.B. Schulz 1977.

94 Vgl. z.B. Roethlisberger/Dickson 1939.

95 Vgl. Geißler 1994: 49ff.

basis fehlt das notwendige Erfahrungswissen hinsichtlich rollentranszendierender Handlungsoptionen.

Im gesamtorganisatorischen Kontext erfüllt das role-constrained learning aber auch eine positive und für die Überlebensfähigkeit der Organisation unabdingbare Funktion. Nur durch „Zementierung“ kollektiv gültiger Rollenprinzipien kann die Stabilisierung der Organisationsordnung geleistet werden. Man kann dies auch als effiziente Form der *Sozialisation* interpretieren, mit der jedes (neue) Organisationsmitglied *lernt*, sich mit seiner Rolle in das Organisationskollektiv zu integrieren. Nur so ist es möglich, eine für Organisationen immer notwendige „Ordnung“ in prinzipielles „Chaos“ zu legen.

3.2.2.1.2 Zusammenfassung und Wirkung

Individuelles Verhalten wird durch kollektiven Rollenzwang beschränkt. Dadurch wird einerseits die Kollektivierung individuellen Wissens und die Entwicklung der individuellen Wissensbasis selbst behindert.

Im Modell wird diese Barriere durch *Nr. 12* (Abbildung 3-5) angezeigt: Obwohl es auf individueller Ebene zur Ausbildung von Verhaltensorientierungen kommt, ist die Überführung dieser Orientierungen in faktisches Verhalten durch kollektiv geltende Verhaltensnormen blockiert. Es ist dabei unerheblich, ob es sich um eine tatsächliche Rollenrestriktion, oder lediglich eine subjektiv antizipierte handelt.

3.2.2.2 Audience Learning

3.2.2.2.1 Beschreibung der Barriere

Eine weitere von March und Olson identifizierte Barriere ist die gestörte Verbindung zwischen individuellen und kollektiven Handlungen.[96] Die Wirkung einzelner Individuen auf kollektive Handlungszusammenhänge ist im Extremfall vollkommen blokkiert, in schwächerer Form ist der individuelle Partizipationsteil an kollektiven Handlungen mehr oder weniger beschränkt.

Die Barriere ergibt sich einerseits aus strukturellen Aspekten, wenn z.B. *Partizipationsregeln* den Zugang zu Kommunikations- und Entscheidungsarenen regulieren,[97] andererseits spielen auch die historisch und kulturell bedingten Ansichtsdifferenzen

---

96 Vgl. March/Olson 1976: 58.

97 Vgl. Abschnitt 3.2.3.3.

beteiligter Aktoren und Aktorengruppen eine Rolle. Man denke hier nur an die eher technikdominierte Sicht der Ingenieure und die eher marktdominierte Sicht der Vertriebsmannschaft. Diese oftmals gegensätzlichen und widersprüchlichen Auffassungen finden nicht gleichermaßen Eingang in kollektive Handlungen - was zu der Frage führt, welche Sicht bzw. welcher Aktor oder welche Aktorengruppe sich jeweils durchsetzt und was im einzelnen die Gründe dafür sind.[98] Die durch Sozialisation differenten Weltbilder sind dabei größtenteils ein Resultat der arbeitsteilig organisierten Arbeitswelt. Es ist ein psychologisches Phänomen, daß sich im Zuge der Sozialisation jeweils arteigene Kommunikationsstrukturen und Wissensspeicher etablieren.[99]

Ein Problem im Sinne der hier zentralen Wissens- und Lernbarrieren ergibt sich immer dann, wenn sich die eigene Sicht nicht oder nur teilweise durchsetzen läßt und die Partizipation an kollektiven Handlungen dadurch (teilweise) blockiert ist. Im Hinblick auf die Durchsetzung und Implementierung „anderer" Entscheidungen, als die selbst intendierte, bleibt meist nur der Weg der *Anpassung an andere Auffassungen.* Mehrdeutige Entscheidungssituationen erfahren somit oftmals konsente Uminterpretationen durch die daran beteiligten Aktoren.

Fallbeispiel: Wenig Einfluß auf Veränderungen

Der persönliche Beitrag im Hinblick auf kollektive Veränderungen wird von den Betroffenen selbst eher gering eingeschätzt. Über zwei Drittel der Befragten bei der Mercedes-Benz AG glauben, daß die eigenen Handlungen bzw. das eigene Verhalten nur wenig Einfluß ausüben kann Dagegen wird das Vorbild der unmittelbaren Vorgesetzten (von 87 %) und des Top-Managements (von 91 %) als unbedingt notwendig erachtet. Man ist auch entsprechend dazu bereit, dieses Vorbild als handlungsleitend für das eigene Verhalten zu akzeptieren.[100]

Die wahrgenommene Auswirkung individueller Handlungsstränge auf das kollektive Handlungsergebnis bleibt im Ergebnis weitgehend unbekannt. Resultat ist die Stabilisierung bestehender Organisationsstrukturen, weil jedes Organisationsmitglied die Folgenlosigkeit seines Handelns bzw. „Nicht-Handelns" erlernt. Das Verhalten bleibt entweder tatsächlich ohne jede Wirkung auf kollektive Handlungen, oder die Partizipation wird durch den „kollektiven Puffer" abgefedert. Die unmittelbar eigene Erfahrung wird somit durch die Übernahme kollektiv tradierter Gewißheiten ersetzt:

> „Dieser Effekt ist das Resultat eines organisationell-kollektiven Lernprozesses, der auf der Entwicklung entsprechend individueller Gewißheiten (individual beliefs) beruht, die sich zu

98 Zum Problem der Partizipationsrechte vgl. Cohen/March/Olson 1976, zur Frage der Dominanz von „Weltsichten" nochmals March/Olson 1976.

99 Vgl. auch Abschnitt 3.2.3.2.

100 Vgl. zu diesen Ergebnissen auch das Fallbeispiel im Anhang.

kollektiven Glaubensgewißheiten zusammenschließen. Ihre erfahrungsmäßige Grundlage ist das 'on-dis' der Organisation, an dessen Zustandekommen und Entwicklung jedes Organisationsmitglied über den Tradierungsmechanismus des Hören-Sagens beteiligt ist."[101]

3.2.2.2.2 Zusammenfassung und Wirkung

Die beschränkte Wirksamkeit individueller Handlungen auf kollektive Handlungsstränge beschränkt den individuellen Erfahrungshorizont. Die Bildung des damit zusammenhängenden Erfahrungswissens wird durch Übernahme tradierter Glaubensgewißheiten substituiert.

Im Modell hat diese Barriere die *Nr. 13* (Abbildung 3-5) und zeigt damit eine unterbrochene Verbindung zwischen individuellen und kollektiven Handlungen an. Die Bildung von erfahrungsgebundenen, variantenreichen Wissenselementen ist entsprechend schwer. Der eigene Handlungsspielraum - ähnlich wie beim role-constrained learning - reduziert sich auf kollektiv geltende Verhaltensweisen. Daß damit wiederum die Ausbildung möglicher Handlungsalternativen auch für das Kollektiv selbst restringiert ist, braucht eigentlich nicht mehr extra betont zu werden.

3.2.2.3 Superstitious Learning

3.2.2.3.1 Beschreibung der Barriere

Eine weitere Barriere aus dem Modell von March und Olson liegt dann vor, wenn die extrasystemischen Umweltreaktionen auf individuelle bzw. kollektive Handlungen nicht unmittelbar und eindeutig erfolgen.[102] Die eingebaute Feedback-Schleife zwischen System und Systemumwelt ist dann unterbrochen. Das kann einerseits bedeuten, daß tatsächlich keine oder sehr vage, in jedem Fall interpretationsbedürftige Reaktionen der Umwelt erfolgen. Andererseits bezeichnet diese Barriere auch den „*Aberglauben*" eines Individuums an vermeintliche Umweltreaktionen.[103] Eine Einwirkung auf die Umwelt durch die ausgeübte Handlung ist dann nur unterstellt, statt faktisch gegeben. Das führt letztlich zur Mißinterpretation der Handlungseffekte und der damit zusammenhängenen Ursache-Wirkungs-Beziehungen.

---

101 Geißler 1994: 51f.

102 Vgl. March/Olson 1976.

103 Vgl. zu dieser Interpretation Sorg 1982: 178ff.

Kollektive Handlungszusammenhänge, wie beispielsweise eine Werbekampagne, werden dann aufgrund der steigenden Umsatzzahlen als Erfolg interpretiert, auch wenn die Gründe für den Erfolg in anderen Wirkungsparametern liegen (z.B. Qualitätsprobleme des Konkurrenzproduktes). Umgekehrt werden auch Mißerfolge, wie z.B. eine gescheiterte Einführung eines innovativen Produktes aufgrund bestimmter Produkteigenschaften, in objektiv nicht haltbare Ursache-Wirkungs-Ketten eingefügt, wenn das Produkt tatsächlich aufgrund mangelnder Kaufkraft bzw. eines zu hohen Einstandspreises ignoriert wurde. Sorg[104] illustriert dazu im Anschluß an Wilensky[105] ein empirisch belegtes Beispiel der amerikanischen Luftwaffe.

Fallbeispiel: Angriffspsychologie der amerikanischen Luftwaffe im 2. Weltkrieg

Die amerikanische Luftwaffe hielt im zweiten Weltkrieg lange an den Flächenangriffen fest, weil sie eine falsche Ursache-Wirkungs-Beziehung zwischen Bevölkerrungsmoral und Produktion unterstellte. Die tatsächlich hervorgerufenen Depressionen in der Gefühlslage der Bevölkerung schlug sich nämlich nicht unmittelbar in deren täglichem Arbeitsverhalten und damit in der Güterproduktion nieder.

Besonders bedenklich wirkt sich diese Konstellation für ein Kollektiv dann aus, wenn aufgrund der abergläubisch wahrgenommenen Umweltwirkungen Handlungsroutinen und Verarbeitungsmuster in der kollektiven Wissensbasis ausgebildet bzw. stabilisiert werden. Handlungen werden dann *dauerhaft* aufgrund „falscher" Ursache-Wirkungs-Beziehungen produziert und sind nur schwerlich wieder zu eliminieren. Handlungsroutinen, die zunächst nachweisbare Erfolge zeitigen sind davon besonders stark betroffen. So tragen z.B. sogenannte „*quick-fix*"-Lösungen zwar zur Bewältigung sichtbarer Symptome bei, haben aber keinerlei Auswirkungen auf die fundamentale Problemlösung. Durch die rasche Folge von quick fixes wird der Blick auf die anvisierten Symptome zwar ständig subtiler, die Sicht auf die eigentliche Ursache und die darauf gerichtete Lösungsmöglichkeit aber gleichzeitig immer schwerer. Wenn überhaupt, werden fundamentale Lösungen nur noch unter starkem Krisendruck erreicht.[106]

Die Verhärtung eines empirisch mangelhaft abgesicherten Glaubens an bestimmte Ursache-Wirkungs-Beziehungen kann auch als „Ideologie" oder „Weltanschauung" interpretiert werden.[107] Damit diese Ideologie erhalten bleibt, ist es notwendig, daß vor allem die Mehrheit der „mächtigen" Organisationsmitglieder diese Weltanschauung beständig reproduziert. Der Durck, der dadurch erzeugt wird, ist dann imstande, widersprüchliche Informationen zu selektieren oder deren Artikulation zu unterdrük-

---

104 Vgl. Sorg 1982: 179.

105 Vgl. Wilensky 1967: 32.

106 Vgl. dazu auch Senge 1990.

107 Vgl. Geißler 1994: 52f.

ken. Die bestehende Weltanschauung schottet sich damit gegenüber Veränderungen ab und verhärtet sich weiter.

Geht man in dieser Auslegung noch einen Schritt weiter, erscheint das superstitious learning tatsächlich als veritables Fundament zur Absicherung der Organisationsmacht.[108] Informationen werden von den dominierenden Mitgliedern des Kollektivs selektiv weitergegeben und das auch nur, wenn sie in das bestehende Weltbild, eben die organisatorische Weltanschauung, passen. Es ist dann weniger ein „Aufklärungsversagen" im Sinne Wilenskys zu konstatieren, als vielmehr ein bewußt installierter Immunisierungsschutz nach dem Motto: „Wissen ist Macht".

3.2.2.3.2 Zusammenfassung und Wirkung

Superstitious learning beschreibt den Aberglauben an bestimmte Ursache-Wirkungs-Beziehungen. Reaktionen der Umwelt auf bestimmte Handlungen werden aus dem Glauben an diese Muster heraus interpretiert, somit nicht hinreichend geprüft und führen zur Festsetzung von Erfolgsmustern, die in der Regel nur die Symptomebene einer Problemstellung erfassen.

Diese Art der Wissens- und Lernbarriere wirkt im Modell als *Nr. 14-16* (Abbildung 3-5). Die Handlungen des Kollektivs bzw. dessen Interaktionen mit der Umwelt sind durch die Weltanschauung des sozialen Systems *vorgeprägt*. Dadurch werden Handlungen unterdrückt oder im Sinne der Ideologie ausgerichtet. Gleichzeitig ist aber auch die Wahrnehmung von Ursache-Wirkungs-Beziehungen kollektiver Handlungen durch die ideologisch verzerrte Wahrnehmung der Systemmitglieder gestört.

3.2.2.4 Kulturell bedingte Wahrnehmungsverzerrung: Learning under Ambiguity, Realitäts- und Aufklärungsdoktrinen

3.2.2.4.1 Beschreibung der Barriere

Im Anschluß an March und Olson kann man auch das *„learning under ambiguity"*[109] als Wissens- und Lernbarriere interpretieren. In dieser Perspektive geht es um die

---

108 Vgl. Abschnitt 3.2.3.3.

109 Vgl. March/Olson 1976: 59. In den Überlegungen von March und Olson liegt in dieser Barrierengruppe der eigentliche Schwerpunkt. Die Autoren entwickeln in diesem Zusammenhang vier theoretische Schwerpunkte, die die Basis einer „Lerntheorie unter Mehrdeutigkeitsbedingungen" bilden. March und Olson fordern (1) Aussagen über die Informationsgewinnung und das Gedächtnis von Individuen innerhalb kollektiver Handlungsarenen, (2)

Wahrnehmung der Umwelteffekte, die, mehr oder weniger direkt, auf individuelle oder kollektive Handlungen folgen. Die Feedback-Schleife zwischen Handlung und Wahrnehmung durch die handelnden und/oder beobachtenden Aktoren ist zwar grundsätzlich intakt, jedoch durch *Mehrdeutigkeit* verschleiert. Das bedeutet, daß „objektive" Reaktionen der Umwelt durch die individuell vorgeprägten Wahrnehmungsmuster aufgenommen und entsprechend interpretiert werden. Im Extremfall kommt es dabei zur vollständigen *Um-Interpretation* der Sachverhalte: Die Umweltreaktion wird „passend" gemacht und in das bestehende Weltbild des Betrachters eingefügt. Mit dieser Art unreflektierter Erfahrung erhält das eigene Paradigma also weitere Verstärkung. Allerdings muß dann auch die „Verklärung" von Erfahrungswissen als Quelle problemadäquaten Wissens und Handelns relativiert werden:

> „Experience is viewed as producing wisdom and improved behavior. For purposes of studying experiental learning under ambiguity it is necessary to relax such an assumption. Modern organizations develop myths, fictions, legends, folklores and illusions. They develop conflict over myth. The connection between environmental response to organizational action and individual and organizational interpretation of that response is often weak."[110]

Das Ergebnis ist, daß die Ursache-Wirkungs-Ketten unreflektiert bleiben und ein Verständnis der System-Umwelt-Beziehungen nicht aufgebaut werden kann. Wie beim superstitious learning,[111] wird das Handeln durch die dominante Ideologie geprägt, in der erprobte, einfache Lösungen gespeichert sind. Welche Kontextbedingungen *tatsächlich* relevant sind und wie sie im einzelnen zusammenwirken wird nicht gewußt, sondern geglaubt. Diese Art *kulturell bedingter Wahrnehmungsverzerrung* steht in einem engen Zusammenhang mit den von Wilensky (1967) so benannten Realitäts- und Aufklärungsdoktrinen.[112]

Realitätsdoktrinen sind festgefügte Annahmen über die Beschaffenheit der Wirklichkeit, die für das Handeln des dadurch vorgeprägten Individuums eine entscheidende Leitfunktion besitzen. Die Realitätsdoktrinen tauchen in Form von *Parolen, Slogans, Stereotypen* oder „wissenschaftlich erwiesenen" *Entscheidungsregeln* auf und führen dazu, daß die Wahrnehmung bzw. die Informationsprozessierung blockiert, zumindest aber eingeengt wird. Diese Doktrinen haben ihren Ursprung zum Teil in eigenen Erfahrungen. Als Ergebnis vergangener Erlebnisse bildet sich ein rezeptartiges Substrat, an dem sich das Verhalten des Individuums langfristig orientiert.[113] Zu ei-

---

Aussagen über Lernanreize, (3) Aussagen über die Bedeutung bestehender Überzeugungsstrukturen und (4) Aussagen über das Zustandekommen von Überzeugungen.

110 Ebd: 59.

111 Vgl. den vorangegangenen Abschnitt 3.2.2.3.

112 Vgl. dazu Wilensky 1967: 19ff. und S. 62ff. sowie Sorg 1982: 210ff.

113 Vgl. auch die damit zusammenhängenden Ausführungen in Abschnitt 3.2.1.2.

nem anderen Teil werden die Doktrinen im Laufe der Sozialisation von prominenten Referenzpersonen oder -gruppen, beispielsweise Eltern, Lehrer, Vorgesetzte und Kollegen, übernommen. Die Relevanz der Doktrinen wird dabei nicht aus eigener Erfahrung überprüft. Realitätsdoktrinen wirken in jedem Fall präskriptiv, indem sie bestimmte Verhaltensweisen und Handlungstrategien a priori festlegen. Eine Plausibilisierung hinsichtlich der gegebenen Umweltsitationen findet überhaupt nicht, oder in nicht ausreichendem Maße statt.

Aufklärungsdoktrinen sind Urteile darüber, welchen Merkmalen Informationen genügen müssen, um als „relevant" bzw. „zulässig" zu gelten. Unter diese Kategorie fällt beispielsweise ein stark ausgeprägter *Glaube an Fakten*, bei dem der einzelne davon ausgeht, zur Problemlösung nur ausreichend „objektive" Fakten sammeln zu müssen. Dabei sind ausschließlich die gesammelten Daten per se maßgebend, Interpretation, Bewertung und Gewichtung der Daten spielt eine untergeordnete Rolle. Überspitzt könnte man sagen, das Individuum handelt vor dem Hintergrund eines „naiven Empirismus". Zu einem besonders bedrohlichen Realitätsverlust kann es durch die zusätzliche Konzentration auf quantitativ faßbare Sachverhalte kommen. Qualitative Informationen und „schwache Signale"[114] fallen demnach durch das Wahrnehmungsraster. Eine andere Ausprägung ist der übersteigerte *Glaube an Prognosen*. Neben der prinzipiellen Unmöglichkeit, hinsichtlich komplexer Probleme adäquate Voraussagen zu erstellen, führt Wilensky zur Begründung dieser Verzerrung auch die Tendenz zu reiner Extrapolation vergangenheitsorientierter Daten an.[115] Schließlich gibt es noch den *Glauben an geheime Informationen*. Hier werden exklusive, in ihrer Evidenz aber nicht immer erhärtete, Erkenntnisse den öffentlich zugänglichen Informationen vorgezogen. Als Folge der Überbetonung von derartigem „Insiderwissen", kann wiederum ein deutlicher Realitätsverlust erfolgen, der sogar soweit gehen kann, daß widersprechende öffentliche Informationen als aversiv erlebt werden.

Alle Formen kulturell bedingter Wahrnehmungsverzerrung behindern die Evolution der individuellen Wissensbasis vor allem durch die *Habitualisierung einseitiger Wahrnehmungsmuster und kognitiver Verarbeitungsstrategien*. Resultat sind stabile Wahrnehmungs-, Interpretations- und Handlungsschemata, die mehrdeutige Erfahrungen nicht mehr zulassen. Ambivalente Entscheidungssituationen werden zu eindeutigen um-interpretiert, innovative Handlungsstrategien damit systematisch ausgeschlossen.

---

114 Vgl. zu diesem Begriff Ansoff 1976.

115 Vgl. auch Linstone 1978: 397.

3.2.2.4.2 Zusammenfassung und Wirkung

Mehrdeutige Umweltreaktionen werden vom Individuum um-interpretiert. Aufgrund kulturell bedingter Realitäts- und Aufklärungsdoktrinen ist eine Wahrnehmungsverzerrung festzustellen, die bestehende Ursache-Wirkungs-Ketten unreflektiert läßt und von vorneherein festlegt, welche Kategorien von Wissen grundsätzlich als relevant anerkannt werden.

Modellhaft bedeutet dies eine insuffiziente Ausprägung des individuellen Lernprozesses, besonders der Wahrnehmungs- und Analysekomponente (*Nr. 1* und *2* in Abbildung 3-5). Welche Informationen aufgenommen und wie diese interpretiert werden, bestimmen dominante Teile des individuellen Tiefen-Wissens. Die Dominanz führt dazu, daß es gar nicht mehr zu einer „vorurteilslosen" Prüfung neuer Lernstimuli kommt, sondern eventuell bestehende Dissonanzen im Sinne der „dominant logic" aufgelöst werden (*Nr. 8*).

3.2.3 Kollektiv-strukturelle Wissens- und Lernbarrieren

Kollektiv-strukturelle Barrieren beziehen sich auf die materialen Rahmenbedingungen sozialer Systeme und blockieren den personen- und gruppenübergreifenden Wissenstransfer. Als Beispiele werden behandelt: Die vertikal, horizontal und lateral wirksamen Informationsfilter (3.2.3.1), Spezialisierung und Zentralisierung (3.2.3.2), Machtverteilung und Partizipationsregeln (3.2.3.3), Kooperationskonflikte (3.2.3.4) und Defensive Routinen (3.2.3.5). Wie bei allen Barrierenclustern gilt: Jede dieser Kategorien beschreibt idealtypische Ursache-Wirkungs-Beziehungen. Die empirischen Ausprägungen können in jedem Einzelfall anders aussehen.

3.2.3.1 Vertikale, horizontale und laterale Informationsfilter

3.2.3.1.1 Beschreibung der Barriere

Aus der hierarchischen Strukturierung und der funktionalen Ausdifferenzierung eines sozialen Systems ergibt sich die Problematik der Weitergabe kritischer Informationen. Während positive Informationen, wie beispielsweise eine Erfolgsmeldung hinsichtlich übertroffener Absatz- und Ertragszahlen in der Regel einen ungefilterten und schnellen Weg durch die Hierarchie bis an die Spitze des Systems nehmen, unterliegen negative Informationen, wie beispielsweise unterplanmäßige Absatz- und

Ertragszahlen, einem starken Filter hinsichtlich des eigentlichen Informationsgehaltes und der Zeit, mit der sie im System diffundieren.

Fallbeispiel: Das Bermuda-Dreieck verschollener Informationen

Dieses Phänomen läßt sich mit einer sehr eindrücklichen Metapher illustrieren: Positive Informationen legen ihren Weg gleichsam auf einer „mehrstufigen Rakete“ zurück, während kritische Informationen letztlich für immer im „Bermuda-Dreieck“ verschwinden.

Die Gründe dafür liegen zum einen in der Wahrung individueller Aufstiegschancen. Man will nicht Träger oder Überbringer negativer Informationen sein, egal ob diese vom Träger oder Überbringer zu verantworten sind, weil unterbewußt eine Verknüpfung schlechter Nachrichten mit dem „Kopf“ des Überbringers unterstellt wird. Zum anderen herrscht offensichtlich keine ausreichend ausgeprägte Vertrauensbeziehung zwischen den Mitarbeitern und ihren Vorgesetzten.[116] Schließlich bedeutet jede Stufe, auf der Informationen weitergereicht werden, gleichzeitig deren subjektive Interpretation.

Je höher die Anzahl der Hierarchiestufen und je größer die funktionale Differenzierung, desto wahrscheinlicher wird es, daß kritische Informationen bei den Entscheidungsträgern an der Spitze des Systems unvollständig und verfälscht ankommen. Eine authentische Informationsversorgung „aus erster Hand“ ist nicht mehr gewährleistet. Zu fordern ist deshalb eine bessere Verbindung der Quellen kritischer Information mit den davon unmittelbar betroffenen Entscheidungsträgern, also letztlich die Delegation der Entscheidungsbefugnisse dorthin, wo die Erfahrungen gesammelt, die Daten und Informationen generiert und interpretiert werden.

Fallbeispiel: Diskrepanz von Entscheidung und Ort der Handlung

Wie in jeder strukturell ausdifferenzierten Organisation, ist es auch bei der Mercedes-Benz AG zu einer weitgehenden Trennung von Aufgabenerfüllung, Kompetenz und Verantwortung gekommen. Das führte in vielen Fällen dazu, daß organisatorisches Wissen an vollkommen unterschiedlichen Orten produziert und verwendet wurde. Es existierte eine deutliche Diskrepanz von Entscheidung und Ort der Handlung, die sich aus unklaren Führungsbeziehungen, mangelnder Transparenz und Aufgabenüberschneidungen ergab. Diese Form der Kommunikationsbarriere führte schließlich zu einer der vier Dimensionen des MB-Erfolgsprogrammes: Mit konsequenter Entscheidungsdelegation sollen alle Mitarbeiter im Rahmen von Aufgabe, Kompetenz und Verantwortung sowie im Rahmen vereinbarter Ziele selbst entscheiden.[117]

Sichtbar werden die Informationsfilter der hierarchischen und funktionalen Differenzierung allein durch *räumliche Distanz*. Wo immer eine aus strukturellen Bedin-

---

116 Vgl. die experimentellen Ergebnisse von O'Reilly 1980.

117 Vgl. ausführlich Anhang 1.3.3.

gungen erforderliche lokale Entfernung besteht, sind bereits wenige Meter unüberwindliche Entfernungen.

Fallbeispiel: Die Treppe als Wissensbarriere

In einem Konzern war die Zentralentwicklung nur eine Treppe über einer werkseigenen Entwicklungsabteilung untergebracht. Trotzdem „haben wir gar keinen Kontakt zu denen, mit denen läuft gar nichts. Ich hab Gott sei dank dort einen Kumpel von früher, der gibt mir hin und wieder mal einen Hinweis."[118]

Hierarchische Strukturierung und funktionale Differenzierung, hier greifbar in räumlicher Distanz, zeigt, daß es nicht mehr ausreichende vis-à-vis-Situationen gibt, in der Informationen und die damit verbundenen Pläne, Einschätzungen, Ideen, etc. ausgetauscht werden können. Besonders in komplexen Entscheidungssituationen wirkt dies ausgesprochen dysfunktional.

3.2.3.1.2 Zusammenfassung und Wirkung

Hierarchische Strukturierung und funktionale Differenzierung führen zu organisatorischer Distanz und behindern die vertikale, horizontale und laterale Weitergabe kritischer Informationen. Kollektive Handlungen werden demzufolge oftmals auf der Basis unzureichender oder verzerrter Aufarbeitung der Realitätslage getroffen.

Im Modell sind Informationsfilter als Ziffern *10* bzw.*11* und *15* in Abbildung 3-5 zu erkennen. Die Weitergabe individuell verfügbaren Wissens durch Interaktion/Kommunikation ist gestört, wodurch es zur unzureichenden Fundierung kollektiver Handlungen kommen kann.

3.2.3.2 Spezialisierung und Zentralisierung

3.2.3.2.1 Beschreibung der Barriere

Die Forcierung der tayloristischen *Arbeitsteilung* im 20. Jahrhundert hat *zur Bildung hochgradig spezialisierter Aufgabenträger* geführt. Dabei besteht eine quasi „natürliche" Tendenz dieser Spezialisten, Probleme jeweils im Kontext der eigenen Spezialisierung zu interpretieren.[119] Resultat sind sogenannte „deformations profes-

---

118 Wörtliches Zitat eines Mitarbeiter aus der werkseigenen Entwicklung, zit. in: Lullies et al. 1993: 57.

119 Vgl. Sorg 1982: 355ff.

sionelles", in denen sich Versuche spiegeln, den eigenen Problemdefinitionen und Standards Geltung zu verschaffen.[120] Je weiter die Spezialisierung fortgeschritten ist, desto *eigenständiger* wird der entsprechende Kontext. Verständigungsprobleme entlang der Schnittstellen einer Gesamtorganisation reichen bis zu unüberbrückbaren Übersetzungshindernissen.[121] Schließlich verbinden sich mit den Kontexten der Spezialisierung sogar manifeste bzw. latente Konflikte zwischen den einzelnen Gruppen. In letzter Konsequenz fehlt dadurch insgesamt eine umfassende, multiperspektivische Fundierung von organisatorischen Entscheidungsproblemen.

Fallbeispiel: Kästchendenken als Bremse in der Produktentwicklung

In den wöchentlichen Teamsitzungen für eine Produktentwicklung werden von den Entwicklern Zeichnungen an die Fertigungsplanung zur Stellungnahme vorgelegt. Dazu sagte ein Fertigungsplaner: „Der Konstrukteur weiß natürlich, wo die Fußangeln liegen, aber das sagt er mir natürlich nicht, denn er will ja vorankommen und von mir das Okay haben. So stellt er mir das alles ganz rosig dar. Dabei sieht er aber nur die Einzelteile, während ich das Ganze im Zusammenspiel im Blickfeld haben muß. Der Konstrukteur macht sich das Leben ganz einfach. Der sagt, das steckst Du eben hier rein und da kriegst Du noch eine Schraube. Was das aber bedeutet auf der Serie und ob das wirklich da nur reinzustecken ist, darum kümmert sich der Konstrukteur überhaupt nicht."[122]

Das Problem verschärft sich sogar noch, weil die Problemursache zwar in der organisatorischen Arbeitsteilung gründet, heute aber bereits weit darüber hinausgeht. Eine ausschließliche Betrachtung der Arbeitsteilung als Ursache von Spezialisierungsbarrieren würde zu der Annahme verleiten, man müsse nur alle beteiligten Spezialisten in ausreichendem Maße zusammenbringen, um eine fundierte Problemlösung entstehen zu lassen. Nimmt man aber z.B. die *Stakeholder-Betrachtung* tatsächlich ernst, entsteht eine unübersehbare Flut an prinzipiell relevanten, aber zumeist inkommensurablen bzw. sogar konkurrierenden Kontexten.[123]

Im Zusammenhang mit der Spezialisierung von Aufgabenbereichen stehen auch die *Zentralisierungsbemühungen* in Organisationen. Einerseits dient die Bildung zentraler Einheiten der integrierenden Harmonisierung zwischen den segmentierten Abteilungen. Andererseits wird damit die Spezialisierung ausdifferenzierter Wissensgebiete zusätzlich unterstützt. Es kommt zur Bildung weiterer Subsysteme, z.B. die diversen Stäbe der Entscheidungsvorbereitung, die professionell die Beschaffung und Aufbereitung potentiell relevanter Kontexte leistet. Dabei entsteht aber wiederum

---

120 Vgl. Lullies et al 1993: 43.

121 Vgl. z.B. Naumann 1982 und Kirsch 1990.

122 Entnommen aus Lullies et al. 1993: 46f.

123 Vgl. zur Stakeholder-Betrachtung Janisch 1993 und zur Inkommensurabilität von Kontexten Kirsch 1978: 134ff. bzw. ursprünglich Kuhn 1967 und Feyerabend 1976.

eine nochmals spezialisierte „Expertenkultur", die ihre eigenen Prozessierungskriterien entwickeln. Es bleibt zudem zweifelhaft, ob die professionell erarbeiteten, aber deutlich fokussierten Problemlösungbeiträge in jedem Fall eine höhere Leistungsfähigkeit aufweisen, als die umfassende Problemsicht des „gesunden Menschenverstands".

Die Betrachtung der Entscheidungsvorbereitung durch die darauf spezialisierten Stäbe bringt noch ein weiteres Dilemma dieser Kategorie von Wissens- und Lernbarrieren zum Vorschein. In der Realität funktional ausdifferenzierter Systeme wird nämlich oftmals die Entscheidung bereits *innerhalb* des Stabes getroffen und von den eigentlichen Entscheidungsträgern im Rahmen ihrer Amtsmacht nur noch legitimiert. Die Entscheidung wird also einseitig durch die Empfehlung des Stabes *präjudiziert*. Die Tätigkeiten des Stabes bedeuten aber per se die Produktion von „Kompromißlösungen", in denen Differenzen, Widersprüchlichkeiten und Brüche bereits geglättet sind. Sorg betont in diesem Zusammenhang, daß

> „sich die Organisation durch diese Form scheinbar konsenter Problemlösungen massiv der Gefahr aus(setzt), 'Fehler der dritten Art' zu begehen".[124]

Einen „*Fehler erster Art*" begeht, wer in einer Problemsituation keinerlei Handlungen vollzieht. Obwohl gehandelt werden müßte, unterbleibt dies. Einen „*Fehler zweiter Art*" begeht, wer in einer Problemsituation die „falsche" Handlung vollzieht. Es wird zwar gehandelt, aber eben nicht so, wie es die Problemsituation erfordert hätte. Der „*Fehler dritter Art*" bezeichnet demgegenüber den Handlungsvollzug hinsichtlich einer „falschen" Problemstellung, d.h. man hat sich nicht mit der eigentlich relevanten Fragestellung befaßt und dementsprechend können die vollzogenen Handlungen auch keine Lösung des eigentlichen Problems darstellen.[125]

3.2.3.2.2 Zusammenfassung und Wirkung

Durch die strukturelle und funktionale Ausdifferenzierung von sozialen Systemen entstehen entsprechend spezialisierte Kontexte, die zum Teil inkommensurabel oder konkurrierend sind. Die Interpretation von Problemstellungen findet demnach in der Regel aus der eigenen Perspektive statt und führt zu einer unzureichenden Fundierung kollektiver Handlungen.

Im Modell wirken sich die Spezialisierungs- und Zentralisierungsbarrieren an verschiedenen Stellen aus. Erstens bewirkt die berufliche Spezialisierung der Kollek-

---

124 Sorg 1982: 358.

125 Vgl. Bonoma/Slevin 1978 und Gaitanides 1979.

tivmitglieder eine einseitige Ausbildung des Tiefen-Wissens und damit eine, im Sinne der jeweiligen „Ideologie“ einseitige Wahrnehmung und Prozessierung der Realität (*Nr. 11*, *8* und *1* in Abbildung 3-5). Und zweitens kann die Handlungsfähigkeit des Kollektivs durch inkommensurable oder konkurrierende Kontexte gestört bzw. blockiert sein (*Nr. 15*).

3.2.3.3 Machtverteilung und Partizipationsregeln

3.2.3.3.1 Beschreibung der Barriere

Auf der Ebene des Individuums als psychisches System ist die Betrachtung von Machtaspekten nicht zwingend. Im Sinne der Theorie autopoietischer Systeme muß wegen der operationalen Geschlossenheit kognitiver Systeme deren Autonomie und damit deren Unabhängigkeit von Macht unterstellt werden. Auf der Ebene der sozialen Systeme ist allerdings das Phänomen Macht augenscheinlich nicht mehr zu leugnen. Das wiederum führt zu einem unauflösbaren Widerspruch, weil dadurch die Beeinflußbarkeit von Individuuen in einem sozialen Kontext mitgedacht ist und als empirisch nachweisbares Phänomen den theoretischen Überlegungen entgegensteht. Dieser Widerspruch kann an dieser Stelle nicht auflöst werden.[126] Es soll vielmehr auf der Ebene des Kollektivs untersucht werden, was Macht und die damit auch zusammenhängenden Partizipationsregeln für Entscheidungsarenen hinsichtlich von Wissens- und Lernbarrieren bewirken.

Das Thema *Macht*[127] ist eine Materie, an der man in einem ökonomischen Kontext, vor allem bei übergeordneten Fragen der gesamthaften Betrachtung von Unternehmen (Unternehmensphilosophie, Unternehmenspolitik, Strategie etc.), nicht vorbeikommt. In der Betriebswirtschaftslehre wird der Machtbegriff auch heute noch meistens auf die berühmte Definition von Max Weber zurückgeführt:

> „Macht bedeutet jede Chance, innerhalb einer sozialen Beziehung den eigenen Willen auch gegen Widersteben durchzusetzen, gleichviel worauf diese Chance beruht.“[128]

---

126 Vgl. aber Reinhardt 1993: 290ff.

127 Im Rahmen dieser Arbeit ist eine umfassende Abarbeitung der Macht-Thematik natürlich nicht möglich. Es ist daher gleich zu Beginn dieses Abschnitts darauf zu verweisen, daß die folgenden Ausführungen dieser zentralen Größe organisationaler Realität nicht vollumfänglich gerecht werden können. Zu einem detaillierten Überblick über das Thema vgl. aber z.B. Sandner 1992 und Bleicher 1994.

128 Weber 1972: 28, im Original bereits 1922!

Andere Autoren[129] greifen auf eine mehr oder weniger geschickte Reformulierung der Typologie von French und Raven zurück. Diese Perspektive geht von der Fähigkeit einer Person aus, über eine andere Macht auszuüben und zwar aufgrund der Kontrolle von Belohnungen, Bestrafungen, Legitimation, Identifikation, Sachkenntnis und Informationen.[130] Diese Typologisierung ist eine recht willkürliche Auswahl aus einer Menge von grundsätzlich möglichen Machtgrundlagen bzw. Machtressourcen.

Die folgenden Überlegungen schließen an den Standpunkt von Habermas an.[131] Habermas betont zunächst die im Zuge der sozialen Evolution herausgebildeten, entsprachlichten Kommunikationsmedien „Geld" und „Macht". Diese Medien ermöglichen eine Koordination interdependenter Aktoren, die sich damit zur Durchführung bestimmter Handlungen nicht immer auf eine gemeinsame Situationsdefinition einigen müssen:

> „Die Umstellung der Handlungskoordinierung von Sprache auf Steuerungsmedien bedeutet eine Abkoppelung der Interaktion von lebensweltlichen Kontexten. Medien wie Geld und Macht setzen an den empirisch motivierten Bindungen an; sie codieren einen zweckrationalen Umgang mit kalkulierbaren Wertmengen und ermöglichen eine generalisierte strategische Einflußnahme auf die Entscheidungen anderer Interaktionsteilnehmer unter Umgehung sprachlicher Konsensbildungsprozesse. Indem sie die sprachliche Kommunikation nicht nur vereinfachen, sondern durch eine symbolische Generalisierung von Schädigungen und Entschädigungen ersetzen, wird der lebensweltliche Kontext, in den Verständigungsprozesse stets eingebettet sind, für mediengesteuerte Interaktionen entwertet: Die Lebenswelt wird für die Koordinierung von Handlungen nicht mehr benötigt."[132]

Macht ist also, neben Geld, ein Medium, das *sprachliche Aushandlungsprozesse weitgehend ersetzt* und damit die gegenseitige Perspektivenübernahme überflüssig macht. Allerdings existiert Macht nicht per se, sondern ist an bestimmte Ressourcen gebunden, die einen unterschiedlichen „Grad der Machtnähe" aufweisen und Aufbau-, Pflege-, Sicherungs-, Abnutzungs-, und Vernichtungsprozessen unterliegen. Die Betrachtung von Macht ist damit zugleich eine *Potentialbetrachtung*.[133]

Natürlich spielt die Frage der strukturellen Verteilung von Machtpotentialen in Gruppen und Organisationen hinsichtlich der dort ablaufenden Prozesse eine wesentliche Rolle. Die Machtverteilung in betriebswirtschaftlich organisierten Betrieben ergibt sich durch die hierarchische Strukturierung, die unter anderem für den Zugang zu den Entscheidungsarenen eines Kollektivs verantwortlich ist. Sobald eine - for-

---

129 Z.B. Krüger 1976, Schneider 1978, Wunderer/Grunwald 1980, Lattmann 1982.

130 French/Raven 1959 und Raven 1965.

131 Habermas 1981a und 1981b.

132 Habermas 1981b: 273.

133 Vgl. Kirsch 1990: 138.

mulierte oder formierte - hierarchische Differenzierung ausgebildet wird, ist die Machtasymmetrie mitangelegt. Ebenso „natürlich" erwächst aus dieser asymmetrischen Machtverteilung in Kollektiven eine gravierende Barriere für individuelle und kollektive Lernvorgänge. Daß die Verteilung von derartigen Machtpotentialen in Kollektiven zu den auslösenden Konfliktelementen gehört, ist z.B. im Bereich der Kleingruppenforschung nachgewiesen worden.[134]

Zu den *machtinduzierten Strukturmerkmalen* einer Organisation gehören beispielsweise:[135]

- Der *Koordinationszwang*, durch den verschiedene Individuen bzw. organisationale Subgruppen durch eine übergeordnete Instanz gezwungen werden, ihre Handlungen zu koordinieren.
- Die *Überbetonung des Rationalitätsprinzips*, mit der die Handlungsintentionen und mithin die Anwendung von Teilen der individuellen Wissensbasis von Organisationsmitgliedern extrem beschnitten werden.
- Die *Einengung des Handlungsspielraumes* durch Reglementierungen (= formulierte Machtpotentiale) und andere Personen.
- *Gleiche* oder *unklare Machtverhältnisse*, bei der keiner der Beteiligten verbindliche Vorschriften erteilen kann.

Jedes dieser Merkmale führt dazu, daß der Aufbau und die Nutzung individuellen und kollektiven Wissens machtbezogenen Restriktionen unterliegt. Besonders deutlich wird dies, wenn man sich zusätzlich die *Zugangsregeln zu Entscheidungsarenen* näher ansieht, die mit der Verteilung von Machtpotentialen in direkter Verbindung stehen.

Folgt man der Sicht von Cohen, March und Olsen,[136] gibt es in jeder Organisation eine Menge von Episoden, in der vier „Ströme" von Ereignissen zusammenfließen. Ein Strom von Entscheidungsgelegenheiten oder Entscheidungsarenen, ein Strom von Problemen, ein Strom von Wissen hinsichtlich potentieller Problemlösungen und ein Strom von Teilnehmern innerhalb der Entscheidungsarenen. Die *Organisationsstruktur* regelt in diesem Zusammenhang zwei Felder:

- Die *Partizipationsstruktur*, also die Frage, welche Organisationsmitglieder in Entscheidungsarenen partizipieren dürfen und

---

[134] Vgl. Bales 1950 und 1970.

[135] Vgl. Rosenstiel 1987: 256f.

[136] Vgl. Cohen/March/Olson 1976 und auch Kirsch 1988: 159ff.

- die *Zugangsstruktur*, die festlegt, welche Probleme und welches Lösungwissen Zugang zur Arena finden können.

Die Ausübung von Machtpotentialen spielt dabei sowohl bei der *Konstruktion* der Partizipations- und Zugangsstruktur, als auch *innerhalb* der Entscheidungsarenen eine wesentliche Rolle. Letzteres bezieht sich weitgehend auf die wechselseitige Beeinflussung im Zuge von - meistens politischen - Aushandlungsprozessen sowie die Handhabung der daraus entstehenden Konfliktsituationen.[137]

Für die *strukturelle Gestaltung* der Partizipations- und Zugangstrukturen gibt es im Grunde eine unendliche Menge an Optionen. Es sind entsprechend zahlreiche Versuche unternommen worden, die empirische Evidenz bestimmter Strukturoptionen zu erfassen. Stellvertretend für die grundsätzlich offene Menge an Möglichkeiten sind in Tabelle 3-1 die fünf idealtypischen Optionen nach Mintzberg zusammengestellt.[138]

	simple structure	**machine bureaucracy**	**profession bureaucracy**	**division form**	**adhocracy**
Koordinationsmechanismus:	Direkte Kommunikation	Standardisierte Arbeitsprozesse	Standardisierte Fähigkeiten	Standardisierte Outputs	Gegenseitige Abstimmung
Dominanter Teil der Organisation:	Strategische Spitze	Technostruktur	Operativer Kern	Linien-Management	Flankierende Stabsabteilungen
Grad der Spezialisierung:	Gering horizontal und vertikal	Stark horizontal und vertikal	Horizontal	Gering horizontal und vertikal	Horizontal
Zentralisation/ Dezentralisation:	Zentralisiert	Horizontal dezentralisiert	Horizontal und vertikal dezentralisiert	Vertikal begrenzt dezentralisiert	Selektiv dezentralisiert
Verteilung der Machtpotentiale	Geschäftsführer; Inhaber	Vertikal stark hierarchisch	Expertenmacht	Linien-Management	Expertenmacht

Tab. 3-1: Organisationsstrukturen als Grundlage der Partizipations- und Zugangsstrukturen von Entscheidungsarenen (in Anlehnung an Mintzberg 1981: 107)

137 Vgl. dazu Abschnitt 3.2.3.4 - und zur Übersicht Smith 1971 bzw. Intrilligator 1982.

138 Vgl. Mintzberg 1979 und 1981.

Jede dieser Strukturvarianten hat Vor- und Nachteile für den Aufbau, die Nutzung und Weiterentwicklung der individuellen und kollektiven Wissensbasis.

- ❑ In der Einfach-Struktur („simple structure"; typisches Entrepreneur-Unternehmen) läuft die Zulassung von Akteuren und deren Wissen zentral über die Führungsperson an der Spitze des Unternehmens. Dies wirkt sich allerdings aufgrund der wenig fortgeschrittenen Ausdifferenzierung der Organisation und der damit einhergehenden höheren Wahrscheinlichkeit zu direkter Kommunikation nicht beschränkend auf den Wissensfluß aus.
- ❑ Die *Maschinen-Bürokratie* („machine bureaucracy"; typisch für ausdifferenzierte Organisationen) hat demgegenüber standardisierte, fest institutionalisierte Zugangsregeln. Zugelassene Wissensträger werden exakt entlang der Hierarchie und der funktionalen Ausdifferenzierung bestimmt. Dabei muß zur endgültigen Autorisierung von Entscheidungen meistens auch das gesamte Spektrum durchlaufen werden.
- ❑ In der *Experten-Bürokratie* („profession bureaucracy"; typisch für forschungsintensive Organisationen) sind die Entscheidungsarenen vom Wissen hochspezialisierter Fachleute bestimmt. Wer das notwendige (Fach-)Wissen besitzt, hat demzufolge auch die Macht.
- ❑ *Divisionalisierte Strukturen* („division form"; typisch für Mehr-Produkt-Unternehmen) sind durch die einzelnen Sparten und deren Management bestimmt. Entsprechend dezentral sind daher auch die Entscheidungsarenen und der Zugang dazu angelegt. Allerdings können die einzelnen Divisionen eines Unternehmens in sich ähnlich strukturiert sein, wie dies bei der Maschinen-Bürokratie für die gesamte Organisation gilt.
- ❑ Die *Adhokratie* („adhocracy"; typisch für Unternehmen mit ausgeprägter Projektstruktur) schließlich wird wiederum von einer in vielen Stäben und Projektteams gebündelten Expertenmacht bestimmt. Der Zugang von Wissensträgern wird je nach anfallenden Problemstellungen geregelt.

Diese knappen Hinweise können die Fragen der Verteilung von Macht und der Aufstellung von Partizipationsregeln keineswegs umfassend beschreiben. In jedem Fall kann aber festgehalten werden, daß diese Regelungen besonders stark auf den Wissensfluß in Organisationen wirken. Diejenigen, die Macht und Zugang zu Entscheidungsarenen zugesprochen bekommen, können die kollektive Realität weitgehend bestimmen:

> „Damit verfügen diese Personen über Einflußmöglichkeiten auf den Verhaltensbereich der anderen Mitglieder des entsprechenden sozialen Systems, was nicht gleichbedeutend damit

ist, daß sie Kontrolle über kognitive Strukturen innehaben. Dementsprechend verfügen solche Personen über die Macht, Realität zu definieren."[139]

Die Verhaltensweisen im Kollektiv werden demnach von den Machthabern bzw. Entscheidungsträgern stark determiniert. Die einzelnen Kollektivmitglieder sind gezwungen, Handlungen in der Weise vorzunehmen, die der Realitätsdefiniton des Machthabers entsprechen, egal ob ihre eigene Wissensbasis andere Interpretationen parat hat.

Fallbeispiel: Die Machtposition des Vertriebs

Aufgrund der Charakteristika des Marktsegments, in dem das Unternehmen X tätig ist, stellt der Kostenaspekt den Dreh- und Angelpunkt von Entwicklung und Produktion dar. Alle im Unternehmen befragten Führungskräfte sehen dies so. Statt aber aus ihrer jeweiligen Fachperspektive heraus zu beurteilen, welche Kosten relevant sein könnten, übernehmen sie ohne Abstriche das Kostenargument der Vertriebsabteilung, der es dabei allein um möglichst niedrige Herstellungskosten geht. Zurückführen läßt sich diese Perspektivenausblendung auf die bestehende *Machtverteilung*. Die starke Position des Vertriebs beruht nicht zuletzt auf der besonderen Durchsetzungsmacht, auf die er sich stützen kann: Seine räumliche Nähe zur Geschäftsleitung am selben Standort wird von ihm dazu benutzt, sich regelmäßig vor wichtigen Sitzungen im Werk zunächst von der Geschäftsleitung grünes Licht für seine Ziele zu holen, wodurch den anderen beteiligten Stellen nichts anderes übrig bleibt, als sich dem Votum der hinter dem Vertrieb stehenden Geschäftsleitung zu beugen.[140]

Daraus ergeben sich drei Konsequenzen. Erstens ist der Wissensfluß innerhalb von Kollektiven weitgehend vorstrukturiert. Die Nutzung der Wissenspotentiale geschieht nicht problemorientiert sondern entlang der Organisationsstruktur. Zweitens können auf individueller Ebene kognitive Dissonanzen entstehen, die aus der möglichen Differenz zwischen eigentlich intendierter individueller Handlungsoption und der machtinduziert geforderten Verhaltensweise herrühren. Und drittens wird dadurch die Reflexion der Realität durch die einzelnen Kollektivmitglieder systematisch erschwert.

3.2.3.3.2 Zusammenfassung und Wirkung

Die Verteilung von Macht und der Zugang zu den relevanten Entscheidungsarenen strukturiert den Wissensfluß in Organisationen. Die Dominanz einzelner Wissensträger führt zu einer nicht immer problemadäquaten Fundierung von Entscheidungen und zur Einengung des Verhaltensspielraumes der anderen Mitglieder. Die gegensei-

---

139 Reinhardt 1993: 291, Hervorhebungen weggelassen.

140 Leicht verändert entnommen aus: Lullies et al. 1993: 135f.

tige Perspektivenübernahme geschieht dabei nicht in sprachlichen Aushandlungsprozessen, sondern durch einseitige Ausübung von Machtpotentialen.

Im Modell können diese Barrieren mit Ziffer *Nr. 13* in Abbildung 3-5 verdeutlicht werden. Das Wissen derjenigen, die Macht und Zugang zu Entscheidungsarenen haben, dominiert die Produktion kollektiver Handlungen insgesamt bzw. substituiert diese im Extremfall sogar. Gleichzeitig kommt es dadurch zu einer Determination des Verhaltens aller anderen Kollektivmitglieder, über die Festsetzung des dominanten Wissens im Oberflächen- und Tiefen-Wissen des Kollektivs (*Nr. 10* und *11*).

3.2.3.4 Kooperationskonflikte

3.2.3.4.1 Beschreibung der Barriere

Bei der Betrachtung der individuellen Ebene wurde bereits auf Konflikte hingewiesen, die auf divergierenden Handlungstendenzen, fragmentierten Bedürfnisstrukturen und pluralen Identitätsformen beruhen.[141] Die daraus resultierende Barrierenform findet ihre Entsprechung auf kollektiver Ebene in interindividuellen bzw. interpersonalen Konflikten.

Ein *interpersonaler* Konflikt liegt vor, wenn unvereinbare Handlungstendenzen zwischen zwei Parteien bestehen, wobei die Parteien jeweils mindestens eine Person umfassen.[142] Drei verschiedene *Konfliktformen* sind prinzipiell denkbar:[143]

- ❑ Zu einem *Bewertungskonflikt* kommt es, wenn die antizipierten Handlungskonsequenzen von den Konfliktparteien unterschiedlich bewertet werden.
- ❑ Der *Beurteilungskonflikt* bezeichnet demgegenüber die unterschiedliche Einschätzung in der Auftretenswahrscheinlichkeit von Handlungskonsequenzen.
- ❑ Ein *Verteilungskonflikt* liegt vor, wenn jeweils nur eine Partei den Nutzen einer Handlungskonsequenz erlangen kann. Typisches Beispiel ist das Nullsummenspiel.

In den ersten beiden Fällen (Bewertungs- und Beurteilungskonflikt) interpretieren die Beteiligten die Konsequenzen und deren Auftretenswahrscheinlichkeit vor dem Hintergrund der spezifischen, individuellen und kollektiven Wissensbasen - besonders

---

141 Vgl. Abschnitt 3.2.1.4.

142 Vgl. Berkel 1984.

143 Vgl. Kirsch 1971 und Rosenstiel/Molt/Rüttinger 1986.

relevant ist hier die Erfahrungsrückbindung der Wahrnehmung - und erleben die daraus resultierenden Differenzen konfliktär. Neben der strukturellen Trennung durch Hierarchie und Spezialisierung ist besonders auch die kulturelle Differenzierung in verschiedene Subkulturen eine wesentlicher Grund dafür.[144]

Im vorliegenden Zusammenhang kollektiv-struktureller Wissens- und Lernbarrieren interessiert aber vor allem die letzte Kategorie der Verteilungskonflikte, die sich entlang der materiellen Gestaltung von Kollektiven ergeben. Die Konfliktursache kann einerseits objektiv gegeben, andererseits subjektiv empfunden sein.

Im ersten Fall handelt es sich beispielsweise um eine faktisch belegbare Konfrontation hinsichtlich der Ausstattung mit begrenzten Ressourcen.Die Einführung von Profit-Center-Strukturen und die Alimentierung der jeweiligen Center mit Budgetmitteln durch die Zentrale ist ein Beispiel dafür. Was einem Center zugeteilt wird, muß dem anderen fehlen. Daß jedes Center dabei seine eigene (Ausgangs-)Position optimieren möchte liegt in der Natur der Sache, wird doch der Erfolg der Center in der Regel an seiner Qualitäts-, Kosten- oder Gewinnposition gemessen. Ähnlich verhält es sich auch mit den unter den Centern einer Gesamtorganisation zu zahlenden Verrechnungspreisen. Ergebnis sind zum Teil erbittert geführte Kämpfe um Budgets, Kostenverschleierungs- und -verschiebetendenzen.

Aber auch für den Fall einer nur subjektiv empfundenen Konfliktursache sind „Grabenkämpfe" zu beobachten. Wann immer gegenseitige Abhängigkeiten unterstellt werden, kommt es zu Profilierungsversuchen zu Lasten des jeweils anderen. Dieses Verhalten ist auf allen Hierarchieebenen zu verfolgen und führt nicht selten zu harten Auseinandersetzungen und personifizierten Feindbildern.

Fallbeispiel: Die Einführung von Center-Strukturen bei Mercedes-Benz

Teil der strukturellen Interventionen im Wandelprozeß der Mercedes-Benz AG war die Bildung wirtschaftlich weitgehend autonom handelnder Einheiten, wie beispielsweise Produktionswerke als Profit-Center, interne Dienstleistungsfunktionen als Service-Center etc. Als Ziele wurden unter anderem erhöhte Effizienz, Kundenorientierung und Flexibilität anvisiert. Die Umstellung von zentraler, eher planwirtschaftlicher auf dezentrale, eher marktwirtschaftliche Steuerung des Konzerns ließ aber zunächst hohe Konfliktpotentiale entstehen. Jedes Center argumentierte nun aus der *eigenen, einzelwirtschaftlichen* Perspektive und versuchte seine Position auch auf Kosten anderer Unternehmensteile zu optimieren.[145] Dies schlug sich folglich auch im täglichen Erleben der betroffenen Mitarbeiter nieder. Bei einer Befragung hinsichtlich *negativ wahrgenommener Veränderungen* in der Zusammenarbeit

---

144 Vgl. auch die Abschnitte 3.2.3.2 und 3.2.4.2.

145 Vgl. dazu Malioukova/Strasser 1994 und Malioukova i.V.

mit anderen Bereichen, wurden am häufigsten Beispiele genannt, wie „Überbetonung von Bereichsgrenzen", „Bereichsegoismen" und „Abgrenzung der Leistungscenter gegeneinander".[146]

Derartige Kooperationskonflikte sind also - mehr oder weniger - nicht zu vermeiden. Es ist außerdem keineswegs der Fall, daß Konflikte grundsätzlich negativ interpretiert werden müssen. Ob sie im Extrem fruchtbar oder dysfunktional wirken, hängt vielmehr vom *Konfliktverlauf* ab. Kirsch beschreibt z.B. drei Formen:[147]

- Das Herunterspielen der Konflikte,
- die diskussionslose Machtausübung und
- Konfrontation der Standpunkte verbunden mit einer kooperativen Kompromißfindung.

(1) Durch das *Herunterspielen der Konflikte* werden die Konflikte verdrängt und umgeleitet, brechen an anderer Stelle aber wieder hervor bzw. wirken als latente Konflikte im Verborgenen weiter.[148] Einerseits wird die Rückführung der sichtbaren Symptome auf die zugrundeliegenden Ursachen immer schwieriger, andererseits werden die Konfliktfronten verhärtet. Daß damit auch die Wahrscheinlichkeit eines Wissenstransfers sinkt, braucht eigentlich nicht extra betont zu werden.

(2) Mit *diskussionsloser Machtausübung* werden Konflikte zwar nicht „unter den Teppich gekehrt", jedoch unter Einsatz von Machtpotentialen einseitig für beendet erklärt.[149] Man kann mit Feger auch von einer Konfliktunterdrückung sprechen.[150] Abgesehen davon, daß dies in verschiedenen Situationen im Sinne der Handlungsfähigkeit einer Organisation notwendig ist, wird nicht verhindert, daß auch hier der Konflikt eigentlich bestehen bleibt bzw. in Extremfällen sogar zur Sabotage der davon Betroffenen führt.[151]

(3) Die *kooperative Kompromißfindung* schließlich weist auf einen Verlauf hin, bei dem es nach der Konfrontation der Standpunkte zu einer Einigung der Konfliktparteien kommt.[152] In sprachlichen Aushandlungsprozessen wird der Konflikt in der Weise „gehandhabt", daß möglichst alle Parteien - zumindest teilweise - durch die Kooperation positive Konsequenzen erlangen. Natürlich besteht weiterhin die Gefahr

---

146 Vgl. die Ergebnisse im Anhang.

147 Vgl. Kirsch 1993: 306ff., ähnlich Feger 1972 und ausführlich Kirsch/Esser 1975.

148 Vgl. den Begriff „smothing over differences" bei Lawrence/Lorsch 1967 sowie allgemein Esser 1975.

149 Vgl. Abschnitt 3.2.3.3.

150 Vgl. Feger 1972.

151 Vgl. Scott-Morgan 1994: 64.

152 Vgl. den Begriff „confrontation" bei Lawrence/Lorsch 1967.

fauler Kompromisse. Der Wissensfluß ist aber insofern gewährleistet, als jede Seite zunächst gezwungen ist, seine eigene Interpretation öffentlich zugänglich zu machen und gleichzeitig der anderen Seite einmal zuzuhören. Die für die Institutionalisierung von kollektivem Wissen notwendige Spirale aus Externalisierung und Internalisierung wird dadurch in jedem Fall gefördert.[153]

Ergebnis dysfunktionaler Konfliktverläufe ist eine deutliche *Suboptimierung* des Gesamterfolges, auch wenn gleichzeitig Partikularinteressen optimiert sind. Was fehlt, ist die Transparenz für das Ineinandergreifen einzelner Teile und die Einsicht, daß zur Herstellung eines ganzheitlichen Optimums - eines für alle Subkulturen vertretbaren „kleinsten gemeinsamen Nenners" - kollektive Aushandlungsprozesse notwendig sind. Letztlich ist die Auflösung dieses Dilemmas Aufgabe des Top-Managements. Jeder Organisationsteil ist auf die Optimierung des eigenen Beitrags zu verpflichten und gleichzeitig hinsichtlich einer integrativen Sicht zu sensibilisieren.

3.2.3.4.2 Zusammenfassung und Wirkung

Interpersonale Konflikte, besonders Verteilungskonflikte hinsichtlich begrenzter Ressourcen, führen zu einer Dominanz von Einzelinteressen gegenüber dem Gemeinschaftsinteresse. Die Vernachlässigung sprachlicher Aushandlungsprozesse im Zuge des Herunterspielens bzw. Unterdrückens dieser Konflikte verhindert die offene Konfrontation der Standpunkte. Externalisierung und Internalisierung von Wissen wird damit unmöglich.

Im Modell ist diese Barriere mit *Nr. 15* in Abbildung 3-5 gekennzeichnet. Kooperationskonflikte behindern die Interaktion/Kommunikation der einzelnen Subgruppen bzw. Individuen und führen demzufolge zu einer unausgewogenen Fundierung kollektiver Handlungen.

3.2.3.5 Defensive Routinen

3.2.3.5.1 Beschreibung der Barriere

Im Abschnitt 3.2.1.5 wurde skilled incompetence als Einsatz von Verhaltensstrategien bezeichnet, mit dem besonders in bedrohlichen und gefährlichen Situationen ein persönlicher Gesichtsverlust vermieden werden soll. Nachdem jeder einzelne dieses

---

153 Vgl. ausführlich Abschnitt 4.3.3.1.

Defensivverhalten immer wieder produziert, verfestigen sich diese Muster und werden Bestandteil der kollektiven Realität in Gruppen und Organisationen:

> „Organizations will not detect and correct the errors that are embarrassing and threatening because the fundamental rules are to (1) bypass the errors and act as if that were not being done, (2) make the bypass undiscussable, and (3) make its undiscussability undiscussable."[154]

Resultat der Defensivmechanismen sind sogenannte *organisationale defensive Routinen* als Element der kollektiven Wissenbasis.[155] Defensive Routinen sind Handlungen, die ein ganzes Kollektiv davor schützen, unangenehme, peinliche oder bedrohliche Situationen zu erleben. Sie zielen darauf, auch als Kollektiv immer „Herr der Situation" zu bleiben. Durch Anwendung der Defensivroutinen wird allerdings verhindert, die eigentlichen Ursachen der Bedrohung wahrzunehmen, weil auch hier verklärende Argumentationen den Blick auf diese Ursachen systematisch verstellen. Die Verwendung des Wortes „Routine" deutet an, daß es sich um einen mehr oder weniger „automatischen" Gebrauch der Verhaltensweisen handelt. Im Ergebnis ist dadurch eine kollektiv akzeptierte Struktur entstanden, die Lernen verhindert, in übertriebenem Maße einen Selbstschutz für das Kollektiv aufbaut und es damit von externen Einflüssen abschottet.

Fallbeispiel: Querdenker bei der Mercedes-Benz AG

In der traditionellen „Erfolgskultur" der Mercedes-Benz AG hatte jahrzehntelang jede neue Idee, seien es neue Produkte oder neue Märkte, keinerlei Chance gegen die im Verborgenen wirkenden Abwehrmechanismen. Die Defensivroutinen verteidigten äußert erfolgreich bestehende Produkt-Markt-Strategien (Konzentration auf das obere Preissegment mit entsprechend beschränktem Marktpotential). Erst die Absatzkrise zu Beginn der neunziger Jahre und die Institutionalisierung eines umfassenden Verhaltensänderungsprogramms verhalf den in Schubladen lagernden Ideen für neue Produkte (z.B. Geländewagen, Klein- und Kleinstautos etc.) und neue Märkte (z.B. Lifestyle-Konzeptionen der C-Klasse) zum endgültigen Durchbruch.[156]

Das Problem verschärft sich zusätzlich, als es sich um eine *verdeckte* Handlungsstruktur des Systems handelt. Die Existenz dieser Struktur wird beharrlich verschwiegen, wodurch deren Entfaltung letztlich erst ermöglicht wird. Argyris zieht in diesem Zusammenhang einen Vergleich zur „Schattenwirtschaft":[157]

---

154 Argyris 1990: 43.

155 Vgl. ebd.: 25ff.

156 Vgl. ausführlich das Fallbeispiel im Anhang.

157 Vgl. auch Probst/Büchel 1994: 76.

> „The result is something equivalent to an underground economy - namely, a gray organization that is alive and flourishing yet officially considered dead or nonexistent. This, of course, makes it possible for the gray organization to remain alive and flourish."[158]

Die Stärke der verdeckten Handlungsstruktur wird überdies genau in dem Maße zunehmen, mit der versucht wird, Veränderungen der defensiven Routinen herbeizuführen. Es ist wie bei einer Krankheit, die durch gut gemeinte Heilungsinterventionen verschlimmert wird. Außerdem wird diejenigen, die bereit sind, den „Teufelskreis" zu durchbrechen, die geballte Widerstandskraft der Defensivroutinen treffen. Und es gibt offensichtlich in den meisten Organisationen nur sehr wenige, die die daraus folgenden Konsequenzen zu tragen imstande sind.

Im Gegenteil: Selbst wenn unüberbrückbare Inkonsistenzen auftauchen, vollzieht ein Großteil der betroffenen Kollektivmitglieder die ungewöhnlichsten Verrenkungen, um Widersprüche „unter den Teppich zu kehren" bzw. sie eben dort zu belassen. Argyris nennt dies *„fancy footwork"*.[159] Solche „phantasievollen Verrenkungen"[160] umfassen den rekursiven Einsatz aller Defensivmuster, mit denen der Einsatz defensiver Routinen verdeckt und damit ein blinder Fleck hinsichtlich bestehender Inkonsistenzen geschaffen wird. Dazu gehört auch das konsequente Leugnen und Abschirmen begangener Fehler sowie die Fehlerzuweisung an andere Stellen. Mit fancy footwork ist somit die konsequente *Verteidigung der Defensive* gemeint, was als Resultat eine weitere, stabilisierende Schicht auf diese Strukturen aufträgt.

Pathologische Folgewirkungen bleiben bei dieser zirkulär verknüpften Produktion von skilled incompetence, Defensivroutinen und fancy footwork natürlich nicht aus. Das gesamte Kollektiv koppelt sich durch Ignoranz bzw. künstliche Glättung existenter Widersprüche von der umgebenden Realität zunehmend ab und produziert damit immer größer werdende Spannungszustände, die auch dem einzelnen Kollektivmitglied nicht verborgen bleiben. Zumindest langfristig entsteht ein „ungutes Gefühl". Der einzelne sieht sich einer übermächtigen Struktur gegenüber, für deren Produktion er allerdings mitverantwortlich ist. Argyris verweist in diesem Zusammenhang auf drei symptomatische Verhaltensweisen.[161]

(1) Man ist nunmehr durchaus bereit, *Fehler zuzugeben*, allerdings *ohne die persönliche Verantwortung dafür zu übernehmen* und für die Beseitigung der Ursachen geradezustehen. Verantwortlich sind vielmehr „die Organisation" bzw. „die anderen",

---

158 Argyris 1990: 43.
159 Ebd.: 45ff.
160 Zur deutschen Übersetzung vgl. Probst/Büchel 1994: 76f.
161 Vgl. Argyris 1990: 60ff.

wobei die Schuldzuweisung einen gereizten bis aggressiven Ton annehmen kann.[162] Letztlich ist auch dieses Verhalten nichts anderes, als eine geschickte Umdeutung der Realität, mit der potentielle Lernstimuli systematisch umgangen werden.[163]

(2) Das Eingestehen von Fehlern kann sogar zu einer deutlichen *Akzentuierung des Negativen* in der Organisation führen. Fehler werden für die Gesamtorganisation nicht nur eingestanden, sondern zusätzlich überhöht. Die Organisationsmitglieder immunisieren sich damit allerdings ein weiteres Mal: Wer könnte es ihnen angesichts der „dramatischen" Fehler übelnehmen, daß sie als einzelne dagegen nichts Vernünftiges entgegensetzen können? Ein solches Verhalten provoziert in der Folge einen geradezu perfiden Zynismus. Genüßlich schwelgen die Kollektivmitglieder - auch öffentlich - in „Horrorszenarien", nicht zuletzt um zu betonen, man „habe es ja schon immer gewußt" und das Unheil kommen sehen. Bedrohlich wird diese Situation allerdings dann, wenn darüber auch positive Elemente bzw. erste, vielleicht auch unkonventionelle Ideen zur Überwindung dieser insgesamt paralysierenden Situation vollkommen aus dem Blickfeld geraten.

(3) In Situationen, in der die Mehrheit der Organisationsmitglieder angesichts bestehender Inkonsistenzen bereits ein „ungutes Gefühl" hat, werden *neue Orientierungswerte* ausgegeben, die eine Neuausrichtung und damit einen Turnaround versprechen. Allerdings werden oftmals Werte aufgebaut, deren Anschlußfähigkeit an die organisatorische Realität nicht unbedingt zwingend ist. Es entsteht dann eine Art „Strohmann", eine künstliche Reaktion auf die bestehenden Verhältnisse. Die eigentlichen Wurzeln der Fehler und die Funktionsweise der Defensivmuster bleibt erneut ausgeblendet. Dadurch ausgelöste Lernprozesse sind deshalb nicht geeignet, bestehende Wissens- und Lernbarrieren tatsächlich aus dem Weg zu räumen.

3.2.3.5.2 Zusammenfassung und Wirkung

Defensive Routinen sind verdeckte Handlungsstrukturen, die ein ganzes Kollektiv davor schützen, unangenehme Situationen zu erleben. Es handelt sich um einen Selbstschutz, mit dem sich das Kollektiv von externen Einflüssen abschottet. Die konsequente Verfolgung von Fehlerursachen wird verhindert und entstehende Widersprüche durch phantasievolle Verrenkungen geglättet.

Im Modell können diese Mechanismen mit *Nr. 12/15* in Verbindung mit *Nr. 6-8* und *Nr. 10-11* in Abbildung 3-5 illustriert werden. Die Defensivmuster aus dem kollekti-

---

162 Vgl. dazu auch die Begriffe des „burden-the-structure" und „burden-the-enemy" bei Senge 1990.

163 Vgl. dazu auch die Abschnitte 3.2.1.1, 3.2.1.2, 3.2.2.2 und 3.2.2.3.

ven Oberflächen- und Tiefen-Wissen prägen individuelles und kollektives Handeln und führen so zu Handlungen, die immer dann abgerufen werden, wenn eine kritische Situation aufgrund erfolgter Handlungskonsequenzen droht.

3.2.4 Kollektiv-kulturelle Wissens- und Lernbarrieren

Kollektiv-kulturelle Barrieren behindern die Evolution der kollektiven Wissensbasis durch die spezifische Weltanschauung und die politischen Konstellationen, die ein soziales System konstituieren. Exemplarisch behandelt werden die Überbetonung einer Einheitskultur (3.2.4.1), dysfunktionale Folgen kultureller Diversität (3.2.4.2) und hemmende Prägungen aufgrund von Mythen, Traditionen und „groupthink" (3.2.4.3).

3.2.4.1 Überbetonung einer Einheitskultur und Binnenorientierung

3.2.4.1.1 Beschreibung der Barriere

Diese Kategorie der Wissens- und Lernbarrieren ist zum einen die Umkehrung der in Abschnitt 3.2.3.4 angesprochenen Problemstellung interpersoneller Konflikte, zum anderen das Gegenteil der im nächsten Abschnitt folgenden Barriere kultureller Diversität. Ebenso wie extreme Konflikthäufigkeit und kulturelle Differenzen zur Paralyse des Systems führen können, resultiert die Überbetonung einer Einheitskultur, unter Ausschaltung interner Opposition und der Tabuisierung von Reizthemen, in einer möglichen Erstarrung des Systems.

Die Mechanismen, die diese innere Einheit von Kollektiven produzieren helfen, sind Prozesse der Selektion und Sozialisation.

(1) Ein Individuum entscheidet zunächst durch *Selbstselektion*, ob es einem Kollektiv beitreten möchte oder nicht. Der Entschluß fällt vor dem Hintergrund des wahrgenommenen Bildes, das der einzelne von der Organisation gewonnen hat. Nur wer Ziele, Struktur, Politik und Kultur der Organisation nicht allzuweit entfernt von den eigenen Vorstellungen sieht, wird möglicher Mitgliedskandidat.[164] Die Feststellung einer *Selbstähnlichkeit* von psychischem und sozialem System wird damit ausschlaggebendes Entscheidungskriterium. Die Grundgesamtheit potentieller Kollektivmitglieder ist also bereits nicht-repräsentativ.

---

164 Vgl. z.B. March/Simon 1958.

In Ergänzung zur Selbstselektion bedienen sich Organisationen heute sehr ausdifferenzierter Instrumente der *Fremdselektion.* Es wird versucht, die Eignung beitrittswilliger Kandidaten für die Kollektivmitgliedschaft festzustellen. Der Instrumentenkasten umfaßt z.B.: biographische Analysen, psychometrische Testverfahren[165] und Assessment-Center.[166] Auch wenn die Validität der Selektionsinstrumente nicht in jedem Fall überzeugend ist,[167] wird dadurch eine weitgehend homogene Menge an Mitgliedern rekrutiert.

(2) Dort, wo weiterhin Unterschiede bestehen, wirkt über *Sozialisationseffekte* ein weiterer Mechanismus zur Herstellung einer Einheitskultur. In individuellen Lernprozessen assimilieren sich die Mitglieder und passen demzufolge ihre eigenen Normen und Wertvorstellungen an kollektiv geltende Muster an.[168] Die Internalisierung des bestehenden Normengeflechts im Zuge der sekundären Sozialisation kann weitgehend gleichgesetzt werden mit dem Erwerb von rollenspezifischem Wissen:

> „Die sekundäre Sozialisation erfordert das Sich-zu-eigen-Machen eines jeweils rollenspezifischen Vokabulars. Das wäre einmal die Internalisierung semantischer Felder, die Routineauffassung und -verhalten auf einem institutionalen Gebiet regulieren. Zugleich werden die 'stillen Voraussetzungen', Wertbestimmungen und Affektnuancen dieser semantischen Felder miterworben."[169]

Damit ist exakt das beschrieben, was in dem hier verwendeten Modell Organisatorischen Lernens mit dem Pfeil zwischen kollektivem und individuellem Oberflächen- und Tiefen-Wissen angedeutet wurde. Die Introjizierung der Verhaltensvorschriften bei gleichzeitiger Sanktionierung abweichenden Verhaltens, führt in vielen Fällen zu einer raschen Anpassung - besonders dann, wenn ein deutliches Abhängigkeitsverhältnis des Individuums vom Kollektiv besteht. Nach erfolgter Internalisierung reproduziert der einzelne das bestehende Regelwerk und festigt die kulturell gewachsenen Normen. Die Auswirkungen der sekundären Sozialisation reichen dabei weit über die Grenzen des Kollektiv hinaus und berühren auch die anderen Lebensbereiche des Individuums, z.B. Familie, Freizeitverhalten etc.[170]

---

165 Vgl. Amthauer 1970.

166 Vgl. Neubauer 1980; zum Überblick: Maukisch 1978, Hentze 1989, S 254ff., Bleicher 1991b: 762ff.

167 Die Prognosevalidität graphologischer Gutachten von 0.01 ist beispielsweise mit der Aussagekraft eines Würfelwurfs zu vergleichen, während Assessment-Center-Verfahren einen Validitätskoeffizienten zwischen 0.40 und 0.70 aufweisen. Vgl. dazu Bray/Grant 1966 und Grant/Bray 1969.

168 Vgl. dazu auch den Abschnitt 3.2.2.1 und 3.2.2.2.

169 Berger/Luckmann1977: 149.

170 Vgl. dazu Habermas 1968.

Selektions- und Sozialisationsprozesse wirken in Kollektiven permanent Sie sind zur Aufrechterhaltung der *kollektiven Identität* auch unbedingt notwendig. Problematisch wird dieser Prozeß allerdings dann, wenn eine existente *interne Opposition* systematisch *ausgeschaltet* und *Reizthemen tabuisiert* werden.[171] Wenn bestimmte Sachverhalte grundsätzlich nicht mehr in Betracht gezogen werden, handelt es sich um eine in sich geschlossene Unternehmenskultur,[172] die zum Fundamentalismus neigt. Heterogenität wird aversiv als Störung des kulturellen Normengeflechts wahrgenommen. Im Zweifel ist man bereit, aus Gründen der Aufrechterhaltung von Stabilität, sich von denjenigen Mitgliedern zu trennen, die als zuweit entfernt vom eigentlich kulturellen Kern des Kollektivs wahrgenommen werden. In vielen Fällen erfolgt auch deren Stigmatisierung und Isolation. Dazu kommt, daß die Mitglieder beginnen, sich mehr oder weniger ausschließlich mit sich selbst bzw. mit dem eigenen Kollektiv zu beschäftigen. Eine derartige *Binnenorientierung* äußert sich beispielsweise darin, daß Mitarbeiter weitgehend mit internen Abstimmungsvorgängen beschäftigt sind, während Kundenwünsche als Störfaktor begriffen werden.

Schreyögg faßt die solchermaßen negativen Effekte der Überbetonung einer Einheitskultur zusammen.[173] Demnach

- ❑ begünstigt dies das Denken in Stereotypen[174] und vermeidet das Denken in Alternativen,
- ❑ erzwingt Konformität, fixiert auf Erfolgsmuster der Vergangenheit[175] und blockiert neue Orientierungsmuster
- ❑ ingnoriert diskrepante Feedback-Infomationen[176] und behindert kreatives Problemlösen.

Fallbeispiel: Zwanghafte Organisationen

Hier feiert der Perfektionismus wahre Triumphe. Bis ins Detail werden interne Regelungen und Wertmaßstäbe entwickelt, um Fehler, Ungewißheiten, Unklarheiten, Unwägbarkeiten und Unsicherheiten zu vermeiden. Für jede Form der Handlung gibt es Standardprozeduren. Die Hierarchie wird zum Wächter kultureller Werte, Dominanz und Unterordnung spielen die überragende Rolle.[177]

---

171 Vgl. Nowotny/Schmutzer 1974.

172 Vgl. Bleicher 1991a: 158f.

173 Vgl. Schreyögg 1989: 106.

174 Vgl. Abschnitt 3.2.2.4.

175 Vgl. Abschnitt 3.2.1.2.

176 Vgl. Abschnitt 3.2.2.3.

177 Verändert entnommen aus: Wever 1990: 81f.

Einheitskulturelle Prägungen haben sicherlich bedeutende Vorteile für die Ausbildung kollektiver Handlungsroutinen. Es bestehen beispielsweise profilierte „standard operating procedures“ und kulturelle Regelungsmechanismen, durch die in vielen Situationen mehr oder weniger alle Mitglieder auf effiziente Automatismen zurückgreifen können. Schnelles, zielgerichtetes und einheitliches Handeln einer Gesamtorganisation wird dadurch erst ermöglicht. Was fehlt ist allerdings die für komplexe Problemstellungen notwendige Varianz möglicher Handlungsoptionen. Dies wirkt sich besonders dann bedrohlich aus, wenn sich die bestehende Logik des bisherigen Geschäfts zu ändern beginnt und das Unternehmen zu Transformationen des eigenen Selbstverständnisses gezwungen ist. Die Eindimensionalität kultureller Werte wirkt dann deutlich beschränkend auf den Aufbau neuen Wissens: Man kann sich gar nicht vorstellen, daß jenseits der „alten“ Mechanismen auch andere Optionen erfolgsversprechend sein können.

3.2.4.1.2 Zusammenfassung und Wirkung

Die Nutzung individueller und kollektiver Wissenspotentiale ist durch die Überbetonung einer Einheitskultur deutlich beschränkt. Eine multiperspektivische Entscheidungsabwägung findet nicht statt, interne Opposition wird abgeleht, Reizthemen werden tabuisiert und die Organisation beschäftigt sich zunehmend mit sich selbst. Es kommt zur Ausbildung „blinder Flecken“, die ein hohes Maß an möglichen Überraschungen für die Organisation bereithalten.

Einheitskulturen wirken in dreierlei Hinsicht negativ auf den Wissenfluß in Kollektiven. Erstens ist die Wahrnehmung der Realität durch die dogmatische Weltanschauung der Organisation deutlich getrübt. Im Modell läßt sich das mit der Barriere *Nr. 1* in Verbindung mit Barriere *Nr. 11* aus Abbildung 3-5 illustrieren. Zweitens ist die eigentlich als wechselseitige Befruchtung zwischen individuellem und kollektivem Tiefen-Wissen konstruierte Verbindung zur Einbahnstraße degeneriert (*Nr. 11*). Drittens unterbleiben notwendige Handlungen von Individuen und Gruppen dann, wenn sie den kulturellen Werten entgegenstehen (*Nr. 12* und *15*). Die Festlegung auf normativ zugelassene Handlungsfelder führt deshalb zu einem Fehler der dritten Art.[178]

---

178 Vgl. Abschnitt 3.2.3.2.

3.2.4.2 Kulturelle Diversität

3.2.4.2.1 Beschreibung der Barriere

Die Überbetonung einer Einheitskultur ist das eine Extrem. Das andere ist eine kulturelle Diversität, die im vorliegenden Zusammenhang dann pathologische Folgewirkungen auf den Wissensfluß in sozialen Systemen zeitigt, wenn die Zentrifugalkräfte einzelner Subkulturen stärker wirken, als die integrierende Kraft gemeinsamer Normen.

Dazu ist zunächst zu bemerken, daß Kollektive, vor allem mit zunehmender Größe, zwangsläufig keine einheitlichen oder monolitischen Gebilde mehr sind. Im Gegenteil: Kollektive besitzen - trotz der Tendenz zur Selbstähnlichkeit - eine Vielzahl von Facetten, die die Heterogenität der Individuen und Kleingruppen spiegelt. Die Gesamtkultur eines Systems setzt sich somit aus einer Pluralität von Subkulturen zusammen. Neben der Vielfalt individueller Prädispositionen sind auch das Lebensalter, die ethnokulturelle Herkunft, die Sozialpolitik, die Technologie und die unterschiedlichen Funktions- und Berufsgruppierungen in Organisationen dafür mitverantwortlich:[179]

> „Daß man in einem Großunternehmen 'Subkulturen' vorfindet (...), ergibt sich schon aus der Tatsache, daß es unterschiedliche Branchenkulturen mit jeweils spezifischer Ausprägung gibt. Jedes Großunternehmen setzt sich im Grunde aus verschiedenen 'Branchen' zusammen. Da gibt es die Produktion, die Forschung, den Vertrieb, die Verwaltung, die Organisation und die EDV - mit ganz unterschiedlichen Anforderungen, Tätigkeitsprofilen, Ausbildungsgängen und Denkweisen der jeweiligen Funktionsgruppen. Welches marktorientierte Unternehmen kennt nicht die systemimmanente Spannung zwischen den im Markt operierenden Linienfunktionen und der Zentrale, insbesondere den zentralen Stäben? Im Rechnungswesen und in der Revision findet man eine ganz andere Mentalität vor als im Vertrieb. In der Organisation und bei der EDV wird ein ganz anderer Mitarbeiter-Typus verlangt als zum Beispiel in der Personalentwicklung. Schließlich besteht ein Spannungsverhältnis zwischen Forschung und Entwicklung einerseits und der Produktion andererseits. Insofern bilden sich in jedem Unternehmen funktionsbedingte Subkulturen heraus, die sich gegenseitig befruchten sollten, aber sich auch gegenseitig *blockieren* oder auf andere Weise das Leben schwer machen können."[180]

Die Subkulturen bringen dabei differenzierte Werthaltungen einzelner Gruppen zum Ausdruck.[181] Spartendenken und Ressortegoismus können demzufolge zu den weiter

---

179 Vgl. dazu z.B. Jamieson/O'Mara 1991, Thomas 1991, Morrison 1992.

180 Wever 1990: 85f., Hervorhebung durch J.S.

181 Vgl. Bleicher 1991a: 160ff.

oben schon beschriebenen Kooperationskonflikten[182] führen und erfordern hinsichtlich des Organisations-Ganzen einen erheblichen Koordinationsaufwand. Die einzelnen Gruppenmitglieder identifizieren sich eher mit ihren Subkulturen, als mit der Gesamtkultur, was wiederum dazu führt, daß in der Organisation divergierende Verhaltensmuster aufeinanderprallen.

Fallbeispiel: Produktentwicklung in einem multinationalen Unternehmen

In einem gemeinsamen Projekt zur Produktentwicklung mit Konzernentwicklern aus den USA und Deutschland, traten zu den fachbereichsbezogenen und beruflichen Differenzen zusätzlich *kulturelle Unterschiede* zwischen den Beteiligten hinzu. Die Partner berichteten, daß sehr langwierige Debatten über die fertigungsbezogene Auslegung des zu entwickelnden Produkts geführt werden mußten. Trotz großen Bemühens konnte man die Sichtweisen und Argumente der Partner einfach nicht verstehen und nachvollziehen; immer wieder brachen Konflikte auf, für die man keinen Grund sah. Nach langer gemeinsamer Arbeit fand man heraus, daß das Problem in - sozusagen kulturell bedingten - unterschiedlichen Auffassungen von Produktionskonzepten lag: Während die amerikanischen Entwickler das Produkt so weit wie möglich automatisch fertigen wollten, gingen die deutschen Entwickler davon aus, daß dabei in erster Linie qualifizierte Facharbeiter eingesetzt werden sollten. Die jeweiligen Fertigungskonzepte, die auf die typischen Produktionstraditionen und qualifikationspolitischen Strategien in beiden Ländern zurückgehen, waren für die Beteiligten so selbstverständlich, daß sie eben gar nicht daran dachten, daß es in dem Partnerland anders sein könnte.[183]

Zwischen den einzelnen Gruppen bestehen möglicherweise „kulturelle Gräben", die den Aufbau bzw. die Nutzung einer gemeinsamen Wissensbasis behindern. Zur existentiellen Bedrohung für die Gesamtorganisation wird dies, wenn die kulturellen Differenzen in Form einer andauernden *Wettbewerbshaltung* kollidieren. Im Anschluß an Walton sind dann unter anderem folgende Auffälligkeiten zu beobachten:[184]

- ❑ Die Ziele der einzelnen subkulturellen Gruppen werden überbetont und im Zuge politischer Prozesse zu Lasten anderer durchzusetzen versucht,
- ❑ die eigene Interessenslage wird nicht mehr öffentlich gemacht, man agiert mehr oder weniger als Geheimbund und
- ❑ die Gruppen arbeiten mit Überraschungen, Drohungen und Bluffs, um die jeweils anderen in die Irre zu führen.

Das birgt natürlich erhebliche *Risiken* für eine Gesamtorganisation. Die Bereitschaft Wissen auszutauschen, es öffentlich zu machen, es zu institutionalisieren tendiert

---

182 Vgl. Abschnitt 3.2.3.2.

183 Leicht verändert entnommen aus Lullies et al. 1993: 45.

184 Vgl. Walton 1970.

gegen Null. Im Gegenteil: Das eigene Wissensreservoir wird als Machtfaktor *gegen* die anderen organisatorischen Subgruppen eingesetzt. Im Extremfall entwickeln Subkulturen sehr dynamisch wirkende Fliehkräfte *weg* von der Organisation, was sich zuweilen in *Spinn-offs* manifestiert. Das Wissen ist dann endgültig verloren und kann als konkurrierendes Potential sogar die Überlebensfähigkeit der Ursprungsorganisation bedrohen. Aber es muß gar nicht so weit kommen. Allein die Steigerung der Kosten, die durch die Komplexität inkommensurabler Kontexte, die intensive Berücksichtigung jeder noch so kleinen Minorität und die erschwerte Konsensfindung entstehen, können die Gesamtorganisation paralysieren und zum gravierenden Nachteil im Wettbewerb werden.[185]

3.2.4.2.2 Zusammenfassung und Wirkung

Die starke Ausdifferenzierung von Subkulturen einer Organisation hemmen aufgrund der Unterschiedlichkeit ihres Normengeflechts den organisatorischen Wissensfluß. Wissen wird als Machtpotential gegenüber anderen begriffen und einem öffentlichen Zugriff systematisch entzogen.

Im Modell kann diese Art der Wissens- und Lernbarriere nur schwer illustriert werden, weil hier nur *ein* Kollektiv abgebildet ist. Geht man aber davon aus, daß größere Organisationen, wie in Abbildung 2-13 gezeigt, immer auch aus einem Plural von Kollektiven besteht, dann wird deutlich, daß ähnlich wie die Interaktion einzelner Individuen in einer Gruppe, die Interaktion ganzer Gruppen untereinander gestört ist. Die jeweils kulturell bedingten Ideologien sind nicht kompatibel und können Handlungen der Gesamtorganisation (*Nr. 15* in Abbildung 3-5) blockieren.

3.2.4.3 Mythen, Traditionen und Groupthink

3.2.4.3.1 Beschreibung der Barriere

Diese letzte Form kollektiv-kultureller Barrieren steht in einem engen Zusammenhang mit den individuellen Aufklärungs- und Realitätsdoktrinen[186] einerseits und der Überbetonung einer Einheitskultur[187] andererseits. Als Verstärkung der dort bereits erläuterten Zusammenhänge, können Organisationen teilweise bewußt auf die Erar-

---

185 Vgl. auch Kiechl 1993 a und 1993b.

186 Vgl. Abschnitt 3.2.2.4.

187 Vgl. Abschnitt 3.2.4.1.

beitung von Alternativen verzichten.[188] Die organisatorische Weltanschauung hat eine derart starke Wirkung, daß selbst dann daran festgehalten wird, wenn die unmittelbar Beteiligten nicht mehr wirklich an sie glauben.

Dies zeigt sich beispielsweise deutlich an *mythenhaft übersteigerten Traditionen*. Ein vergangener Sachverhalt, oftmals an charismatische Persönlichkeiten aus der organisatiorischen Historie gebunden, verselbständigt sich und wird zur Leitlinie bestimmter Verhaltensoptionen. Ein Wissenssurrogat tritt damit an die Stelle eigener Erfahrung und kanalisiert das Verhalten ganzer Kollektive. Komplexe Zusammenhänge werden dadurch von vorneherein extrem vereinfacht und nicht mehr hinterfragt, weil niemand sich traut, die „heilige Kuh" der Organisation ernsthaft in Frage zu stellen.[189]

Ein anderes Beispiel sind *Realitätsdoktrinen*, die in Form von Parolen und Stereotypen bzw. als Leitsätze zur Wahrnehmung und Prozessierung von Informationen wie beim Individuum wirken. Und auch die *Doktrinen der Aufklärung* finden ihr Äquivalent in sozialen Systemen. Berühmt geworden ist vor allem das Phänomen des „groupthink" von Janis:[190]

> „I use the term 'groupthink' as a quick and easy way to refer to a mode of thinking that people engage in when they are deeply involved in a cohesive in-group, when the members' strivings for unanimity override their motivation to realistically appraise alternative courses of action (...). I realize that groupthink takes on an invidious connotation. The invidiousness is intentional: Groupthink refers to a deterioration of mental efficiency, reality testing, and moral judgement that results from in-group pressures."[191]

Janis empirisches Material bestand aus einigen außenpolitischen Entscheidungen des Kabinetts von Kennedy, unter anderem diejenigen in Zusammenhang mit der Cuba-Krise. In diesen Entscheidungen konnte Janis die Tendenz nachweisen, daß Individuen und Subgruppen entgegen ihrer inneren Zweifel auf die „verantwortungsentlastende Wirkung"[192] des Urteils der Gesamtgruppe setzen. Das Streben nach Einigkeit und raschen Entschlüssen wog stärker, als die eigenen Überzeugungen. Die organisatorische Doktrin wird gleichzeitig nicht mehr in Frage gestellt, um kognitive Dissonanzen nicht aufkommen bzw. nicht entstehen zu lassen.

---

188 Vgl. Sorg 1982: 332ff.

189 Die restriktive Wirkung von Traditionen und Mythen auf die Handlungsmöglichkeiten der Betroffenen ist in einigen empirischen Analysen belegt. Vgl. dazu Clark 1972 und Mitroff/Kilman 1976.

190 Vgl. Janis 1972.

191 Ebd.: 9.

192 Sorg 1982: 327.

3.2.4.3.2 Zusammenfassung und Wirkung

Wissenssurrogate wie Mythen und Traditionen verselbständigen sich in sozialen Systemen und schränken das eigentliche verfügbare Wissen auf diese Weise ein. Differenzierte Betrachtungen werden durch die Einfachheit der Tradition ersetzt.

Im Modell wird dies durch *Nr. 11* in Verbindung mit *Nr. 12* und *15* in Abbildung 3-5 zum Ausdruck gebracht. Die kollektive Weltanschauung hat eine derart dominante Kopplung zum individuellen Tiefen-Wissen, daß die mit der Ideologie verbundenen Handlungsoptionen auch entgegenstehende Orientierungen zu übertreffen vermögen. Das Kollektiv bzw. das Individuum reduziert demnach sein verhalten auf die integrativ wirkenden Traditionen.

3.3 Die Schnittstellen der Wissens- und Lernbarrieren

Die Kategorienbildung von Wissens- und Lernbarrieren entlang der vorgenommenen Kreuztabellierung zweier Unterscheidungsdimensionen leistet eine umfangreiche Systematisierungs- und Identifikationshilfe hinsichtlich möglicher pathologischer Formen des Organisatorischen Lernens. Der Barrieren-Katalog kann beispielsweise mit einem Fragebogen und/oder einer Batterie qualitativer Interviews auf empirische Evidenz in jedem Einzelfall geprüft werden.[193] Als Resultat werden das Vorhandensein und die Auswirkung der einzelnen Wissens- und Lernbarrieren greifbar und die Interventionsstrategien im Rahmen eines Wissensmanagements können auf die tatsächlich vorliegenden Barriereneffekte justiert werden.

In diesem Zusammenhang muß aber noch einmal ausdrücklich auf die bestehenden *Interdependenzen* zwischen diesen Barrieren hingewiesen werden. Die Systematisierung der Vier-Felder-Matrix in Abbildung 3-4 darf nicht in der Weise interpretiert werden, als existierten die Barrieren isoliert nebeneinander. Vielmehr bestehen im Gegenteil starke Verknüpfungen untereinander.

Dies läßt sich zunächst *allgemein* begründen. Sieht man sich z.B. die Zuordnung individueller Barrieren zur strukturellen oder kulturellen Kategorie an, wird deutlich, daß - streng genommen - eigentlich nur die vererbten physischen Begrenzungen *eindeutig* struktureller Natur sind. Alle anderen Merkmale eines Individuums werden im Laufe der Sozialisation erlernt und haben somit auch einen kulturell vermittelten Hintergrund. Allerdings ist es im Sinne der hier verwendeten systemtheoretischen

---

193 In einem eingeschränkten Rahmen wurden die Barrieren auch in den Fragenkatalog zur Erhebung des empirischen Materials für die ausführliche Fallstudie zum Wandel der Mercedes-Benz AG in dieser Arbeit verwendet. Vgl. dazu das Fallbeispiel im Anhang.

Sicht in jedem einzelnen Fall zu rechtfertigen, stabile psychische Muster als strukturelle Merkmale von Individuen zu benennen. Die Frage bleibt natürlich, wo die *Grenze* zwischen einer Klassifikation als strukturell oder kulturell gezogen wird. Für die Beschreibung der hier vorgestellten Barrieren wurden dabei diejenigen Bewußtseinsstrukturen als strukturell klassifiziert, die zum größten Teil aus der primären Sozialisation stammen, also bereits eine lange Zeitdauer für die Individualität des jeweiligen Menschen stehen. Als kulturelle Barrieren des Individuums wurden demgegenüber die in sekundärer Sozialisation vermittelten Barrieren bezeichnet - also diejenigen Restriktionen, die durch die Sozialisation des sozialen Systems, in der sich das Individuum gerade befindet, bestimmt werden.[194] Gleiches gilt ebenso für die sozialen Systeme, bei denen es in vielen Punkten eine strittige Frage sein kann, was nun strukturelle Bedingungen im Sinne von materialen Regelhaftigkeiten eines Systems sind und was politische-kulturelle. Die Grenzziehung für die hier vorliegende Unterscheidung wurde dort vorgenommen, wo Regelhaftigkeiten mehr oder weniger „greifbar" waren, wo also „objektiv" nachvollziehbare Beschreibungen der Aufbau- und Ablaufstruktur einer Organisation vorstellbar sind.

Im *speziellen* ist bereits bei der Beschreibung der einzelnen Barrieren auf wesentliche Schnittstellen der Kategorien untereinander verwiesen worden. Keine der Barrieren besteht ausschließlich für sich allein, sondern hat ihre Beziehungen zu den jeweils anderen. In Abbildung 3-6 ist daher der Versuch unternommen, eine Art „Netzwerk" aus den diversen individuell-strukturellen, individuell-kulturellen, kollektiv-strukturellen und kollektiv-kulturellen Wissens- und Lernbarrieren zu konstruieren.

Allerdings handelt es sich nicht um ein „echtes" Netzwerk, mit dem die verstärkenden und stabilisierenden Wirkungen der einzelnen Parameter zueinander aufgezeigt werden, sondern „nur" um die Verdeutlichung der potentiellen Interfaces. Die tatsächlichen Wirkungen müssen in jedem einzelnen Fall entlang der hier vorgeschlagenen Verknüpfungen neu bestimmt werden.[195]

Eine signifikante Aussage läßt sich aber auch ohne empirische Überprüfung formulieren. Aus Sicht der sozialen Systeme scheint die *Machtverteilung*[196] und die damit zusammenhängenden Partizipationsregeln für Entscheidungsarenen mit großem Abstand *die zentrale Größe* für den Lernprozeß dort zu sein. Egal, ob es um kulturelle Diversität oder superstitious learning geht, beinahe jede der hier untersuchten Wis-

---

194 Vgl. zur Unterscheidung von primärer und sekundärer Sozialisation Berger/Luckmann 1977: 139ff.

195 Vgl. die Methodik des „Vernetzten Denkens" bei Gomez/Probst 1987, Ulrich/Probst 1988 und Probst/Gomez 1991.

196 Vgl. Abschnitt 3.2.3.3.

sens- und Lernbarrieren hängt in irgendeiner Weise mit der Frage der Macht und der Entscheidungsgewalt zusammen. Dies bedeutet zum einen, daß „Stellschraube Macht" für Interventionen im Rahmen eines Wissensmanagement die höchste Wirksamkeit, aber auch die höchsten Wechselwirkungen erzeugt. Zum anderen müssen alle anderen Interventionen immer sehr sensibel mit den daraus resultierenden Kopplungen zu Fragen der Machtverteilung gesehen werden.

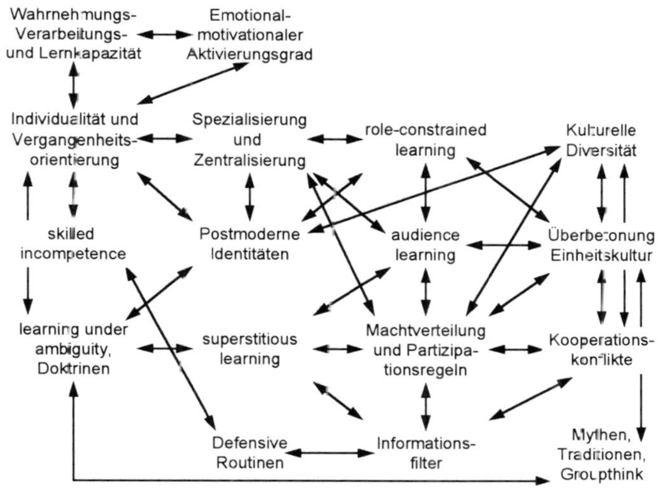

Abb. 3-6: Die Schnittstellen der Wissens- und Lernbarrieren im Überblick

4 Die Gestaltung eines Wissensmanagements

Nachdem im ersten und zweiten Kapitel die Grundlagen des Lernens von Individuen und Kollektiven geklärt, der Wissensbegriff näher umrissen sowie im dritten Kapitel der Aspekt potentieller Wissens- und Lernbarrieren vertieft werden konnte, soll nunmehr nach einer Perspektive gesucht werden, die den Weg zu einer „Lernenden Organisation" weist. Die Spur dazu wurde bereits im zweiten Kapitel gelegt und wird in diesem Kapitel unter dem Begriff „Wissensmanagement" vertieft.

Ausgangspunkt für die Gestaltung eines umfassenden Wissensmanagements ist die These, daß Wissen de facto zum dominanten Produktionsfaktor von Unternehmen geworden ist. Daraus ergibt sich die *Notwendigkeit, Wissen als ebenso „bewirtschaftbare" Größe aufzufassen,* wie die klassischen betriebswirtschaftlichen Produktionsfaktoren (Abschnitt 4.1). Vor diesem Hintergrund wird zunächst in Abschnitt 4.2 ein *konzeptioneller Rahmen* für die Gestaltung eines Wissensmanagements entworfen. Daran anschließend zeigt Abschnitt 4.3 vier Dimensionspaare, anhand derer die konkrete Gestaltung der Maßnahmen und Instrumente für ein Management des Wissens erfolgen kann. Abbildung 4-1 zeigt die Argumentation dieses Kapitels im Überblick.

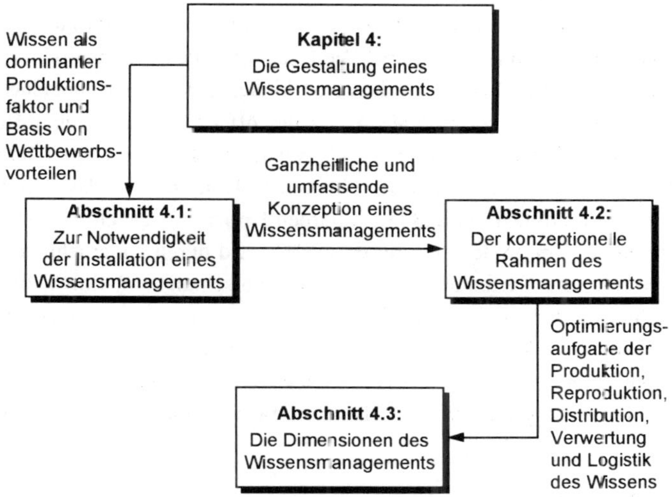

Abb. 4-1: Die Argumentationsfolge des vierten Kapitels

4.1 Die Notwendigkeit der Installation eines umfassenden Wissensmanagements

In dieser Arbeit sind bereits an vielen Stellen erste Aspekte zum Thema Wissensmanagement angesprochen worden.[1] Die grundlegende These war immer, daß die Bedeutung, die Wissen als basale Größe im organisatorischen Prozeß einnimmt, es auch erforderlich macht, Management zunehmend als Wissensmanagement zu begreifen. Dies gilt sowohl für eine makroökonomische Betrachtung ganzer Volkswirtschaften und Gesellschaftssysteme,[2] als auch für eine mikroökonomische Betrachtung einzelner Organisationen.[3] Für beide Perspektiven muß allerdings eine weitgehend fehlende, explizite Auseinandersetzung mit der Größe Wissen und der daraus resultierende Mangel an „Wissen über Wissen" konstatiert werden. Dieser Umstand überrascht deshalb, weil einige elementare Daten die steigende Bedeutung des Wissens unmißverständlich deutlich machen.

4.1.1 Die steigende Bedeutung des Wissens

Nimmt man beispielsweise die öffentlichen Ausgaben für das Erziehungswesen, die unbestritten das eigentliche Fundament für jede Form der Leistungserstellung legen, so werden in Kanada und USA pro Jahr etwa 7% des Bruttosozialprodukts oder etwa 1.300 Dollar pro Einwohner investiert.[4] Die Kosten für die Wissensproduktion gehen aber über derartige öffentliche Ausgaben weit hinaus. Nach einer Untersuchung von Rubin und Huber ist der prozentuale Anteil der öffentlichen und nichtöffentlichen Ausgaben für die Wissensproduktion am US-amerikanischen Bruttosozialprodukt bis 1980 auf über ein Drittel angestiegen.[5] Konkret bedeutet das für das Jahr 1980, bei einem Bruttosozialprodukt von 2.823 Milliarden Dollar, Ausgaben in Höhe von 968 Milliarden Dollar. Ein großer Teil dieser Kosten wird durch Unternehmen getragen. So betrugen z.B. die Gesamtaufwendungen für Forschung und Entwicklung durch den Herstellungssektor (industrielle Unternehmen) im Jahr 1987 in den USA 119 Milliarden Dollar, in der Bundesrepublik Deutschland 56 Milliarden DM und in Japan 9.836 Milliarden Yen.[6] Die Ausgaben haben sich in diesem Zusammenhang seit dem Beginn der siebziger Jahre mehr als vervierfacht. Schließlich ist auch der Anteil

---

1 Vgl. vor allem Abschnitt 2.1.2.
2 Vgl. sehr früh Hayek 1949 und Machlup 1962.
3 Vgl. z.B. Stehr 1994 und Willke 1995.
4 Vgl. UNESCO 1990.
5 Vgl. Rubin/Huber 1986:3.
6 Vgl. National Science Board 1989: 349f.

der „Wissensarbeiter" in Prozent der Gesamtbeschäftigtenzahl nach einer Studie von Wolff und Baumol in den USA von knapp 7% im Jahr 1960, über etwa 35% im Jahr 1970 auf etwa 43% im Jahr 1980 gestiegen.[7]

Natürlich ist die Verwendung dieser Daten, die den ökonomischen Wert des Wissens illustrieren, aus methodischen Gründen nicht vollkommen unproblematisch. Wissen hat keinen exakt bestimmbaren Preis und die Zuordnung bestimmter Ausgabenkategorien zur Sparte „Wissensproduktion" bzw. bestimmter Berufe zur Kategorie der „Wissensarbeiter" ist nicht in jedem Fall eindeutig. Aber dennoch läßt sich daraus die in Abschnitt 2.1 vorgetragene These empirisch erhärten, daß *Wissen zum neuen Axialprinzip der postindustriellen Gesellschaft* bzw. zum *zentralen Produktionsfaktor von Unternehmen* geworden ist.

Entlang dieser These ergeben sich umfassende Konsequenzen. Bezogen auf die *Wissensgesellschaft*

- erhöht sich z.B. die Abhängigkeit von Berufen, die - in welcher Weise auch immer - unmittelbar mit Wissen zu tun haben,[8]
- ändert sich folglich auch die Struktur der volkswirtschaftlichen Aktivitäten, weil Wissen die zentrale Ressource für das ökonomische Wachstum ist,[9]
- ist eine erhöhte Offenheit gegenüber Veränderungen zu beobachten und erhöht sich die Kontingenz und Fragilität sozialen Handelns,[10]
- verschiebt sich der Lebensmittelpunkt des Menschen von vorangig wirtschaftlichen Interessen zu anderen Lebensinhalten[11] und
- kann es zu einer Neustrukturierung der Herrschaftsstrukturen und der Legitimationsgrundlagen von Macht kommen.[12]

Auch für die Betrachtung von *Unternehmen als wissensbasierte Systeme*[13] bringt die zentrale und immer noch steigende Relevanz des Wissens gravierende Veränderungen mit sich, die natürlich zum Teil mit den Bedingungen der Wissensgesellschaft in Zusammenhang stehen. Abbildung 4-2 zeigt einige ausgewählte Bereiche in denen die Bedeutung des Wissens für betriebswirtschaftliche Unternehmen eine wesentli-

---

7 Vgl. Wolff/Baumol 1989: 25, ähnlich auch Machlup/Kronwinkler 1975 und Rubin/Huber 1986.

8 Vgl. Böhme 1988: 36.

9 Vgl. Bell 1964, Lane 1966, Drucker 1969, Bell 1973.

10 Vgl. Stehr 1994: 16.

11 Vgl. ebd.: 22.

12 Vgl. Smith 1986.

13 Vgl. nochmals Abschnitt 2.1.

che Rolle spielen und die folglich auch die Notwendigkeit eines Wissensmanagements unterstreichen.

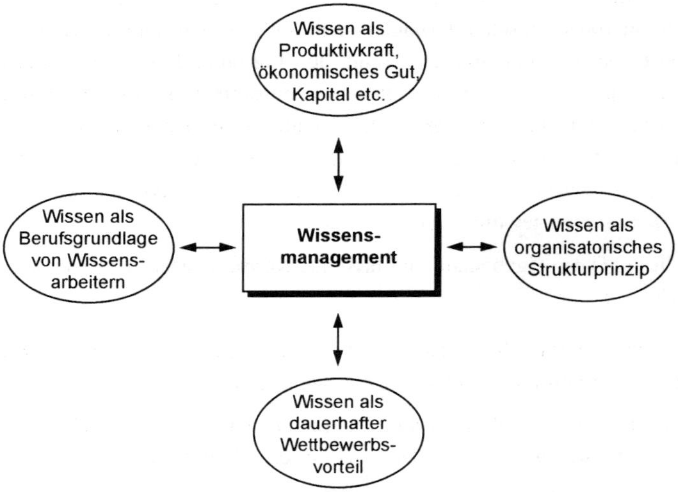

Abb. 4-2: Ausgewählte Einflußgrößen eines Wissensmanagements

(1) Wissen ist eine unmittelbare *Produktivkraft bzw. ein betriebswirtschaftlicher Produktionsfaktor*[14] und determiniert branchenabhängig zum Teil bereits über die Hälfte der Kostenposition eines Unternehmens.[15] Wissen wird aus dieser Perspektive die eigentliche Quelle der Wertschöpfung eines Unternehmens.[16] In diesem Zusammenhang wird in der Literatur auch von „knowledge intensive organizations"[17] gesprochen, in deren Produktionsfaktorensystem die Größe Wissen implizit oder explizit berücksichtigt ist.[18] Die zentrale Bedeutung, die dem Wissen in Unternehmen als Produktionsfaktor zufällt, bedingt konsequenterweise auch eine Beschäftigung mit dem Aspekt des Wissens als grundlegend *ökonomisches Gut*. Damit in Zusam-

---

14 Vgl. Albrecht 1993: 59ff., Bierfelder 1989: 1f. und Warnecke 1988: 12.

15 Vgl. Drucker 1986: 778.

16 Vgl. Bell 1979 und Gregerman 1989.

17 Bonora/Revang 1993: 191.

18 Vgl. Albrecht 1993: 61ff. und zur expliziten Berücksichtigung z.B. Wittmann 1977.

menhang steht auch die Frage des Preises bzw. der Preisbildung von Wissen.[19] So werden beispielsweise die in Patenten und Lizenzen gebundenen Wissenspotentiale zum Teil schon heute in der Bilanz aktiviert. Das führt schließlich zu einer Betrachtung von Wissen als *Kapital* bzw. *Aktivposten* eines Unternehmens.[20]

(2) Die produktive Funktion des Wissens läßt vollkommen *neue Formen von Produkten und der organisatorischen Gestaltung der Produktion* zu.[21] Ein Produkt besteht aus dieser Sicht z.B. aus einer Ansammlung diverser Dienstleistungsaktivitäten, deren wertschöpfende Aktivitäten keineswegs mehr an einen konkreten Ort und die organisatorische Zuordnung zu einem monolitischen Unternehmen gebunden sind. Die Etablierung einer Infrastruktur von digitalisierten Kommunikationsnetzen ermöglicht den beinahe unbegrenzten Austausch von Daten und Informationen innerhalb und zwischen einzelnen organisatorischen Einheiten, wobei der ungehinderte Informations-transfer solchermaßen auch die Basis für einen reibungslosen Wissensfluß formiert.[22]

(3) Dauerhafte *Wettbewerbsvorteile* von Unternehmen entstehen in diesem Zusammenhang durch überlegene Wissenspotentiale. Die optimale Gestaltung von Systemen der Wissensproduktion, -reproduktion, -distribution, -verwertung und des Wissensflusses ist eine wesentliche Voraussetzung dafür. Die vordringliche Aufgabe ist nicht allein die bessere Nutzung vorhandenen Wissens sowie die Schaffung neuen Wissens durch diese Systeme,[23] sondern vor allem die Etablierung und umfassende Entwicklung wissenslogistischer Systeme selbst. Produktion, Reproduktion, Verteilung und Verwertung von Wissen sind aber nicht nur ein zentrales Thema der Logistik als funktionale Einheit, sondern rekursiv in allen betriebswirtschaftlich relevanten Prozessen anzuwenden.[24]

(4) In allen wesentlichen betriebswirtschaftlichen Funktionsbereichen, egal ob Forschung & Entwicklung oder Marketing, ist eine deutliche *Verwissenschaftlichung* durch konsequente Anwendung wissenschaftlicher oder daraus abgeleiteter Methoden festzustellen. Dies läßt sich nicht zuletzt an der heute breiten Durchdringung von Organisationen mit akademisch ausgebildeten Experten ablesen.[25] Auch im betriebswirtschaftlichen Kontext gewinnen neue Berufe an Bedeutung, die sich als „*Wissensarbeiter*" in weitesten Sinne mit der Produktion und Verarbeitung von Wis-

---

19 Vgl. z.B. Boulding 1966, Manville 1995 und Edvinsson 1995.

20 Vgl. Stewart 1994 und Koechlin 1995.

21 Vgl. z.B. Quinn 1992.

22 Vgl. Willke 1995: 10.

23 Vgl. Bonora/Revang 1993: 191, Zucker/Schmitz 1994 und 1995.

24 Vgl. Lullies et al. 1993.

25 Vgl. Sadler 1988, World Bank 1992: 275 und Willke 1995: 5ff.

sen beschäftigen.[26] Die Notwendigkeit der Anwendung von wissenschaftlich ausdifferenziertem Spezialwissen führt zu einer Verschiebung der bisherigen Machtstrukturen und etabliert neben bzw. anstelle hierarchischer Strukturen eine Gliederung durch *Expertenmacht.*[27]

4.1.2 Zur Entstehung der Begrifflichkeit eines Wissensmanagements

Die genannten Punkte betreffen Unternehmen jeder Branche bereits seit dem Beginn der sechziger Jahre - und dies mehr oder weniger unmittelbar. Quinn faßt dies in einer prägnanten Aussage zusammen:

> „Der Unternehmenserfolg wird eher von der Entwicklung und Entfaltung intelligenter Ressourcen abhängen, als vom Management der physischen Rohstoffe."[28]

Um so unverständlicher ist es, daß der daraus abgeleitete Gedanke eines professionell ausgestalteten *Managements des Wissens* lange Zeit brach lag. Abgesehen von den ersten wissenschaftlichen Publikationen zur Bedeutung des Wissens in einer sich wandelnden Gesellschaft[29] sowie den darauf aufbauenden Publikationen zur zentralen Relevanz des Wissens in ökonomischen Zusammenhängen[30] hat sich auf diesem Gebiet erst im Zusammenhang mit dem Thema des Organisatorischen Lernens wieder etwas bewegt.

In der amerikanischen Literatur taucht zunächst der Begriff des *Knowledge Management*[31] auf, der allerdings weder in der Praxis, noch in der deutschsprachigen Literatur große Resonanz finden konnte. In letzter Zeit ist aber eine häufigere Verwendung des Begriffs *Wissensmanagement* bzw. *Management des Wissens* auch in deutschen Publikationen festzustellen.[32] Und in der unternehmerischen Praxis wächst die Sensibilität für diese Thematik deshalb, weil angesichts der These, daß nur etwa 20 bis

---

26 Vgl. Wolff/Baumol 1989.

27 Vgl. Bonora/Revang 1993: 194 und Stehr 1994: 350ff.

28 Quinn 1994: 48.

29 Vgl. nochmals Bell 1964, Lane 1966 und Drucker 1969.

30 Vgl. z.B. Boulding 1966, Porat/Rubin 1977, Machlup 1981 und 1984 und Rubin/Huber 1986.

31 Vgl. z.B. Zand 1969, Rickson 1976, Hertz 1988.

32 So beispielsweise bei Stefanou 1988: 1, Laske 1989: 24, Kleinhans 1989, Fohmann 1990a und 1990b, Albrecht 1993, S 94ff. Strasser 1993 und 1994, Schüppel 1995a, 1995b und 1995c, Pawlowsky 1994 und 1995.

30% des eigentlich verfügbaren organisatorischen Wissens tatsächlich genutzt werden, große Produktivitätspotentiale vermutet werden.[33]

Die Begrifflichkeit eines Wissensmanagements bezieht sich in sehr unterschiedlicher Qualität auf die im vorangegangenen Abschnitt genannten Auswirkungen der steigenden Bedeutung des Wissens für Organisationen.[34] Wissen wird insofern als Grundlage organisatorischer Handlungen und Entscheidungen angesehen, dessen zentrale Bedeutung als Produktionsfaktor eine explizite Auseinandersetzung mit dieser Größe erfordert. Wissen muß also in einem wohlverstandenen Sinne „gemanagt" werden, wobei dieses Management ausgerichtet sein kann auf

- die zielgerichtete, geplante Wissensversorgung einer Organisation,
- die Handhabung der Ressource Wissen als knappes Gut,
- die Kosten- und Leistungspotentiale von Wissen,
- die Wissensquellen und
- die unterstützenden (technischen und nicht-technischen) Systeme der Wissensproduktion,- reproduktion, -distribution, -verwertung und des Wissensflusses.

In welcher Weise dies die bislang vorliegenden Ansätze zu einem organisatorischen Wissensmanagement tun, zeigt der nächste Abschnitt.

4.1.3 Die verschiedenen Ansätze zu einem Wissensmanagement

4.1.3.1 Technikorientierung versus Humanorientierung

In den bisher vorliegenden Publikationen, die in unterschiedlich umfassender Form einen Beitrag zum Thema Wissensmanagement liefern, können zunächst zwei Grundströmungen differenziert werden. Grob klassifiziert handelt es sich dabei um

- technikorientierte und
- humanorientierte Beiträge.[35]

---

33 Vgl. Mühlemannn 1995 sowie die neueren Publikationen zum Knowledge Management wie Sveiby/Lloyd 1990, Nonaka 1990, Kogut/Zander 1991, Hedlund/Nonaka 1993, Bonora/Revang 1993, Gibbons et al. 1994, Hedlund 1994, Wikström/Norman 1994.

34 Vgl. den Überblick über die Begriffsdefinitionen bei Albrecht 1993: 92ff.

35 Vgl. ebd. 94ff.

(1) Viele Ansätze beziehen sich mehr oder weniger ausschließlich auf eine *technische Auslegung* des Wissensmanagements. Im Vordergrund stehen folglich Überlegungen, wie mit maschineller Hilfe, vor allem durch die wissensorientierte Auslegung der elektronischen Datenverarbeitung, Wissen in Organisationen besser und schneller verarbeitet werden kann. Wissensmanagement besteht aus dieser Perspektive hauptsächlich aus Informations-, Daten-, Hardware- und Softwaremanagement. Man kann diese Ansätze deshalb auch als „Management der Expertensystemtechnik", oder noch enger als „Datenbankmanagement" bezeichnen.[36] Die unternehmerische Praxis verarbeitete die Auseinandersetzung mit diesem Thema ebenfalls meistens unter dem Stichwort „Informationsmanagement" in der dafür zuständigen funktionalen Abteilung „Organisation und EDV" bzw. ähnlich ausgerichteten Spezialabteilungen.

(2) Demgegenüber gibt es Beiträge, die - meistens implizit - bereits den Weg zu einer *humanorientierten Auslegung* des Wissensmanagements geebnet haben. Aus dieser Perspektive steht der Mensch als Wissensträger im Fokus weiterer Überlegungen. Die Aufgabe eines darauf gerichteten Wissensmanagements ist ergo das Individuum mit seinen vielfältigen Fähigkeiten und Fertigkeiten, dessen Potentiale offensichtlich nicht vollumfänglich genutzt und im Zuge diverser Maßnahmen zur Entfaltung gebracht werden sollen. Wissensmanagement wird demnach mit Humanressourcen-Management gleichgesetzt bzw. darunter subsumiert.[37] In der unternehmerischen Praxis liegt diese Aufgabe meist in den Händen der für das Personalmanagement zuständigen Abteilung für Personalwesen bzw. Personalentwicklung.

Beide Varianten haben ihre Berechtigung und stellen dennoch eine deutliche Verkürzung dar. Dies wird besonders dann deutlich, wenn man sich noch einmal die Ausführungen aus dem zweiten Kapitel dieser Arbeit in Erinnerung ruft. Die Konstruktion eines Wissensmanagements aus technischer Perspektive ist beispielsweise zu einseitig auf den Aufbau von Speicher- und Verarbeitungssystemen zentriert und kann darüber hinaus in keiner Weise die umfassenden kognitiven Aspekte individuellen Wissens und der damit auch verbundenen Emotionen und Kognitionen erfassen. Ebenso ausgeblendet bleiben Fragen des individuellen und kollektiven Tiefen-Wissens. Gleichzeitig stellen die technischen Wissenssysteme aber einen wesentlichen Baustein für die Prozessierung von Wissen jenseits der eigentlich primären Träger dar. In dieser Hinsicht haben wiederum die humanorientierten Ansätze ihre Schwachstelle.

---

36 Als Beispiele seien die Beiträge von Kleinhans 1989, Maciejewski 1989, Puppe 1990 und Luft 1991 genannt.

37 Vgl. z.B. Pucik 1988.

4.1.3.2 Konzepte eines ganzheitlichen Wissensmanagements

Die wirklich umfassenden Ansätze eines Wissensmanagement gehen deshalb in Überwindung einer dichotomen Auffassung von einem *ganzheitlichen Wissensmanagement* aus, das Aspekte der Technik- und Humanorientierung in sinnvoller Weise verbindet. An dieser Stelle sollen mit den Beiträgen von

- ❑ Fohmann,
- ❑ Albrecht und
- ❑ Nonaka

drei mögliche Ausprägungen für holistische Konzeptionen kurz vorgestellt werden.

(1) Fohmann[38] fordert als einer der ersten eine explizite Auseinandersetzung mit dem organisatorischen Wissen als wesentlichem Wertschöpfungsfaktor - und zwar bereits unter dem Begriff Wissensmanagement. Wissen kann nach Ansicht von Fohmann in jedem Abschnitt der Wertschöpfungskette verortet und entsprechend bewirtschaftet werden.[39] Die Managementaufgabe besteht konkret darin, *auf jeder Prozeßstufe Aufbau, Vertiefung, Modernisierung, Pflege, Aktivierung, Konservierung, Bereitstellung, Verteilung und Vervielfältigung von geschäftsrelevantem Wissen* zu leisten. Die dafür verantwortlichen Fachgebiete Personal, Organisation und Wissenstechnik sollen deshalb zunächst die Erfassung des vorhandenen Wissensbestandes leisten, danach die zu erreichenden Wissensziele festlegen, daraus die mittel- und kurzfristigen Wissensziele ableiten, Wissensprojekte zu deren Erfüllung auflegen und die Zielerreichung kontrollieren. In den so umrissenen strategischen und operativen Maßnahmen des Wissensmanagement werden personal- und technikzentrierte Maßnahmen gleichermaßen verwendet.

(2) Albrecht[40] geht noch einen Schritt weiter. Während Fohmann seinen ganzheitlichen Ansatz in der Weise kreiert, daß er Technik- und Humanorientierung gleichgewichtig nebeneinander stellt und als Aufgabe dem Personal- und Informationsmanagement überträgt, sieht Albrecht das Problem des Wissensmanagements als originäre Angelegenheit des Top-Managements. Er fordert eine „wissensorientierte Unternehmensführung"[41], die Wissen im Unternehmen als Managementaufgabe begreift und sowohl auf menschliches, als auch auf maschinelles Wissen ausgerichtet ist. Als Gestaltungsdimensionen ergeben sich daraus das *Wissensressourcen-Management*,

---

38 Fohmann 1990a und 1990b.

39 Vgl. auch die Darstellung in Abschnitt 2.1

40 Vgl. Albrecht 1993.

41 Ebd. 92.

das nach den Quellen und der Entstehung des für Unternehmen relevanten Wissens fragt, das *Humanressourcen-Management*, das auf den Menschen als Wissensträger und Wissensverarbeiter zentriert ist und das *Wissenstechnik-Management*, das Aspekte der maschinellen Wissensprozessierung umfaßt. Durch diese drei Gestaltungsdimensionen kann die „Querschnittsfunktion"[42], die Wissen aus einer holistischen Perspektive hat, entlang von folgenden Fragestellungen bearbeitet werden:

> „Wer im Unternehmen braucht wann und wozu welches Wissen? Wie und woher ist dieses Wissen zu beschaffen? Wo ist welches Wissen gespeichert? Wer darf wann auf welches Wissen zugreifen? Wann und wie wird welches Wissen verarbeitet?"[43]

Das strategische Wissensmanagement hat vor diesem Hintergrund im Rahmen einer unternehmensweiten Wissensstrategie die Prozeßgestaltung der Wissensbeschaffung, -speicherung, und -verwertung vorzugeben und entsprechende Rahmenbedingungen für das operative Wissensmanagement zu geben.

(3) Nonaka[44] illustriert seine Auffassung von Wissensmanagement gerne mit dem Bild einer „Wissensspirale". Damit bezeichnet er den immerwährenden Wechsel von Wissens-Internalisation und Wissens-Externalisation entlang der möglichen Wissensträger Individuum, Gruppe und Organisation. Der Ausgangspunkt zu dieser Spirale liegt nach Nonaka zunächst beim Individuum und seiner Option, durch Erfahrungsbildung Wissen zu generieren. Durch Interaktion verschiedener Individuen in kollektiven Zusammenhängen gibt der einzelne einerseits sein eigenes Wissen preis („externalisation") und überträgt es auf andere („sharing experience"), andererseits internalisiert er wiederum deren Erfahrungshintergrund bzw. die sozialen Normen des Kollektivs („internalisation"). Unterstützt wird dieser Prozeß durch die explizite Erfassung bislang nur implizit vorhandenen Wissens. Dazu sind zum einen die Kommunikationen und Interaktionen zwischen den einzelnen Organisationsmitgliedern notwendig, zum anderen aber auch die technische Speicherung und maschinelle Prozessierungsmöglichkeiten.

In dieser Arbeit wird letztlich einer ganzheitlichen Sicht des Wissensmanagements gefolgt, deren konzeptioneller Rahmen im nächsten Abschnitt näher erläutert wird.

---

42 Ebd. 101.

43 Ebd., Aufzählungszeichen weggelassen.

44 Vgl. Nonaka 1991, 1992 und 1994. Ähnlich auch Hedlund/Nonaka 1993.

4.2 Der konzeptionelle Rahmen des Wissensmanagements

Die zentrale Bedeutung die Wissen für Organisationen - besonders für die im Wettbewerb stehenden Unternehmen hat - steht in einem offensichtlichen Mißverhältnis zur Berücksichtigung dieser Größe in Überlegungen zur Unternehmensführung. Akzeptiert man aber die These, daß Wissen zum Axialprinzip bzw. zur wichtigsten Ressource von Organisationen geworden ist - und dafür gibt es zahlreiche empirische Hinweise, ergibt sich daraus zwingend die Forderung nach einer *wissenszentrierten Unternehmensführung*.

In dieser Arbeit wird deshalb versucht, die bestehende Lücke in der betriebswirtschaftlichen Theorie und der unternehmerischen Praxis systematisch zu schließen. Es wird versucht, eine *Konzeption des Wissensmanagements* auszuarbeiten, die einerseits anschlußfähig an die Theorie des Organisatorischen Lernens ist, andererseits als praktische Gestaltungshilfe in Unternehmen Verwendung finden kann. Als Ziel des Wissensmanagements gilt dabei die *optimierte Ausschöpfung aller relevanten Wissenspotentiale* und der gleichermaßen *optimierte Wissensfluß* entlang der Kernprozesse einer Organisation, um einen dauerhaften und schwer kopierbaren Wettbewerbsvorteil zu erreichen.

4.2.1 Die Verwendung des Begriffs Wissensmanagement in dieser Arbeit

In dieser Arbeit wird einer *ganzheitlichen Auffassung* des Wissensmanagements gefolgt, die allerdings eine deutliche *Akzentuierung auf die Humanorientierung* aufweist. Dies ergibt sich aus den im zweiten Kapitel diskutierten Vorstellungen darüber, was die organisatorische Wissensbasis eigentlich ausmacht. Diese Wissensbasis ist einerseits davon abhängig, daß Individuen Teile ihrer eigenen Wissensbasis zur Verfügung stellen und andererseits durch Kommunikationen und Interaktionen Phänomene wie kollektive Handlungsroutinen und kollektiv gültige Weltanschauungen entstehen. In dem hier vertretenen Ansatz wird es folglich immer darum gehen, im Sinne des Schichtenmodells[45] möglichst viel Wissen aus noch nicht genutzten Schichten hinzuzugewinnen und dieses Wissen dauerhaft zu institutionalisieren. Wo immer technische Systeme eine Hilfestellung dazu bieten, wird auch deren Einsatz diskutiert.

Wissensmanagement ist demnach in einem ersten Zugriff als ein Entwurf zu verstehen, der alle möglichen human- und technikorientierten Interventionen und Maßnah-

45 Vgl. Abschnitt 1.2.2.1.4.

menpakete umfaßt, die dazu geeignet sind, die Wissensproduktion, -reproduktion -distribution, -verwertung und -logistik in einer Organisation zu optimieren. Der besondere Fokus wird auf diejenigen Maßnahmen gelegt, die über eine Mobilisierung der individuellen und kollektiven Wissensbasis bzw. der auf die Veränderung dieser Wissensbasis gerichteten Lernprozesse eine verbesserte Ausschöpfung der jeweiligen Wissenspotentiale herbeiführen können. Die Interventionshebel werden nach einer Analyse der Spezifika der jeweiligen Wissensbasis bzw. der Lernprozesse sowie der immanenten Geschäftslogik einer Organisation, genau an den Stellen angesetzt, an denen Wissens- und Lernbarrieren Organisatorisches Lernen verhindern und die Verfügbarkeit der „richtigen" Wissenspotentiale, zum „richtigen" Zeitpunkt, in der problemadäquaten Menge und Qualität behindern.

4.2.2 Die vier Akte zum Wissensmanagement

Der konzeptionelle Rahmen zur Gestaltung eines auf die wissenszentrierte Unternehmensführung ausgelegten Wissensmanagements beinhaltet *vier aufeinanderfolgende Akte*, die konsequent auf die *Ausschöpfung der prinzipiell erreichbaren Wissens- und Lernpotentiale* einer Organisation gerichtet sind. Die konkrete Ausformung des Wissensmanagements entlang verschiedener Gestaltungsdimensionen stellt sich dabei als letzter Schritt in einer Folge dar, die die Betrachtung einer Organisation als wissensbasiertes und lernendes System konsequent vorbereiten. Abbildung 4-3 zeigt die solchermaßen geschaffene „Dramaturgie" eines konzeptionellen Rahmens des Wissensmanagements im Überblick.

(1) In einem ersten Akt steht die *systematische Auseinandersetzung mit den für das eigene Geschäft charakteristischen Wissenselementen* im Vordergrund. In Anlehnung an die Abbildung 2-2 werden alle Wertschöpfungsaktivitäten, Geschäftsprozesse, Produkte, Dienstleistungen, Vernetzungen, strukturelle Rahmenbedingungen etc. - also die temporären Materialisierungen des organisatorischen Prozesses - hinsichtlich des damit in Verbindung stehenden Wissens analysiert. Die Auseinandersetzung erfolgt unter der grundlegenden Prämisse, individuelles und kollektives Wissen explizit als Managementobjekt bzw. elementaren Produktionsfaktor zu betrachten. Die für das eigene Geschäft und die spezifische Ausprägung der eigenen Organisation relevanten Wissensbausteine werden dadurch einmal systematisch entlang von bekannten Darstellungsformen wie Wertschöpfungskette, Ablaufdiagramme, Organigramme etc. abgebildet. Als Ergebnisse erhält man einen rudimentären Überblick über das *Kernwissen* einer Organisation, also dasjenige Wissen, das das Überleben der Organisati-

on in seiner Umwelt sicherstellt,[46] erste Hinweise darauf, in welcher Weise der *Wissenskombinationsprozeß* strukturiert ist und welche *Wissensträger* daran beteiligt sind. In diesem Zusammenhang kann man eventuell bestehende Ergebnisse aus bereits gelaufenen Projekten, z.B. Reengineeringprojekte sinnvoll nutzen.

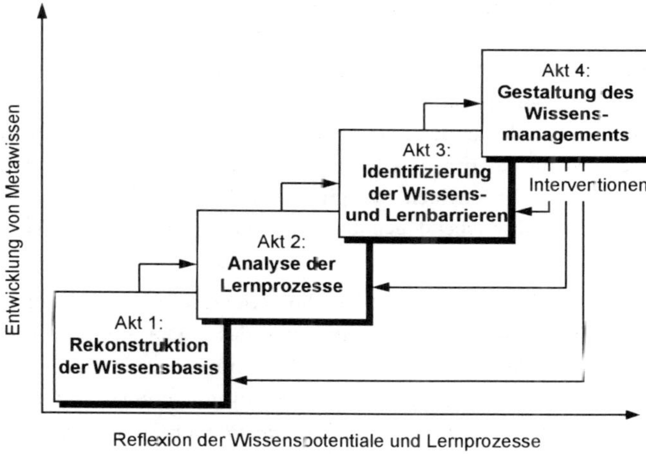

Abb. 4-3: Die vier Akte zum Aufbau eines Wissensmanagements

(2) Als zweiter Akt erfolgt die *Analyse der eigenen Lernprozesse*. Anhand des hier vorgestellten integrierten Modells individuellen und kollektiven Lernens[47] - aber natürlich auch anhand von anderen Referenzmodellen - können sich z.B. die Organisationsspitze bzw. jede einzelne organisatorische Einheit und jedes einzelne Organisationsmitglied in selbstreflexiver Weise mit den individuellen und kollektiven Lernprozessen auseinandersetzen. Dazu eignet sich besonders die Untersuchung erfolgreicher und/oder nicht-erfolgreicher Beispiele aus der eigenen Lerngeschichte. Die im Idealfall für jeden Beteiligten nachvollziehbaren Exempel sollten zum einen aus der jeweils eigenen Perspektive analysiert und anschließend mit einer fremden Sichtweise, z.B. durch Gegenüberstellung mit einer organisationsinternen oder -ex-

46 Vgl. zu dieser Vorgehensweise auch Strasser 1994: 25f.

47 Vgl. Abbildung 2-12 und 2-13.

ternen Fremdbeobachtung, konfrontiert werden. Am Ende dieser Analyse steht als Ergebnis eine Diagnose typischer Verlaufsmuster organisatorischer Lernprozesse sowie ein Einblick darüber, wer mit welchem Wissen an diesen Lernprozessen beteiligt war.

(3) Daran anschließend konzentriert sich der dritte Akt auf die *Identifizierung* der in jedem Lernprozeß potentiell immer vorhandenen *Wissens- und Lernbarrieren.* Die im dritten Kapitel diskutierten Beispiele derartiger Barrieren und die Illustration der Wirkungsweise aus Abbildung 3-5 können als Diskussionsgrundlage dafür dienen. Aber ebenso wie bei der Identifizierung typischer Lernmuster, wird es zu jeweils arteigenen Mustern von Barrieren kommen, die den spezifischen Charakter der fokalen Organisation bzw. der an den Lernprozessen dort Beteiligten zum Ausdruck bringen. Entscheidend für das Ergebnis ist in jedem Fall, daß explizit die Frage gestellt wird, *warum* in den untersuchten Lernprozessen die individuellen und kollektiven Wissensbasen nicht ausreichend genutzt bzw. neues Wissen dort nicht aufgebaut wurde.

(4) Erst nachdem die ersten drei Akte die *diagnostische Aufarbeitung der Ist-Situation* einer Organisation geleistet haben und das organisatorische Wissen damit tatsächlich einmal als Managementobjekt im Vordergrund stand, macht es Sinn, sich als „Finale" der Dramaturgie über die *konkrete Gestaltung eines, auf die spezifische Situation der jeweiligen Organisation maßgeschneiderten, Wissensmanagements* Gedanken zu machen. Es liegt auf der Hand, daß aus all den heute bereits bekannten human- und technikorientierten Interventionen diejenigen auszuwählen sind, die den Wissens- und Lernmustern einer Organisation und der dort verankerten „business logic" umfassend Rechnung tragen.

Die vorgeschlagene Sequenz aus Abbildung 4-3 bildet den konzeptionellen Rahmen, wie man entlang der in dieser Arbeit vorgeschlagenen Argumentation zu einer systematischen Betrachtung von Organisationen als wissensbasierte Systeme und ein daran angelehntes Management des Wissens kommt. Die Reihung der Akte darf allerdings nicht so interpretiert werden, daß dadurch eine unumkehrbare Folge postuliert ist. Die Akte stehen vielmehr in einem *interdependenten Zusammenhang.* In der konkreten Auseinandersetzung mit dem Wissen und Lernen einer Organisation wird man daher immer wieder *zwischen den einzelnen Schritten hin- und herspringen,* also teilweise Ergebnisse der eigentlich nachgelagerten Stufe vorab in die Bearbeitung der vorgelagerten Stufe miteinbeziehen. Dies ist z.B. bei der Analyse des Lernprozesses immer dann notwendig, wenn die Untersuchung von Mißerfolgen bereits auf prominente Barrieren hinweist.

Der Vorteil dieser Vorgehensweise zum Aufbau eines Wissensmanagements ist, daß man anhand des Modells individuellen und kollektiven Lernens sowie der dort sortierten Barrieren mehr oder weniger *alle maßgeblichen Faktoren der individuellen und kollektiven Wissensbasis sowie der individuellen und kollektiven Lernprozesse in Organisationen* erfassen und mögliche Interventionen konsequent daran ausrichten kann. Grundlegende Interventionen können damit hinsichtlich der in der Gesamtorganisation sowie den einzelnen Gruppen und Individuen vorhandenen Wissens- und Lernpotentiale ausgerichtet werden. Die sorgfältige Durchführung von Analysen zu den spezifischen Wissensbasen, Lernprozessen und Barrieren fördert nämlich nicht mehr nur verdeckte Effizienzpotentiale der Oberflächenstruktur zu Tage,[48] sondern *lotet zusätzlich auch die Tiefenstruktur einer Organisation aus.*[49] Dadurch vermeidet man, in sich konsistente, aber an die charakteristische Situation der Gesamtorganisation, ihrer Subgruppen und Mitglieder nicht anschlußfähige Programme zu konstruieren und bei deren Implementierung zwangsweise zu scheitern. Nur so läßt sich die heute noch eher geringe Erfolgsquote umfassender Interventionen möglicherweise erhöhen - man denke in diesem Zusammenhang z.B. daran, daß bislang etwa nur ein Sechstel der großangelegten Reengineeringprojekte tatsächlich die hochgesteckten Erwartungen erfüllen.

Wissensmanagement ist demnach tatsächlich als ein Ansatz zur wissenszentrierten Unternehmensführung zu verstehen, der die umfassende und systematische Auseinandersetzung mit dem Wissen und Lernen von psychischen und sozialen Systemen als nicht-triviale Maschinen sucht, dabei potentielle Barrieren ausdrücklich thematisiert, auf die Mobilisierung der Wissens- und Lernpotentiale zielt und damit ein wesentliches Instrument zur Bewältigung des organisatorischen Wandels darstellt. Der nächste Abschnitt wird vor diesem Hintergrund einen Gestaltungsrahmen aus vier Dimensionspaaren präsentieren, mit dem die von Nonaka geforderte Wissensspirale in Gang gesetzt werden kann.

4.3 Die Dimensionen des Wissensmanagements

Die Konzeption eines systematisch aufgebauten Wissensmanagements wird in dieser Arbeit entlang von vier *Dimensionspaaren* entwickelt. Jedes Paar stellt ein *Kontinuum* dar, welches durch zwei Extremausprägungen an den Polen begrenzt wird. Keines der Extrema ist richtig oder falsch bzw. dem anderen über- oder unterlegen. Anhand der Dimensionspaare werden vielmehr *Spannungsfelder* aufgezeigt, die je nach den Gegebenheiten der einzelnen Organisationen bestimmte Optionen in der einen

48 Dies ist die zentrale Problemstellung „klassischer" Beratungsprojekte.

49 Vgl. zur Unterscheidung von Oberflächen- und Tiefenstruktur nochmals Gomez/Müller-Stewens 1994.

oder anderen Richtung bzw. ein „Sowohl-als-auch“ anzeigen. Die Dimensionspaare stehen überdies in teilweise enger Verflechtung miteinander und können folglich im konkreten Anwendungsfall nicht isoliert voneinander analysiert und gemanagt werden. Im Gegenteil wird die praxisgerechte Anwendung durch ein permanentes Springen von der einen Dimension zur anderen gekennzeichnet sein. Diese grundlegenden Konstruktionsprinzipien müssen immer im Blickfeld bleiben, wenn in den nächsten Abschnitten die einzelnen Dimensionen ausführlich vorgestellt werden.

Wissensmanagement zeigt sich dann als *Optimierungsversuch*, der sich gleichzeitig auf folgende Wissenspotentiale bezieht:

- ❑ Erstens auf die *inneren* und *äußeren* Wissenspotentiale mit der zentralen Frage nach den relevanten Wissensträgern (Abschnitt 4.3.1),
- ❑ zweitens auf die *aktuellen* und *zukünftigen* Wissenspotentiale bezüglich der Frage nach den relevanten Wissensinhalten (Abschnitt 4.3.2),
- ❑ drittens auf *explizites* und *implizites* Wissen hinsichtlich dem Aspekt der Sichtbarkeit und Kommunizierbarkeit des Wissens (Abschnitt 4.3.3) sowie
- ❑ viertens auf *Erfahrungs-* und *Rationalitätswissen* unter dem Gesichtspunkt der Reichhaltigkeit von Wissen (Abschnitt 4.3.4).

Die Modellierung einer Wissensspirale entlang dieser Dimensionspaare erfolgt allerdings immer unter dem Aspekt des angestrebten *Transfers der Wissenspotentiale* zwischen Individuen, organisationalen Gruppen, der Gesamtorganisation und des organisatorischen Umfeldes sowie der *Institutionalisierung des Wissens* innerhalb der fokalen Organisation.

Damit sind zum einen die in Abschnitt 3.1.1 bereits erläuterten Formen des Wissenstransfers angesprochen, bei denen ein personenbezogener, personenübergreifender und gruppen-/bereichsübergreifender Austausch unterschieden wurde. Die Differenzierung taucht hier als Rahmenbedingung zur Konstruktion des Wissensmanagements erneut auf. Das bedeutet, daß jede Maßnahme zum Wissensmanagement auch dahingehend geprüft werden muß, ob sie den intendierten Transfer leisten oder zumindest unterstützen kann. Zum anderen kommt es immer darauf an, das Wissen dauerhaft in der Organisation zu verankern - und zwar jenseits der betrachteten Ebenen von Wissensträgern. Für jede Art des Wissens, das unmittelbar an seine Träger gebunden oder aber nicht direkt zugänglich ist, muß ein Wissensmanagement dessen stabile Institutionalisierung anstreben.[50]

---

[50] Vgl. dazu auch Hedlund/Nonaka 1993: 118ff.

Bevor in den folgenden Abschnitten die einzelnen Dimensionspaare ausführlich diskutiert werden, zeigt Abbildung 4-4 noch einmal zusammenfassend die Gestaltungsprinzipien des hier vorgeschlagenen Wissensmanagements.

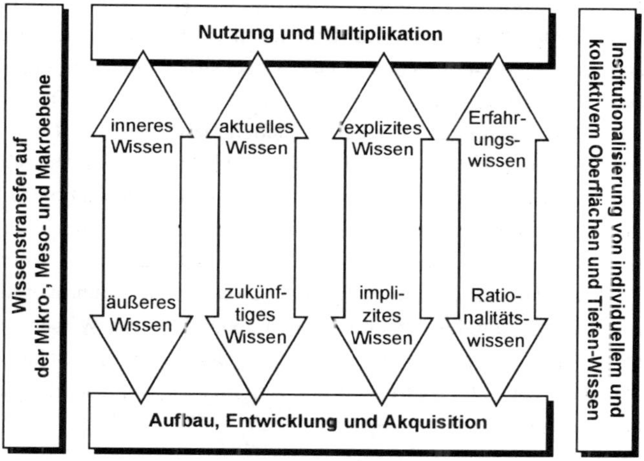

Abb. 4-4: Die Dimensionspaare des Wissensmanagements

4.3.1 Management von inneren und äußeren Wissenspotentialen

Mit dem Dimensionspaar innerer und äußerer Wissenspotentiale wird vor allem versucht, der Frage nachzugehen, *wer* hinsichtlich der Gestaltung der Wissensprozesse einer Organisation *Träger relevanter Wissensbausteine* sein kann und damit Adressat von möglichen Interventionen. Zum einen sind dies die einzelnen Organisationsmitglieder und organisatorischen Gruppen als Träger intern bereits vorhandenen Wissens (Abschnitt 4.3.1.1), zum anderen betrifft dies alle weiteren Know-how-Träger außerhalb der fokalen Organisation (Abschnitt 4.3.1.2).

4.3.1.1 Das Management innerer Wissenspotentiale

Daß das Wissen der Organisationsmitglieder in der Zeit der Wissensgesellschaft zur zentralen Ressource bzw. zum Axialprinzip der Organisation geworden ist, wurde bereits an mehreren Stellen dieser Arbeit betont.[51] Insofern überrascht die explizite Auseinandersetzung mit den internen Wissenspotentialen eines Unternehmens als „unsichtbares Kapital"[52] und relevante Dimension im Rahmen eines Wissensmanagements nicht besonders. Im Gegenteil: Die Wissensbasis einer Organisation besteht in einem ersten Zugriff zunächst aus demjenigen Wissen, das die Organisationsmitglieder einer Organisation zur Verfügung stellen bzw. prinzipiell zur Verfügung stellen könnten - in der Terminologie Pautzkes sind dies die Wissensschichten eins bis drei.[53] Die Bedeutung, die das Wissen der einzelnen Organisationsmitglieder für das Wissen der Gesamtorganisation hat, kommt besonders in kompetenzintensiven Unternehmen, wie z.B. Beratungsgesellschaften, Anwaltskanzleien, Werbeagenturen etc. zum Ausdruck. Hier ist organisatorisches Wissen sehr stark und vor allem unmittelbar an das Wissen zentraler Persönlichkeiten gebunden. Das Wissensreservoir des Individuums verdrängt damit die sonst bestimmenden betriebswirtschaftlichen Größen, wie Finanzkapital oder Betriebsmittel und rückt ins eigentliche Zentrum des Produktionsprozesses.

Mit der Gestaltungsperspektive des *Managements von inneren Wissenspotentialen* wird der Blick also nach „innen" gerichtet und danach gefragt,

- ob die prinzipiell erreichbaren individuellen und kollektiven Wissenspotentiale allgemein bekannt sind und wirklich ausgeschöpft werden (Schritt 1),
- ob problemadäquates Wissen zum richtigen Zeitpunkt, in der richtigen Menge und Qualität am richtigen Ort konkrete Handlungsoptionen eröffnet (Schritt 2),
- ob Maßnahmen ergriffen werden, die die Abwanderungsgefahr von relevanten Wissensträgern reduzieren und ob in diesem Zusammenhang Institutionalisierungsmechanismen etabliert sind, die das Wissen der Organisation unabhängig vom einzelnen Träger machen (Schritt 3).

---

51 Vgl. z.B. Abschnitt 2.1 und 4.1.

52 Vgl. z.B. Itami 1987.

53 Vgl. Pautzke 1989: 79 und Abschnitt 1.2.2.1.4.

4.3.1.1.1 Schritt 1: Identifizierung und Nutzung des vorhandenen inneren Wissens

Mit dem ersten Schritt steht die Nutzung und Multiplikation des grundsätzlich vorhandenen Wissens durch die Organisation im Vordergrund. In diesem Zusammenhang wird davon ausgegangen, daß aufgrund der im dritten Kapitel genannten Barrieren nur ein Bruchteil dieser Potentiale tatsächlich zur Verwendung gelangen.[54] Dieser Schritt ist der umfangreichste und wichtigste im gesamten Zusammenhang, weil offensichtlich ein immenser Wissensvorrat vorhanden ist, der mit geringen Kosten genutzt werden kann. Für eine Organisation muß es deshalb darauf ankommen, bereits vorhandenes Wissen zu entdecken, es zu mobilisieren und in konkrete Handlungsoptionen zu transformieren. Dafür werden insgesamt fünf Instrumente vorgeschlagen:

- ❑ Der Aufbau einer Wissens-Landkarte bzw. eines Wissens-Branchenbuches,
- ❑ der Einsatz von Wissens-Brokern,
- ❑ die Entlohnung nach dem Wissensumschlag,
- ❑ die Einrichtung eines betrieblichen Vorschlagswesens und
- ❑ die strukturelle Erhöhung des Handlungsspielraumes.

Als Ausgangspunkt kann an die Überlegungen zur rudimentären *Rekonstruktion der Wissensbasis* als erster Akt zu einem Wissensmanagement angeschlossen werden:[55] Welches Unternehmen hat sich tatsächlich schon einmal *konkret* damit auseinandergesetzt, welches Wissen für das eigene Geschäft relevant ist und welches Wissen in dieser Beziehung in den Köpfen der Mitarbeiter vorhanden ist?[56] Und selbst wenn eine derartige Auseinandersetzung, beispielsweise in Verbindung mit umfangreichen Workshops zu einer strategischen Neuausrichtung erfolgt sein sollte, bleibt der darüber hinaus gehende Aspekt, was die Mitarbeiter zusätzlich noch wissen und warum sie es nicht einsetzen in der Regel unreflektiert.

(1) Der Aufbau einer Wissens-Landkarte bzw. eines Wissens-Branchenbuches

Mit einer Landkarte der eigenen Wissensbasis („knowledge map“[57]) kann man vor diesem Hintergrund sicherlich schon einige ungenutzte Wissenspotentiale zu Tage fördern. Als Ausgangspunkt für die Erstellung dieser Wissens-Landkarte stellt man sich vor allem zwei Fragen:

---

54 Vgl. auch Frey 1989: 179.

55 Vgl. Abschnitt 4.2.2.

56 Vgl. ähnlich Bohn 1990, Daniel 1990 und Albrecht 1993: 187.

57 Vgl. zu diesem Begriff Seemann/Stucky 1995.

- ❑ Wer im Unternehmen braucht wann und wozu welches Wissen und
- ❑ woher wird dieses Wissen intern beschafft?

Man nimmt sich dazu z.B. das Organigramm und kategorisiert die dort aufgeführten Personen danach, welches Wissen dort „offiziell“ zur Bearbeitung der übertragenen Aufgaben vorhanden ist. Zusätzlich überlegt man sich aber auch, welches Wissen *jenseits* der eigentlichen Stellenbeschreibung in der täglichen Praxis durch die Organisationsmitglieder abgerufen und verwendet wird. Jeder Arbeitsplatz stellt sich dann als eine Art „Börse des Wissens“ dar, an dem eine Vielzahl von Wissensströmen kanalisiert werden.

Fallbeispiel: Die Erstellung einer Wissens-Landkarte bei Hoffmann LaRoche
Die Erstellung einer Wissens-Landkarte im Zusammenhang mit der Zulassung von Pharma-Präparaten war der Ursprung einer neu gegründeten Abteilung „Knowledge Systems“ des schweizerischen Pharmakonzerns Hoffmann LaRoche AG. Für die Marktzulassung der einzelnen Präparate sind gesetzlich vorgeschriebene, sehr umfangreiche Dokumentationen des gesamten Forschungsprozesses erforderlich. In der Regel enthalten diese Berichte auf mehreren tausend Seiten detaillierte Beschreibungen darüber, was, zu welchem Zeitpunkt, aus welchem Grund und mit welchem Ergebnis im Hinblick auf die angestrebte Produktentwicklung jeweils getan wurde. Angestoßen durch ein Reengineeringprojekt zur Verkürzung der extrem langen Entwicklungszeiten,[58] wollte man die Qualität der Zulassungsdokumente unter Einbeziehung der entsprechenden Behörden verbessern, um damit die Markteinführung neuer Präparate zu beschleunigen. Bei den dazu notwendigen Arbeiten kam man auf den Gedanken, daß die Zulassungsdokumente zwar eigentlich nur für den gesetzlich vorgeschriebenen externen Kunden produziert werden, daß darin aber mehr Potential verborgen ist. Die Dokumente sind nämlich letztlich nichts anderes als die ausführliche Charakteristik des Entwicklungsprozesses, mit einer systematischen Auflistung aller daran beteiligter Wissens- und Entscheidungsträger - also eine Wissens-Landkarte mit Orientierungsfunktion. Man hatte demzufolge bereits ein Nachschlagewerk darüber, wer in der Organisation über welches Wissen verfügt und wann bzw. in welchem Zusammenhang dieses Wissen notwendig ist. Die Idee fand ihre konsequente Fortsetzung, indem das katalogisierte Wissen auf Basis der bisherigen Dokumentation in einem Wissens-Branchenbuch („Yellow Pages“) zusammengefaßt wurde. Geordnet nach bestimmten Problemstellungen kann nunmehr jedes Organisationsmitglied den richtigen Ansprechpartner mit dem notwendigen Wissen herausfinden. Die Wissensträger sind unabhängig von der funktionalen oder hierarchischen Strukturierung aufgeführt und können somit organisationsweit ohne Einhaltung der bislang geltenden, offiziellen Abfragemechanismen direkt angesprochen werden.[59]

---

58 Ein Pharmaprodukt braucht von der Idee bis zur Markteinführung im Durchschnitt etwa zehn bis 15 Jahre, kostet im Schnitt über 250 Millionen Dollar und jeder Tag verspäteter Markteinführung bedeutet bis zu einer Million Dollar entgangenen Umsatz.

59 Vgl. zu diesem Beispiel ausführlich Seemann/Stucky 1995.

Die Rekonstruktion der eigenen Wissensbasis anhand der eben geschilderten Erarbeitung einer Landkarte oder eines Branchenbuches[60] eröffnet in der Regel ungeahnte *Produktivitätssprünge*. So stößt man im Zuge des Prozesses

- auf nicht bekanntes und deshalb auch nicht genutztes Wissen,
- auf bekanntes und aufgrund diverser Barrieren nicht genutztes Wissen,
- auf bekanntes, aber nicht mehr relevantes Wissen,
- auf solches Wissen, das zwar bekannt ist und auch verwendet wird, aber nur unzureichend multipliziert ist,
- auf Organisationsmitglieder, die eigentlich keinerlei relevantes Wissen in die Organisation abgeben, aber qua Funktion oder Hierarchie eine dominante Stellung einnehmen und
- auf Organisationsmitglieder, die zentrale Know-how-Träger sind, aber keine entsprechende Verankerung in der organisatorischen Struktur aufweisen.

(2) Der Einsatz von Wissens-Brokern

Über die Erstellung der Landkarte bzw. des Branchenbuches generiert man außerdem wertvolles *Meta-Wissen* über zentrale organisatorische Prozesse, weil alle an der Aufarbeitung beteiligten Mitarbeiter zur Reflexion über die eigene Arbeit und ihr eigenes Wissen angehalten werden. Die mit der Durchführung unmittelbar befaßten Mitarbeiter werden vor diesem Hintergrund zu Experten über das Wissen der Organisation bzw. anders ausgedrückt zu potentiellen Wissens-Brokern, die eine *Maklerfunktion* bei der organisatorischen Wissensverwertung einnehmen können. Die Aufgabe der Broker ist es primär, Wissensträger und Wissensnutzer zusammenzubringen, Transparenz hinsichtlich des organisatorischen Wissensbestandes zu schaffen und Barrieren der Nutzung vorhandenen Wissens zu eliminieren.

Im Zusammenhang mit diesem zweiten Instrument entscheidet also auch wie beim ersten Instrument der Aspekt der Barrieren darüber, ob die intern vorhandenen Wissensbausteine tatsächlich zur Anwendung gelangen oder nicht. Hier kommen vor allem zwei grundlegende Kategorien der im dritten Kapitel dargelegten Wissens- und Lernbarrieren zum Tragen. Erstens sind es die *Barrieren des Wollens*, also der motivationalen Grundlage jeder Handlung und zweitens *die Barrieren des Dürfens*, also der strukturellen Ermöglichung individuellen Handelns, die eine umfassende Nutzung existenten Wissens behindern. Im dritten Kapitel sind diese Barrieren unter den

---

[60] Man kann dies natürlich auch anhand eines „Wissensflußdiagrammes" oder einer anderen Darstellungsform tun.

Begriffen des emotional-motivationalen Aktivierungsgrades[61] und der strukturellen Verteilung von Macht und Partizipationsmöglichkeiten[62] behandelt worden. Beide Barrieren führen im Ergebnis dazu, daß ein einzelner *sehr wohl wüßte* oder *könnte*, es aber aus den dort angesprochenen Gründen *nicht will* oder *nicht darf*.

Hinsichtlich des *Wollens* müssen die Maßnahmen zum Management des inneren Wissens also auch alle wesentlichen Fragen der *Motivation* berücksichtigen. Hier kommen als Maßnahmen grundsätzlich alle Formen personalwirtschaftlicher *Leistungsstimulation* in Frage. Im besonderen sind es die verschiedenen Optionen des Arrangements von Anreizsystemen, die dazu beitragen können, daß der einzelne der Organisation mehr von seinem eigenen Wissen zur Verfügung stellen will.

(3) Die Entlohnung nach dem Wissensumschlag

Im Bereich der *monetären Anreize* kann ein Weg darin bestehen, die Entlohnung nicht mehr ausschließlich von der funktionalen und hierarchischen Stellung innerhalb der Organisation abhängig zu machen, sondern die Gehaltstruktur daran zu orientieren, daß derjenige besser bezahlt wird, dessen Wissensbasis umfassend und multiplikativ zum Einsatz kommt. Diese Entlohnungsform schafft letztlich eine Art internen Markt: Wer viel Wissen im „Angebot" hat und dieses Wissen möglichst oft „verkaufen" kann, wird entsprechend viel verdienen. Dadurch entwickelt man für jeden einzelnen einen unmittelbaren Anreiz, das eigene Wissen tatsächlich vollumfänglich einzusetzen und darüber hinaus für Aktualisierung und Ausweitung der eigenen Wissensbasis zu sorgen.

(4) Die Einrichtung eines betrieblichen Vorschlagswesens

Ein anderer Weg über *monetäre* bzw. teilweise auch über *nicht-monetäre Anreize* das Wissen der einzelnen Organisationsmitglieder zu mobilisieren, ist die Einführung eines betrieblichen Vorschlagswesens oder eines entsprechenden Ideenwettbewerbs.[63] Mit diesen personalwirtschaftlichen Instrumenten sind Einrichtungen gemeint, die die Mitarbeiter zu Vorschlägen hinsichtlich der eigenen oder fremden Arbeitsabläufe anspornen sollen. In der Regel wird dazu eine zentrale Stelle eingerichtet, an der die einzelnen Ideen gesammelt und hinsichtlich möglicher Einsparungen bzw. Qualitätsverbesserungen bewertet werden. Die Einreicher werden dann zumeist mit Geld- oder Sachprämien belohnt, die sich an der Höhe der durch die Idee ausgelösten Effekte orientieren. Durch das Vorschlagswesen entsteht somit eine Mobilisie-

---

[61] Vgl. Abschnitt 3.2.1.3.

[62] Vgl. Abschnitt 3.2.3.3.

[63] Vgl. dazu ausführlich Thom 1991.

rung des Wissens der Mitglieder einer Organisation, die über die eigentliche Nutzung im Rahmen der täglichen Routinearbeiten weit hinaus gehen kann.

Fallbeispiel: Betriebliches Vorschlagswesen bei Mettler-Toledo
Ein besonders gutes Beispiel für die Mobilisierung des Wissens gibt die einfache Konstruktion des betrieblichen Vorschlagswesens bei Mettler-Toledo. Von jedem Mitarbeiter wird dort erwartet, daß er seine eigene Arbeit jede Woche, mindestens aber jeden Monat um eine Winzigkeit verbessert und nach der Einführung der Verbesserung mit einem einfachen Blatt drei Informationen an die Geschäftsleitung meldet. Erstens soll mit ein bis zwei Sätzen erklärt werden, worum es bei der Verbesserung geht. Zweitens soll der Mitarbeiter auf einem Feld mit drei Kästchen ankreuzen, ob die Verbesserung kostensparend, zeitreduzierend oder qualitätssteigernd wirkt. Und drittens sollen alle Namen aufgelistet werden, die bei der Umsetzung der Verbesserung behilflich waren. Für jeden Namen der hier erscheint, wandert ein Zehn-Mark-Schein in einen Prämientopf, der zum Jahresende an alle Mitarbeiter nach Köpfen ausgeschüttet wird, egal wie oft sich der einzelne tatsächlich beteiligt hat. Das Ziel ist es, zunächst eine Reflexion mit dem eigenen Arbeitsprozeß zu erreichen und das Wissen der einzelnen Mitarbeiter umfassend zu nutzen. Gleichzeitig wird aber auch ein wesentlicher Schritt in Richtung Institutionalisierung und Kollektivierung des Wissens getan, indem der Wert der Verbesserung mit der Zahl der davon betroffenen Personen unmittelbar steigt. Dadurch ist ein Anreiz zur unmittelbaren Kommunikation über die Arbeitsprozesse gegeben, der letztlich auch die Transparenz und Integration dieser Prozesse über die Wissensgrenzen der Individuen und der starren Funktionsgrenzen hinaus befördern kann.[64]

Natürlich sind die beiden Instrumente der Entlohnung und des Vorschlagswesens nur zwei Teilaspekte mit der die emotional-motivationalen Grundlagen des Handelns und entsprechende Anreize zur besseren Nutzung der vorhandenen Wissensbasis geschaffen werden. Sie betreffen hauptsächlich Teile der *extrinsischen Motivation*. Nicht vergessen werden darf in diesem Zusammenhang die Frage der *intrinsischen Motivation*, also der Leistungsanreize, die aus der Arbeitsaufgabe selbst entstehen. Hier sind es vor allem strukturelle Fragen der Machtverteilung und der Partizipationschancen, die den Handlungsspielraum des einzelnen Mitarbeiters und der organisatorischen Subgruppen und damit auch die Frage des *Dürfens* determinieren. Es ist offensichtlich, daß der begrenzte Zugang zu den relevanten Entscheidungsarenen in „klassischen" Strukturierungsformen, die vor allem Spezialisierung und hierarchische Ausdifferenzierung betonen, die Nutzung und systematische Vernetzung des potentiell verfügbaren Wissens einer Organisation deutlich behindern.

(5) Die strukturelle Erhöhung des Handlungsspielraumes

Der Handlungsspielraum eines einzelnen bzw. einer Gruppe ist als Konstruktion aus drei Dimensionen zu verstehen, die festlegt, was die eigentliche Tätigkeit an Aufgaben umfaßt, welche Möglichkeiten entlang der Aufgaben für eigene Entscheidungen

---

64 Vgl. dazu ausführlich Probst/Tikart 1994: 87ff.

und Kontrollfunktionen bestehen und, ob die Möglichkeit existiert, soziale Kontakte im Rahmen der Aufgabenerfüllung zu knüpfen.[65] Alle gegenwärtig diskutierten Maßnahmen, die beispielsweise unter den Stichworten „job rotation", „job enlargement", „job enrichment" und „autonome Arbeitsgruppen" präsentiert werden, zielen in diesem Zusammenhang letztlich nur auf ein Ziel: Die in den vergangenen Jahrzehnten übertriebene Spezialisierung in der Arbeitsteilung zurückzunehmen und die Einheit von Aufgabe, Kompetenz und Verantwortung auf jeder organisatorischen Stelle im größtmöglichen Maßstab wiederherzustellen. Im besonderen sind es die Überlegungen im Zuge des Reengineering, die dazu führen, daß bestimmte Prozesse ganzheitlich auf multifunktionale Teams übertragen werden und dadurch der Handlungsspielraum der Gruppe und jedes Gruppenmitglieds in allen drei Dimensionen gleichzeitig erhöht wird.

Fallbeispiel: Die Erhöhung des Handlungsspielraumes durch die Übertragung von Prozeßverantwortung auf multifunktionale Teams

In einem Unternehmen der amerikanischen Computerindustrie wurde im Zusammenhang mit einem Reengineeringprojekt die ursprüngliche funktionale Organisationsform mit der darin enthaltenen Trennung in F&E, Produktion, Vertrieb und Finanzen wieder aufgehoben. Primäres Gliederungskriterium der strukturellen Gestaltung waren demgegenüber nunmehr die drei Kernprozesse Auftragserteilung, integrierte Logistik und Technologievermarktung, um die herum jeweils multifunktionale Teams gruppiert wurden. Als Grundprinzip der Stellenbildung galt, daß jeder Mitarbeiter für die Optimierung des Gesamtprozesses verantwortlich ist. Die darauf ausgelegte Architektur der Stellen ermöglichte es den Mitarbeitern auf diese Weise grundsätzlich, jeden Vorschlag zur Prozeßgestaltung unmittelbar und ohne Rücksicht auf die sonst üblichen Funktionsgrenzen, einzubringen und damit das vorhandene Wissen in Bezug auf die Gestaltung der Prozesse optimal zu nutzen und zu vernetzen. Der Erfolg des Reengineeringprojektes wurde von den Beteiligten, besonders in der Startphase, sehr weitgehend auf die „Ernte" der bislang nicht genutzten Ideen aus der eigenen Organisation zurückgeführt.[66]

Die Diskussion kann auf struktureller Ebene unter die umfassenden Bemühungen zur Dezentralisierung subsumiert werden, die auf die *Autonomie der kleinsten Einheit* zielen.[67] Hinsichtlich der Ausschöpfung von vorhandenem inneren Wissen steht durch dieses Prinzip vor allem die Ausnutzung des unternehmerischen Potentials im Vordergrund. Mit Hilfe von „intrapreneurship", also der Etablierung von unternehmerisch selbständigen Einheiten im Unternehmen, werden jeder Einheit alle wesentlichen Funktionen übertragen und nur eine Restgröße an notwendigen Unterstützungsleistungen in zentraler Regelung belassen. Die einzelnen Einheiten sind dadurch im Sinne der eben geschilderten multifunktionalen Teams zusammengesetzt,

---

65 Vgl. dazu Rosenstiel 1987: 95ff. und Rosenstiel/Weinkamm 1980.

66 Vgl. dazu Stewart 1992.

67 Vgl. Gomez 1988 und 1992: 170f.

die in unmittelbarer Interaktion über alle relevanten Wissensbausteine zur Erledigung ihres Geschäftes verfügen. Die Bereitstellung des notwendigen Wissens wird damit nicht durch institutionalisierte Funktionsgrenzen behindert, sondern erfolgt mehr oder weniger „online".

Mit der Überwindung von Funktionsgrenzen ist schließlich auch schon der zweite Schritt für die Gestaltung des Managements innerer Wissenspotentiale angesprochen, nämlich der Aspekt, daß problemadäquates Wissen zum richtigen Zeitpunkt, in der richtigen Menge und Qualität am richtigen Ort konkrete Handlungsoptionen eröffnen sollte. Es ist dies weniger, wie beim ersten Schritt, eine Frage der Identifizierung eigentlich vorhandenen Wissens, sondern vielmehr eine Frage der konsequenten Nutzung, Vernetzung und Multiplikation dieser Wissenselemente im Rahmen einer umfassenden Wissenslogistik.

4.3.1.1.2 Schritt 2: Aufbau einer umfassenden Wissenslogistik

Unter den Begriff der *Wissenslogistik* werden all jene Maßnahmen zusammengefaßt, mit denen das differenzierte Wissenspotential einer Organisation systematisch integriert wird, um sicherzustellen, daß bezüglich der anfallenden Problemstellungen das notwendige Wissen tatsächlich zur Verfügung steht.[68] Die Bedeutung dieser Frage nimmt besonders hinsichtlich der strukturellen Abgrenzung hochspezialisierter Wissensbereiche ständig zu. Die daraus folgenden Wissens- und Lernbarrieren der Spezialisierung und Zentralisierung sind im dritten Kapitel bereits ausführlich beschrieben worden.[69] Die Wissenslogistik einer Organisation sollte vor diesem Hintergrund

- ❑ spezialisiertes und ausdifferenziertes Wissen integrieren,
- ❑ unterschiedliche Perspektiven ausbalancieren,
- ❑ Zielkonflikte auflösen und
- ❑ Steuerungswissen für die Gestaltung von übergreifenden Prozessen bereitstellen.[70]

Als Ausgangspunkte zur Gestaltung der Wissenslogistik stehen zwei unterschiedliche Maßnahmen zur Verfügung:

- ❑ Die Einrichtung von Projektgruppen, Qualitätszirkeln etc. und

---

68 Vgl. dazu Lullies et al. 1993: 16.

69 Vgl. Abschnitt 3.2.3.2.

70 Vgl. Lullies et al. 1993: 35.

- die umfassende Verwendung elektronischer Medien.

(1) Die Einrichtung von Projektgruppen, Qualitätszirkeln etc.

Für die Etablierung wissenslogistischer Prozesse im Zuge des Managements innerer Wissenspotentiale kommt es darauf an, divergente Perspektiven systematisch miteinander zu konfrontieren. Dazu bietet die Einrichtung von Projektgruppen eine gute Möglichkeit, die als eine Art Sekundärorganisation parallel zur eigentlichen Primärorganisation installiert werden kann.[71] Jeder Teilnehmer von Projektgruppen kann in diesen temporären Konfigurationen sein eigenes Wissen einbringen bzw. fremdes Wissen aufnehmen, ohne daß er seine eigentliche „Heimat" in der Organisation verlassen muß. In den Projektgruppen - gleiches gilt im übrigen auch für Qualitätszirkel und ähnliche Konzepte -

- treffen die einzelnen Sichtweisen und Wissensbasen der Beteiligten unmittelbar aufeinander,
- können die verschiedenen Realitätsauffassungen des Tiefen-Wissens authentisch artikuliert werden,
- wird ein Verständnis für die Sichtweise des jeweils anderen aufgebaut, ohne daß die eigene Perspektive vollkommen aufgegeben werden muß (Aufbau von Reziprozität),
- wird die begrenzte Lösungsmächtigkeit einzelner Wissensbasen im Gruppenkontext erhöht und
- die Umsetzung von getroffenen Entscheidungen durch die Beteiligung an der Entscheidungsfindung inhaltlich und zeitlich verbessert.

Besonders wichtig für Projektstrukturen - aber auch prinzipiell für den Wissensfluß durch Organisationen - ist die *räumliche Nähe* der einzelnen Mitglieder. Dort, wo direkte Kommunikationen und Interaktionen stattfinden, verschwinden strukturelle Spezialisierungsbarrieren quasi von selbst. Daraus ergibt sich außerdem eine Anforderung an die Größe der Gruppen und die architektonische Gestaltung der Räumlichkeiten, die auf Transparenz und Gemeinsamkeit angelegt sein sollten. Darüber hinaus gilt es, alle vorliegenden Formen der *elektronischen Vernetzung* zu nutzen. Dort, wo unüberwindbare räumliche Grenzen existieren, wie beispielsweise bei der Bearbeitung eines globalen Projektes durch europäische und asiatische Dependancen, kann der computergestützte Datenaustausch die räumliche Nähe *virtuell* erzeugen.

---

71 Vgl. zu diesem Vorschlag Zucker/Schmitz 1994: 64, ausführlich Lullies et al. 1993: 235.

Fallbeispiel: Know-how-Transfer innerer Wissenspotentiale an der Schnittstelle zwischen Produktion und Entwicklung bei der SIG Schienenfahrzeuge

Die SIG Schienenfahrzeuge produziert in der Schweiz Fahrwerke und Personenübergänge für Bahnen im Personenverkehr und stand vor dem Problem, in ihrem Marktsegment sowohl mit schnelleren Innovationszyklen, als auch mit drastisch reduzierten Preisen konfrontiert zu sein. Größte Bedeutung wies man der Schnittstelle zwischen Produktion und Entwicklung zu, denn nach der Entwicklung einer konstruktiven Lösung gab es offensichtlich zu viele Änderungswünsche aus der Produktionsabteilung, die ein enormes Kostenpotential verursachten. Bei der Analyse der Änderungsursachen zeigte sich, daß nur ein geringer Anteil der Änderungen auf externe Ursachen wie Kunden- und Lieferantenwünsche zurückzuführen waren, die Gründe also im wesentlichen in internen Änderungswünschen und Anforderungskriterien zu suchen waren. Als Reaktion darauf installierte die SIG organisationsweit interdisziplinäre Teams mit Entwicklungs- und Produktionsspezialisten sowie ein Projektinsel-Konzept, mit dem die räumliche Umsetzung der Teamorganisation geleistet werden sollte. Jedes Schnittstellenproblem konnte demnach sofort innerhalb des betroffenen Projektteams diskutiert und die Ergebnisse für jedes Mitglied visualisiert werden. Der Know-how-Fluß wurde darüber hinaus durch eine matrixähnliche Projektstruktur abgestützt: Zusätzlich zum Projektleiter, der die organisatorische Federführung innehatte, installierte die SIG in jedem Team einen Fachverantwortlichen als Fachpromotor, einen überwiegend extern orientierten Produktbetreuer und einen eher intern orientierten Produktingenieur. Diese Vielschichtigkeit erhöhte noch einmal die direkte Beteiligung unterschiedlicher Wissenspotentiale und damit die Nutzung des bereits vorhandenen Know-how.[72]

(2) Die umfassende Verwendung elektronischer Medien

Mit dem Aspekt der elektronischen Datenverarbeitung ist, neben den Mitgliedern einer Organisation und den organisatorischen Gruppen, ein weiterer interner Wissensträger benannt, der für die Wissenslogistik eine wesentliche Rolle spielen kann.[73] Computer und Computersysteme können in vielfältiger Weise dazu verwendet werden,

- ❑ Wissen individueller oder kollektiver Träger zu speichern,
- ❑ Wissen hinsichtlich verschiedener Ordnungskriterien zu systematisieren, d.h. Wissen statisch und dynamisch zu verknüpfen und
- ❑ Wissen hinsichtlich unterschiedlicher Ordnungskriterien abzurufen.

Alle diese Funktionen geschehen allerdings nicht unabhängig vom Wissen der Organisationsmitglieder, die als Programmierer oder Anwender mit dem Wissen von elektronischen Systemen in unmittelbarer Verbindung stehen. Deshalb muß man zwar bedenken, daß ein einmal abgerufenes Wissen aus Computern bereits zum Zeitpunkt der Aufnahme durch den Anwender verändert wird und die Unterstützungs-

---

72 Vgl. ausführlich Zbinden 1995.

73 Vgl. Albrecht 1993: 173ff.

funktion dieses technischen Wissensträgers damit sicherlich zu relativieren ist. Aber angesichts der logistischen Aufgabenstellung, das innere Wissenspotential zu optimieren, können Computersysteme dennoch ein zentrales Hilfsinstrument darstellen.

So ist es beispielsweise das ausdrückliche Ziel von Systemen der „künstlichen Intelligenz“[74] und von „Expertensystemen“[75] bzw. von „*wissensbasierten Systemen*“[76] als Oberbegriff, daß

> „das Fachwissen über ein Anwendungsgebiet explizit und unabhängig vom allgemeinen Problemlösungswissen dargestellt wird.“[77]

Bestimmte innere Wissensbausteine sind also unabhängig von den originären Trägern und der vorliegenden Problemstellung gespeichert und können von jedem beliebigen Organisationsmitglied nach Bedarf abgerufen werden.

Die Nähe zu der bereits angesprochenen Wissens-Landkarte bzw. zu dem daraus resultierenden Wissens-Branchenbuch ist unübersehbar. Der Vorteil der elektronischen Variante gegenüber diesen beiden, auf Papierdruck angewiesenen Instrumenten, liegt sicherlich in der grundsätzlichen Offenheit gegenüber der weiteren Wissensentwicklung, der daraus bedingten Aktualisierbarkeit und den verschiedenen Möglichkeiten der Verknüpfung. Die Anwender können daher „auf Knopfdruck“ einen aktuellen Überblick über alle vorhandenen Wissensbausteine und die damit verbundenen Ansprechpartner innerhalb der Organisation erhalten.

Fallbeispiel: Projektdatenbanken bei Beratungsgesellschaften

Eine einfache, aber dennoch wirkungsvolle Version für solche elektronischen Systeme stellen die Projektdatenbanken der international tätigen Beratungsgesellschaften (McKinsey, Boston Consulting Group etc.) dar. Jedes bearbeitete Projekt wird hinsichtlich der zugrundeliegenden Problemstellung des Klienten, der Ergebnisse inklusive aller verwendeten Charts und der daran beteiligten Berater archiviert und kann weltweit abgerufen werden. Für bestimmte Problemstellungen sind die entsprechenden Wissenselemente und „Wissens-Experten“ dadurch beinahe mühelos auszumachen. Identifizierung und Mehrfachnutzung des intern vorhandenen Wissens ist dann nur noch eine Frage der tatsächlichen Anwendung. Gleichzeitig erfüllt die Datenbank aber auch noch die Voraussetzung für einen internen Wissens-Markt bzw. die damit mögliche wissensorientierte Entlohnung der global agierenden Consultants: Diejenigen Berater, nach deren Projekt-Know-how große Nachfrage besteht, können sich am internen Markt für Problemlösungen profilieren und entsprechend viele Beratertage für sich verbuchen.[78]

---

74 Vgl. Irrgang/Klawitter 1990.
75 Vgl. Zelewski 1986
76 Vgl. Kleinhans 1989: 53.
77 Kurbel 1989: 18.
78 Vgl. Manville 1995.

Natürlich steht die Verbesserung der Wissenslogistik durch Installation von Projektgruppen und der Verwendung technischer Unterstützungssysteme in einem engen Zusammenhang mit der oben bereits angesprochenen motivationalen Grundlegung des Handelns. Die Gruppenmitglieder müssen die Möglichkeit der Zusammenarbeit, die durch die Installation der Projektgruppen lediglich strukturell eröffnet wird, auch tatsächlich wollen, um die intendierten Ziele für die Ausschöpfung der inneren Wissenspotentiale zu erreichen. Nur dann ist es zu erwarten, daß räumliche Nähe bzw. der Einsatz technologischer Hilfestellungen die intendierten Ziele der Projektarbeit wirklich ausschöpfen hilft. In diesem Zusammenhang sollte die strukturelle Ermöglichung durch flankierende Maßnahmen der Personalentwicklung abgestützt werden. Durch Trainings zur Teamentwicklung, bei der vor allem Fragen sozialer Kompetenz im Vordergrund stehen, wird dann die entsprechende Fähigkeit aufgebaut, Wissensintegration de facto zu realisieren.[79]

Neben den ersten beiden Schritten zur umfassenden Identifikation und multiplikativen Nutzung innerer Wissenspotentiale sowie der logistischen Optimierung des Wissensflusses muß in einem dritten Schritt auch noch auf die *institutionelle Absicherung* des individuellen Wissens geachtet werden, damit nicht durch Abwanderung von Einzelpersonen bzw. ganzen Gruppen das an sie gebundene Wissenspotential verschwindet.

4.3.1.1.3 Schritt 3: Die Institutionalisierung von inneren Wissenspotentialen

Die Abhängigkeit von der Wissensbasis einzelner geht im Extremfall soweit, daß der Austritt von Schlüsselpersonen das Ende oder den Niedergang etablierter Organisationen bedeuten kann.

Fallbeispiel: Saatchi & Saatchi und New Saatchi Agency

Die Trennung der beiden Brüder Maurice und Charles Saatchi von der von ihnen selbst gegründeten, mittlerweile größten Werbeagentur der Welt Saatchi & Saatchi ist ein gutes Beispiel dafür. Nach mehrjährigen Querelen um die Geschäftsführung des Unternehmens, verließ erst Maurice und schließlich auch Charles Saatchi das Unternehmen. Maurice Saatchi gründete nach dem unfreiwilligen Weggang aus seiner renommierten Firma ein Konkurrenzunternehmen mit dem Namen New Saatchi Agency und konnte bereits nach kurzer Zeit mit der Fluglinie British Airways den größten Etat (Volumen: 150 Mio. DM) der Ursprungsfirma akquirieren. Neben British Airways wollten aber auch weitere Schlüsselkunden, wie z.B. die Einzelhandelskette Dixons, das Know-how ihres bisherigen Kreativ-Betreuers und seiner Ursprungs-Crew nicht missen und wechselten die Agentur. Bei „Alt-Saatchi“

---

79 Vgl. ähnlich Lullies et al. 1993: 237.

spielt man zwar den Verlust der wichtigen Etats herunter, die Gewinnprognose für das Geschäftsjahr 1995 mußte aber dennoch deutlich zurückgenommen werden.[80]

Damit die Verknüpfung der organisatorischen Wissensbasis mit einzelnen lokalen Wissensbasen nicht so dramatisch ausfällt und zentrale Know-how-Träger langfristig an die Organisation gebunden werden können, sind prinzipiell drei Möglichkeiten gegeben:

- Die Entwicklung von wissensbasierten Systemen,
- die Einrichtung von Kommunikationsforen und
- der Aufbau von Austrittsbarrieren.

(1) Die Entwicklung von wissensbasierten Systemen

Die erste Variante knüpft an die weiter oben schon vorgestellten computerunterstützten wissensbasierten Systeme an.[81] Die Technik wird zunächst als Vehikel zur Dokumentation des vorhandenen Wissens genutzt. Bei den Dokumentationsarbeiten wird das interne Wissenspotential, ähnlich wie bei den Prozessen des „knowledge mapping", durch die jeweiligen Wissensträger offengelegt und durch *Speicherung unabhängig vom originären Träger*. Der Zwang, sich einmal in formaler Weise mit dem eigenen Wissen auseinanderzusetzen, bringt zum einen Transparenz hinsichtlich des vorhandenen Wissens, zum anderen Wissensdefizite der individuellen und kollektiven Wissensbasis zum Vorschein, was wiederum Ausgangspunkt für den Aufbau neuer Problemlösungsstrategien ist.[82] Durch die Dokumentation und formale Erfassung des Wissens in den wissensbasierten Systemen ist das Wissen aber in jedem Fall erst einmal gespeichert und kann als kollektiv verfügbares Gut betrachtet werden[83] - läßt man den Aspekt der Nutzung und der interpretativen Verwendung des gespeicherten Wissens einmal außer Acht:

> „Verläßt ein (hochqualifizierter) Mitarbeiter das Unternehmen, dann steht das in der Wissensbasis enthaltene Wissen dem Unternehmen weiterhin zur Verfügung."[84]

Die grundsätzlich unbegrenzten Zugriffsmöglichkeiten, die durch diese technisch unterstützte Speicherung möglich sind, erlauben darüber hinaus eine mehr oder weniger *beliebige Reproduktion und Multiplikation des Wissens*.[85] Das Wissen ist nicht

---

80 Vgl. Horizont 1995a: 12 und Horizont 1995b: 38.

81 Vgl. Albrecht 1993: 186ff.

82 Vgl. Bullinger/Kornwachs 1990: 158 und Abschnitt 4.3.2.2.

83 Vgl. Leonard-Barton/Sviokla 1989: 100 und Zelewski 1989: 73ff.

84 Albrecht 1993: 188.

85 Vgl. König 1988: 24.

mehr an den originären Träger gebunden und kann daher an verschiedenen Orten zeitgleich verwendet werden. Analoges gilt im übrigen auch für alle weiteren Formalisierungsmöglichkeiten des Wissens, wie z.B. Handbücher, interne Weisungsdienste, Stellenbeschreibungen etc., mit der gleichermaßen eine „bureaucratization of knowledge“[86] geleistet wird.

(2) Die Einrichtung von Kommunikationsforen

Die zweite Variante zur Institutionalisierung individuellen Wissens ist dessen Kollektivierung im Zuge von Kommunikationsprozessen,[87] wobei diese schon als Element der Dokumentationsarbeiten innerhalb der ersten Variante relevant sind. Das Wissen von einzelnen Organisationsmitgliedern, organisatorischen Subgruppen und der Gesamtorganisation wird im Zuge von Diskussionen und/oder Dialogen[88] reziprok ausgedehnt. Das einfachste Beispiel dafür ist die Unterhaltung zweier Kollegen über einen betrieblichen Sachverhalt, im Zuge derer der eine sein Wissen entäußert und der andere dieses Wissen aufnimmt. Im Prinzip geht es also um den *dialektischen Prozeß von Externalisierung und Internalisierung*,[89] mit dem individuelles Wissen zunächst „objektiviert“ und dann in den kollektiven Bestand der an den Kommunikationsprozessen Beteiligten überführt werden kann. In gleicher Weise funktioniert umgekehrt auch die Diffusion bestimmter organisatorischer Regeln als Beispiel für die Aneignung von organisatorischem Wissen durch die Organisationsmitglieder.

Um diese Kommunikationsprozesse als Grundlage der Kollektivierung und Institutionalisierung von Wissen systematisch zu fördern, gibt es nun zahlreiche unterstützende Instrumente. Ob es in einem eher informellen Rahmen sogenannte „Kamingespräche“ sind, oder eher formelle Kommunikationsforen wie z.B. „Strategische Dialoge“, das Ziel ist immer, Wissen über die eigentlichen Grenzen des Individuums sowie über die funktionalen und hierarchischen Grenzen von Subgruppen hinaus einer breiteren Basis zugänglich zu machen. Isaac erläutert zusammenfassend:

> „Conversations is the means by which people share and often develop what they know. ‘The most important work in the new economy is creating conversations’. In fact, some writers have gone so far, as to concieve of organizations themselves as networks of conversation.“[90]

---

86 Bonora/Revang 1993: 205.

87 Vgl. bereits Abschnitt 2.2 und Hedlund/Nonaka 1993: 126ff.

88 Vgl. zur Unterscheidung dieser beiden Kommunikationsformen Isaacs 1993 und Schein 1993.

89 Vgl. Berger/Luckmann 1977: 139f. und S. 65.

90 Isaacs 1993: 24, in der Mitte Alan Webber zitierend.

Fallbeispiel: Kommunikationsforen bei der Deutschen Aerospace

Die Institutionalisierung internen Wissens wird auch bei der Deutschen Aerospace AG über verschiedene Kommunikationsprogramme geleistet. Im Programmheft „Management-Initiativen" des Bereichs der zentralen Bildung heißt es dazu: „Durch unsere Kommunikationsprogramme wird gefördert, was allemal längst im Werden und Wachsen ist: Kurze Drähte quer durch das Unternehmen, bereichsübergreifender Erfahrungsaustausch über meist informelle Netzwerke, schneller und unbürokratischer Transfer von Know-how und Wissen über die Grenzen der Produktbereiche hinaus, gutes Verständnis zwischen 'oben' und 'unten', strategisches Wissen und Verstehen unabhängig von Rang und Titel." Als Programmbausteine werden dazu Foren wie der „Strategische Dialog", „Aus erster Hand", „Direkt zur Sache" und „Nachwuchskräfte-Tag" angeboten.[91]

(3) Der Aufbau von Austrittsbarrieren

Beide Varianten zur Institutionalisierung individuellen und kollektiven Wissens sind Maßnahmen, um die Abhängigkeit der organisatorischen Wissensbasis von einzelnen Wissensträgern zu vermindern. Sie können aber ein wesentliches Faktum dennoch nicht verhindern: Wissen hat immer etwas mit subjektiver Interpretation zu tun[92] und ist darüber hinaus an nicht formalisierbare, implizite Wissensbestandteile gebunden.[93] Das heißt aber nichts anderes, als daß der originäre Wissensträger zum Teil unersetzlich bleibt und man sich folglich auch Gedanken darüber machen muß, wie zentrale Know-how-Träger in der Organisation gehalten werden können.[94] Bonora/Revang schlagen in diesem Zusammenhang beispielsweise die Erzeugung zweier Kategorien von *Austrittsbarrieren* („barriers to exit") vor:

> „The knowledge can be held inside the focal organization by constructing barriers that motivate the individual to stay. (...) Two classes can be identified, one based on material incentives and one based on social ties and relations."[95]

In die erste Kategorie der *materiellen Anreize* fallen zunächst die schon klassischen Anreizinstrumente, wie Prämiensysteme, Erfolgsbeteiligungen, Karrierepfade etc., die man durchaus auch am Einsatz des eigenen Wissens orientieren kann. Mit der Etablierung von „Partnersystemen" ergibt sich eine weitere Alternative, die besonders für hochgradig wissensintensive Organisationen, z.B. Beratungsgesellschaften, Kanzleien etc. relevant ist. Derartige Organisationen mit einer hohen Zahl von Wissensarbeitern können Schlüsselpersonen eine umfassende Beteiligung anbieten, die zum einen eine Kapitalinvestition, zum anderen einen Ausbau der Machtposition darstellt. Die Entwicklung der, im Wortsinn nunmehr wirklich „eigenen" Organisati-

---

91 Vgl. Deutsche Aerospace AG 1993.
92 Vgl. Abschnitt 2.2.
93 Vgl. Abschnitt 4.3.3.
94 Vgl. allgemein Nonaka/Johansson 1985, March 1991, Simon 1991.
95 Bonora/Revang 1993: 205f.

on wird dann in direkter Weise mit der Persönlichkeit des Partners und der Ausschöpfung seiner Wissensbasis verknüpft. Gleichzeitig wird aber durch den Wandel vom Angestellten zum Miteigentümer auch die Wahrscheinlichkeit sinken, daß dieser die Organisation überraschend verläßt.

Unter der zweiten Kategorie werden *soziale Barrieren* subsumiert. Damit ist das soziale Geflecht einer Organisation aus kulturellen Werten und Interaktionsmöglichkeiten angesprochen, das den Bedürfnissen von Individuen als „soziale Wesen" Rechnung trägt. Der Anreiz, in Organisationen Mitglied zu werden und dies langfristig auch zu bleiben, geht eben nicht ausschließlich von rational begründbaren Reizkonstellationen des Arbeitsplatzes und dessen materieller Ausstattung aus, sondern auch und vor allem von den zwischenmenschlichen Beziehungen in einem kollektiven Kontext.[96] Hinter dem zwischenmenschlichen Beziehungsgefüge verbirgt sich deshalb eine Art „soziales Kapital"[97], das entsprechend bewirtschaftet werden muß, will man wichtige Know-how-Träger langfristig an sich binden:

> „Important then in the aforementioned context is the so-called social capital embedded in the relationship between the professional and the firm; that is, the manner in which obligations and expectations as well as informations channels and social norms, affect the roles of the KIF (= Knowledge Intensive Firm, J.S.) and its primary resource - individuals. The function identified by the concept of 'social capital' is the value of certain aspects identified in the social structure, as resources that actors can use to achieve their interests."[98]

Der einzelne sollte also gleichzeitig einen materiellen und einen immateriellen Sinn darin sehen, Teil des Ganzen zu bleiben. Wenn er den Eindruck hat, zumindest ein ausgeglichenes - besser: ein positives - Verhältnis aus eingesetzten und empfangenen Ressourcen zu realisieren und sich darüber hinaus in seiner organisatorischen Umwelt „wohl fühlt", wird er keinen Grund haben, abzuwandern.

4.3.1.1.4 Zusammenfassung und Überblick

Das Management innerer Wissenspotentiale zielt auf die umfassende Verwendung und den multiplikativen Einsatz bereits vorhandener Wissenselemente einer Organisation. Durch ein schrittweises Konzept der Identifikation, der logistischen Optimierung und der Institutionalisierung des vorhandenen Wissens werden die Wissenspotentiale der Organisationsmitglieder und organisatorischen Subgruppen systematisch

---

96 Vgl. z.B. Etzioni 1978 sowie als Ausgangspunkt der Human Relations Roethlisberger/Dickson 1939.

97 Vgl. Coleman 1988.

98 Bonora/Revang 1993: 209.

aktiviert und in den Wissensvorrat der Gesamtorganisation übertragen. Die hohe Bedeutung des Managements der inneren Wissenspotentiale ergibt sich aus der Tatsache, daß es sich hier um die Bewirtschaftung einer bereits vorhandenen Ressource handelt. Es geht daher mehr um die Aspekte der Speicherung und Verwertung des Wissens und weniger um die der Beschaffung. Tabelle 4-1 zeigt abschließend noch einmal die für das Management innerer Wissenspotentiale vorgestellten Einzelmaßnahmen.

Maßnahme zum Management innerer Wissenspotentiale	**Kurzbeschreibung der Maßnahme**	**Intendierte Auswirkungen**
Wissens-Landkarte (knowledge mapping)	Systematische Aufarbeitung der vorhandenen inneren Wissenspotentiale zu einer Wissens-Landkarte bzw. einem Wissens-Flußdiagramm	Rekonstruktion der eigenen Wissensbasis; Reflexion des eigenen Wissens; Generierung von Metawissen; Aufspüren latenter Wissenspotentiale
Wissens-Branchenbuch	Systematische Auflistung der für die Organisation relevanten Wissensbausteine nach Problemstellung und/oder Wissensträger (auch EDV-gestützt)	Vereinfachte Bearbeitung bekannter Problemstellungen; Vermeidung von Doppelarbeiten; Schaffung eines internen Marktes für Wissen und Problemlösungen
Wissens-Broker	Schaffung von Expertenstellen, die „Wissen über Wissen" sammeln und als Makler zwischen Wissensangebot und Wissensnachfrage auftreten	Beschleunigung des Wissenskombinationsprozesses hinsichtlich relevanter Problemstellungen; Schaffung eines internen Marktes für Wissen und Problemlösungen
Entlohnung nach Wissensumschlag	Entgelt richtet sich (teilweise) nach der Häufigkeit, mit der das Wissen von einem bestimmten Wissensträger für organisatorische Prozesse abgerufen bzw. eingesetzt wird	Monetärer Anreiz für die Wissensträger, ihr Wissen multiplikativ einzusetzen sowie möglichst viel Wissen für die organisatorischen Prozesse einzusetzen

Tab. 4-1: Überblick über Maßnahmen zum Management innerer Wissenspotentiale

Maßnahme zum Management innerer Wissenspotentiale	Kurzbeschreibung der Maßnahme	Intendierte Auswirkungen
Vorschlagswesen; Ideenwettbewerbe	Möglichkeit, breitflächig Vorschläge zur Verbesserung eigener und/oder fremder Arbeitsprozesse zu generieren	Monetärer und nicht-monetärer Anreiz zur Reflexion eigener und/oder fremder Arbeitsprozesse; Ausschöpfung latent vorhandenen Wissens
Erhöhung des Handlungsspielraumes; Organisationstruktur orientiert an der Autonomie der kleinsten Einheit	Strukturelle Erweiterung entlang der Dimensionen „Tätigkeit", „Entscheidung und Kontrolle" und „Kontakt" zur Herstellung der Einheit von Aufgabe, Verantwortung und Kompetenz	Aktivierung latent vorhandener Wissenspotentiale durch erhöhte Umsetzungschancen eigener Ideen im unmittelbaren Arbeitsumfeld
Installation von multifunktionalen Projektgruppen, Qualitätszirkeln etc.	Konfrontation unterschiedlicher Wissensbasen innerhalb eines kollektiven Kontextes mit einer anspruchsvollen Aufgabe und zum Teil zeitlich befristet	Aufbau reziproken Verständnisses für die unterschiedlichen Perspektiven, Erhöhung der Lösungsmächtigkeit durch multiple Wissensbasen
Einsatz von wissensbasierten Computersystemen, Handbüchern, internen Weisungsdiensten etc.	Aufbau von wissensbasierten Systemen zur Wissensdokumentation, -systematisierung, -sicherung, -verfügbarkeit, -multiplikation, -akkumulierung; technikunterstützte Erstellung von Wissens-Landkarten und Wissens-Branchenbüchern	Organisationsweite Identifikation und Multiplikation von Wissenspotentialen; Beschleunigung der Wissenslogistikprozesse; Institutionalisierung von Wissen unabhängig von individuellen und kollektiven Wissensträgern
Kommunikationsforen	Einrichtung von Plattformen, in denen die horizontale, vertikale und laterale Kommunikation innerhalb der Organisation ermöglicht und gefördert wird	Unterstützung der Wissensdiffusion; Grundlage für die Institutionalisierung von individuellem und/oder gruppenbezogenem Wissen
Anreizsysteme für Träger von Schlüssel-Know-how	Materielle und soziale Anreize, die Wissensträger mit Schlüssel-Know-how zum Verbleib in der Organisation motivieren	Vermeidung von Wissensverlust durch Abwanderung; Dauerhafte Nutzung und Institutionalisierungsmöglichkeit des Wissens

Tab. 4-1: Überblick über Maßnahmen zum Management innerer Wissenspotentiale (Fortsetzung)

4.3.1.2 Das Management äußerer Wissenspotentiale

Eine Organisation kann mit der systematischen Nutzung von vorhandenem inneren Wissen sicherlich schon viele Wissensreserven mobilisieren. Die wünschenswerte Konzentration auf die eigene Wissensbasis darf aber nicht dazu führen, daß man sich ausschließlich mit sich selbst beschäftigt.

Mit der Gestaltungsperspektive des *Managements von äußeren Wissenspotentialen* wird der Blick deshalb nach „außen" gerichtet und danach gefragt,

- ❑ ob es eine gezielte Gegenüberstellung von intern vorhandenem und im gegenwärtigen Wettbewerb notwendigem Wissen zum Aufspüren von bestehenden Wissenslücken gibt (Schritt 1),
- ❑ ob die Wissenspotentiale aller relevanten Stakeholder konsequent genutzt und wie in dieser Hinsicht die Grenzen der Organisation gezogen werden (Schritt 2) und
- ❑ ob die Beschaffungsstrategien für den Wissenstransfer von außen auch die dauerhafte Institutionalisierung leisten (Schritt 3).

4.3.1.2.1 Schritt 1: Die Gegenüberstellung von intern vorhandenem und notwendigem Wissen

Die Aufarbeitung dieser Fragestellung kann unmittelbar an die Instrumente zum Management innerer Wissenspotentiale anschließen. Die Rekonstruktion der eigenen Wissensbasis durch das „knowledge mapping" und deren Ergebnisse in Form einer Wissens-Landkarte, eines Wissens-Branchenbuches oder jeder anderen Form der Darstellung, wird allerdings zusätzlich mit einem *konkreten Handlungs- oder Entscheidungsproblem* der Organisation verknüpft. Dem für die umfassende Bewältigung des fokalen Problems *notwendigen Wissen,* wird dann das aus der Rekonstruktion bekannte *intern vorhandene Wissen gegenübergestellt.* Man erkennt dadurch sehr leicht, in welchen Gebieten internes Wissen nicht ausreichend vorhanden und daher der *Bezug von externen Quellen* angezeigt ist. Die Bestimmung des notwendigen Wissens hängt freilich sehr stark mit der Beurteilung darüber zusammen, welches Know-how man für die Zukunft als relevant ansieht[99] und ist deshalb durch einen gewissen Interpretationsspielraum gekennzeichnet.

---

99 Vgl. Abschnitt 4.3.2.2.

Als Beispiel für eine Gegenüberstellung sei auf ein Kundenbedürfnis verwiesen, das man mit den in der Wertschöpfungskette gegliederten Wissenspotentialen der organisatorischen Wissensbasis vergleicht. Mit einer Übersicht wie in Tabelle 4-2, werden dazu zunächst die zur Erfüllung des Kundenproblems notwendigen Wissensteile erfaßt. Dies kann man z.B. durch Benchmarkingprojekte unterstützen, mit denen ein vergleichender Blick auf Konkurrenten innerhalb und außerhalb der eigenen Branche geworfen wird.[100] Anschließend listet man die intern schon vorhandenen Bausteine der Wissensbasis auf und erkennt sofort, in welchen Teilen dem Kundenbedürfnis aus eigener Kraft noch nicht entsprochen werden kann. Zuletzt überlegt man sich, welche externen Quellen zur Schließung der Wissenslücke angezapft werden können.

Kundenproblem	Notwendiges Wissen zur Lösung des Problems	Intern vorhandenes Wissen zur Lösung des Problems	Externe Quellen zur Schließung der Wissenslücke
Personalisierte Chipkarte	Beschaffung:		
	...	...	...
	Fertigung:		
	• Rohlingsproduktion	• Abteilung A, ...	
	• Bild-, Texterfassung	• Abteilung B, ...	
	• Datenverwaltung	• Abteilung C, ...	
	• Personalisierung	• nicht vorhanden	Kauf eines neuen Personalisierungssystems für Chip-Karten der Firma XY; Schulung der Mitarbeiter durch Firma XY
	Vertrieb:		
	...	...	...
	Service:		
	...	...	...
Problem XY	...	...	...

Tab. 4-2: Gegenüberstellung von intern vorhandenem und zur Problemlösung notwendigem Wissen als Grundlage zur Erschließung externer Quellen

100 Vgl. Leibfried/McNair 1993.

Fallbeispiel: Das Aufspüren von Wissenslücken entlang der Wertschöpfungskette

Ein Produzent von Sicherheitsdokumenten befaßte sich im Zuge einer strategischen Neuausrichtung zum ersten Mal ausführlich mit der eigenen Wertschöpfungskette hinsichtlich der zentralen Geschäftseinheit „Kartengeschäft", die z.B. die Herstellung von Scheckkarten betrifft. Man stellte dabei fest, daß die Produktion der von den Kunden geforderten Komplettlösungen (Lieferung von Karten mit Speichermedium inklusive der Personalisierung von Kundendaten) branchenweit in acht Abschnitte gegliedert ist und daß für die meisten Elemente der Wertschöpfungskette das relevante Wissen intern vorhanden war. Lediglich für den fünften, zentralen Teil der Kette, die Personalisierung der Karten mit Bild- und Textdateien, fehlte das Know-how für die Personalisierung von Chip-Karten. Aus den Vorarbeiten wußte man gleichzeitig, daß es gerade das Angebot von Chip-Karten ist, über das derzeit weitere Marktanteile vergeben werden. Das Know-how für die Personalisierung von Chipkarten war also eine wettbewerbskritische Größe, eine dort bestehende Wissenslücke insofern überlebensgefährdend. Entsprechend konsequent wurde entschieden, die Lücke über den Kauf eines neuen Personalisierungssystems und die Schulung der Mitarbeiter zur Verwendung der neuen Anlage zu schließen.

Mit diesem ersten Schritt hat man sich zusätzlich zur Reflexion des vorhandenen Wissens auch einmal systematisch mit dem *„Nicht-Wissen"* beschäftigt. Man kann diese Auseinandersetzung auch entlang der in Abbildung 4-5 dargestellten Matrix strukturieren.[101] Mit der horizontalen Achse der Matrix wird danach gefragt, ob die Inhalte konkreter Wissensbausteine in der Organisation bereits vorhanden und verankert sind. Die vertikale Achse beleuchtet zusätzlich den Aspekt, ob es ein Bewußtsein über das Vorhandensein bestimmter Wissensbausteine in der organisatorischen Umgebung gibt, ob man sich also schon einmal mit dem eigenen Wissen und Nicht-Wissen in der hier geforderten Form der Erstellung einer Übersicht zum Soll-Wissen auseinandergesetzt hat.

In Feld 1 sind die Inhalte organisationalen Wissens beispielsweise im Zuge der Erstellung einer Wissens-Landkarte institutionalisiert und mehr oder weniger jedem Organisationsmitglied zugänglich. Im zweiten Feld hingegen ist man sich zwar darüber bewußt, daß eine bestimmte Art des Wissens existiert, kann über dieses Wissen aber noch nicht verfügen. Es bestehen offensichtliche *Wissenslücken*, die es über inneren Aufbau oder Akquisition von außen zu schließen gilt. Feld 3 beschreibt die latenten inneren Wissenspotentiale. Hier ist Wissen in der Organisation vorhanden, von dessen Existenz man bislang nichts weiß, das aber über das oben beschriebene Management innerer Wissenspotentiale systematisch erschlossen werden kann. Im vierten Feld lauern schließlich die größten Gefahren des Nicht-Wissens. Hier liegt das Wissen außerhalb des Wahrnehmungsfeldes der Organisation, oder anders ausgedrückt: Man weiß nicht, daß man nicht weiß! Es besteht demnach immer das Risiko, vom Auftauchen neuer Wissenselemente vollkommen überrascht zu werden. Ge-

101 Vgl. Deiser 1995.

rade hier muß die Suche nach potentiellen Wissenslücken ansetzen, indem man wie mit einem Radar versucht, das organisatorische Umfeld permanent nach relevanten Veränderungen in der Wissensstruktur der eigenen und fremden Branche abzutasten.[102]

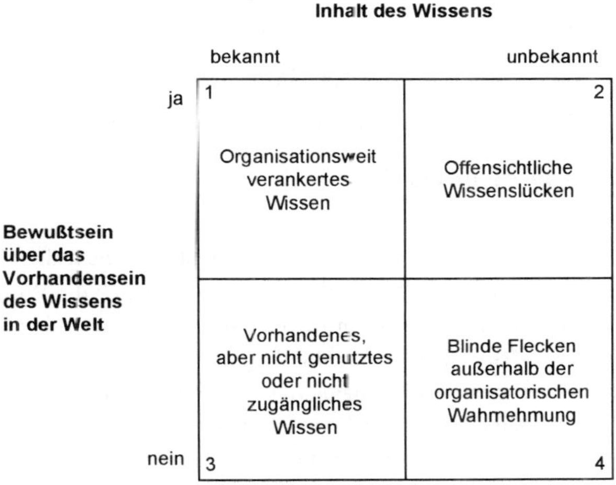

Abb. 4-5: Organisatorisches Wissen und Nicht-Wissen (in Anlehnung an Deiser 1995)

Diese Fragen betreffen schließlich auch den Bereich des Managements von zukunftsrelevantem Wissen[103] und sollen hier nicht weiter vertieft werden. Für das Management äußerer Wissenspotentiale ist demgegenüber für den zweiten Schritt relevant, wie die Beschaffungsstrategien für externes Wissen konkret gestaltet werden können.

4.3.1.2.2 Schritt 2: Beschaffungsstrategien für externes Wissen

Die Gestaltung der Beschaffungsstrategien für externe Wissenspotentiale hängt u.a. davon ab, wer als Wissensträger die bestehende Wissenslücke in der Organisation

---

102 Vgl. dazu auch die Metapher des „Aufwirbel-Ansaug-Filter-Systems mit systematischen Recycling und automatischer Filterüberprüfung“ bei Kirsch 1990: 337f.

103 Vgl. Abschnitt 4.3.2.2.

schließen soll. Als grundsätzliche Möglichkeiten der Akquisition von Wissen stehen dabei zur Verfügung:

- Die Beschaffung über Individuen,
- die Beschaffung über Kollektive bzw. Teile von Kollektiven,
- die Beschaffung über Beratungsleistungen,
- die Beschaffung über ein Stakeholder-Management,
- die Beschaffung über technische Speichermedien und
- die Beschaffung über immateriell-rechtliche Wissensträger.

(1) Die Beschaffung über Individuen

Die Akquisition von Wissen über einzelne Personen wird auch als personalorientierte Wissensbeschaffung bezeichnet.[104] Im Vordergrund steht vor allem die Gewinnung neuer Mitarbeiter, also die *Personalbeschaffung*, mit der man sich die Wissenspotentiale der neuen Organisationsmitglieder prinzipiell sichert. Die inhaltliche Abschätzung der individuellen Wissenbasis sollte allerdings bereits im Vorfeld der Einstellung über die ausdifferenzierten Instrumentarien der Personalselektion erfolgen.[105] Das Potential der Kandidaten, zur Schließung der identifizierten Wissenslücke beizutragen, wird z.B. mit Hilfe von Bewerbungsunterlagen, psychologischen bzw. fachlichen Tests, biographischen Fragebögen, Vorstellungsgesprächen und Assessment-Center-Verfahren analysiert. Passen die festgestellten Wissenspotentiale qualitativ und quantitativ auf die Wissenslücke, wird man den Bewerber einstellen. Zusätzlich zum Aspekt der fachlich ausgerichteten Akquisition von notwendigem Wissen, erhält man durch die Einstellung organisationsfremder Personen gleichzeitig auch die Möglichkeit, die in Abbildung 4-5 angesprochenen blinden Flecken abzuschwächen.

Die Einstellung neuer Organisationsmitglieder bedeutet allerdings nicht, daß deren Wissen unmittelbar und in vollem Umfang zur Deckung der Wissenslücke verwendet werden kann. Vielmehr gelten die im dritten Kapitel festgestellten Wissens- und Lernbarrieren gleichermaßen, die dazu führen, daß individuelles Wissenspotential suboptimal ausgeschöpft wird. Auf die Vermeidung der entsprechenden Barrieren ist demnach gleich von Beginn an zu achten.

---

104 Vgl. Albrecht 1993: 140ff.

105 Vgl. z.B. Schönborn 1988.

(2) Die Beschaffung über Kollektive bzw. Teile von Kollektiven

Die Erschließung fehlender Wissensressourcen kann natürlich nicht nur über einzelne, sondern auch über einen *Plural von Wissensträgern* geschehen. Einerseits bedeutet dies nichts anderes, als daß man sich mehrere Spezialisten gleichzeitig besorgt und die soeben ausgeführten Bemerkungen zur Personalbeschaffung in analoger Weise berücksichtigt. Andererseits kommen in diesem Zusammenhang alle Formen der Wissensakquisition ins Blickfeld, die sich entlang des Optionenbandes möglicher *Arten von Zusammenschlüssen* ergeben. Dies sind im einen Extrem starke Verflechtungen, wie der Kauf von bzw. die Fusion zwischen verschiedenen Organisationen, im anderen Extrem schwache Verflechtungen, wie die lose Kopplung in einem netzwerkähnlichen Verbund. In jedem dieser Fälle wird dadurch ein Wissenstransfer aus dem extra-organisatorischen Umfeld intendiert, der auch als *interorganisationales Lernen* bezeichnet werden kann.

Der Vorteil einer *starken Verflechtung* liegt in der Möglichkeit, die zugekaufte Wissensbasis mehr oder weniger unmittelbar und uneingeschränkt nutzen zu können.[106] Diesem Vorteil stehen aber auch eine Reihe von Nachteilen gegenüber: Der Schritt eines Kaufs oder einer Fusion ist meistens irreversibel, man erwirbt Wissensteile, die gar nicht benötigt werden, entscheidende Wissensträger können abwandern, die Komplexität der Organisation erhöht sich beträchtlich und es wird viel Kapital gebunden.[107] Die Option einer *schwachen Verflechtungsvariante*, z.B. „die auf das Erfolgspotential 'Wissen' fokussierte Strategische Allianz“[108], hebt diese Nachteile teilweise auf, erlaubt aber andererseits keinen unumschränkten Zugriff auf die andere Wissensbasis.[109]

Die jeweiligen Nachteile der Zusammenschlußformen bedingen, daß man sich im Hinblick auf die Realisierung des Know-how-Transfers sehr konkret um den Wissenszu- und -abfluß kümmern muß.[110] Außerdem ist zu bedenken, daß es sich bei einer Übertragung von Wissen nicht nur um den Transfer von „sichtbarem“, explizitem Wissen handelt, sondern daß dieses Know-how an bestimmte, „nicht-sichtbare“ Erfahrungshintergründe gebunden sein kann. Ein solches implizites Wissen begründet den Kontext des eigentlichen Know-how und muß folglich mitübertragen werden.[111]

---

106 Vgl. Laukamm/Walsh 1986.

107 Vgl. Müller-Stewens/Osterloh 1994: 2.

108 Ebd.

109 Vgl. auch Servatius 1990: 57ff.

110 Vgl. den Überblick über die verschiedenen Maßnahmen zur Organisation und Integration von Zusammenschlüssen bei Müller-Stewens/Spickers 1993: 230ff. und Spickers 1995

111 Vgl. dazu ausführlich Müller-Stewens/Osterloh 1994 und Abschnitt 4.3.3.

(3) Die Beschaffung über Beratungsleistungen

Die dritte Möglichkeit zur Schließung der Wissenslücke knüpft an die eben beschriebenen ersten zwei Optionen an - allerdings ohne auf die dort notwendige Integration neuer Organisationsmitglieder zurückgreifen zu müssen. Durch die (temporäre) Inanspruchnahme von *Fremddienstleistungen* kann eine Organisation, beispielsweise über Beratungsprojekte, externes Wissen zukaufen. In der Regel werden dabei für die Bearbeitung konkreter Problemstellungen fest umrissene Wissensziele vereinbart. Durch die Einschaltung spezialisierter Wissensträger verbindet man den Vorteil, auf aktuelles Wissen organisationsfremder Experten zurückgreifen zu können mit der Vermeidung aller möglichen Nachteile, die sich aus der Integration der Wissensträger prinzipiell ergeben können. Außerdem kann diese Form der Wissensbeschaffung deutlich risikoärmer und kostengünstiger ausfallen, wenn man bedenkt, daß einerseits die Bezahlung der Dienstleistungen an einen entsprechenden Erfolg gekoppelt werden kann und andererseits keine Folgekosten aus einem Beschäftigungsverhältnis bzw. einer organisatorischen Integration entstehen.

Derlei Formen der Wissensbeschaffung stehen somit auch in einem Zusammenhang mit der Diskussion um das „Outsourcing“[112] von bestimmten internen Funktionen und Prozessen. Das kann sogar soweit gehen, daß sich die eigentliche Produktionsaufgabe der Organisation nur noch auf das Wissen über die Integration der relevanten Wissensbausteine erstreckt, die eigentlichen Wertschöpfungsaktivitäten aber außerhalb der Organisation stattfinden.[113]

(4) Die Beschaffung über ein Stakeholder-Management

Die nächste Möglichkeit, Wissen von externen Quellen zu beschaffen, liegt in einem systematisch organisierten Stakeholder-Management.[114] Stakeholder sind diejenigen Gruppen in der organisatorischen Umgebung, die bestimmte Ansprüche gegenüber der Organisation haben bzw. haben könnten. Dabei gibt es für die gezielte Akquisition des Wissens mehr oder weniger relevante Gruppen. Besonders bedeutsam sind vor allem diejenigen Stakeholder, die in unmittelbarer Verbindung zu den Wertschöpfungsprozessen der fokalen Organisation stehen, wie z.B. Lieferanten, Kunden, Partnerorganisationen, Konkurrenten etc.

Fallbeispiel: Die Nutzung von Kundenwissen bei Toyota und Phonak

Wie die Nutzung des bei den Kunden existierenden Wissens in die Produktentwicklung miteinfließen kann, zeigte der japanische Automobilhersteller Toyota bei der Entwicklung eines neuen Mini-Vans.

---

112 Vgl. allgemein Köhler-Frost 1995.

113 Vgl. Henzler/Späth 1993: 193 sowie ausführlich Quinn 1994.

114 Vgl. dazu ausführlich Müller-Stewens i.V.

Die für die Produktentwicklung zuständigen F&E-Ingenieure begleiteten typische Kunden - und zwar die Fahrer als tatsächliche Endnutzer - bis zu einem halben Jahr im täglichen Arbeitsablauf, bevor sie sich an die eigentliche Konstruktion des Vans machten. Das dadurch akquirierte Wissen um konkrete Erfolgsfaktoren der täglichen Nutzung wurde zum Ausgangspunkt der Produktentwicklung. Darüber hinaus wurde im Verlauf des Entwicklungsprozesses, beispielsweise durch sogenannte „car clinics", immer wieder der Abgleich des Entwicklungsstandes mit den Wünschen der Kunden gesucht.[115] Auch die F&E-Ingenieure des schweizerischen Hörgeräte-Herstellers Phonak AG verbringen einen Großteil ihrer Arbeitszeit direkt mit den Kunden. Diese Präsenz vor Ort geht sogar soweit, daß die Trennung zwischen „Entwicklung" und „Vertrieb" aus Sicht der Kunden eigentlich schon aufgehoben scheint.[116]

Ein konsequentes Stakeholder-Management umfaßt insgesamt die Ermittlung der relevanten Anspruchsgruppen, die Abschätzung der Wissenspotentiale der Anspruchsgruppen, die Untersuchung der Relevanz der Wissenspotentiale hinsichtlich einer möglichen Nutzung und die tatsächliche Nutzung des Wissens über verschiedene Formen der Kooperation. Man kann diese Schritte einerseits neben der täglichen Arbeit mit den entsprechenden Anspruchsgruppen „mitlaufen" lassen oder andererseits ein abgegrenztes Projekt daraus entwickeln.

Fallbeispiel: Die Integration externen Wissens bei der Fichtel & Sachs AG

Die Bereitschaft, Wissen über Methoden und Gestaltungsansätze aus der Umwelt aufzunehmen, ist bei dem deutschen Automobilzulieferer Fichtel & Sachs ausdrücklicher Bestandteil der Managementaufgabe. Die Zusammenarbeit mit Kunden, Lieferanten, Consultants, anderen Unternehmen und Universitäten gestaltet Fichtel & Sachs so, daß der jeweils größtmögliche Nutzen daraus gezogen werden kann. Die Mitarbeiter von Fichtel & Sachs, die im Kontakt mit den externen Gruppen stehen, versuchen, das Fach- und Methodenwissen danach zu beurteilen, inwiefern sie für die eigene Organisation tauglich sind und übernehmen sie bei entsprechender Eignung. Die Konzepte werden intern diskutiert, geprüft und an die speziellen Bedürfnisse der Fichtel & Sachs AG angepaßt.[117]

Die Öffnung der eigenen Wissensbasis gegenüber den unmittelbar betroffenen Anspruchsgruppen führt letztlich dazu, daß eine Organisation sich nicht von ihrer Umwelt abkoppelt, sondern im Gegenteil das dort vorhandene Wissen umfassend für die eigene Wissensbasis nutzt. Wie man ein auf die Erfassung und Nutzung extern vorliegender Wissenspotentiale ausgerichtetes Stakeholder-Management konkret gestalten kann, zeigt abschließend Tabelle 4-3.

---

115 Vgl. ähnlich Deiser 1995.

116 Vgl. Mühlemann 1995: 79.

117 Vgl. dazu Schöpplein 1995: 449f.

Stakeholder	Relevanz des Stakeholders im Bereich	Vorhandenes Wissen des Stakeholders	Relevanz des Wissens für eigene Nutzung	Nutzung des Wissens
Lieferanten	Produktdesign	Auswirkung des Produktdesigns auf die Fertigungskosten von Zulieferteilen	Kostenoptimale Konstruktion des Produkts durch Optimierung der Zulieferteile	Gemeinsame Produktentwicklung und Aufbau langfristiger Lieferantenbeziehungen
Lieferanten	Eingangslogistik	...	...	...
Kunden	...	...	...	...
...	...	...	...	...

Tab. 4-3: Gestaltung eines wissensorientierten Stakeholder-Managements

(5) Die Beschaffung über technische Speichermedien

Technische Speichermedien sind nicht nur dazu geeignet, die Institutionalisierung von Wissen zu unterstützen, sondern können auch einen Beitrag zur Beschaffung externen Wissens leisten. Anders als bei den bisher genannten Möglichkeiten steht dann nicht mehr das von Personen getragene Wissen im Vordergrund der Akquisition, sondern das in den verschiedenen Speichermedien mehr oder weniger materialisierte Wissen. Damit sind all diejenigen Wissenselemente gemeint, die sich in Speichermedien wie Büchern, Videos, CD-Roms, Datenbanken und besonders in anwendungsorientierter Software[118] abbilden und entsprechend einfach übertragen lassen. Wer eine Wissenslücke identifiziert hat, kann am „Markt der Speichermedien" standardisiertes oder für bestimmte Problemlösungen spezialisiertes Wissen erwerben. Diese Möglichkeit ist besonders dann relevant, wenn das Wissen in der Organisation möglichst oft multipliziert werden soll, also eher eine quantitative, als eine qualitative Wissenslücke besteht.

(6) Die Beschaffung über immateriell-rechtliche Wissensträger

Auch die letzte Form der Wissensbeschaffung richtet sich auf die Übertragung von „quasi-materialisiertem" Wissen.[119] Im Gegensatz zu technischen Speichermedien ist

---

118 Vgl. ausführlich Albrecht 1993: 143ff. und 176ff.

119 Vgl. ebd.: 145ff.

das Wissen allerdings an sogenannte immateriell-rechtliche Wissensträger wie Patente, Muster, oder Marken gebunden. Die Möglichkeit, dafür entsprechende Schutzrechte zu etablieren,[120] bedingt, daß die Beschaffung dieses Wissens mit einem offiziellen Rechtsgeschäft verbunden ist. Die Schließung der Wissenslücke kann demnach über die heute wirtschaftlich bedeutenden Formen des Lizenz- oder Franchisevertrages erfolgen. *Lizenzgeschäfte*[121] beziehen sich auf ein Nutzungsrecht, das der Lizenzgeber dem Lizenznehmer für einen bestimmten Teilbereich des rechtlich geschützten Wissens einräumt, wie beispielsweise die partielle Nutzung eines Markennamens. Die Möglichkeit des *Franchisegeschäftes*[122] bezieht sich demgegenüber zumeist auf ganze Wissenspakete, die unternehmerische Gesamtlösungen umfassen. In jedem dieser Fälle wird gleichsam eine fremde Wissensbasis mitbenutzt, ohne allerdings eine organisatorische Integrationsleistung vollbringen zu müssen.

4.3.1.2.3 Schritt 3: Dauerhafte Institutionalisierung extern beschafften Wissens

Nach der Feststellung des Nicht-Wissens und der Beschaffung fehlenden inneren Wissens durch externe Wissensquellen, muß als dritter Schritt des Managements externen Wissens noch auf die dauerhafte Institutionalisierung der akquirierten Potentiale geachtet werden.

Besonders wenn *personalorientierte Beschaffungsstrategien* gewählt wurden, ist die *Integration* der neuen Organisationsmitglieder bzw. neuer Organisationsteile die vordringliche Aufgabe. Dazu sind *strukturelle Interventionen* notwendig, damit die Nutzung des neuen Wissens in den materiellen Rahmenbedingungen auch tatsächlich geleistet wird. Auch hier ist - wie beim Management innerer Wissenspotentiale - auf die weitgehende Einheit von Aufgabe, Kompetenz und Verantwortung zu achten. Außerdem müssen besonders die *kulturellen Aspekte* berücksichtigt werden. Bei jedem neuen Organisationsmitglied wird es zunächst zu einem Aufeinanderprallen der eigenen Sozialisation mit der bestehenden Organisationskultur kommen. Damit aber wechselseitige Befruchtung, im Sinne der intendierten Erweiterung der organisatorischen Wissensbasis, und nicht Abstoßreaktionen erfolgen, sind in erster Linie die kollektiv-kulturellen Wissens- und Lernbarrieren zu beachten.[123]

Schließlich wird es darauf ankommen, das akquirierte Wissen möglichst *breitflächig* in der Gesamtorganisation zu streuen. Der ursprüngliche Wissensträger darf nicht der

---

120 Vgl. Widmer 1980.

121 Vgl. Mittag 1985.

122 Vgl. Tietz 1988.

123 Vgl. Abschnitt 3.2.4.

einzige bleiben, dessen Wissen bei einer möglichen Abwanderung dann wieder verloren wäre. In diesem Zusammenhang sind alle bereits erwähnten Maßnahmen der Institutionalisierung[124] auch für das Management der äußeren Wissenspotentiale in gleicher Weise relevant.

4.3.1.2.4 Zusammenfassung und Überblick

Das Management der äußeren Wissenspotentiale zielt auf die Schließung von gegenwärtig wettbewerbsrelevanten Wissenslücken, die nicht durch die vorhandenen inneren Wissenspotentiale abgedeckt werden können. Durch ein schrittweises Konzept werden die Lücken zunächst durch die Identifizierung des Nicht-Wissens aufgedeckt und daran anschließende Strategien der personenorientierten, technischen, immateriell-rechtlichen Beschaffung sowie durch ein konsequentes Stakeholder-Management geschlossen. Am Ende der Schrittfolge sollen die akquirierten externen Wissenspotentiale in den Wissensvorrat der Gesamtorganisation integriert und breitflächig genutzt werden. Tabelle 4-4 gibt noch einmal einen Überblick über die einzelnen Maßnahmen zum Management der äußeren Wissenspotentiale.

Maßnahme zum Management äußerer Wissenspotentiale	**Kurzbeschreibung der Maßnahme**	**Intendierte Auswirkungen**
Erfassung der Differenz von intern vorhandenem und notwendigem Wissen; Benchmarking	Gegenüberstellung des für konkrete Entscheidungs- und Handlungsprobleme notwendigen Soll-Wissens und des intern vorhandenen Ist-Wissens	Aufspüren von Nicht-Wissen bzw. von Wissenslücken als Grundlage für Beschaffungsstrategien extern vorliegenden Wissens
Wissensakquisition über Individuen	Beschaffung von Wissen über die Einstellung neuer Organisationsmitglieder; Analyse des Wissenspotentials durch Maßnahmen der Personalselektion	Ergänzung und Erweiterung der organisatorischen Wissensbasis um die Wissenspotentiale des neuen Organisationsmitgliedes, vor allem zur Schließung von Wissenslücken

Tab. 4-4: Überblick über Maßnahmen zum Management äußerer Wissenspotentiale

124 Vgl. Abschnitt 4.3.1.1.3.

Maßnahme zum Management äußerer Wissenspotentiale	Kurzbeschreibung der Maßnahme	Intendierte Auswirkungen
Wissensakquisition über Kollektive	Beschaffung von Wissen über alle möglichen Formen des Zusammenschlusses von Organisationen (Kontinuum von Kauf/ Fusion bis lose Kooperationen)	Ergänzung und Erweiterung der organisatorischen Wissensbasis um die Wissenspotentiale der Partnerorganisation, vor allem zur Schließung von Wissenslücken
Wissensakquisition über Fremddienstleistungen	Beschaffung von Wissen über die temporäre Inanspruchnahme von Fremddienstleistungen (z.B. Beratungsfirmen etc.)	Ergänzung und Erweiterung der organisatorischen Wissensbasis um die Wissenspotentiale der spezialisierten Experten, meist bezüglich konkreter Problemstellungen
Stakeholder-Management	Beschaffung von Wissenspotentialen relevanter Anspruchsgruppen einer Organisation über verschiedene Formen der Kooperation	Nutzung der Wissensbasis der von der Organisation unmittelbar Betroffenen; Vermeidung der Abkopplung von der Umwelt
Wissensakquisition über technische Speichermedien	Beschaffung und Multiplikation von gespeichertem, „materialisiertem" Wissen durch Kauf oder Nutzung der entsprechenden Speichermedien	Erweiterung der organisatorischen Wissensbasis um allgemein zugängliche Wissenselemente, besonders beim Vorliegen einer quantitativen Wissenslücke
Wissensakquisition über immateriell-rechtliche Wissensträger	Beschaffung von rechtlich geschütztem, „materialisiertem" Wissen in Form von Lizenzen oder Franchiseverträgen	Erweiterung der organisatorischen Wissensbasis durch partielle oder umfassende Nutzung einer fremden Wissensbasis
Integration des akquirierten Wissens	Strukturelle und kulturelle Interventionen zur Ermöglichung der tatsächlichen Nutzung extern beschafften Wissens	Institutionalisierung und multiplikative Verwendung des Wissens

Tab. 4-4: Überblick über Maßnahmen zum Management äußerer Wissenspotentiale (Fortsetzung)

4.3.2 Management aktueller und zukünftiger Wissenspotentiale

Das Dimensionspaar aktueller und zukünftiger Wissenspotentiale reflektiert ein Spannungsfeld, das sich zum einen auf das gegenwärtig notwendige Wissen einer Organisation (Abschnitt 4.3.2.1) und zum anderen auf das in Zukunft zusätzlich oder subsitutiv erforderliche Know-how (Abschnitt 4.3.2.2) bezieht. Im Vordergrund steht also, *was* eine Organisation auf inhaltlicher Ebene wissen muß, um im Wettbewerb dauerhaft bestehen zu können. Die konkrete Gestaltung beider Positionen weist dabei in vielerlei Hinsicht Parallelen zum Dimensionspaar aus inneren und äußeren Wissenspotentialen auf, ist doch die Nutzung inneren Wissens oftmals gleichzeitig die Multiplikation aktuellen Wissens und die Beschaffung von zukunftsrelevantem Wissen an externe Wissensträger gebunden.

4.3.2.1 Das Management aktueller Wissenspotentiale

Der Terminus aktueller Wissenspotentiale rekurriert auf einen wesentlichen Aspekt des umfassenden Wissensbegriffes, der das für eine Organisation *gegenwärtig notwendige Wissen* umfaßt. Die aktuellen Inhalte der organisatorischen Wissensbasis erlauben einem Unternehmen für einen gewissen Zeitraum die Überlebensfähigkeit am Markt und die Reproduktion der eigenen Identität sicherzustellen. Gemeint ist damit z.B. das produktbezogene Wissen, durch das die Produktion und der Absatz von Produkten einer Organisation insgesamt ermöglicht wird. Die Ausschöpfung der aktuellen Wissenspotentiale bildet demnach die Basis für die *Handlungsfähigkeit* der Organisation.

Bei der Beschäftigung mit dem aktuellen Wissen einer Organisation erfolgt zum einen der Blick nach „innen" - im Sinne einer Auseinandersetzung mit den eigenen Ressourcen, zum anderen aber auch der Blick nach „außen" - im Sinne einer relativen Betrachtung des eigenen Wissens entlang des in der Umwelt vorhandenen Wissens.[125]

Es geht deshalb beim *Management aktueller Wissenspotentiale* letztlich darum,

- ❑ welche Wissensbausteine die gegenwärtig entscheidenden Inhalte der organisatorischen Wissenbasis bezüglich der Wettbewerbsfähigkeit des Unternehmens ausmachen (Schritt 1) und

---

[125] Vgl. zur Unterscheidung eines ressourcen- und wettbewerbsorientierten Ansatzes in der Betriebswirtschaftslehre zusammenfassend Knyphausen 1993 sowie den vorigen Abschnitt zum Management externer Wissenspotentiale.

- in welcher Weise man das gegenwärtig notwendige und wettbewerbsrelevante Wissen in möglichst sinnvoller Weise multiplizieren kann (Schritt 2).

4.3.2.1.1 Schritt 1: Erfassung des gegenwärtig notwendigen Wissens

Die Arbeiten zur Erfassung des gegenwärtig notwendigen Wissens schließen größtenteils an den ersten Schritt zum Management der inneren Wissenspotentiale an bzw. sind darin bereits mitenthalten. Während aber beim Management des inneren Wissens nach den *Trägern* des organisatorisch relevanten Know-how gefragt wurde sowie danach, welche nicht-genutzten Wissensteile die einzelnen Organisationsmitglieder zusätzlich in den organisatorischen Prozeß abgeben könnten, interessieren hier die *Wissensinhalte* per se - unabhängig von den einzelnen Know-how-Trägern. Erstellt werden sollte eine Art *„Ist-Wissensprofil"*, mit dem die Handlungs- und Wettbewerbsfähigkeit einer Organisation am Markt erzeugt wird.

Dazu können bereits die Überlegungen aus Abschnitt 2.1.2 eine Hilfestellung leisten. Dort wurde vorgeschlagen, jede übliche Darstellungsform von Organisationen, wie Wertschöpfungsketten, Organigramme, Ablaufpläne etc., dazu zu verwenden, sich einmal ausschließlich auf die hinter der Darstellung stehenden Wissensbausteine zu konzentrieren. Ebenso hilfreich sind die Arbeiten zur Erstellung der Wissens-Landkarte bzw. deren Substrate wie das Wissens-Branchenbuch.[126] Anhand dieser Instrumente wird bereits ein sehr großer Teil der aktuellen Wissensbasis erfaßt. Man sollte an dieser Stelle aber noch ein Schritt weitergehen und den Blick auf die *Kernfähigkeiten* oder *Kernkompetenzen* einer Organisation richten. Im Vordergrund steht also die Frage, was für Teile bzw. Komponentenkombinationen der organisatorischen Wissensbasis *besser* sind, als diejenigen der Konkurrenz[127] und für die fokale Organisation die Basis der eigenen Handlungsfähigkeit produzieren.

Der Aspekt der Kernkompetenzen einer Organisation ist vor allem durch die Arbeit von Prahalad und Hamel und das von ihnen dargestellte Beispiel des japanischen Konzerns Canon bekannt geworden.[128] Canon benutzt drei wesentliche Segmente seiner Wissensbasis - Feinmechanik, Feinoptik und Mikroelektronik - in einer Vielzahl unterschiedlichster Endprodukte. Der kleinste gemeinsame Nenner aller Produkte ist immer wenigstens einer dieser drei Eckpfeiler. Dies führt, wie in Abbildung 4-6 angedeutet, zu einer Betrachtung von Kernkompetenzen als „Wurzeln" des organisatorischen „Baums", dessen „Früchte" die Produkte sind und richtet den Blick genau

---

126 Vgl. Abschnitt 4.3.1.1.1.

127 Vgl. dazu ausführlich Wolfsteiner 1995.

128 Vgl. Prahalad/Hamel 1990 und 1991.

auf die wettbewerbsrelevanten Wissenselemente einer Organisation. Gefragt wird danach, welches Wissen im Sinne elementarer Fähigkeiten die daraus entstehenden Produkte gegenüber dem Wettbewerb erfolgreich machen. Dabei ist allerdings zu bemerken, daß es sich in der hier vorgestellten Sichtweise von Prahalad/Hamel um eine sehr grobe Segmentierung handelt - stellt doch jede der bei Canon identifizierten Kernkompetenzen letztlich eine komplexe Kombination aus vielen Teilen der organisatorischen Wissensbasis dar. Die Identifizierung dieser komplizierten Verflechtung von Ressourcenkombinationen ist daher nur ein erster Anlauf, das gegenwärtig notwendige Wissen zu systematisieren.

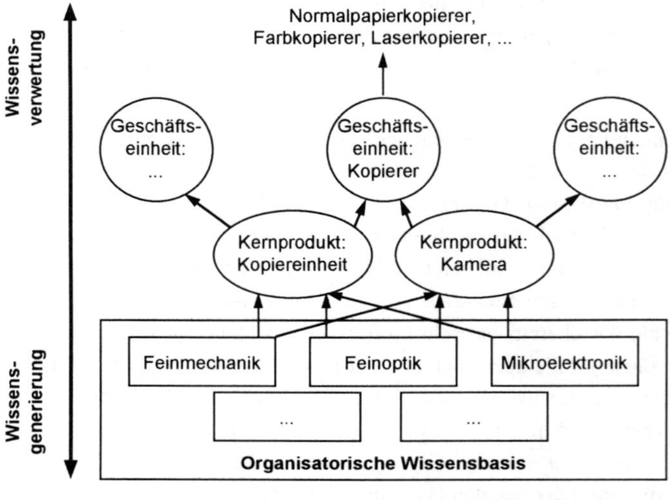

Abb. 4-6: Die Kernkompetenzen als wesentliche Bestandteile der organisatorischen Wissensbasis (in Anlehnung an Prahalad/Hamel 1991)

Gomez geht mit einem etwas differenzierteren Bild der Kernkompetenzen genau den Schritt weiter, der auch für die Aufarbeitung eines von den Trägern unabhängigen Ist-Wissensprofils notwendig ist.[129] Die Wissensbasis eines Unternehmens der Investitionsgüterbranche wird von Gomez zum einen in allgemeine Fähigkeiten, zum anderen in spezifische Fähigkeiten entlang der drei Kernkompetenzen Schweißtechnik,

129 Vgl. Gomez 1993: 159ff.

Mechatronik und Systemtechnik unterteilt, wobei die Kernfähigkeiten selbst wiederum durch Nennung von konkreten Wissensfeldern spezifiziert werden. Wenn man diese Aufteilung in einzelne Fähigkeiten, wie in Tabelle 4-5 dargestellt, noch durch Benchmarking-Vergleiche in Bezug zu den Wettbewerbern der Branche positioniert, hat man die Basis für eine aussagekräftige Form der Darstellung des gegenwärtig notwendigen Wissens einer Organisation geschaffen.

Teil der Wissensbasis (Kernkompetenz bzw. Erfolgswissen)	**Spezifikation des Erfolgswissens**	**Bedeutung des Erfolgswissens relativ zum Wettbewerb** schwach ←→ stark 1	2	3	4
Schweißtechnik	Beherrschen des Widerstands-Schweißen in der Anwendung				x
	Erzeugung und Führung des Widerstands-Schweißstroms				x
Mechatronik	Interdisziplinäre Maschinenentwicklung mit den Elementen Mechanik, Elektronik, Software			x	
	Flexible Fertigung, termingerechte Beschaffung, fertigungsgerechte Konstruktion				x
Systemtechnik	System-Engeneering durch Definition der Schnittstellen, Berechnung von Leistungsdaten, Baukastenprinzip, Anwendung von Antriebs- und Regeltechnik				x
	Geeignete Führungstechnik durch Projektmanagement, Problemlösungssystematik, Kooperation von Verkauf und Technik			x	

Tab. 4-5: Beispiel für das gegenwärtig notwendige Wissen einer Organisation und die Positionierung dieses Wissens gegenüber der Konkurrenz (inhaltliches Beispiel in Anlehnung an Gomez 1993: 161)

Ein wesentliches Kriterium für die Kernfähigkeiten einer Organisation ist die Schaffung eines Wettbewerbsvorteils gegenüber der Konkurrenz, der aufgrund der komplexen Struktur dieser Kernfähigkeiten eine vergleichsweise hohe Dauerhaftigkeit aufweisen kann. Deshalb ist es die vordringliche Aufgabe eines Wissensmanagements, Kernkompetenzen tatsächlich zu erzeugen bzw. wenn diese bereits bestehen, für deren laufende Aktualisierung zu sorgen. Die beschriebene Aufarbeitung eines Ist-Wissensprofils leistet besonders für den Aufbau von Kernkompetenzen einen wertvollen Beitrag, weil sich hier sehr systematisch zeigen läßt, welche Elemente dafür notwendig sind. Fehlen bestimmte Elemente, können sie entweder intern aufgebaut oder extern beschafft werden.[130] Die Aktualisierungsfunktion wird dabei gleichzeitig durch das Management zukünftiger Wissenspotentiale geleistet.[131]

4.3.2.1.2 Schritt 2: Multiplikation des aktuellen Wissens

Für Kernkompetenzen als zentrales Element des aktuellen Wissens spielt noch ein weiteres Kriterium eine gravierende Rolle: Die Vielzahl der marktbezogenen Endprodukte läßt sich über einen *multiplikativen Einsatz* dieses Wissens mehr oder weniger ohne große Investitionskosten erhöhen und eröffnet demnach neue Marktchancen. Im Hinblick auf ein umfassendes Wissensmanagement sollte es deshalb das Ziel sein, möglichst viele Endprodukte aus der aktuellen organisatorischen Wissensbasis hervorzubringen. Dazu stehen zwei Ansatzpunkte bereit:

- ❑ Die Suche nach Diversifikations- und Mehrfachnutzungsmöglichkeiten und
- ❑ die Strukturierung der Organisation um die Kernkompetenzen.

(1) Die Suche nach Diversifikations- und Mehrfachnutzungsmöglichkeiten

Eine Grundvoraussetzung dafür, daß gegenwärtiges Erfolgswissen möglichst häufig verwendet werden kann, ist dessen *Standardisierung*. In diesem Zusammenhang sind vor allem *Routinisierungsprozesse* relevant, durch die bei oftmaliger Anwendung des Wissens standardisierte Vorgehensweisen entstehen und durch die das Wissen weitgehend unabhängig von den originären Trägern wird. In diesem Zusammenhang spricht man von „standard operating procedures“, die in dieser Arbeit durch den Begriff des Oberflächen-Wissens erfaßt wurden und eine Handlung weitgehend vorstrukturieren.[132] Unterstützt wird die Standardisierung zusätzlich noch durch die

---

130 Vgl. Abschnitt 4.3.1.2.

131 Vgl. Abschnitt 4.3.2.2.

132 Vgl. Abschnitt 2.2.

Verwendung der bereits erläuterten wissensbasierten Systeme, wie Handbücher, Weisungsdienste etc. Aufbauend auf dem solchermaßen standardisierten Erfolgswissen sollten dann systematisch *Diversifikations- und Mehrfachnutzungsmöglichkeiten* gesucht werden. Zum einen können damit neue Geschäftsfelder erschlossen,[133] zum anderen die Anwendung des Wissens durch weitere Standardisierungs- und Lerneffekte professionalisiert werden.[134]

Fallbeispiel: Multiplikation von Erfolgswissen bei Sharp, Honda und Sony

Sharp verwendet seine Fähigkeiten auf dem Gebiet der Flüssigkristall-Bildschirme in der Produktion so unterschiedlicher Produkte, wie z.B. Taschenrechner, Mini-Fernseher, TV-Projektionsleinwände und tragbaren Computern. Honda nutzt sein Know-how für Motoren und Getriebe in Motorrädern, Autos, Rasenmähern, Generatoren und Außenbordmotoren. Sony schließlich verfügt über ein spezifisches Erfolgswissen auf dem Gebiet der Miniaturisierung und multipliziert dies z.B. bei Kasettenspielern, Fernsehern, Videokameras und CD-Spielern.[135]

(2) Die Strukturierung der Organisation um die Kernkompetenzen

Neben der Standardisierung des Erfolgswissens, die im übrigen auch durch die Prozesse des knowledge mapping befördert werden können,[136] wird die multiplikative Anwendung aktuellen Erfolgswissens vor allem über eine wesentliche Maßnahme unterstützt: Der *Strukturierung einer Organisation um die wettbewerbsrelevanten Kernkompetenzen* - und zwar egal ob dies als primäres oder sekundäres Gestaltungsmerkmal geschieht.[137] Die strukturelle Verselbständigung von Kompetenzbereichen bedeutet in diesem Zusammenhang die sinnvolle Bündelung aktueller Wissensbausteine, die Stärkung deren eigener Identität und Autonomie, die Etablierung echter Kunden- und Marktbeziehungen sowie das Brechen kollektiv-struktureller Wissens- und Lernbarrieren. Die Logik, die sich dahinter verbirgt, ist im Prinzip die gleiche, die auch bei der Entlohnung einzelner Know-how-Träger nach deren Wisseneinsatz zur Entstehung einer Art *Wissens-Markt* führt:[138]

> „Die Ausgliederung und rechtliche Verselbständigung der Kompetenzzentren führt zu einer Dekomposition der Wertschöpfungskette in mehrere selbständige Geschäftsbereiche. Kompetenzbereiche werden geschaffen, um vorhandene Fähigkeiten und Ressourcen zu Kernfähigkeiten zu bündeln und um bestimmte, von der Unternehmensleitung als relevant eingeschätzte Kernfähigkeiten aufzubauen. So entsteht ein *Unternehmensverbund aus Kernkompetenzzentren* und aus Teilbereichsunternehmen, die Endprodukte produzieren. In der weite-

133 Vgl. Doz 1989.
134 Vgl. Meyer/Utterback 1993.
135 Leicht verändert entnommen aus Wolfsteiner 1995: 237.
136 Vgl. Abschnitt 4.3.1.1.1.
137 Vgl. dazu Gomez 1992: 170ff. und Wolfsteiner 1995.
138 Vgl. Abschnitt 4.3.1.1.1.

ren Entwicklung könnten sich die Endproduktbereiche als konsumnähere Glieder der Wertschöpfungskette im wesentlichen auf die Zusammensetzung der Endprodukte beschränken, deren Komponenten sie dann zum einen von den Kompetenzzentren und zum anderen von unternehmensexternen Zulieferern beziehen. Auf diese Weise entwickelt sich die Geschäftsbereichsorganisation in Richtung auf eine Netzwerkstruktur, die sich durch (...) Leistungs- und Lieferbeziehungen auf der Grundlage von Marktpreisen sowie durch hochgradige Flexibilität auszeichnet."[139]

Hinter der von Wolfsteiner angesprochenen Entwicklung eines realwirtschaftlichen Marktes im Rahmen des organisatorischen Netzes,[140] verbirgt sich aber nichts anderes, als das Ringen der strukturell abgegrenzten Wissensbereiche um eine möglichst häufige Verwendung des dort jeweils gebundenen Wissens in den Endprodukten der Gesamtorganisation. Jeder Bereich wird demnach versuchen, sein Wissen in so viel Produkten wie möglich unterzubringen, sei es durch Substitution, Innovation oder Erschließung neuer Märkte.

Abbildung 4-7 zeigt ein konstruiertes Beispiel für eine Organisation entlang von Kernkompetenzen. Erstes Strukturierungsmerkmal sind die *Geschäftsbereiche*, die als Produkt-Markt-Kombinationen jeweils eine spezielle Produktgruppe umfassen. Die Geschäftsbereiche können dabei nach den einzelnen Produktvarianten noch weiter ausdifferenziert werden. Zweites Strukturierungsmerkmal ist die Gruppierung von *Kompetenzzentren*, in denen die wettbewerbsrelevanten Wissensteile zusammengefaßt sind - also diejenigen Elemente des Produkts, in denen der Hersteller einen zentralen Teil seiner Wissensbasis sieht und sich eine mögliche Differenzierung von seinen Konkurrenten verspricht. Beide Ebenen sind direkt der Holding unterstellt, damit keine Zerfaserung der Organisation erfolgt, sondern durch die Spitze des Konzerns das Gesamtwohl des Organisations-Ganzen im Auge bleibt.

Beide Ebenen der Organisation, die marktbezogenen Ebenen der Produktbereiche sowie die wissensbezogenen Ebenen der Kompetenzzentren agieren mehr oder weniger als selbständige organisatorische Einheiten. Das bedeutet, daß die Produktbereiche auch über die Zulieferung der Teile selbst entscheiden und die Kompetenzzentren zu marktähnlichem Verhalten gezwungen werden. Gleichzeitig können die Kompetenzzentren aber auch eine Rolle als Zulieferer für Dritte übernehmen.

---

139 Wolfsteiner 1995: 259, Hervorhebungen im Original weggelassen, Hervorhebung durch J.S.

140 Vgl. ähnlich Jarillo 1988 und Sydow 1991.

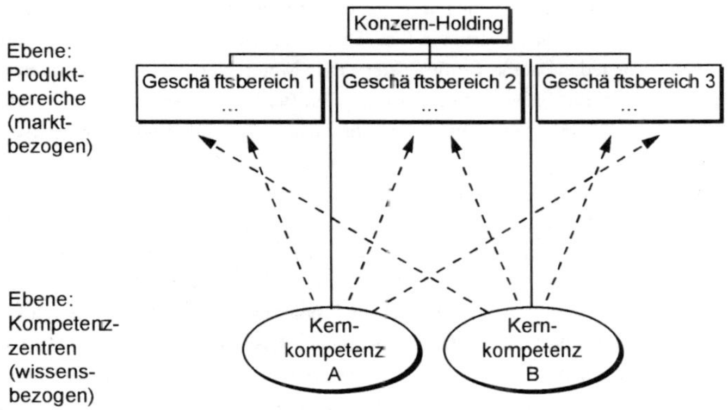

Abb. 4-7: Die organisatorische Ausgliederung von wettbewerbsrelevanten Teilen der organisatorischen Wissensbasis

Die *Vorteile* dieser strukturellen Maßnahmen im Rahmen eines Wissensmanagements sind:

- Die Spezialisierung des Wissens wird in den Kompetenzzentren zielgerichtet vorangetrieben und erhöht dadurch die Differenzierungsmöglichkeiten innerhalb der Produkte,
- die Weiterentwicklung des ausgegliederten Teils der Wissensbasis wird durch Suche nach weiteren Anwendungsfeldern des Wissens gefördert,
- die Identifikation und Handhabung von Wissens- und Lernbarrieren wird in den homogenisierten Einheiten teilweise erleichtert,[141]
- durch Marktausweitung sind Kostendegressionen aus Skaleneffekten möglich und
- die Wissensbasis wird in Richtung Kunden- und Marktorientierung erweitert.

141 Allerdings darf nicht vergessen werden, daß aus Sicht des Gesamtkonzerns gleichzeitig die Relevanz der Barrieren aus Spezialisierung und interorganisationalen Kooperationskonflikten verschärft werden wird.

Fallbeispiel: Die Ausgliederung des Kompetenzzentrums „Lenkungen" bei Mercedes-Benz

Die Mercedes-Benz AG ist auf dem Weg, ihre divisionale Organisation (Pkw-Sparte und Nfz-Sparte mit den jeweiligen Produktbereichen) auch nach den eben beschriebenen Prinzipien der Ausgliederung von spezifizierten Wissensteilen zu strukturieren. Dies geschieht entweder durch Umwandlung bestimmter Werksteile in teilautonome Profit-Center (z.B. Motorenfertigung in Untertürkheim), oder durch Auslagerung in rechtlich selbständige Einheiten. Ein Beispiel ist die Gründung der MB Lenkungen GmbH, in die zum Jahresbeginn 1995 das gesamte Know-how zur Produktion der Systemeinheit „Servolenkung" eingebracht wurde. Das neue Unternehmen bündelte zum ersten Mal das im Mercedes-Benz-Verbund verstreute Wissen über alle wesentlichen Prozesse zur Produktion der Lenkungsaggregate und deckte zusätzlich eine Wissenslücke im zukunftsträchtigen Feld der Zahnstangentechnologie auf. Mit einer auf den Mercedes-Benz-internen aber auch externen Markt ausgerichteten Produktivitäts- und Produktstrategie wird nunmehr versucht, den durch Benchmarkingvergleiche festgestellten Kostennachteil von bis zu einem Drittel der Produktionskosten einerseits durch konsequente Einsparungen, andererseits durch Ausnützung von Skaleneffekten im Rahmen der Ausweitung des Produktprogramms aufzuholen. Im Vordergund steht ausdrücklich, das vorhandene Wissen so zu gruppieren, daß durch Kombination verschiedener Baumuster, die Variantenvielfalt gewährleistet bleibt, gleichzeitig aber Komplexitätskosten abgebaut werden. Resultat ist ein modulares Konzept verschiedener Wissensplattformen, die innerhalb der Systemeinheit „Lenkungen" eine optimale Ausschöpfung des vorhandenen Wissens mit sich bringt und darüber hinaus das Wissen der Systemeinheit selbst in verschiedenen Produktvarianten multipliziert.[142]

4.3.2.1.3 Zusammenfassung und Überblick

Das Management aktueller Wissenspotentiale zielt auf die Identifizierung des gegenwärtig notwendigen Erfolgswissens, mit der zunächst die momentane Handlungs- und Wettbewerbsfähigkeit einer Organisation sichergestellt werden kann. Darüber hinaus trägt die Multiplikation entdeckter Kernkompetenzen dazu bei, durch Diversifikation und Mehrfachnutzung die Marktbasis der Organisation zu erweitern. Schließlich können kollektiv-strukturelle Wissens- und Lernbarrieren durch Strukturierung der Organisation um die Kernfähigkeiten beseitigt werden. Tabelle 4-6 zeigt die dafür erforderlichen Instrumente noch einmal im Überblick.

---

142 Vgl. ausführlich Fülling 1995.

Maßnahme zum Management aktueller Wissenspotentiale	Kurzbeschreibung der Maßnahme	Intendierte Auswirkungen
Erstellung eines Ist-Wissensprofils	Auflistung der in einer Organisation zur Herstellung der Handlungs- und Wettbewerbsfähigkeit gegenwärtig notwendigen Wissensinhalte	Identifizierung von Kernkompetenzen und Erfolgswissen in den eigenen Betätigungsfeldern; Bestimmung der eigenen Wettbewerbsposition der eigenen Wissensbasis
Bildung von standardisierten Handlungsroutinen; Verwendung wissensbasierter Systeme	Standardisierung von gegenwärtig notwendigem Wissen im Rahmen von „standard operating procedures", evtl. unterstützt durch Speichersysteme	Organisationsweite Verwendung des standardisierten Erfolgswissen unabhängig vom originären Träger; Optimierung der Wissensanwendung durch Lernkurve
Strukturierung der Organisation nach Kompetenzzentren	Bündelung des gegenwärtig notwendigen Erfolgswissens in selbständigen organisatorischen Einheiten als Basis weiterer Multiplikation	Marktorientierte Verwertung des aktuellen Wissens; Kostendegression durch Merfachnutzung; Zielgerichtete Akquisition fehlender Bausteine

Tab. 4-6: Überblick über Maßnahmen zum Management aktueller Wissenspotentiale

4.3.2.2 Das Management zukünftiger Wissenspotentiale

Wie im zweiten Kapitel bereits betont wurde, ist Wissen ein Gut mit extrem volatilen Eigenschaften. Die Bedeutung von heute aktuellem Wissen kann deshalb grundsätzlich zu jedem Zeitpunkt auf einen Nullwert sinken, wobei die Substitutionsmöglichkeiten mehr oder weniger unbeschränkt sind. Empirische Untersuchungen haben in diesem Zusammenhang eine „Halbwertszeit des Wissens"[143] ausgemacht, also die Entwertung der Relevanz des Wissens um die Hälfte, die, wie Abbildung 4-8 zeigt, im Schnitt etwa bei fünf Jahren liegt.[144] Neben dem Management aktueller Wissenspotentiale, das ja auf Multiplikation von gegenwärtig notwendigem Wissen zielt, muß der Blick also immer auch auf die Zukunft gerichtet sein, um das *zukünftig er-*

143 Vgl. z.B. Charlier et al. 1994.

144 Vgl. auch Warnecke 1992: 93f.

forderliche Wissen einer Organisation zumindest intuitiv abschätzen zu können bzw. die permanente Aktualisierung der organisatorischen Wissensbasis zu leisten.

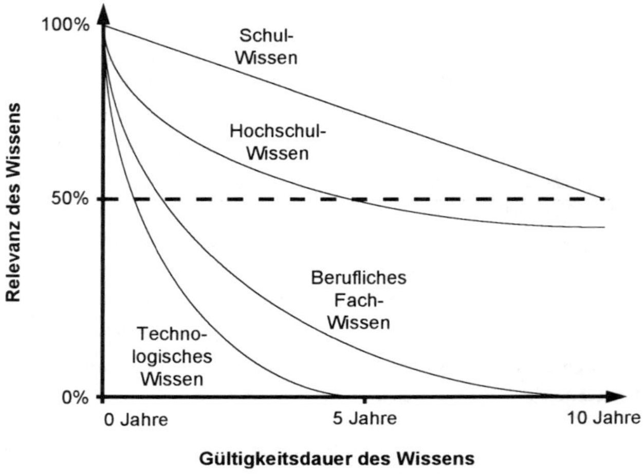

Abb. 4-8: Die Halbwertszeit des Wissens anhand ausgewählter Beispiele (in Anlehnung an: Charlier et al. 1994: 120)

Das Management zukünftiger Wissenspotentiale kann vor diesem Hintergrund eines natürlich nicht leisten: Eine valide Vorhersage der Zukunft. Aus dem Bereich der Strategischen Unternehmensführung bzw. der Strategischen Planung liegen aber dennoch zahlreiche Instrumente vor, mit dem das zukunftsrelevante Wissen systematisch abgetastet werden kann. In diesem Zusammenhang sollte man sich bemühen,

- ein Wissensprofil zu erstellen, das zukünftige Wettbewerbsfähigkeit verspricht (Schritt 1),
- die dauerhafte, zukunftsorientierte Aktualisierung der organisatorischen Wissensbasis sicherzustellen und das im Vergleich zum gegenwärtig notwendigen Wissen zusätzlich erforderliche Wissen zu identifizieren und zu entwickeln (Schritt 2).

4.3.2.2.1 Schritt 1: Erstellung eines zukunftsrelevanten Soll-Wissensprofils

Der erste Schritt zur Erfassung des gegenwärtig notwendigen Wissens war die Erstellung eines Ist-Wissensprofils, das die Inhalte der aktuellen Wissensbasis unabhängig von seinen Trägern identifizierte und die Grundlage für eine systematische Multiplikation des Erfolgswissens bildete. Demgegenüber soll nun ein *zukunftsgerichtetes „Soll-Wissensprofil“* entwickelt werden - man könnte auch von einer Art „Ziel-Wissensbasis“[145] sprechen -, das relevante *Wissenslücken* für das langfristige Überleben und die Möglichkeit der weiteren Organisationsentwicklung aufdecken hilft.

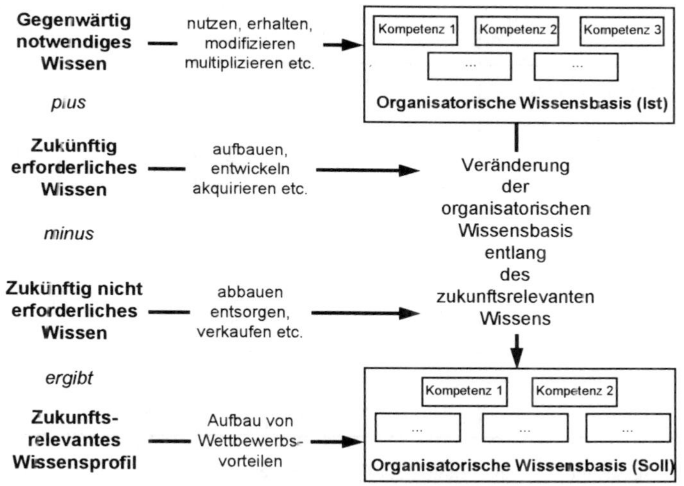

Abb. 4-9: Die Rahmenbedingungen zur Erstellung eines Soll-Wissensprofils

Das Soll-Wissensprofil geht zunächst von dem gegenwärtig notwendigen Wissen der organisatorischen Wissensbasis aus. Hinsichtlich der weiteren Verwendung muß dieses erhalten und entsprechend modifiziert werden. Außerdem überlegt man sich, ob in Zukunft weitere Wissensteile erforderlich bzw. ob bestimmte Wissenselemente nicht mehr notwendig sind. Das zusätzlich erforderliche Wissen muß entweder intern

145 Strasser 1994: 30.

aufgebaut,[146] oder extern beschafft werden,[147] während nicht notwendiges Wissen entsorgt wird. Das Ergebnis dieser Überlegungen ist ein Wissensprofil, das die *zukunftsgerichtete Wettbewerbsfähigkeit* reflektiert. Wie aus der gegenwärtigen Wissensbasis durch Addition zusätzlich erforderlichen und Subtraktion nicht-notwendigen Wissens, ein zukunftsrelevantes Soll-Profil entsteht, zeigt im Überblick Abbildung 4-9.

Erfolgswissen	**gegenwärtig vorhanden**					**zukünftig notwendig**				
	Beschreibung	Wissens-position				Beschreibung	Wissens-position			
		schwach			stark		schwach			stark
		1	2	3	4		1	2	3	4
Forschung & Entwicklung										
• Grundlagenforschung	...					...				
• anwendungsorientierte F&E	...					...				
Beschaffung										
• Rohstoffe	...					...				
• Kapital	...					...				
• Arbeit	...					...				
Logistik										
• ...	...					...				

Abb. 4-10: Ausschnitt aus dem Formular zur Gegenüberstellung von gegenwärtig vorhandenem und zukunftsrelevantem Wissen

Die Erfassung des Ist- und Soll-Profils kann mit Hilfe des in Abbildung 4-10 dargestellten Formulars systematisiert werden. Die Segmentierung des Wissens ist in diesem Beispiel anhand der Wertschöpfungskette vorgenommen worden, kann aber auch mit jedem anderen organisatorischen Hilfsmittel geschehen. Die einzelnen Teile des Wissens werden in dem Formular zunächst kurz beschrieben und dann hinsichtlich der Wissensposition der eigenen Organisation klassifiziert.

146 Vgl. Abschnitt 4.3.1.1.

147 Vgl. Abschnitt 4.3.1.2.

Der entscheidende Aspekt bei dieser Vorgehensweise ist nun sicherlich, wie man eine Intuition im Hinblick auf das zukünftig relevante Wissen aufbaut. Folgende Instrumente geben dazu eine Hilfestellung:

- ❑ Die Differenzierung von nachfrage- und angebotsinduziertem Wissensbedarf,
- ❑ die Methode der kritischen Erfolgsfaktoren,
- ❑ die verschiedenen Instrumente der strategischen Planung sowie
- ❑ die Installation einer organisatorischen Einheit für Wissensentwicklung.

(1) Die Differenzierung von nachfrage- und angebotsinduziertem Wissensbedarf

Eine erste Hilfestellung bietet die Unterscheidung in einen nachfrageinduzierten oder angebotsinduzierten Wissensbedarf.[148] Ein *nachfrageinduzierter Wissensbedarf* („demand pull") ist dann gegeben, wenn es organisationsinterne oder -externe Anfragen hinsichtlich bestimmter Problemstellungen gibt. Gängige Instrumente, über die man einen solchen Wissensbedarf abschätzen kann, sind beispielsweise die systematische Sammlung von Kundenanfragen und Beschwerden, das betriebliche Vorschlagswesen, Kundenbefragungen sowie gemeinsame Workshops mit Kunden, in denen deren Bedürfnisse erforscht werden. Ein *angebotsinduzierter Wissensbedarf* („science push") bezieht sich demgegenüber auf das Angebot von Wissen, dem noch keine konkrete Nachfrage gegenübersteht. Dies gilt z.B. für weite Teile der Grundlagenforschung bzw. der F&E-Abteilungen allgemein sowie für weitere Stabsstellen, in denen nicht konkrete Problemlösungen, sondern elementare *Lösungspotentiale* vorbereitet werden. Der Ansatzpunkt für die Ermittlung des Soll-Wissens liegt aus dieser Perspektive darin, nach *konkreten marktrelevanten Verwendungsoptionen* des meist noch unspezifizierten Wissens zu suchen.

(2) Die Methode der kritischen Erfolgsfaktoren

Einen anderen Vorschlag zur Ermittlung des Soll-Wissens macht Albrecht im Anschluß an die Überlegungen zur Methode der kritischen Erfolgsfaktoren:[149]

> „Ein Instrument zur Verknüpfung von strategischen Erfordernissen und dem dafür notwendigen Wissen ist (...) die Identifizierung kritischer Erfolgsfaktoren des Unternehmens. Die Methode der KEF (= Kritische Erfolgsfaktoren, J.S.) geht von den Unternehmenszielen und der -strategie aus und leitet daraus die kritischen Erfolgsfaktoren ab. Durch Analyse dieser kritischen Erfolgsfaktoren legt das Management die Prioritäten bezüglich der zukünftigen Wissenspotentiale fest. Dies geschieht, indem die für die kritischen Erfolgsfaktoren erforderlichen Strukturen und Prozesse identifiziert werden. Auf dieser Grundlage ist der Wis-

---

148 Vgl. Machlup 1980: 184 und Warnecke 1992: 20f.

149 Vgl. Albrecht 1993: 132ff. sowie Daniel 1961, Rockart 1979 und 1989.

> sensbedarf zu ermitteln, der für die Gestaltung der Strukturen und Prozesse benötigt wird. Der ermittelte Wissensbedarf ist Ausgangspunkt für die Entwicklung einer Strategie zur Wissensbedarfsdeckung."[150]

Die für die Erfüllung der Unternehmensstrategie erforderlichen Wissensressourcen bzw. die notwendigen Bestandteile des Soll-Wissens werden also an den kritischen Erfolgsfaktoren ausgerichtet. Dazu überlegt man sich für jeden Teil der Wertschöpfungskette bzw. jeden organisatorischen Funktionsbereich, welche der kritischen Erfolgsfaktoren im Sinne der strategischen Ausrichtung eine Rolle spielen und ordnet diesen Faktoren das zur Erreichung notwendige *kritische Erfolgswissen* zu. Abbildung 4-11 zeigt in diesem Zusammenhang das von Albrecht vorgeschlagene Formular zur Erfassung des Soll-Wissens entlang der kritischen Erfolgsfaktoren. Bei der Beschreibung des Soll-Wissens sollte man sich freilich ebensowenig an bestehenden Stellen, Funktionsbeschreibungen, hierarchischen Strukturen und Einzelpersonen orientieren, wie dies bei der Erfassung des Ist-Wissens im Rahmen des knowledge mapping angezeigt ist.

Funktions-bereich	**Kritische Er-folgsfaktoren**	**Kritisches Erfolgswissen bzw. Soll-Wissen**			
		KEW 1	KEW 2	...	KEW n
F&E	KEF 1				
	...				
	KEF m				
Produktion	KEF 1				
	...				
	KEF m				
...	...				

Abb. 4-11: Formular zur Bestimmung des Soll-Wissens entlang der kritischen Erfolgsfaktoren (in Anlehnung an Albrecht 1993: 134)

(3) Die verschiedenen Instrumente der Strategischen Planung

Neben der eben dargestellten Methode der kritischen Erfolgsfaktoren einer Organisation kommen als hilfreiche Werkzeuge zur Erforschung zukunftsrelevanten Wissens auch noch alle weiteren Instrumente der Strategischen Unternehmensführung in Fra-

150 Albrecht 1993: 133, Fußnoten weggelassen.

ge.[151] Im besonderen kann man die Erfassung des Sollwissens durch die Produkt-Markt-Matrix, die Portfolio-Betrachtung, die Suchfeldanalyse und die Strategische Frühaufklärung unterstützen.

Anhand der *Produkt-Markt-Matrix*[152] erhält man eine sehr gezielte Betrachtung möglicher Kandidaten für zukünftige Produkt-Markt-Kombinationen. Man kann das Soll-Profil der organisatorischen Wissensbasis somit dahingehend strukturieren, welche Wissenspotentiale zum Aufbau der angestrebten Kombinationen notwendig sind. Besonders interessant ist der Einsatz einer *Kandidatenmatrix*[153], mit der Gemeinsamkeiten und wechselseitige Abhängigkeiten zukünftiger Geschäftsfelder erhoben und somit die Vernetzung der Wissenselemente aufgezeigt werden.

In die *Portfolio-Betrachtung* einer Organisation[154] ist die Bezugnahme auf künftige Marktentwicklungen und Wettbewerbspositionierungen ebenso miteingebaut, wie die systematische Gegenüberstellung von Ist- und Soll-Portfolio. Man kann die Positionierungsüberlegungen deshalb als Diskussionsgrundlage dafür nutzen, wie die mit den Positionierungen in Verbindung stehenden Wissenskombinationen genutzt bzw. für die Zukunft aufgebaut werden können. Besonders relevant wird diese Hilfestellung durch Verwendung unterschiedlicher Portfolio-Perspektiven mit denen sich z.B. relativer Marktanteil und Marktwachstum (BCG-Portfolio), relative Wettbewerbsposition und Marktattraktivität (McKinsey-Portfolio) sowie Wettbewerbsposition und Lebenszyklusphase (Arthur. D. Little-Portfolio) untersuchen lassen.

Weitere Möglichkeiten zukunftsrelevantes Wissen explorativ zu erforschen bieten die verschiedenen Formen der strategischen *Suchfeldanalyse*.[155] In dem Konzept von Abell[156] bemüht man sich beispielsweise anhand der Dimensionen „potentielle Nachfragesektoren“, „Funktionserfüllung“ und „verwendete Technologien“, zunächst den künftigen Problemlösungsraum zu strukturieren. Im Anschluß daran sucht man nach Differenzierungsmöglichkeiten bzw. neuen Betätigungsfeldern, wobei bereits von Abell selbst[157] eine vertiefte Auseinandersetzung mit den eigenen Ressourcen und Fähigkeiten gefordert wird. Auch das „strategische Schachbrett“ von McKinsey[158] liefert Anregungen, sich mit allen denkbaren Betätigungsfeldern auseinanderzusetzen. Entlang der Fragen „Wo konkurrieren“ und „Wie konkurrieren“ werden die Op-

---

151 Vgl. als Übersicht Hinterhuber 1989 und Kirsch 1991.
152 Vgl. ursprünglich Ansoff 1966: 132.
153 Vgl. Carqueville et al. 1991: 77ff.
154 Vgl. als Überblick Roventa 1979 und Gabele 1981.
155 Vgl. dazu Müller-Stewens 1990 und Trux et al. 1988: 148ff.
156 Vgl. Abell 1978, 1980.
157 Vgl. Abell 1980: 21.
158 Vgl. Henzler 1979, 1980.

tionen des Marktes und der Logik auf diesen Märkten durchkämmt. Die Erstellung eines Soll-Profils der organisatorischen Wissensbasis kann dann z.B. daran ausgerichtet werden, ob man in der Lage ist, den etablierten Spielregeln am Markt zu folgen, oder ob man sogar über Potentiale verfügt diese Regeln zu transformieren.

Schließlich ist die Auseinandersetzung mit „zukünftigen Welten" ein ausdrückliches Thema der *Strategischen Frühaufklärung.*[159] Im Zusammenhang mit der Ortung sogenannter „schwacher Signale"[160], die als schlecht-definierte Informationsinhalte auf verschiedene Zustände des organisatorischen Umfeldes hinweisen können, sollen Organisationen bereits frühzeitig für Entwicklungsmöglichkeiten ihrer künftigen Betätigungsfelder sensibilisiert werden. Die Gestaltung des Soll-Profils der Wissensbasis kann dann entlang der einzelnen Szenarien konkrete Impulse erfahren.

(4) Die Installation einer organisatorischen Einheit für Wissensentwicklung

Bevor der zweite Schritt zum Management zukünftiger Wissenspotentiale näher diskutiert wird, muß noch auf einen weiteren zentralen Aspekt des ersten Schrittes verwiesen werden. Die Produktion eines zukunftsgerichteten Profils sollte nicht ausschließlich durch eine kleine „Elite" der Organisation, wie beispielsweise eine Projektgruppe zur Entwicklung einer neuen strategischen Ausrichtung geleistet werden. Im Gegenteil: Bereits im Erstellungsprozeß ist immer wieder der *breit angelegte Kontakt* zur Gesamtorganisation zu suchen. Erstens kann dadurch die gesamte Reichhaltigkeit des organisatorisch vorhandenen Wissens genutzt werden.[161] Zweitens agiert man offensiv auf die Problematik der Anschlußfähigkeit angestellter Überlegungen an die „Rest-Organisation"[162] bzw. verhindert, daß kollektiv-kulturelle Barrieren die Umsetzung torpedieren. Und drittens konfrontiert bzw. „belastet" man die Organisationsmitglieder schon frühzeitig damit, sich einmal in kritischer Weise mit der eigenen Wissensbasis und deren Tragfähigkeit für die Zukunft auseinanderzusetzen.

Zu diesem Zweck ist es eine Überlegung wert, die Institutionalisierung einer organisatorischen Einheit zur *„Wissensentwicklung"* zu erwägen, die in kontinuierlichen Kommunikationsprozessen die Organisationsmitglieder immer wieder mit der möglichen Zukunft konfrontiert. Dadurch läßt sich eine fruchtbare Spannung zwischen möglichen Zukunftsszenarien und dem gegenwärtigen Problemlösungspotential erzeugen, die auch Motiv für weitergehende Lernprozesse auf individueller und kollektiver Ebene sein kann.

---

159 Vgl. dazu ausführlich Krystek/Müller-Stewens 1993.

160 Vgl. Ansoff 1976.

161 Vgl. Abschnitt 4.3.1.1.

162 Vgl. dazu ausführlich Müller-Stewens i.V. bzw. Kirsch/Müller-Stewens 1995: 6.11ff.

Fallbeispiel: Die Etablierung einer Abteilung „Unternehmensentwicklung“ und einer Abteilung „Forschung Technik und Gesellschaft“

Die Auseinandersetzung mit der Zukunft im Zuge von Strategieprojekten erzeugt die Frage, wie die dauerhafte Aktivierung der Organisation bewerkstelligt werden kann. Deshalb liegt der Versuch nahe, Vorkehrungen zu treffen, die einerseits die Mobilisierung der Organisationsmitglieder weiter vorantreiben und andererseits sicherstellen, daß die Organisation auch weiterhin an sich verändernde Entwicklungen angepaßt wird. Im Rahmen eines Beratungsprojekts ist deshalb eine eigenständige organisatorische Einheit gebildet worden, die das Unternehmen mit Fragen der Unternehmensentwicklung fortlaufend belastet. Die Abteilung „Unternehmensentwicklung“ war aber nicht eine Stabsstelle zur Produktion von strategischen Plänen, sondern wurde mit einer Moderatorenrolle ausgestattet, die die Betroffenen in geeigneter Weise in Diskussionen um die Zukunft integriert. Als Aufgaben der Abteilung wurden konkret definiert: Initiierung von Fragestellungen zur Unternehmensentwicklung, Prozeßmanagement, Organisation von „Klausuren zur Unternehmensentwicklung“, Institutionalisierung eines Innovationsmanagements und die interne und externe Kommunikation zentraler Orientierungen des Unternehmens. Die hohe Bedeutung, die vor allem der letzte Aspekt innehat, wurde schließlich durch die Umbenennung der Abteilung in „Unternehmensentwicklung und Kommunikation“ unterstrichen.[163]

Eine etwas andere Variante findet man bei der Daimler-Benz AG. In der Abteilung „Forschung Technik und Gesellschaft“ geht man davon aus, daß zukunftsrelevantes Wissen innerhalb der Organisation reichlich vorhanden ist. Die vordringliche Aufgabe der Abteilung ist es demnach, dieses Wissen im Interesse des organisationalen Handelns nutzbar zu machen - und zwar über die „Gräben“ fachlicher Disziplinen hinaus. Die Abteilung versucht in diesem Zusammenhang über „Zukunfts-Labors“ einen inter-funktionalen Dialog zu erzeugen, in dem zukunftsrelevantes Wissen für die eigenen unternehmerischen Ziele erzeugt werden.[164]

4.3.2.2.2 Schritt 2: Die Aktualisierung der organisatorischen Wissensbasis und Entwicklung von zukünftig notwendigem Wissen

Das Ziel des ersten Schrittes zur Entwicklung eines Soll-Wissensprofils war es, eine Vorstellung über zukunftsrelevantes Wissen aufzubauen und über den Abgleich mit der aktuellen Wissensbasis potentielle Wissenslücken aufzuspüren. In einem zweiten Schritt muß nun der Aufbau und die Entwicklung des fehlenden, in Zukunft aber offensichtlich notwendigen Wissens tatsächlich geleistet werden. Hierzu stehen unterschiedliche Maßnahmen zur Verfügung:

- ❑ Die permanente Aktualisierung der organisatorischen Wissensbasis über kontinuierliche Verbesserungsprozesse,

163 Leicht verändert entnommen aus: Kirsch et al. 1991: 323f.

164 Vgl. Preißler 1995.

- die Simulation möglicher Zukunftswelten über Szenarien und Mircoworlds,
- die Gewährung von Freiräumen für Experimente,
- der langfristige Wissensaufbau über die Instrumente der Personal- und Teamentwicklung und
- die Akquisition zukunftsrelevanten Wissens über externe Wissensträger.

(1) Die permanente Aktualisierung der organisatorischen Wissensbasis über kontinuierliche Verbesserungsprozesse

Die Weiterentwicklung der organisatorischen Wissensbasis muß nicht immer gleich auf Quantensprünge zielen. Vielmehr sollte gleichzeitig auch auf eine mehr oder weniger „natürliche“ *Aktualisierung des Wissens* geachtet werden. In diesem Zusammenhang sind es vor allem die Konzepte *kontinuierlicher Verbesserungsprozesse*, die intendieren, daß inkrementale, aber beständige Veränderungen Arbeitsprozesse und Produkte verbessern helfen.[165] An jedem Arbeitsplatz sorgen demnach marginale, manchmal sogar sehr triviale Veränderungen für die notwendige Erneuerung der organisatorischen Wissensbasis. Anreize dazu kann man z.B. über die Übertragung ganzheitlicher Aufgabenstellungen, die Stärkung der Eigenverantwortlichkeit, die Übertragung komplexer Geschäftsprozesse an (teil-)autonome Teams, die Einführung moderner Formen des Vorschlagswesens etc. geben.

Entscheidend für die tatsächliche Aktualisierung aber ist, daß erstens eine „Qualitätsdenke“ in die Organisation getragen wird, die dazu führt, daß sich jeder einzelne Mitarbeiter immer wieder fragt, ob und wie es nicht *noch besser* gehen könnte. Und zweitens müssen die Verbesserungsinitiativen eine Chance auf sofortige Erprobung erhalten. Dazu ist es notwendig, Verbesserungsvorschläge als konstruktive Kritik des Status quo und nicht als Affront zu begreifen und vor allem die Barrieren der Produktion dominanter Verhaltensweisen,[166] des kollektiven Rollenzwangs[167] und der defensiven Routinen[168] im Auge zu behalten.

(2) Die Simulation möglicher Zukunftswelten über Szenarien und Mircoworlds

Eine besonders gute Vorgehensweise, die gleichzeitig die Sensibilsierung breiter Organisationsschichten hinsichtlich des erforderlichen Zukunftswissens sowie einen Beitrag zum Aufbau desselben leisten kann, ist die *Simulation von Zukunftswelten* über Szenarien und Microworlds. In beiden Fällen wird über eine *Antizipation mögli-*

---

165 Vgl. als Überblick Haug 1995 sowie zum Stichwort *Kaizen* Imai 1993.

166 Vgl. Abschnitt 3.2.1.3.

167 Vgl. Abschnitt 3.2.2.1.

168 Vgl. Abschnitt 3.2.3.5.

cher Zukunftsbilder versucht, eine Intuition für neue Handlungsoptionen und das dafür notwendige Wissen zu erzeugen. Ebenso können damit auch neue Rollenmuster eingeübt werden, die bislang bestehende Restriktionen aus bestehenden Wissens- und Lernbarrieren durchbrechen helfen.

Ein *Szenario* ist als eine Art „Geschichte" oder „Drehbuch" zu verstehen, das ein mehr oder weniger geschlossenes Bild davon gibt, wie eine bestimmte Entwicklungsvariante für die Zukunft aussehen könnte.[169] Die Verwendung von Szenarien ist während des zweiten Weltkrieges als Planungsinstrument entwickelt worden, um die Streitkräfte auf mögliche Strategien ihrer Gegner vorzubereiten. Durch die Bearbeitung verschiedener Szenarien konnten sich die betroffenen Einheiten sehr sorgfältig auf die alternativen Möglichkeiten des Gegners einstellen und beim Eintreffen der einen oder anderen Variante schnell reagieren. Jeder einzelne legt nämlich durch die Beschäftigung mit Szenarien einen „mentalen Pfad" in die Zukunft und generiert entsprechende Handlungsstrategien in seinem Tiefen-Wissen. Neue Umweltkonstellationen können die Betroffenen daher nicht mehr vollkommen überraschen. Diese Art der Vorbereitung auf die Zukunft, verbunden mit den daraus entstehenden Konsequenzen zum Aufbau des notwendigen Handlungswissens wurde vom Mineralölkonzern Shell zu Beginn der siebziger Jahre übernommen.

Fallbeispiel: Der Aufbau von Zukunftswissen bei Shell

Angesichts der Abhängigkeit des Ölmarktes von den in der OPEC zusammengeschlossenen erdölexportierenden Ländern, entwickelte die Shell AG zwei alternative Szenarien. Das eine ging von einer mehr oder weniger kontinuierlichen Entwicklung aus, das andere davon, daß es eine deutliche Ölpreissteigerung infolge einer drastischen Angebotsverknappung geben könnte. Zwar wurden aufgrund dieses zweiten Szenarios keine konkreten Entscheidungen herbeigeführt, beim tatsächlichen Eintreten der ersten „Ölkrise" in den Jahren 1973/74 aber war die Reaktionsgeschwindigkeit von Shell auf die veränderten Rahmenbedingungen um ein Vielfaches höher als die der Wettbewerber. Die betroffenen Shell-Manager hatten sich nämlich mental bereits mit einer derartigen Situation auseinandergesetzt und konnten so aus einer „kultivierten Intuition" heraus problemadäquat und schnell handeln. Shell ging schließlich als einziger Konkurrent der Branche gestärkt aus der Krise hervor.[170]

Mittlerweile ist es in der strategischen Planung üblich geworden, mindestens drei Szenarien - ein „wahrscheinliches", ein „best-case" und ein „worst-case" Szenario - zu entwickeln und dies auch mit den entsprechenden Alternativstrategien zu unterlegen. Für das Wissensmanagement ist es aber notwendig, daß diese Szenarien nicht nur in den Schubladen der beteiligten Stabsabteilungen liegen bleiben, sondern im

---

169 Vgl. dazu ausführlich die Beiträge in Fulmer 1993.

170 Vgl. dazu Wack 1985a, 1985b und DeGeuss 1988, 1992.

Hinblick auf eine organisationsweite Sensibilisierung für die Zukunft möglichst breit diskutiert werden.

Der Aufbau von Zukunftswissen kann auch durch den Einsatz von sogenannten *Microworlds* erzeugt werden.[171] In computerbasierten Simulationen wird eine virtuelle Sicht der Organisation erzeugt, die alle wesentlichen Einflußparameter und deren Vernetzungen abbildet. Wie in einem Flugsimulator können nun die verschiedenen Konstellationen durchgespielt werden. Die Nutzer dieser interaktiven Simulation bauen dann ein im Experiment bereits bewährtes Handlungswissen auf, das in der Realität wieder abgerufen werden kann.

Microworlds setzen insofern den in Planspielen mit der Simulation von Organisationen und deren Umweltkopplung begonnen Weg konsequent fort.[172] Der Unterschied zu den allgemein gehaltenen Planspielen besteht aber darin, daß die virtuelle Abbildung auch auf die spezielle Logik einer Branche bzw. einer Organisation maßgeschneidert werden kann und somit ein sehr realitätsgerechtes Abbild erzeugt. Der Wissenstransfer wird deshalb durch Anschlußfähigkeit des durch die Simulation aufgebauten Wissens an bereits bewährtes Handlungswissen erleichtert.

Fallbeispiel: Der Einsatz von Microworlds bei der Deutschen Aerospace

Bei der Deutschen Aerospace AG werden zur Simulation möglicher zukünftiger Randbedingungen der Kerngeschäfte alle wesentlichen Parameter in Microworlds nachgestellt. Die Führungskräfte lernen durch diese Simulationen die verschiedensten Vernetzungen zwischen den sich ändernden Rahmenbedingungen und den daraus resultierenden Effekten auf die Geschäfte kennen. Die zuvor notwendige Programmierung der Vernetzungsbeziehungen hat zudem den Vorteil, daß die bestehenden Interdependenzen zunächst einmal aufgearbeitet werden müssen und damit gleichzeitig eine Auseinandersetzung mit dem Status quo der Geschäftslogik erfolgt.

Führt man die Simulationen zudem in Gruppen durch, ergibt sich noch eine weitere Wirkung: Die Beteiligten offenbaren in der spielähnlichen Situation ihre eigene Sicht der Dinge, also ihren individuellen Kognitions- und Verhaltensrahmen. Dadurch ist in Überwindung von Kooperationskonflikten[173] die Basis für ein wechselseitiges, möglicherweise sogar *gemeinsames* Verständnis des Geschäftes geschaffen. Die Betroffenen haben nunmehr eine bessere Intuition dafür, wie der andere in einer möglichen zukünftigen Situation reagieren könnte, was wiederum langwierige Abstimmungsprozesse vermeiden hilft und die Reaktionsgeschwindigkeit verkürzt.

---

171 Vgl. auch dazu die Beiträge in Fulmer 1993 sowie Papert 1988.

172 Vgl. z.B. Dörner 1979.

173 Vgl. Abschnitt 3.2.3.4.

(3) Die Gewährung von Freiräumen für Experimente

Mit den gerade vorgestellten Konzepten der kontinuierlichen Verbesserung sowie der Simulation von Zukunftswelten ist implizit bereits der Aspekt des *Experimentierens* angesprochen worden. In jedem dieser Fälle besteht für die Organisationsmitglieder ein gewisser Freiraum, in dem sie jenseits eingeübter Routinen neues Wissen aufbauen können. Bei der kontinuierlichen Verbesserung geschieht dies im Rahmen der eigentlichen Tätigkeit über die inkrementalen Schritte von „trial-and-error"-Prozessen, bei Simulationen über das spielerische Aneignen neuen Wissens in handlungsentlasteten Situationen.

Die Einrichtung von strukturell abgesicherten Freiräumen ist freilich nur eine erste Bedingung, um die Experimentierfreude in Organisationen zu wecken. Daneben muß zweitens eine gewisse *Fehlertoleranz* existieren. Nur wenn Irrtümer tatsächlich erlaubt sind, wird es zu innovativen Experimenten nicht nur in den Forschungsabteilungen, sondern an jedem einzelnen Arbeitsplatz kommen. Der Arbeitsplatz ist somit auch als eine Art „Lernlabor" zu verstehen, in dem die Wissensbasis durch experimentelle Weiterentwicklung aktualisiert und für die Zukunft vorbereitet wird.[174]

Fallbeispiel: Die Fabrik als Lernlabor bei Chaparrall Steel

Beim amerikanischen Stahlkocher Chaparrall ist jeder Manager und Arbeiter gleichzeitig Innovator, denn sie entwickeln Neuerungen in der Fabrik bei laufender Produktion. Weil auch Kenntnisse und Fertigkeiten als handlungsrelevantes Wissen ebenso wie Güter oder Dienstleistungen zuerst einmal produziert werden müssen, wird bei Chaparrall ausdrücklich verlangt, vertrautes Terrain zu verlassen. Die Maxime lautet: „Wenn du eine Idee hast, probiere sie aus!" Die Grenzen sind dabei relativ weit gesteckt, weil man davon ausgeht, daß „sichere Sachen" keine echten Chancen im Wettbewerb eröffnen. Strafen für Fehler existieren nicht, solange nach der Fehlerursache gesucht, diese beseitigt und der gleiche Fehler nicht noch einmal begangen wird. Dies gilt offensichtlich auch für gravierende Fehler, wie eine Fehlinvestition von 1,5 Millionen Dollar.[175]

Das mit der Fehlertoleranz verbundene Risiko muß allerdings dem durch die Umsetzung neuer Ideen potentiell entstehenden Mehrwert gegenübergestellt werden. Das Risiko wird dadurch begrenzt, daß man immer diejenigen mit der konkreten Umsetzung beauftragt, die die neue Idee auch vorgebracht haben. Offensichtlich problematische Projekte werden somit entweder nicht weiterverfolgt oder mit der dafür notwendigen Hartnäckigkeit des „Erfinders" vorangetrieben.

---

174 Vgl. Leonard-Barton 1992 und 1994.

175 Vgl. ausführlich Leonard-Barton 1994: 94ff.

Fallbeispiel: Experimente über der „Wasserlinie" bei Gore

In der Philosophie des amerikanischen Technologieunternehmes Gore bezieht sich ein wesentlicher Eckpfeiler auf die ausdrückliche Aufforderung Experimente und neue Projekte durchzuführen. Zur Veranschaulichung dessen, was erlaubt ist, verwendet man das Bild eines Schiffes: Jeder darf frei experimentieren, solange er sich oberhalb der Wasserlinie des Schiffes bewegt. Das Bohren von Löchern dort kann das Gore-Schiff nicht gefährden, Fehler sind insofern verzeihbar. Unterhalb dieser imaginären Grenze ist allerdings Vorsicht geboten und das Ausprobieren von Neuem durch entsprechende Maßnahmen abzusichern.[176]

(4) Der langfristige Wissensaufbau über die Instrumente der Personal- und Teamentwicklung

Ein weiterer wesentlicher Baustein zur Aktualisierung der Wissensbasis bzw. zur Entwicklung von neuem Wissen ist der *langfristig angelegte Wissensaufbau,* der über die Instrumente der *Personal- und Teamentwicklung* geleistet werden kann.

Die verschiedenen *Instrumente der Personalentwicklung* sind seit jeher darauf ausgerichtet, Qualifikationen zur Bewältigung der gegenwärtigen, besonders aber auch der zukünftigen Anforderungen zu vermitteln, wobei der Begriff der Qualifikation als Sammelbegriff für das Wissen, Können und die Verhaltensweisen von Organisationsmitgliedern gebraucht wird.[177] Der *Entwicklungsbedarf* hinsichtlich des zukunftsrelevanten Wissens läßt sich dabei gut aus der Gegenüberstellung des Ist- und Soll-Wissensprofils einer Organisation ablesen, wenn man diesen Abgleich beispielsweise mit den im Organigramm erfaßten Stelleninhabern verbindet.

In Abbildung 4-12 ist ein Beispiel dargestellt, mit dem für eine bestimmte Stelle die gegenwärtig notwendigen, die zukunftsrelevanten und die durch den Stelleninhaber bereits vorhandenen Wissensbausteine mit einem Profil erfaßt werden können. Die Gliederung des Wissens in diesem Beispiel entspricht der heute üblichen Unterteilung der individuellen Wissensbasis in Fach-, Sozial- und Methodenkompetenz,[178] muß allerdings für ein konkretes Beispiel noch stärker ausdifferenziert werden. Die Positionierung des gegenwärtig notwendigen und des zukunftsrelevanten Wissens in der vierstufigen Skala kann man weitgehend aus den bereits geleisteten Vorarbeiten übernehmen.[179] Für die Beurteilung über das Vorhandensein des Wissens beim Stelleninhaber ist die Zuhilfenahme der Wissens-Landkarte zweckmäßig. Reicht dies

---

176 Vgl. Fischer/Risch 1995: 165.

177 Vgl. Gebhardt/Heitmeyer 1985: 30ff. sowie allgemein Hentze 1989: 312ff, Sattelberger 1989, Strombach 1992, Becker 1993.

178 Vgl. z.B. Becker 1993: 92f., Fuchs/Besier 1992: 195.

179 Vgl. die jeweils ersten Schritte dieses Abschnitts und Abschnitt 4.3.2.1 sowie Scholz 1993: 251ff.

nicht aus, kann mit verschiedenen Beurteilungsverfahren, wie Assessment-Center, Vorgesetztenbeurteilung etc. eine tiefergehende Diagnose erfolgen.[180]

Stelle:

Stelleninhaber/in:

Wissensbaustein	**Wissensprofil** gegenwärtig notwendig = g zukunftsrelevant = z vorhanden = v schwach — stark				**Maßnahmen zum Wissensaufbau**
	1	2	3	4	
(1) Fachkompetenz					
• praktische Fachkenntnisse					…
• theoretische Fachkenntnisse					…
• Managementtechniken					
• …					…
(2) Sozialkompetenz					
• Kommunikationsfähigkeit					…
• Kooperationsfähigkeit					…
• Führungswissen					…
• …					…
(3) Methodenkompetenz					
• Organisationskenntnisse					…
• Arbeitstechnik					…
• …					…

Abb. 4-12: Formular zur Feststellung von Entwicklungsmaßnahmen

180 Vgl. Strombach 1992 56ff.

Bei bestehenden Defiziten hinsichtlich des zukunftsrelevanten Wissens kommen die unterschiedlichen Maßnahmen der Personalentwicklung zum Zuge. Je nach Art der Lücke sind dies Instrumente[181]

- *into-the-job*, wenn Defizite hinsichtlich einer neuen Aufgabenstellung aufgearbeitet werden, z.B. durch Traineeprogramme, Anlernausbildung etc.,
- *on-the-job*, wenn durch die eigentliche Tagesarbeit Weiterqualifikation betrieben wird, z.B. durch Assistenz, Sonder- und Projektaufgaben, Coaching, Mentoring, Counselling etc.,
- *near-the-job*, wenn parallel zum eigentlichen Aufgabengebiet, aber damit weitgehend zusammenhängend, Arenen zum Aufbau von Wissen geschaffen werden z.B. durch Qualitätszirkel, Lernstatt etc. und
- *off-the-job*, wenn die Schließung der Wissenslücken abseits der eigentlichen Arbeit geschieht, z.B. durch Seminare, Lehrgänge, Fallstudien, Planspiele etc.

Für die Problemstellung eines umfassenden Wissensmanagements braucht es aber nicht allein die auf Individuen ausgerichtete Schließung von Wissenslücken. Denn selbst wenn personenbezogene Defizite hinsichtlich des erforderlichen Sollprofils geschlossen werden können, besteht immer die Gefahr, daß bei Abwanderung die Lücken sofort wieder aufreißen. Außerdem bedingt die geforderte Übertragung ganzheitlicher, komplexer Aufgabenstellungen an teilautonome Gruppen auch, daß nicht allein eine individuelle, sondern eine kollektive Sicht des Problems von Wissenslükken eingenommen werden muß. Personalentwicklung wird damit in den Kontext der *Teamentwicklung* gerückt. Die einzelnen Entwicklungsinstrumente müssen demnach auf die Strukturierung der gemeinsamen Erledigung von Aufgaben innerhalb von Gruppen abgestimmt werden und von weiteren *gruppendynamischen* Maßnahmen begleitet werden. Als Prinzip gilt, daß möglichst jedes Gruppenmitglied auch über das jeweils andere Zukunftswissen zumindest orientiert ist, um damit die Flexibilität der Aufgabenerfüllung, die durch die Gruppenstruktur ja intendiert ist, auch langfristig aufrecht zu erhalten.

(5) Die Akquisition zukunftsrelevanten Wissens über externe Wissensträger

Beim Management zukünftiger Wissenspotentiale wird man sich schließlich nicht allein auf den internen Aufbau des Wissens verlassen können. Vielmehr muß der Blick auch auf *externe Wissensträger* mit entsprechendem Potential gerichtet werden

---

181 Zu dieser Unterscheidung vgl. ausführlich Conradi 1993: 25, Scholz 1993: 255 und Kick/Scherm 1993: 43ff.

- besonders dann, wenn bestimmte Wissenslücken identifiziert wurden, die offensichtlich nicht aus der eigenen Wissensbasis heraus geschlossen werden können.[182] Bei der Auswahl entsprechender Personen sollten vor allem Erfahrung bzw. ein hoher Bestand an erprobtem Wissen, aber auch Lernfähigkeit, Experimentierfreude und Begeisterungsfähigkeit im Vordergrund stehen.

4.3.2.2.3 Zusammenfassung und Überblick

Das Management zukünftigen Wissens zielt auf die Identifizierung und den Aufbau von zukunftsrelevantem Wissen, um die Handlungs- und Wettbewerbsfähigkeit der Organisation auch über die Gegenwart hinaus zu gewährleisten und deren Entwicklung vorantreiben zu können. Aus der Gegenüberstellung des Ist-Wissensprofils mit dem auf die Zukunft ausgerichteten Soll-Wissensprofil lassen sich Wissenslücken aufzeigen, die durch ein abgestimmtes Maßnahmenbündel aus der internen Weiterentwicklung der eigenen Wissensbasis und zusätzlicher Beschaffung externer Wissenspotentiale geschlossen werden können. Tabelle 4-7 zeigt noch einmal die einzelnen Instrumente zur Erstellung des Soll-Wissensprofils und der Maßnahmen zur Entwicklung von Zukunftswissen.

Maßnahme zum Management zukünftiger Wissenspotentiale	**Kurzbeschreibung der Maßnahme**	**Intendierte Auswirkungen**
Erstellung eines Soll-Wissensprofils; Gegenüberstellung mit dem Ist-Wissensprofil	Auflistung der in einer Organisation zur Herstellung der Handlungs- und Wettbewerbsfähigkeit zukünftig notwendigen Wissensinhalte; Abgleich mit dem intern vorhandenen Wissen	Identifizierung des zukünftig notwendigen Erfolgswissens in den eigenen Betätigungsfeldern; Identifizierung des Aktualisierungsbedarfes und von wettbewerbsrelevanten Wissenslücken
Kontinuierliche Verbesserungsprozesse; Kaizen	Permanentes Bemühen um (marginale) Veränderungen fremder und eigener Arbeitsprozesse	Laufende Aktualisierung der organisatorischen Wissensbasis durch schrittweise Optimierung der Geschäftsprozesse und -strukturen

Tab. 4-7: Überblick über Maßnahmen zum Management zukünftiger Wissenspotentiale

182 Vgl. ausführlich Abschnitt 4.3.1.2.

Maßnahme zum Management zukünftiger Wissenspotentiale	Kurzbeschreibung der Maßnahme	Intendierte Auswirkungen
Simulation von Zukunftswelten	Simulation potentieller Rahmenbedingungen und deren Auswirkung auf die eigenen Geschäftsprozesse anhand von Zukunftsszenarien und Mircroworlds	Sensibilisierung für zukünftige Entwicklungen und deren Interdependenzen mit dem eigenen Handlungsfeld; Aufbau von zukunftsrelevantem Wissen im Rahmen optionaler Handlungsstrategien
Freiräume für Experimente	Gewährung von Freiräumen und Fehlertoleranz zur Erprobung und direkten Umsetzung neuer Ideen am Arbeitsplatz bzw. in handlungsentlasteten Situationen	Aktualisierung und Erweiterung der eigenen Wissensbasis durch unmittelbare Umsetzung neuer Ideen
Personal- und Teamentwicklung	Aufbau zukunftsrelevanter Qualifikationen durch die diversen Instrumente der Personalentwicklung und gruppendynamischen Trainingsmethoden	Langfristig ausgerichteter Aufbau von individuellen und kollektiven Qualifikationen
Akquisition über externe Wissensträger	Beschaffung zukunftsrelevanten Wissens über Individuen, Kollektive, Fremddienstleistungen, technische Speichermedien und immateriell-rechtliche Wissensträger	Zukunftsgerichtete Ergänzung und Erweiterung der organisatorischen Wissensbasis um die Wissenspotentiale der jeweiligen Wissensträger zur Schließung von Wissenslücken

Tab. 4-7: Überblick über Maßnahmen zum Management zukünftiger Wissenspotentiale (Fortsetzung)

4.3.3 Management von explizitem und implizitem Wissen

Mit diesem Dimensionspaar kommt eine ganz grundlegende Unterscheidung hinsichtlich des Wissensbegriffes ins Blickfeld, die bereits im zweiten Kapitel angeschnitten wurde. Nach einer Unterscheidung von Ryle, Polanyi und Anderson,[183] an die vor allem Nonaka in seinen Überlegungen zu einem Wissensmanagement an-

183 Vgl. Ryle 1958, Polanyi 1966 und Anderson 1983.

schließt,[184] wird Wissen in explizite und implizite Bestandteile differenziert. *Explizites Wissen* ist insofern bestimmt, als es in artikulierter Form vorliegt. Es geht damit um die *sprachliche Verfügbarkeit* von Wissen, sei es in Form der Verbalisierung durch Worte, durch schriftliches Erfassen, durch Computerprogramme oder ähnliche Formen der konkreten Spezifizierung (Abschnitt 4.3.3.1). *Implizites Wissen* hingegen ist eine Art „stilles Wissen", das verborgen wirkt und entsprechend schwierig zu formulieren ist. Es ist unmittelbar an den persönlichen Kontext jedes einzelnen gebunden, mehr oder weniger „unterbewußt" und nur intuitiv erfaßbar (Abschnitt 4.3.3.2). Letztlich wird der Unterschied dadurch deutlich, wenn man davon ausgeht, daß man mehr weiß, als man in der Lage ist tatsächlich auszudrücken.

Neben dem Begriffspaar „explizit - implizit", wird diese Differenzierung auch mit den Worten „knowing how - knowing that" oder „declarative knowledge - procedural knowledge" belegt.[185] Dahinter steht auch das in dieser Arbeit bereits vorgestellte Verhältnis zwischen dem Oberflächen- und Tiefen-Wissen psychischer und sozialer Systeme.[186] Mit dem expliziten Wissen ist für Organisationen demnach ein Wissen bezeichnet, das als Oberflächen-Wissen bereits weitgehend erfaßbar ist und die Produktion eines Produktes bzw. einer Dienstleistung erst ermöglicht. Andererseits geht es in Organisationen nicht allein um die Entwicklung und Verwertung des benennbaren Wissens. Vielmehr existieren auch implizite Wissensbausteine die den Erfahrungshintergrund, die Geschichte und kulturellen Bindungen der Wissensträger sowie der Organisation an sich umfassen. Besonders das in der Organisationskultur gemeinsam geteilte Wissen ist eine wenig operationalisierbare Größe, die sich einem „Management" zu entziehen scheint. Problematisch wird dieser Umstand außerdem deshalb, weil das explizite Wissen weitgehend an das implizite Wissen gebunden ist bzw. eine starke wechselseitige Abhängigkeit besteht.

4.3.3.1 Das Management expliziter Wissenspotentiale

Bei den bislang im vierten Kapitel vorgestellten Maßnahmen zu einem aktiven Management des Wissens ist mehr oder weniger immer davon ausgegangen worden, daß Wissen in irgendeiner Form „versprachlicht" und damit auch erfaßt werden kann. Die diskutierten Maßnahmen sind demnach eigentlich alle auch auf das Management expliziter Wissenspotentiale gerichtet. Betrachtet man nunmehr die Gemeinsamkeiten

---

184 Vgl. Nonaka 1991, 1992 und 1994.

185 Vgl. Abschnitt 2.2.1.

186 Vgl. Abschnitt 2.2.3 und 2.3.3.

dieser Maßnahmen etwas genauer, sind für das Management des expliziten Wissens drei wesentliche Aspekte isolierbar.

- Erstens geht es darum, explizites Wissen zu materialisieren, also in einer möglichst für alle nachvollziehbaren Weise zu erfassen (Schritt 1).
- Damit wird die Basis geschaffen, das Wissen zweitens flächendeckend zu multiplizieren bzw. durch Kombination einzelner Wissensteile neue Wissensfelder zu erschließen (Schritt 2).
- Schließlich ist drittens nicht nur die Verwendung, sondern auch die Vertiefung des Wissens durch Internalisierung zu befördern (Schritt 3).

4.3.3.1.1 Schritt 1: Die Materialisierung des Wissens

Hinter dem ersten Schritt steckt die grundlegende Annahme dieses Abschnitts, daß explizites Wissen durch irgendeine Form der Darstellung erfaßt und damit materialisiert werden kann. Wissen kann beispielsweise aufgeschrieben werden, wie dies bei der Erstellung einer Wissens-Landkarte, eines Wissens-Branchenbuches, beim Einsatz wissensbasierter Computersysteme und Handbücher, bei der Erstellung von Ist- und Soll-Wissensprofilen, bei Szenarien etc. geschieht.[187] Resultat der Materialisierung ist ein *Wissensdokument*, das jenseits des primären zum zusätzlichen *Wissensträger* wird.

Dadurch hat man zweierlei erreicht. Zum einen ist das Wissen nunmehr unabhängig von Individuen und Kollektiven als eigentliche Wissensträger und die damit zusammenhängenden Wissens- und Lernbarrieren spielen nicht mehr die gravierende Rolle für den Wissenstransfer innerhalb der Organisation und über die Grenzen der Organisation hinaus. Zum anderen ist damit aber auch die Möglichkeit gegeben, Wissen flächendeckend zu multiplizieren bzw. vorhandene Wissensbausteine immer wieder neu zu kombinieren.

In diesem Zusammenhang muß es darauf ankommen, das Wissen auf einen bestimmten Punkt zu konzentrieren. Mit dieser Kristallisation[188] wird Wissen hinsichtlich „greifbarer" Ergebnisse, beispielsweise in Bezug auf Produkte, Produktionsprozesse etc. ausgerichtet. Fokus bei der Erfassung des Wissens ist demnach in der Regel die Anwendbarkeit des Wissens auf eine bestimmte Problemstellung, denn nur dann ist

---

[187] Vgl. die Abschnitte 4.3.1 und 4.3.2.

[188] Vgl. Nonaka 1994: 25.

das materialisierte Wissen in der Lage, konkrete Problemlösungsbeiträge und Handlungsoptionen innerhalb der Gesamtorganisation zu leisten.

4.3.3.1.2 Schritt 2: Die Kombination des Wissens

Wenn das explizite Wissen einmal erfaßt und materialisiert ist, kann die Multiplikation des Wissens erfolgen, wie dies durch die Suche nach Diversifikations- und Mehrfachnutzungsmöglichkeiten bzw. die Strukturierung um Kernkompetenzen in einem der vorangegangenen Abschnitte bereits beschrieben wurde.[189] Dahinter steht letztlich der Gedanke der *Kombination* verschiedener expliziter Wissensbausteine. Bislang getrennte Teile des Wissens werden zusammengetragen und es entstehen daraus neue Wissensgebiete. Das Wissen der Organisation wird durch die Kombinationsmöglichkeiten der expliziten Wissensbausteine permanent fortentwickelt, auch wenn der absolute Wissensbestand eigentlich nicht größer wird.

> „Wenn beispielsweise ein Controller Informationen aus dem ganzen Unternehmen sammelt und diese in einem Finanzbericht zusammenfaßt, so stellt das Papier neues Wissen dar, da es Informationen aus vielen verschiedenen Quellen zu einer Synthese verbindet."[190]

Kombinationsmöglichkeiten schafft man vor diesem Hintergrund immer dann, wenn die Organisationsmitglieder dazu gebracht werden, ihr explizites oder bereits materialisiertes Wissen auszutauschen, neu zu ordnen oder in einen anderen Kontext zu stellen. Der Aufbau von „neuem" Wissen geschieht deshalb zum einen über die gemeinsame soziale Interaktion zwischen den einzelnen Individuen einer Organisation, wie sie in Meetings, Telefonkonferenzen, Projektgruppen etc. zustandekommt. Die Interaktionen sollten allerdings nicht allein auf die organisatorischen Grenzen beschränkt werden, sondern auch diejenigen mit Kunden, Lieferanten und anderen Stakeholder-Vertretern umfassen. Zum anderen kann die Verwendung wissenbasierter Systeme die prinzipiell unendliche Zahl an Kombinationsoptionen unterstützen helfen.[191]

4.3.3.1.3 Schritt 3: Die Internalisierung des Wissens

Mit der Materialisierung expliziter Wissensbestandteile und der daraus grundsätzlich möglichen Kombination aller Wissensbausteine untereinander ist eine notwendige Bedingung dafür geschaffen, daß das organisatorische Wissen multiplikativ zum Ein-

---

189 Vgl. Abschnitt 4.3.2.1.2.
190 Vgl. Nonaka 1992: 97f.
191 Vgl. Abschnitt 4.3.1.1.

satz kommen und die Ressource Wissen optimal ausgeschöpft werden kann. Allerdings reicht die Möglichkeit allein noch nicht aus. Darüber hinaus sollte der explizite Wissensbestand, zumindest was das Wissen über prinzipiell relevante Wissensbestandteile angeht, in der individuellen Wissensbasis jedes einzelnen Organisationsmitgliedes verankert werden. Erst wenn ein Wissen über die organisatorische Wissensbasis als Metawissen in den individuellen Kognitions- und Verhaltensrahmen Eingang gefunden hat, ist davon auszugehen, daß dieses Wissen auch tatsächlich einmal abgerufen wird.

Es ist also notwendig das explizite Wissen einer Organisation (bzw. das Metawissen darüber) in implizites Wissen jedes einzelnen zu transformieren. Diesen Prozeß bezeichnet Nonaka als Internalisation.[192] Er schließt damit an die traditionelle Sicht des Lernens von Individuen an, nach der bestimmte Inhalte im Laufe eines Lernprozesses langsam in den kognitiven Verfügungsbestand eines Individuums übergehen. Dazu sind zwei Maßnahmenpakete denkbar, mit denen dieser Lernprozeß systematisch unterstützt werden kann:

- ❑ Die Internalisierung organisatorischen Wissens im Rahmen der Personaleinführung und
- ❑ die Routinisierung von (neuen) Wissensbausteinen am eigenen Arbeitsplatz.

(1) Die Internalisierung organisatorischen Wissens im Rahmen der Personaleinführung

Das Hauptproblem der Internalisierung expliziter Wissensbestandteile ergibt sich zuerst beim Eintritt neuer Mitarbeiter, das mit verschiedenen Instrumenten der Personaleinführung angegangen werden kann.[193]

Als Hilfestellung sind zunächst *Trainee-Programme* geeignet, neuen Organisationsmitgliedern einen umfassenden Überblick über den organisatorischen Wissensbestand zu vermitteln.[194] Die in den Trainee-Programmen mitangelegte Möglichkeit des job rotation eröffnet dabei die Möglichkeit, sowohl aufgabenspezifisches, als auch funktionsübergreifendes bzw. integratives Wissen zu internalisieren. Weniger zeit- und kostenintensiv sind *Einführungsveranstaltungen*, die in wenigen Tagen einen rudimentären Überblick über die Organisation und das dort vorhandene Wissen geben können. Im Rahmen dieser Veranstaltungen können beispielsweise Werksbesichtigungen, Einführungsvorträge, Videos etc. auf die Aufgabe und den dazu not-

---

192 Vgl. Nonaka 1994: 19.
193 Vgl. Hentze 1989: 401ff.
194 Vgl. Abschnittn 4.3.4.1.1.

wendigen Wissenserwerb vorbereiten. Mit der Installierung eines *Betriebspaten* gibt es noch eine weitere Möglichkeit, die Lernprozesse zur Internalisierung bereits vorhandenen Wissens voranzutreiben. Der Pate ist Ansprechpartner für die neuen Organisationsmitglieder und leistet eine wesentliche Orientierungsfunktion dafür, wann welches Wissen für das neue Organisationsmitglied relevant ist und wo das Wissen beschafft werden kann.

Liegt das explizite Wissen einer Organisation schon in materialisierter Form vor, dann kann die Internalisierung auch unter Zuhilfenahme dieser Wissensträger geschehen. Man könnte z.B. ein Lernprogramm konstruieren, das auf dem wissensbasierten System beruht und in gezielten Schritten die Internalisierung des dort gespeicherten Wissens leistet. Ähnlich verhält es sich auch mit dem in Handbüchern oder vergleichbaren Speichermedien materialisiertem Wissen.

(2) Die Routinisierung von (neuen) Wissensbausteinen am eigenen Arbeitsplatz

Die Maßnahmen der Personaleinführung sind natürlich nur der Startpunkt eines Lern- bzw. Internalisierungsprozesses, der an den einzelnen Arbeitsplätzen und über die Schnittstellen der organisatorischen Stellen hinaus weiter vorangetrieben werden muß Das vorhandene Wissen sollte in diesem Zusammenhang möglichst weitgehend „automatisiert“, also in die Handlungsroutinen der betroffenen Individuen überführt werden. Gleichzeitig wird durch Kombination expliziter Wissensbestandteile immer wieder „neues“ Wissen proliferiert, das entsprechend absorbiert und verarbeitet werden sollte. Letztlich ist damit die Ausformung von „standard operating procedures“[195] gemeint, mit der ein Großteil der täglichen Handlungen ohne wesentliche Verhaltensvarianzen - auch über einzelne Individuen hinweg - abgearbeitet werden.

4.3.3.1.4 Zusammenfassung und Überblick

Das Management von explizitem Wissen fokussiert auf die bislang stillschweigend unterstellte Annahme, daß das individuelle und organisatorische Wissen in irgendeiner Form artikulierbar ist. Die bislang besprochenen Maßnahmen der vorangegangenen Abschnitte sind demnach alle mehr oder weniger Maßnahmen zum Management expliziter Wissenspotentiale einer Organisation, hinter denen zunächst in einem ersten Schritt die Idee der Materialisierung dieses Wissens steht. Zusätzlich geht es aber im zweiten und dritten Schritt darum, die vorhandenen Wissensteile neu zu kombinieren und damit „neues“ Wissen entstehen zu lassen und um Internalisierung

---

195 Vgl. Abschnitt 4.3.2.1.2.

des vorhandenen und neu geschaffenen Wissens durch die Organisationsmitglieder. Tabelle 4-8 zeigt die einzelnen Maßnahmen noch einmal zusammenfassend.

Maßnahme zum Management von explizitem Wissen	**Kurzbeschreibung der Maßnahme**	**Intendierte Auswirkungen**
Materialisierung des Wissens in Wissensdokumenten (Wissens-Landkarte, Wissens-Branchenbuch etc.)	Erfassung expliziter Wissenselemente in nachvollziehbarer Form; Grundlage für flächendeckende Distribution des vorhandenen Wissens	Schaffung prinzipieller Zugriffs- und Distributionsmöglichkeiten zur organisatorischen Wissensbasis; Basis für die vereinfachte und standardisierte Bearbeitung von Problemstellungen
Kombination materialisierter Wissensteile	Schaffung „neuen" Wissens durch die prinzipiell unendlichen Kombinationsmöglichkeiten bereits materialisierter Wissensteile	Multiplikation intern bereits vorhandenen Wissens; Erweiterung der organisatorischen Wissensbasis durch permanente Reorganisation der einzelnen Teile
Konzepte zur Personaleinführung	Vermittlung des expliziten Wissensbestandes einer Organisation an neue Organisationsmitglieder	Internalisierung bereits vorhandenen Wissens; Reproduktion und Revitalisierung der organisatorischen Wissensbasis
Bildung von Handlungsroutinen	Bildung von standard operating procedures zur weiteren Verinnerlichung expliziter Wissensbestände	Ausbildung und Weiterentwicklung des expliziten Wissensbestandes durch Routinisierung; Übernahme des Wissens in die individuelle Wissensbasis

Tab. 4-8: Überblick über Maßnahmen zum Management von explizitem Wissen

4.3.3.2 Das Management impliziter Wissenspotentiale

Das explizit benennbare Wissen von Individuen und Organisationen stellt quasi nur die „Spitze des Wissens-Eisberges" dar, also die sprachlich erfaßbaren, kommunizierbaren und damit „sichtbaren" Teile. Ein großer Teil des Wissens beruht aber auch auf „stillschweigenden" subjektiven Einsichten, Intuitionen und Mutmaßungen. Es handelt sich um ein „Kontext-Wissen", das schwierig zu formulieren und weiterzuvermitteln ist, aber in einer Weise mit dem expliziten Wissen verbunden ist, daß ein Know-how-Transfer zumeist auch einen Kontext-Transfer bedingt.[196] Nonaka beschreibt die Dimension des impliziten Wissens folgendermaßen:

> „Implizites Wissen (ist) weitgehend aktionsgebunden und wurzelt tief in individuellem Engagement auf dem Hintergrund eines spezifischen Kontextes - einem Handwerk oder Beruf, einer besonderen Technik, einem speziellen Produktmarkt oder dem Handeln einer Arbeitsgruppe. (...) Gleichzeitig hat implizites Wissen auch eine wichtige kognitive Dimension - in Gestalt von mentalen Bildern oder Modellen, Überzeugungen oder Perspektiven, die so fest eingegraben sind, daß Menschen sie für selbstverständlich halten und daher ebenso schwerfällig artikulieren können. Gleichwohl beeinflussen diese impliziten Vorstellungen sehr nachhaltig die Art und Weise, in der wir die Welt um uns herum wahrnehmen."[197]

In jeder Handlung und jedem Gedanken sind offensichtlich verborgene Bestandteile enthalten, die sich per definitionem einem Management zu entziehen scheinen. Dennoch existieren einige Ansatzpunkte, mit denen die impliziten Wissenselemente angegangen werden können. Es handelt sich um Maßnahmen

- ❑ zum Transfer impliziten Wissens durch Sozialisation (Schritt 1),
- ❑ zur Externalisierung bzw. Artikulation impliziten Wissens (Schritt 2) und
- ❑ Überführung des artikulierten Wissens in den expliziten Wissensbestand der Organisation (Schritt 3).

4.3.3.2.1 Schritt 1: Der Transfer impliziten Wissens durch Sozialisation

Der Transfer impliziten Wissens geschieht letztlich über zwei wesentliche Mechanismen,

- ❑ den Prozessen des Modellernens im Rahmen der sekundären Sozialisation und
- ❑ dem Aufbau einer kollektiven Weltsicht durch gemeinsame Erfahrungsbildung

(1) Die Prozesse des Modellernens

Implizites Wissen wird in einem sozialem System durch Sozialisationsmechanismen zwischen den verschiedenen Individuen geteilt.[198] Es sind dies Prozesse der *sekundä-*

---

196 Vgl. Müller-Stewens/Osterloh 1994.

197 Nonaka 1992: 97.

198 Vgl. Nonaka 1994: 19.

ren Sozialisation[199] mit der das in Organisationen kulturell verankerte Spezialwissen zwischen den einzelnen Organisationsteilen und deren Mitgliedern diffundiert:

> „Die sekundäre Sozialisation erfordert das Sich-zu-eigen-Machen eines jeweils rollenspezifischen Vokabulars. Das wäre einmal die Internalisierung semantischer Felder, die Routineauffassung und -verhalten auf einem institutionalen Gebiet regulieren. Zugleich werden die ‘stillen Voraussetzungen’, Wertbestimmungen und Affektnuancen dieser semantischen Felder erworben.“[200]

Der Modus über den die Diffusion der „stillen Voraussetzungen“, also des impliziten Wissensbestandes erfolgt, sind in der Regel diejenigen Lernprozesse, die ohne Sprache auskommen und eine Form des *Beobachtungs- oder Modellernens*[201] darstellen. Man beobachtet bestimmte Handlungen, vor allem solche *ritueller, routinisierter* Art und erschließt sich darüber Stück für Stück den darin befindlichen Wissensgehalt. Dies insbesondere dann, wenn sich in wechselseitiger Verschränkung mit der Beobachtung auch Möglichkeiten zur Erprobung des Gesehenen ergeben. An dem folgenden Fallbeispiel läßt sich dieser Prozeß des Modellernens anschaulich darstellen, auch wenn hier die Gewinnung impliziter Wissenselemente von außerhalb der Organisation im Vordergrund steht.

Fallbeispiel: Die Entwicklung einer Brotbackmaschine

1985 brüteten die Produktentwickler der Matsushita Electric Company in Osaka über der Konstruktion einer Brotbackmaschine für private Haushalte. Aber dem Prototypen wollte es nicht gelingen, den Teig richtig zu kneten und durchzubacken; trotz aller Mühen verbrannte die äußere Kruste, während das Innere roh blieb. Da kam der Softwareentwicklerin Ikuko Tanaka eine zündende Idee. Sonnte sich das Osaka International Hotel nicht in dem Ruf, das beste Brot in Osaka zu backen? Warum nicht davon profitieren? Also ging Tanaka zum Chefbäcker des Hotels, um ihm seine Knettechnik abzuschauen. Und dabei sah sie, wie der Bäcker den Teig auf bestimmte Weise in die Länge zog. Nach einem Jahr des Experimentierens hatte Tanaka in enger Zusammenarbeit mit den Projektingenieuren schließlich die Konstruktionsmerkmale der Maschine - einige zusätzliche Spezialrippen im Innern eingeschlossen - so verändert, daß das Gerät nun funktionierte; es konnte die Strecktechnik des Bäkkers wirkungsvoll imitieren und Brot in einer Qualität backen, wie Tanaka das im Hotel gelernt hatte. Das Ergebnis war also Matsushitas einzigartiges „Drehteig-Verfahren“ und ein Erzeugnis, das bereits im ersten Jahr alle Verkaufsrekorde für neue Küchengeräte überbot.[202]

Diese Form des „Über-die-Schulter-Schauens“ ist natürlich auch für die Weitergabe innerorganisationalen Wissens relevant. Egal, ob es sich um technische Fertigkeiten

---

199 Vgl. Berger/Luckmann 1977: 148ff.

200 Ebd.: 149.

201 Vgl. Bandura 1976 und 1979 sowie Abschnitt 2.3.2.1.

202 Entnommen aus Nonaka 1992: 97.

oder kulturspezifische Verhaltensweisen handelt, ein wesentlicher Teil des impliziten Wissensbestandes wird „on-the-job" durch Lernen am Modell weitergegeben.

(2) Der Aufbau einer kollektiven Weltsicht durch gemeinsame Erfahrungsbildung

Eine weitere Form des Transfers von impliziten Wissensbestandteilen sind *gemeinsame Erfahrungen*, seien es „echte" Erfahrungen im unmittelbaren Betätigungsfeld der Organisation, oder seien es „virtuelle" Erfahrungen durch Simulation.[203] Wenn durch die Förderung von Interaktionen, also die Möglichkeit der Gruppenerfahrung im Rahmen der organisatorischen Aufgabenerfüllung bzw. außerhalb dieses Kontextes, gemeinsame Erlebnismöglichkeiten geschaffen werden, dann steigt die Wahrscheinlichkeit, daß einzelne ihr implizites Wissen im Zuge der Auseinandersetzung mit den anderen Interaktionsteilnehmern teilen. Durch neue Erlebnisse wird zudem ein gemeinsamer Erfahrungshorizont geöffnet, in dessen Rahmen die Bereitschaft gefördert wird, sich „in die Schuhe" des anderen zu stellen und die Situation aus eben dieser Sicht nachzuvollziehen. Wenn ein solches gegenseitiges Hineinfühlen in die persönlichen Sichtweisen der anderen gegeben ist, resultieren daraus wiederum Sozialisationsprozesse, die zu einer authentisch kollektiven Sicht der Welt und damit zu einer implizit unterstellten Weltanschauung führen.

4.3.3.2.2 Schritt 2: Die Externalisierung bzw. Artikulation impliziten Wissens

Der Transfer impliziter Wissensbestandteile durch Prozesse der Sozialisation führt zwar dazu, daß dieses Wissen von zusätzlichen Personen geteilt wird, nicht aber dazu, daß dieses Wissen explizit und damit leichter transferierbar geworden ist. Der zweite Schritt zum Management impliziter Wissenspotentiale muß demnach darauf gerichtet sein, die Externalisierung dieses Wissens zu leisten. Im Fokus steht also die *Artikulation* bisher nicht-verbalisierbaren Wissens. Dazu stehen prinzipiell zwei Vorgehensweisen zur Disposition:

- Die Verwendung von Metaphern, Analogien und Modellen sowie
- die gemeinsame Begriffsbildung in Kollektiven.

(1) Die Verwendung von Metaphern, Analogien und Modellen

In der Einleitung zu diesem Abschnitt wurde darauf verwiesen, daß es Wissenselemente gibt, die sich einer sprachlichen Erfassung weitgehend entziehen. Dieses Phä-

---

203 Vgl. Nonaka 1994: 22f.

nomen kennt man beispielsweise auch aus dem wissenschaftlichen Sprachgebrauch, der ja gerade um eine „exakte" Sprache bemüht ist und trotzdem auf die Verwendung von *Metaphern* zurückgreifen muß.[204] Es gibt also offensichtlich Sachverhalte, die sich der präzisen Versprachlichung entziehen und die man ohne Rückgriff auf eine *bildhafte Erläuterung* nicht transparent machen kann. Nonaka schlägt daher die Nutzung von Metaphern zur Explikation impliziten Wissens vor:

> „Um implizites Wissen in explizites Wissen zu transformieren, muß eine Möglichkeit gefunden werden, Unerklärbares dennoch auszudrücken. Eines der wirkungsvollsten Mittel, um diesen Vorgang zu bewerkstelligen, wird leider meistens ignoriert: der Fundus an metaphorischen Sprachwendungen und Symbolen, aus dem sich Manager bedienen können, um ihre Eingebungen und Einsichten auszudrücken."[205]

Die bildhafte Umschreibung dessen, was man nicht richtig ausdrücken, analysieren und verallgemeinern kann, hilft trotz verschiedener Erfahrungshintergründe eine gemeinsame Basis zur Kommunikation zu finden. Der bislang nur intuitiv erfaßte Sachverhalt wird durch die Metapher nämlich aus seinem eigentlichen Bedeutungszusammenhang in einen anderen übertragen. In diesem anderen Kontext wird dann möglicherweise auch die Bedeutung der bislang nicht faßbaren Wissensbestandteile besser greifbar und die Basis für eine umfassende Externalisierung des Wissens gelegt. In die gleiche Richtung zielt auch die Verwendung von *Analogien*:

> „Wo Metaphern weitgehend intuitiv geprägt sind und Eingebungen zu Bildern verdichten, die auf den ersten Blick wenig miteinander zu tun haben, da ist die Analogiebildung ein stärker strukturierter Vorgang, der Widersprüche aufhebt und Unterschiede aufzeigt."[206]

Durch das Aufzeigen von Gemeinsamkeiten bzw. funktionalen Äquivalenten relevanter Wissensgebiete, können möglicherweise direkte Schlüsse von dem einen auf das andere Gebiet gezogen werden.

Noch einen Schritt weiter in Richtung unmittelbar artikulierbaren Wissens geht schließlich die *Modellbildung*. Die durch Metaphern und Analogien aufgezeigten Bestandteile des bislang nur implizit vorhandenen Wissens werden in ein übergreifendes Modell überführt, das für sich bereits ein sehr stark kristallisiertes bzw. materialisiertes Wissen darstellt und entsprechend weitergetragen werden kann.

(2) Die gemeinsame Begriffsbildung in Kollektiven

Im Anschluß an die im vorangegangenen Schritt gemachten Ausführungen zur gemeinsamen Erfahrungsbildung, kann ein weiterer Modus identifiziert werden, mit

---

204 Vgl. z.B. Gloor 1987.

205 Nonaka 1992: 99. Zum folgenden vgl. ebd.

206 Ebd.: 100.

dem die Artikulation impliziter Wissensbestandteile erfolgen kann. Auf der Grundlage der gemeinsam gemachten Erfahrungen, durch das „tacit knowledge" ja erst gebildet bzw. geteilt wird, sind die Gruppen nunmehr in der Lage eine „gemeinsame Sprache" zu entwickeln, die für die Gruppe charakteristisch ist. In *dialogischer Auseinandersetzung,*[207] für die die direkte Kommunikation („face-to-face communication") eine unabdingbare Voraussetzung bildet, schälen sich gemeinsame Begrifflichkeiten heraus mit der die bislang verborgenen Wissensbestandteile nach und nach bezeichnet werden können.

Die Dialoge sind dabei - im Vergleich zu eher konfrontativ ausgelegten Diskussionen - wie bei der gemeinsamen Erfahrungsbildung auf ein Kennenlernen und das gegenseitige Verstehen der jeweils anderen Position ausgerichtet. In einem Dialog lernen die Beteiligten deshalb idealerweise die Dinge in einem anderen als dem eigenen Kontext zu betrachten. Letztlich zielen Dialoge daher auf den Austausch der im individuellen Kognitions- und Verhaltensrahmen gespeicherten kognitiven Vorannahmen und die Erweiterung der damit zusammenhängenden Wissensbasis. Die dialogische Auseinandersetzung ist vor diesem Hintergrund aber an bestimmte Voraussetzungen gebunden:

> "First, the dialogue should be single-faceted and deterministic but temporary and multifaceted so that there is always room for revision or negation. Second, the participants in the dialogue should be able to express their own ideas freely and candidly. Third, negation for the sake of negation should be discouraged. Constructive criticism substantiated by reasoned arguments should be used to build consensus. Fourth, there should be temporal continuity."[208]

Startpunkt für eine dialogische Auseinandersetzung kann allerdings auch die Einigung auf zentrale Begrifflichkeiten zu Beginn eines Gruppenprozesses sein bzw. das *ausdrückliche Hinterfragen von zentralen Begriffen,* die als allgemein gültig gelten. In Organisationen ist die Situation ja oftmals so, daß gängige Termini oder „Modewörter" verwendet werden, ohne daß die Bedeutung dieser Begriffe für die eigene Organisation irgendwann geklärt wurde. Bei den Organisationsmitgliedern herrschen deshalb, vor dem Hintergrund der jeweils individuell geprägten Wissensbasis, unterschiedliche Vorstellungen darüber, was mit den Begriffen konkret verbunden ist. Es wird dann möglicherweise über zentrale Konzeptionen unter Schlagwörtern wie „Reengineering" oder „time-to-market" abgestimmt, ohne die individuell unterschiedlichen Prämissen, die mit diesen Begriffen verbunden sind thematisiert zu haben.

---

207 Vgl. die Ausführungen bei Senge 1990.

208 Nonaka 1994: 25.

Es wäre deshalb sicherlich hilfreich, einmal die individuellen Konnotationen zu erfragen, die mit den zentralen Begrifflichkeiten verbunden werden. Dadurch wird ebenfalls ein Dialog erzeugt, der auf die stillschweigenden Prämissen der Individuen zielt. Das Hinterfragen öffnet also das Werte- und Normengerüst jedes einzelnen und selbst wenn sich zeigt, daß die Vorstellungen sehr unterschiedlich sind, kann die Auseinandersetzung zumindest die Wahrscheinlichkeit erhöhen, daß das wechselseitige Verständnis füreinander steigt. Neben dem Aspekt der Artikulation von impliziten Wissensteilen wird dadurch auch die Umsetzung von Entscheidungen beschleunigt. Weil man nunmehr mit den gleichen Begriffen auch das Gleiche meint, entfällt die Zeit für die sonst virulenten Abstimmungsprozesse *nach* der Entscheidungsfindung.

4.3.3.2.3 Schritt 3: Überführung des artikulierten Wissens in den expliziten Wissensbestand der Organisation

Mit dem ersten Schritt wurde der Transfer von impliziten Wissen in den ebenfalls impliziten Wissensteil einzelner Organisationsmitglieder beschrieben. Diese Prozesse laufen weitgehend unterbewußt ab und sind insofern wenig handhabbar. Deshalb wurde in einem zweiten Schritt gefordert, die Materialisierung des verborgenen Wissens herzustellen, damit eine flächendeckendere Diffusion ermöglicht wird. Die Artikulation durch Metaphernbildung bzw. gemeinsame Begriffsbildung bezog sich dabei mehr oder weniger auf organisatorische Gruppen, in denen die direkte Kommunikation noch möglich ist und auch die für dialogische Auseinandersetzung notwendige Vertrauensbeziehung hergestellt werden kann. Für eine dauerhafte Verankerung dieses Wissens ist es aber in einem dritten Schritt zusätzlich erforderlich, daß das nunmehr artikulierte Wissen auch über die einzelnen Gruppen hinaus der Gesamtorganisation verfügbar gemacht wird.

Dazu ist es zunächst hilfreich, *die Adäquanz des artikulierten Wissens zu überprüfen.* Es muß also überlegt werden, ob die neu gebildeten Elemente der lokalen kollektiven Wissensbasen auch den Erfordernissen der gesamten Organisation und der mit ihr in Verbindung stehenden Stakeholder gerecht wird. Im Vordergrund steht also einerseits eine *Überprüfung der Problemlösungsrelevanz* des Wissens hinsichtlich konkreter Kriterien wie Kostenreduzierung, Margenerhöhung, Qualitätsverbesserung, Innovationsunterstützung etc. Andererseits könnte das neu artikulierte Wissen auch einen Beitrag zur eigenen Transformations- bzw. Lernfähigkeit leisten und damit ebenso relevant für die Gesamtorganisation sein.

Für den Fall, daß das Wissen tatsächlich eine Bedeutung innehat, die über lokale Erfordernisse hinaus weist, ist die *Implementierung in die organisatorische Wissens-*

basis anzugehen. Im Prinzip bedeutet das die Einarbeitung der in der Gruppe neu gebildeten Wissensbausteine in das bestehende Netz des organisatorischen Wissens.

Das kann mehr oder weniger geräuschlos geschehen, wenn die neuen Elemente weitgehend kongruent - also „anschlußfähig"[209] - zur bestehenden Wissensbasis sind und im Sinne der single-loop-Prozesse marginale Verbesserungen bestehender Handlungsnormen bedeuten. Es kann aber auch eine Reorganisation der gesamten Wissensbasis stattfinden, nämlich dann, wenn die neuen Wissenselemente die bis dato geltenden Grundannahmen grundsätzlich in Frage stellen und sich als neues Paradigma erweisen. Es handelt sich dann um Prozesse des double-loop-Lernen, mit der die Normen an sich verändert werden.[210] In jedem Fall wird aber eine Reorganisation, oder besser: *Evolution der organisatorischen Wissensbasis* angestoßen, die in einem permanenten Prozeß und durch unzählige Feedback-Schleifen immer weiter getrieben wird.

4.3.3.2.4 Zusammenfassung und Überblick

Nachdem ein Großteil des Wissens von Individuen und Kollektiven nicht sofort (sprachlich) faßbar ist, konzentriert sich das Management impliziter Wissenspotentiale gerade darauf, die verborgenen Wissensteile zum Gegenstand einer expliziten Auseinandersetzung zu machen. Dabei geht es in einem ersten Schritt um die „stillschweigende" Weitergabe impliziten Wissens. Der Transfer von implizitem Wissen kann dadurch zwar geleistet werden, hat aber noch nicht zur Artikulation dieses Wissens geführt. Deshalb versucht man in einem zweiten Schritt diese Externalisierungsleistung zu vollbringen und das dann „sichtbare" Wissen drittens in der organisatorischen Wissensbasis zu verankern. Tabelle 4-9 zeigt die einzelnen Maßnahmen noch einmal zusammenfassend.

---

209 Vgl. zu diesem Begriff Müller-Stewens 1995.

210 Vgl. zu single-loop und double-loop learning Abschnitt 1.2.2.2.

Maßnahme zum Management von implizitem Wissen	Kurzbeschreibung der Maßnahme	Intendierte Auswirkungen
Modellernen	Beobachtung, Reflexion und Imitation routinisierter Handlungen	Weitergabe impliziten Wissens durch Lernen am Modell; Sozialisationseffekte hinsichtlich bestehender Normen; Reproduktion und Erweiterung der organisatorischen Wissensbasis
Gemeinsame Erfahrungsbildung in Gruppen	Öffnung kollektiver Erlebnishorizonte durch Gruppenerlebnisse	Weitergabe impliziten Wissens durch gemeinsame Erlebnisse; Förderung des gegenseitigen Verständnisses füreinander; Aufbau einer gemeinsamen Weltsicht
Verwendung von Metaphern, Analogien und Modellen	Bildhafte „Versprachlichung" impliziten Wissens und Bildung von Vergleichsmöglichkeiten	Externalisierung, Artikulation und Weitergabe impliziter Wissensbestandteile; Möglichkeit zur Materialisierung des Wissens
Gemeinsame Begriffsbildung	Dialogische Auseinandersetzung mit zentralen Begrifflichkeiten im Rahmen unmittelbarer Kommunikationen	Externalisierung, Artikulation und Weitergabe impliziter Wissensbestandteile; Förderung des gegenseitigen Verständnisses füreinander; Aufbau einer gemeinsamen Weltsicht
Implementierung versprachlichter Wissensbestandteile in die organisatorische Wissensbasis	Überprüfung der Adäquanz des artikulierten Wissens auf Verwendungsmöglichkeiten in der Gesamtorganisation	Erweiterung der organisatorischen Wissensbasis; Offensichtliche Verankerung bislang impliziten Wissens; Schaffung von Multiplikationsmöglichkeiten

Tab. 4-9: Überblick über Maßnahmen zum Management von implizitem Wissen

4.3.4 Management von Erfahrungs- und Rationalitätswissen

Bei dem letzten Dimensionspaar geht es einerseits um die Förderung der Erfahrungsvarietät einzelner Organisationsmitglieder bzw. organisatorischer Gruppen (Abschnitt

4.3.4.1) und andererseits um die Möglichkeit der kritischen Reflexion des Erfahrenen (Abschnitt 4.3.4.2). Diese Betrachtung basiert auf dem im zweiten Kapitel dieser Arbeit ausführlich beschriebenen Lernzirkel aus Wahrnehmung von Umweltreizen, Analyse des Wahrgenommenen, Entwicklung von Verhaltensorientierungen und Produktion von Verhalten, durch den letztlich individuelle und kollektive Handlungsroutinen bzw. kognitive Verarbeitungsmuster entstehen. Die Bildung von *variantenreichem Wissen* durch Erhöhung der Erfahrungsvarietät bezieht sich in diesem Zusammenhang vor allem auf die *operationale Lernebene*, während die *Reflexion von Erfahrungen* im besonderen die *konzeptionelle Lernebene* betrifft.

4.3.4.1 Das Management von Erfahrungswissen

Ein großer Teil des durch Lernprozesse aufgebauten Wissens bildet sich unmittelbar aus den Interaktionen mit der Umwelt bzw. den daraus gewonnenen Erfahrungen. Umfang und Qualität einer Wissensbasis hängen damit sehr weitgehend davon ab, wie *reichhaltig* der Erfahrungshorizont einzelner Organisationsmitglieder und Gruppen tatsächlich ist und wie *unmittelbar* die Kopplung zwischen In- und Umwelt geschieht.[211]

Die Gestaltungsperspektive des *Managements von Erfahrungswissen* bezieht sich demnach auf Maßnahmen,

- ❑ die dazu beitragen, die Varietät der individuellen und kollektiven Erfahrung zu erhöhen (Schritt 1) und
- ❑ die dazu geeignet sind, die Unmittelbarkeit bzw. nachhaltige Wirksamkeit der Erfahrungen zu erhöhen (Schritt 2).

4.3.4.1.1 Schritt 1: Die Erhöhung der Erfahrungsvarietät

Mit dem ersten Schritt steht die systematische Erweiterung des Erlebnis- und Erfahrungshorizontes von Organisationsmitgliedern und organisatorischen Gruppen im Vordergrund. Die Maßnahmen sind darauf ausgerichtet, in den Interaktionen innerhalb der Organisation bzw. mit der Umwelt über einen gewissen Zeitraum möglichst viele verschiedene Stimuluskonstellationen zu erzeugen. Dadurch ergibt sich die Möglichkeit, bereits bestehende Reiz-Reaktionsmuster und die darauf aufgebauten

---

211 Vgl. dazu z.B. die Ausführungen zum „knowledge of experience" von Nonaka 1994: 21f. und Nonaka et al. 1992.

Handlungsroutinen zu ergänzen bzw. zu substituieren. Letztlich kann damit die im Laufe der Zeit möglicherweise eingetretene Vereinseitigung der organisatorischen Wissensbasis zielgerichtet durchbrochen werden. Als Einzelmaßnahmen stehen zur Verfügung:

- Die systematische Rotation innerhalb der Organisation (job rotation),
- der Einsatz von Gruppenarbeit, Projektarbeit und die Vergabe fachübergreifender Aufgabengebiete
- die Neugestaltung von einzelnen Aufgaben (job redesign) und
- die betriebliche und außerbetriebliche Weiterbildung.

(1) Die systematische Rotation innerhalb der Organisation

Job rotation ist der planmäßige Wechsel von Arbeitsplatz und Arbeitsaufgaben.[212] Hinter der Einführung solcher Konzepte stand zunächst der Gedanke, die Monotonie von extrem spezialisierten und auf physische Arbeit ausgerichteten Arbeitsplätzen zu verringern sowie körperliche Verschleißerscheinungen infolge einseitiger Belastung zu vermeiden.[213] Nachdem der Anteil manuell-körperlicher Arbeit durch den Einsatz automatisierter Fertigungsmethoden stetig im Schwinden begriffen ist, stehen heute vor allem die anderen Vorteile dieses Konzeptes im Vordergrund.

Bezogen auf die im dritten Kapitel erläuterten Wissens- und Lernbarrieren der Produktion dominanter Verhaltensweisen,[214] der Informationsfilter[215] und der Spezialisierung[216] sind dies vor allem die Möglichkeiten, durch Rotationen *integratives* und *funktionsübergreifendes Denken* fördern zu können.[217] Durch einen geplanten Wechsel in alternative Funktionen lernt der Mitarbeiter die damit verbundene Perspektive aus eigener Erfahrung kennen. Auf diese Weise ist die Voraussetzung für ein ganzheitliches Begreifen der organisatorischen Gesamtzusammenhänge geschaffen und man kann die Beiträge bzw. Wechselwirkungen des eigenen und fremden Wirkens besser beurteilen. Typische Beispiele für funktionsübergreifende Rotationen sind der Wechsel von Stabs- und Linienpositionen sowie der Wechsel zwischen vor- und nachgelagerten Wertschöpfungsstufen. Bei ausdifferenzierten Konzernen mit unterschiedlichen Geschäften kommt für Führungskräfte zusätzlich noch der Wechsel zwi-

---

212 Vgl. allgemein Hentze 1989: 408f., Becker 1993: 279ff., Comelli 1985: 354.

213 Vgl. zum medizinischen Aspekt Weinert 1974.

214 Vgl. Abschnitt 3.2.1.3.

215 Vgl. Abschnitt 3.2.3.1.

216 Vgl. Abschnitt 3.2.3.2.

217 Vgl. Große-Oetringhaus 1993: 288f.

schen den einzelnen Geschäftsbereichen hinzu, weil nur so Führungsnachwuchs aufgebaut werden kann, der über eine die Bereichsgrenzen transzendierende Sicht verfügt.

Fallbeispiel: Trainee-Programme bei Goodyear

Ein gutes Beispiel dafür, wie Job-rotation-Konzepte schon in der Einarbeitungsphase neuer Organisationsmitglieder genutzt werden können, gibt die Konstruktion des Trainee-Programmes beim amerikanischen Gummiproduzenten Goodyear. Alle neueingestellten College-Absolventen nehmen zunächst an einem breit angelegten Rotationsprogramm teil, das durch verschiedene Abteilungen der Technik, des Verkaufs, der Produktion und des Marketing führt. Nach diesen „Pflichtfunktionen" werden gegen Ende des Programms Spezialisierungen vorgenommen. Hat sich ein Trainee z.B für den Verkaufsbereich entschieden, durchläuft er auch hier erst einmal mehrere verschiedene Funktionen - immer mit dem Ziel, einen möglichst breiten Erfahrungshintergrund zu erhalten. Die Trainees bekommen dadurch einen umfassenden Überblick über die Gesamtorganisation und die Zusammenhänge zwischen den einzelnen Organisationsteilen.[218]

Neben dem Aufbau einer integrierten Perspektive findet natürlich auch eine *Erhöhung der Qualifikationen* statt.[219] Eine entsprechende Lernbereitschaft vorausgesetzt, wird durch die Bearbeitung neuer Aufgabengebiete die individuelle Wissensbasis des Mitarbeiters um bestimmte Handlungsroutinen und kognitive Verarbeitungsstrategien erweitert. Dies hat auch für die Qualität der organisatorischen Wissensbasis zwei Effekte.

Zum einen erhöht sich die *Flexibilität* in der Bearbeitung von Geschäftsprozessen, weil die mehrfach qualifizierten Organisationsmitglieder prinzipiell an verschiedenen Arbeitspläzen einsetzbar sind.[220] Der Einsatz der Arbeitskräfte kann deshalb auftragsgesteuert dort erfolgen, wo gerade Engpässe existieren, was für viele moderne Produktionskonzepte eine unabdingbare Voraussetzung ist.[221]

Fallbeispiel: Mehrfachqualifizierung bei Mettler-Toledo

Der Waagenhersteller Mettler-Toledo hatte in den achtziger Jahren das Problem hoher Lagerbestände bei gleichzeitig schlechter Lieferfähigkeit. Man entschloß sich deshalb, eine konsequente Anpassung an die Marktbedingungen vorzunehmen und eine absatzgesteuerte Produktion zu installieren. Das zentrale Instrument dafür war, jeden Monteur durch konsequentes job rotation so auszubilden, daß er alle Modelle vollständig alleine montieren kann und zugleich für die Qualitätskontrolle verantwortlich ist. Die Absatzschwankungen innerhalb der Modellpalette konnten somit weitgehend ausgeglichen werden. Für die betroffenen Monteure bedeutete dies, daß im Prinzip keine festen Arbeitsplätze mehr

---

218 Vgl. ausführlich Wexley/Latham 1994: 237f.

219 Vgl. Becker 1993: 280.

220 Vgl. Hentze 1989: 408.

221 Vgl. allgemein Warnecke 1992: 227.

existierten, sondern nur zu Beginn eines Arbeitstages die Aufträge am eigentlichen „Stammarbeitsplatz" erledigt werden. Danach wird dort ausgeholfen, wo der dringendste Produktionsbedarf besteht. Das job rotation erfaßt sogar weite Teile anderer Funktionsbereiche, die zur Dekkung von gravierenden Engpässen ebenfalls bereit und in der Lage sind, „auf Zuruf" in der Montage auszuhelfen.[222]

Zum anderen kann auch die *Qualität* der organisatorischen Wissensbasis bzw. die *Effizienz* in der Bearbeitung von Geschäftsprozessen gesteigert werden. Durch die rotierende Besetzung von Arbeitsplätzen kann jeder Mitarbeiter nicht nur seinen eigenen Erfahrungshintergrund erweitern, sondern auch aus seinem bisherigen Wissen heraus die Arbeitsprozesse optimieren. Der Wechsel von Aufgabengebieten bringt außerdem Kommunikationsprozesse zwischen den jeweils Beteiligten in Gang, durch die sich einmal gemachte Erfahrungen weitergeben und der Aufbau kollektiver Handlungsroutinen beschleunigen lassen.

Ein letzter Vorteil des job rotation zur Erhöhung der Erfahrungsvarietät kommt schließlich in der Verbindung dieser Maßnahme mit der Einrichtung (teil-)autonomer Arbeitsgruppen zum Tragen. Wenn einer solchen Gruppe im Sinne der Autonomie der kleinsten Einheit[223] ein ganzheitlicher Aufgabenzusammenhang übertragen wird und dessen Ablaufplanung der Gruppe selbst überlassen bleibt, dann bewirkt die rotierende Aufgabenerfüllung auch noch einen *solidarisierenden Effekt*.[224] Die aus der Bearbeitung unterschiedlich anspruchsvoller Teilaufgaben möglicherweise abgeleiteten Statusunterschiede werden durch die Rotation eingeebnet und die Gruppenkohäsion steigt durch die Verantwortung jedes einzelnen für die Gesamtaufgabe.[225] Letztlich führt dies im Zuge der damit zusammenhängenden Kommunikationsprozesse zu einer (weiteren) Ausprägung gemeinsam geteilter Interpretationsmuster im Rahmen des kollektiven Tiefen-Wissens.

(2) Der Einsatz von Gruppenarbeit, Projektarbeit und die Vergabe fachübergreifender Aufgabengebiete

Mit dem Einsatz von Job-rotation-Konzepten innerhalb übergreifender Ansätze der *Gruppenarbeit*[226] ist eine weitere wesentliche Maßnahme zur Steigerung individueller Qualifikationen und Erfahrungsvarietät bereits benannt.[227] Die tayloristische Arbeitsteilung, mit ihrer Konzentration auf nur wenige Operationen führt zwar dazu,

---

222 Vgl. dazu ausführlich Tikart 1995 bzw. ähnlich zum „Springer-Prinzip" Hentze 1989: 409.

223 Vgl. weiter oben Abschnitt 4.3.1.1.1.

224 Vgl. Vilmar 1973: 112.

225 Vgl. Bokranz 1989: 432.

226 Vgl. zur Definition von Gruppen Rosenstiel 1993.

227 Zur Einführung von Gruppenarbeit als Instrument der Personalentwicklung bzw. betrieblicher Weiterbildungsprozesse vgl. Decker 1985: 162ff.

daß eine hohe Handlungseffizienz erreicht wird, der allgemeine Erfahrungshorizont und damit die Möglichkeit eines umfassenden Aufbaus weiterer Wissenspotentiale wird aber beinahe systematisch unterbunden.

Die *gemeinsame* Erledigung ganzheitlicher Aufgabenzusammenhänge, die *Rückverlagerung indirekter Aufgabengebiete* wie Qualitätssicherung, Instandhaltung etc. und die grundlegende Lösungsmöglichkeit aller Aufgabengebiete durch *alle* Gruppenmitglieder, eröffnen für jedes Individuum zunächst Lernchancen im „operativen" Wissensbereich der Handlungsroutinen. Die Wissenspotentiale der einzelnen Gruppenmitglieder sind im Idealfall komplementär und es ergibt sich daraus die Möglichkeit *voneinander zu lernen*.[228] Der durch die Gruppe zusätzlich geschaffene kollektive Kontext aus Koaktion, Kontraktion und Interaktion fördert aber darüber hinaus noch die kommunikativen und sozialen Qualifikationen - besonders wenn dies durch entsprechende Entwicklungsmaßnahmen zusätzlich gefördert wird.[229]

Fallbeispiel: Gruppenarbeit in der Automobilproduktion

Bei der Mercedes-Benz AG in Spanien wurde im Nutzfahrzeugbau ein Pilotprojekt zur Einführung konsequenter Gruppenarbeit in der Chassis-Montage gestartet. Die Ausgangssituation war durch eine „klassisch" organisierte Montage gekennzeichnet, in der die Arbeitsschritte sukzessive hintereinandergeschaltet und für die meisten Arbeitsschritte nicht-getaktete Vormontagearbeiten notwendig waren. Jeder Arbeitsschritt war als Einzelarbeitsplatz mit hochspezialisierter Tätigkeit definiert. Arbeitsplatzrotationen konnten in diesem Layout nicht durchgeführt werden, weil die zeitlichen Dispositionsspielräume fehlten Die betriebliche Realität jedes einzelnen Arbeiters reduzierte sich somit ausschließlich auf den eigenen Arbeitsplatz. Den notwendigen zeitlichen Dispositionsspielraum erhielt man erst, als die Chassis-Montage in drei Abschnitte unterteilt wurde und man den dadurch gebildeten Teilprozessen die bisher nicht-getakteten Vormontagearbeiten hinzurechnete. Die gesamte Chassis-Produktion war somit auf drei Gruppen verteilt, wobei jede Gruppe für einen der drei Teilprozesse verantwortlich war. Innerhalb dieser neuen Rahmenbedingungen organisierten die Gruppen die Aufteilung der Arbeitsschritte selbst, übernahmen zusätzlich die Aufgabe der Qualitätssicherung für den jeweiligen Teilprozeß und installierten ein umfassendes job rotation innerhalb der eigenen Gruppe. Abgestützt wurden diese strukturellen Maßnahmen durch begleitende Trainings in Teamentwicklung, Qualitätssicherung und technische Methodenkompetenz. Die Resultate des Pilotprojektes „Chassis-Montage" waren trotz einiger Schwierigkeiten so überzeugend, daß nunmehr für den gesamten Betrieb Gruppenarbeit eingeführt wird. Die Erweiterung des individuellen Erfahrungshorizonts und damit die Möglichkeit des individuellen Wissensaufbaus ist durch das Projekt systematisch gelungen, was sich nicht zuletzt in einer höheren Produktivität der Chassis-Montage, einem deutlichen Ansteigen von Verbesserungsvorschlägen und einer der höheren Qualifikation des einzelnen adäquaten höheren Bezahlung niederschlägt.[230]

---

228 Vgl. Katzenbach/Smith 1993: 37f.

229 Vgl. dazu Bungard 1993, Bungard/Antoni 1992.

230 Vgl. ausführlich Schuldt 1994.

Gruppenarbeit dient aber neben der Erhöhung individueller Erfahrungsvarietät auch als *Nukleus organisatorischer Lernprozesse*. Individuelles Wissen wird in der Regel zunächst über die organisatorischen Subgruppen in das Gesamtsystem eingespeist[231] und verändert nach der lokalen in einer zweiten Stufe die organisatorische Wissensbasis. Gleichzeitig kann die breitflächige Einführung von Gruppenarbeit, mit der damit einhergehenden Entkräftung streng hierarchischer und tayloristischer Organisationsstrukturen, dazu beitragen, die bereits erwähnten kollektiv-strukturellen Wissens- und Lernbarrieren[232] zu beseitigen und die Organisation insgesamt auf ein anderes Reifeniveau mit „postbürokratischen" Strukturen zu bringen.[233]

Auch die Mitarbeit in *Projektgruppen* bzw. die *Bearbeitung funktionsübergreifender Aufgaben*, z.B. in Qualitätszirkeln und Lernstatt-Konzepten,[234] trägt dazu bei, den unmittelbaren Erfahrungshorizont der beteiligten Organisationsmitglieder zu erweitern. Die Installierung von Projektgruppen wurde in Abschnitt 4.3.1.1 schon einmal als mögliche Maßnahme im Rahmen eines Wissensmanagements vorgestellt, und zwar unter dem Aspekt der Wissenslogistik. Im Vordergrund stand dort, daß die projektgebundene Zusammenarbeit unterschiedlicher Funktionsbereiche und die damit meist verbundene räumliche Nähe, Wissensfluß und Lösungsmächtigkeit für bestimmte Problemstellungen erhöhen kann. Ähnlich wie bei „normalen" Arbeitsgruppen, geht es in den Projektgruppen natürlich zu allererst um die Bearbeitung der übertragenen (Projekt-)Aufgaben. Im Zuge dieser Bearbeitung ergibt sich aber quasi „natürlich" die Möglichkeit, *wechselseitig Wissen, Erfahrungen* und *Realitätsauffassungen auszutauschen* und somit die eigene Wissensbasis zu erweitern. Außerdem handelt es sich bei den Projektaufträgen zumeist um Spezialaufgaben, die eine vertiefte *Auseinandersetzung mit neuen Wissensgebieten* erfordern. Und schließlich erwerben die Beteiligten *Prozeß-Know-how* für die systematische bzw. ganzheitliche Auseinandersetzung mit komplexen Problemstellungen.

Mit Projektgruppen-Strukturen[235] ist außerdem - ebenso wie mit der flächendeckenden Einführung von Gruppenarbeits-Konzepten - auch ein struktureller Schnitt in der Organisation verbunden. Die Vermeidung kollektiv-struktureller Wissens- und Lernbarrieren durch Etablierung autonomer Einheiten erhöht nicht nicht allein die Qualität der organisatorischen Wissensbasis, sondern trägt auch zur möglichen Transformation der Gesamtorganisation bei:

---

231 Vgl. Pawlowsky 1992: 220f.

232 Vgl. Abschnitt 3.2.3.

233 Vgl. Bungard 1993: 224 und allgemein Greiner 1972.

234 Vgl. Deppe 1992.

235 Vgl. dazu ausführlich Bleicher 1991b: 135ff. und Heeg/Töller 1994.

„Projektbezogene Teamarbeit und damit verbundene flache Hierarchie sind (...) die Voraussetzung für problemlösende Organisations- und Fertigungsstrukturen. (...) Die moderne, horizontale Organisation beschränkt sich auf die strategische Führung, das Controlling und die Finanzwirtschaft seitens der Zentrale. Eine große Zahl von Profit-(Cost-)Centern führt das operative Geschäft."[236]

(3) Die Neugestaltung von einzelnen Aufgaben

Die Gestaltung von Aufbau- und Ablaufstrukturen, wie sie beispielsweise durch Einführung von Gruppenarbeit, Projektmanagement und Reengineeringprojekte erfolgt, hat natürlich für jede einzelne organisatorische Stelle und deren Stelleninhaber konkrete Auswirkungen. Das „job design"[237] - bzw. im vorliegenden Zusammenhang das *„job redesign"*[238] - als Ausdruck für die, auf den personalen Aufgabenträger abgestimmten Maßnahmen der Arbeitsstrukturierung, sollten deshalb immer auch vor dem Hintergrund einer Erhöhung der Erfahrungsvarietät jedes einzelnen Organisationsmitgliedes gesehen werden. Grundsätzlich kommen die in Abschnitt 4.3.1.1 schon kurz erwähnten Konzepte des „job enrichment" und „job enlargement" zur Erhöhung des Handlungsspielraumes in Betracht. Je mehr Aufgaben ein einzelner im Rahmen seiner eigenen Tätigkeit tatsächlich bearbeiten darf, desto mehr eigenes Erfahrungswissen wird sich folglich bilden können.

(4) Die betriebliche und außerbetriebliche Weiterbildung

Die Gewährung von Freiräumen zum Aufbau und zur Erprobung von eigenem Erfahrungswissen sollte aber noch durch ein weiteres Maßnahmenpaket unterstützt werden: dem Einsatz unterschiedlicher Formen *inner- und außerbetrieblicher Weiterbildung*. In dieser Arbeit ist bereits in Abschnitt 4.3.2.2 auf die Relevanz der Weiterbildung in Bezug auf zukunftsrelevantes Wissen verwiesen worden. Die Stimuli, die durch die diversen Angebote zum Wissenserwerb auf die Weiterentwicklung der Wissensbasen ausgehen können, spielen aber auch für die Steigerung der Erfahrungsvarietät eine Rolle.

Zum einen können dadurch bestehende fachliche Wissenslücken geschlossen und bestehende Wissens- und Lernbarrieren aktiv angegangen werden. Besonders die individuell-strukturellen[239] und individuell-kulturellen[240] Barrieren lassen sich durch

---

236 Henzler/Späth 1993: 178.

237 Vgl. Bae 1983.

238 Vgl. ebd..

239 Vgl. Abschnitt 3.2.1.

240 Vgl. Abschnitt 3.2.2.

ein darauf abgestimmtes Training fachspezifischer und prozeßorientierter Inhalte[241] sukzessive reduzieren. Zum anderen ist der Aufbau von Wissen auch eine Voraussetzung dafür, die strukturell geschaffenen Freiräume tatsächlich zu nutzen.

Fallbeispiel: Das 3i-Programm bei Opel

Das 3i-Programm beim deutschen Automobilproduzenten Opel zielt exakt auf die Verbindung fachlicher und prozeßorientierter Inhalte. Die Teilnehmer an dem Programm, dessen Name für Initiative, Integration und Intrapreneurship steht, bearbeiten einerseits in verschiedenen Workshops aktuelle Fragen der Unternehmensführung, des Innovations- und Change Managements. Für die Dauer des Programms von einem Jahr wird zudem andererseits eine interdisziplinäre Projektgruppe zusammengestellt, die ein konkretes Problem bei Opel in Angriff nimmt und die Ergebnisse anschließend auch umsetzt. So wird gleichzeitig fachliches Know-how aufgebaut, die Konfrontation verschiedener Perspektiven gesucht und praktische Problemlösungskompetenz gefördert.[242]

4.3.4.1.2 Schritt 2: Die Erhöhung der Unmittelbarkeit von Erfahrungen

Für den Aufbau von vielfältigem Erfahrungswissen spielt allerdings nicht nur die Varietät der Erfahrungen eine Rolle, sondern auch die *subjektive Erfahrungsdichte* aus kognitiven und physischen Komponenten menschlicher Apperzeptionen. Damit ist der jeweilige Grad von „involvement" angesprochen, mit dem der einzelne in seine Erfahrungssituation eingebunden ist. Varela[243] hat in diesem Zusammenhang darauf hingewiesen, daß valides Erfahrungswissen letztlich dann aufgebaut wird, wenn die Erfahrungssituationen Geist *und* Körper betreffen. In die gleiche Richtung argumentiert auch Yuasa:

> „To put it simply, true knowledge cannot be obtained simply by means of theoretical thinking, but only through 'bodily recognition or realization' (...), that is, through utilization of one's total mind and body. Simply stated, this is to 'learn with the body' not the brain."[244]

Diese Forderung läuft letztlich auf eine in der Lernpsychologie weithin akzeptierte These zur *multimodalen Wahrnehmung* hinaus. Demnach sind Lernprozesse im Ergebnis immer dann besser, wenn mehrere Sinne gleichzeitig daran beteiligt sind.[245] Insofern muß die Forderung an die Gestaltung eines Wissensmanagements lauten, Lernarenen zu schaffen, in denen nicht allein kognitiv-abstrakte Wissensinhalte im

---

241 Weiterbildungsmaßnahmen zum Wissensaufbau weisen meistens durch den Fokus auf den Aufgabenvollzug und die damit einhergehenden sozialen Aspekte eine doppelte Orientierung auf. Vgl. dazu Steinmann/Hennemann 1992: 187ff. und Kolb et al. 1991.

242 Vgl. Rieker 1994.

243 Vgl. Varela et al. 1991: 27.

244 Yuasa 1987: 25f., zit. in Nonaka 1994: 22.

245 Vgl. allgemein Schönpflug/Schönpflug 1989: 86f.

Vordergrund stehen, sondern auch unmittelbar eigene, „körperliche" Erfahrungen. Nonaka gibt in diesem Zusammenhang unter dem Stichwort „on-the-spot-ism" ein Beispiel aus der japanischen Managementphilosophie:

> „A good case in point is 'on-the-spot-ism' in Japanese management. In developing the products and identifying the markets, Japanese firms encourage the use of judgement and knowledge formed through interaction with customers - and by personal bodily experience rather than by 'objective', scientific conceptualization."[246]

Konkret bedeutet die Forderung Nonakas nach „körperlicher" Erfahrung nichts anderes als der heute in Verbindung mit ausgeprägter Kundenorientierung oft gehörte Schlachtruf „Raus zum Kunden". Egal ob es sich um Mitarbeiter der Forschungsabteilungen handelt, um Stabsabteilungen oder interne Kundenbeziehungen - die direkt eigene Erfahrung kann keine noch so gut recherchierte Studie ersetzen.

Zur Steigerung der Erfahrungsdichte bedarf es aber nicht nur der Kombination mehrerer Reizarten, sondern auch des *unmittelbaren* und *ungetrübten Feedbacks* eigener Handlungen. Wenn die Reaktionen aus der Umwelt, beispielsweise aufgrund der im dritten Kapitel angesprochenen Barriere kulturell bedingter Wahrnehmungsverzerrungen, verzögert oder verzerrt erfolgen, kann die Verbindung zur eigentlich reaktions-auslösenden Handlung oftmals nicht mehr vorgenommen werden.[247] Die Erfahrungsbildung erfolgt unter Mehrdeutigkeit, im Extremfall aufgrund subjektiv angenommener, objektiv aber nicht rekonstruierbarer Sachverhalte. Die direkte und schnelle Verbindung von individueller Aktion und der darauffolgenden Umweltreaktion ist demnach ein unbedingtes Muß.

Die Forderung nach multimodalen Reizsituationen und unmittelbarem Feedback läßt sich im Prinzip durch drei Instrumente sicherstellen:

- ❑ Der bereits mehrfach erwähnten Verbindung von Aufgabe und Verantwortung bzw. der Schaffung dezentraler, marktnaher Organisationseinheiten,
- ❑ dem Aufbau eines auf schnelle Feedbackschleifen ausgerichteten Informationssystems und
- ❑ der Installierung von Lernarenen für „action learning".

(1) Die Verbindung von Aufgabe und Verantwortung

Die Forderung nach Bildung organisatorischer Einheiten, in denen die (Re-)Integration von Aufgabe, Kompetenz und Verantwortung postuliert wird, ist in dieser

---

246 Nonaka 1994: 22.

247 Vgl. Abschnitt 3.2.2.4.

Arbeit bereits mehrfach erfolgt.[248] Und auch für die Unterstützung der Unmittelbarkeit von Erfahrung ist die Schaffung organisatorischer Einheiten, die das, was sie tun auch zu verantworten haben, unbedingt notwendig. Organisationseinheiten, die in *direktem* Kontakt zu ihrem Umfeld agieren können, bauen entsprechend *dezentrale Wissenstrukturen* auf, in dem das für den jeweiligen Handlungsort tatsächlich notwendige Know-how vorhanden ist.[249] Durch die Ausgliederung ganzheitlicher Prozeßeinheiten werden vor allem die im dritten Kapitel beschriebenen Informationsfilter[250] umgangen und bislang sequentiell verarbeitetes Wissen kann schneller und ohne Inhaltsverluste prozessiert werden.

(2) Der Aufbau eines auf schnelle Feedbackschleifen ausgerichteten Informationssystems

Die Bildung dezentraler Prozeßeinheiten schafft zwar eine notwendige Voraussetzung, garantiert aber noch nicht, daß Feedback auf individuelle und kollektive Handlungen tatsächlich unmittelbar erfolgt. Dazu bedarf es zusätzlich der Etablierung eines *Informationssystems*, das die organisatorische Einheit und ihre Mitarbeiter über den aktuellen Stand der Dinge informiert. Dabei ist, wie bei der Gestaltung von Management-Informationssystemen[251] bzw. integrierten Informationssystemen[252], zunächst das Problem von Inhalt, Adressat und Zeitpunkt - vor allem aber der Relevanz - bereitzustellender Informationen zu beachten. Letztlich existiert immer ein Dilemma aus der prinzipiell unbeschränkten Menge vorhandener Informationen und der je nach individuellen und kollektiven Kognitionsstrukturen unterschiedlichen Verarbeitungskapazitäten bzw. Relevanzkriterien. Durch Befragungen und theoretische Analysen der Handlungsprozesse lassen sich aber bestimmte Anhaltspunkte herauskristallisieren, wie ein solches Informationssystem anwendungsorientiert gestaltet werden kann. Als Grundsatz muß außerdem gelten: „Keep it simple, practical, easy-to-use and just-in-time“ [253].

Fallbeispiel: Schnelle Feedbackinformationen in Werk- und Spielhallen

Die Wirkung von schnellen Feedbackinformationen kann am Vergleich von Werk- und Spielhallen illustriert werden. Während in einer „klassischen“ Werkhalle bei den Bedienern der Fertigungs-Maschinen infolge fehlender Informationen über den laufenden Prozeß meistens Monotonie herrscht, wird man in einer Spielhalle das Gegenteil feststellen: Die Bediener der Spiel-Maschinen werden über

248 Vgl. Abschnitt 4.3.1.1.1 und 4.3.4.1.1.

249 Vgl. ähnlich Henzler/Späth 1993: 193.

250 Vgl. Abschnitt 3.2.3.1.

251 Vgl. z.B. Grochla/Szyperski 1972, Kirsch/Klein 1977.

252 Vgl. z.B. Heinen/Dietel 1990: 1039ff.

253 Manville 1995.

das Ergebnis ihres Handelns permanent und durch verschiedene Signale (Licht, Töne etc.) auf dem Laufenden gehalten. Das führt dazu, daß das Verhalten durch Aufmerksamkeit und Initiative gekennzeichnet ist, während ohne unmittelbare Informationen über die Ergebnisse des eigenen Tuns Langeweile und reaktives Verhalten die Folge sind. Unmittelbares Feedback über laufende Prozesse ist auch eines der erfolgreichen Kernprinzipien der „schlanken Produktion", das durch die MIT-Studie in der Automobilindustrie identifiziert wurde. In den „schlanken" Produktionsstätten gibt es ein einfaches, aber umfassendes Informationssystem, das es jedem Mitarbeiter ermöglicht, auf Probleme schnell zu reagieren und die Gesamtsituation der Fabrik zu verstehen. Informationen, wie tägliche Produktionsziele, die Anzahl der am Tag bis dahin produzierten Autos, Maschinenpannen, Personalengpässe, Überstundenbedarf etc. werden an elektronischen Anzeigetafeln präsentiert, die von jeder Arbeitsstation aus eingesehen werden können. Wenn irgendwo etwas falsch läuft, weiß jeder sofort, wo dies der Fall ist und kann entsprechend reagieren.[254]

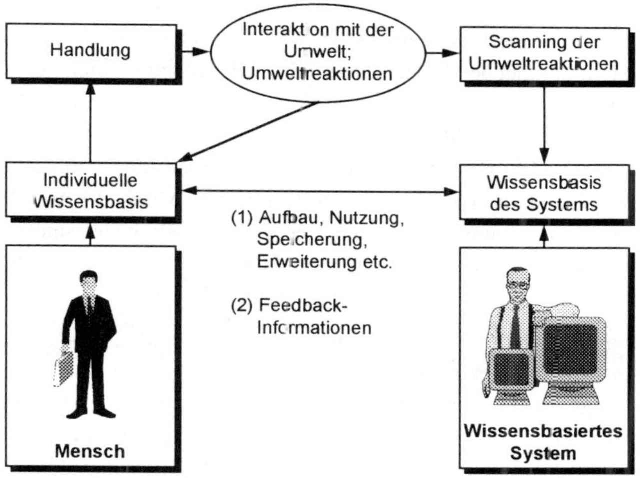

Abb. 4-13: Die Kopplung von Informationssystemen und wissensbasierten Systemen

Besonders hilfreich sind derartige Informationssysteme, wenn sie mit den in Abschnitt 4.3.1.1.3 vorgestellten wissensbasierten Systemen gekoppelt sind. Das „Mensch-Maschine-System"[255] ist dann nicht mehr nur auf die beiden Elemente Experte bzw. Anwender und Computer bezogen, sondern darüber hinaus auch auf die

254 Vgl. Womack et al. 1992: 103f.

255 Albrecht 1993: 220.

Reaktionen der Umwelt. Damit lassen sich interaktive Problemlösungen gestalten, in dem auch eine Arbeitsteilung zwischen dem individuellen und dem technikgestützten Wissen erfolgt. Abbildung 4-13 zeigt die Integration von Anwendern, wissensbasierten Systemen und Informationssystemen im Überblick.[256]

(3) Die Installierung von Lernarenen für „action learning"

Das Konzept des *„action learning"* ist etwa seit dem Ende der siebziger Jahre bekannt und betont den *unmittelbaren, wechselseitigen Zusammenhang von Handlung und Lernen.* Als verbindendes Instrument der Personal- und Organisationsentwicklung wurde das Aktionslernen von Revans[257] in die Diskussion um das Lernen von Individuen und Organisationen eingebracht.

Action learning bedeutet zunächst, daß etwa sechs bis acht Personen in einer Projektlerngruppe zusammengefaßt werden, die sich innerhalb von einem bestimmten Zeitraum mit einer aktuellen Problemstellung der Organisation befassen. Als nächster Schritt wird die Problemstellung durch die Gruppe konkretisiert und in einzelne Teile zerlegt. Die Bearbeitung der Teilaspekte erfolgt selbstverantwortlich durch die beauftragten Gruppenmitglieder. Jeder der Teilnehmer sucht sich dazu einen Betreuer bzw. Mentor, der ihn bei der Problemlösung unterstützt und die entsprechenden Ressourcen bereitstellt. Die Gruppe trifft sich im weiteren Verlauf regelmäßig und vereinbart in den Meetings konkrete Handlungsvorgaben für jedes Mitglied bzw. läßt sich über die gemachten Anstrengungen berichten. Die anderen Mitglieder sind aufgefordert, Feedback zu geben bzw. konstruktive Vorschläge zu unterbreiten und helfen damit dem Berichtenden aus seinen Handlungen zu lernen.[258]

Die Schaffung von derartigen Lernarenen ist durch die Möglichkeit unmittelbares und - der Aufbau eines entsprechenden Vertrauensverhältnisses vorausgesetzt - vielleicht auch ungeschminktes Feedback anderer zu bekommen sicherlich gut geeignet, die Unmittelbarkeit der Erfahrungsbildung zu erhöhen. Gleichzeitig bietet die Form der Projektlerngruppen, ebenso wie Projektgruppen allgemein, die Möglichkeit neben der alltäglichen Arbeitsroutine neue Wissensfelder zu erschließen und die eigene Wissensbasis damit zu erweitern.

---

[256] Zur konkreten Gestaltung solcher interaktiven Systeme vgl. Albrecht 1993: 220ff., Maciejewski 1989: 49ff. und Zelewski 1989: 65ff.

[257] Vgl. Revans 1982 und 1983.

[258] Vgl. dazu auch Pedler et al. 1994:165f.

4.3.4.1.3 Zusammenfassung und Überblick

Das Management von Erfahrungswissen zielt auf eine systematische Erweiterung der individuellen und kollektiven Wissensbasis durch Erhöhung der Erlebnisvarietät und Verbesserung der Unmittelbarkeit von Erfahrungen. In einem ersten Schritt werden deshalb Maßnahmen ergriffen, die wie das job rotation, die Einführung von Gruppen- und Projektarbeit, die Neugestaltung der organisatorischen Stellen und die Weiterqualifizierung darauf zielen, die Erfahrungsmöglichkeiten einzelner Organisationsmitglieder und organisatorischer Gruppen zu steigern. Der zweite Schritt bezieht sich dann darauf, schnelles und direktes Feedback auf vollzogene Handlungen sicherzustellen. Nun ist es möglich, Erfolge und Mißerfolge organisatorischer Handlungen realitätsgerecht aufzunehmen und entsprechende Konsequenzen zu ziehen. Tabelle 4-10 zeigt die dazu diskutierten Maßnahmen noch einmal im Überblick.

Die systematische Erhöhung von Varietät und Unmittelbarkeit eigener Erfahrungen und die daraus regelmäßig entstehende Erweiterung der betroffenen Wissensbasis bezieht sich weitgehend auf die operationale Lernebene und damit auf das Oberflächen-Wissen der Organisationsmitglieder bzw. der organisatorischen Gruppen. Derartige Lernprozesse, die durch Erfahrungsbildung zu höherer Handlungseffizienz führen, wurden weiter oben als *single-loop learning*[259] charakterisiert.

Maßnahme zum Management von Erfahrungswissen	**Kurzbeschreibung der Maßnahme**	**Intendierte Auswirkungen**
Job rotation	Planmäßiger Wechsel von Arbeitsplatz und Arbeitsaufgabe innerhalb von Arbeitsgruppen und über funktionale Grenzen hinaus	Reduzierung von Monotonie, Förderung von integrativem, funktionsübergreifendem Denken; Erweiterung der individuellen Wissensbasis; Erhöhung der Flexibilität von Organisationen

Tab. 4-10: Überblick über Maßnahmen zum Management von Erfahrungswissen

259 Vgl. Abschnitt 1.2.2.2 und Abschnitt 2.4.3.

Maßnahme zum Management von Erfahrungswissen	**Kurzbeschreibung der Maßnahme**	**Intendierte Auswirkungen**
Gruppenarbeits-Konzepte, Projektarbeit	Übertragung ganzheitlicher Aufgabengebiete und Geschäftsprozesse an (teilautonome) Gruppen; Bearbeitung funktionsübergreifender Problemstellungen	Möglichkeit voneinander zu lernen; Förderung von integrativem, funktionsübergreifendem Denken; Erweiterung der individuellen Wissensbasis; Erhöhung der Flexibilität von Organisationen
Job redesign	Neustrukturierung des personalen Aufgabengebietes; Erhöhung des Handlungsspielraumes	Reduzierung von Monotonie; Reintegration indirekter Aufgabengebiete; Steigerung der Erfahrungsvarietät und Erweiterung der individuellen Wissensbasis
Inner- und außerbetriebliche Weiterbildung	Vermittlung von fachspezifischem, fächerübergreifendem und prozeßorientiertem Know-how in Schulungen und Trainings	Schließung von Wissenslücken; Erweiterung der individuellen Wissensbasis; Vorbereitung/Begleitung für die Übernahme neuer Aufgabengebiete
Schaffung dezentraler, autonomer Organisationseinheiten	Formation der Organisationsstruktur entlang der Einheit von Aufgabe, Verantwortung und Kompetenz; Bildung marktnaher Handlungszentren	Herstellung direkter Umweltkopplung; Erhöhung der Feedbackgeschwindigkeit und -authentizität; Aufbau dezentraler Wissensstrukturen
Aufbau von Feedback-Schleifen	Schaffung eines computergestützten Informationssystems; Kopplung des Systems an bestehende wissensbasierte Systeme	Scanning relevanter Umweltreaktionen; Herstellung unmittelbarer Feedback-Schleifen bzgl. individueller und/oder kollektiver Handlungswirkungen
Lernarenen für action learning	Etablierung von Projektlerngruppen für die Bearbeitung aktueller Organisationsprobleme bei wechselseitigem Feedback innerhalb der Gruppe	Direkte und umfassende Verknüpfung individueller Handlungsergebnisse mit Fremdbeurteilungen; Erhöhung der Feedbackgeschwindigkeit und -authentizität; Erweiterung der individuellen Wissensbasis

Tab. 4-10: Überblick über Maßnahmen zum Management von Erfahrungswissen (Fortsetzung)

4.3.4.2 Das Management von Rationalitätswissen

Für die umfassende Entwicklung der organisatorischen Wissensbasis spielen nicht nur Lernprozesse des Oberflächen-Wissens eine gravierende Rolle, sondern auch die *kognitiven Verarbeitungsmuster und Handlungstrategien des Tiefen-Wissens*. Es kommt demnach für die Gestaltung des Wissensmanagements nicht nur darauf an, vielfältige Erfahrungsoptionen, sondern auch entsprechend zahlreiche *Reflexionsmöglichkeiten* zu schaffen.[260] Durch die Förderung analytischer, logischer, kombinatorischer und selbstreferentieller Fähigkeiten erhöht man die Chance, aus dem Erfahrenen weitergehende Schlüsse zu ziehen und formt die Basis für adäquate Prozesse des *double- und triple-loop learning*.[261]

Mit dem *Rationalitätswissen* ist somit die Fähigkeit von Individuen und Kollektiven gemeint, die durch das Erfahrungswissen gewonnenen, „neuen" Wissenselemente kritisch zu reflektieren - also hinsichtlich ihrer Plausibilität, Relevanz und Anschlußfähigkeit zu hinterfragen. Darauf aufbauend werden die für das Tiefen-Wissen charakteristischen kognitiven Verarbeitungsmuster, Handlungsstrategien und Normen entwickelt. Nur in einem permanenten *Wechselspiel* von Erfahrung und rationaler Reflexion ist die nachhaltige Entwicklung der organisatorischen Wissensbasis tatsächlich möglich. Schön bezeichnet diese Interdependenz als „reflection in action"[262].

Reflexivität bzw. *Reflexion*[263] bedeutet im hier vorliegenden Zusammenhang, daß sich Individuen als psychische und Kollektive als soziale Systeme mit der jeweils eigenen Einheit bzw. den eigenen Operationen und den jeweils spezifischen Formen der Umweltkopplung auseinandersetzen.[264] Die Systeme betrachten im Zuge dieser Selbstbeobachtungen z.B. den Unterschied zwischen einem vorherigen und einem darauffolgenden Systemzustand bzw. die Veränderungen in der Beziehung des eigenen Systems zu seiner Umwelt. Durch diese selbstreflexiven Prozesse sind Individuen und Kollektive demnach in der Lage zunächst unreflektiertes Erfahrungswissen in Rationalitätswissen zu überführen.

Die Gestaltungsperspektive des *Managements von Rationalitätswissen* bezieht sich demnach auf Maßnahmen,

---

260 Vgl. zur Bildung von „knowledge of rationality" Nonaka 1994: 22 und 1992.

261 Vgl. Abschnitt 1.2.2.2 und Abschnitt 2.4.3.

262 Vgl. Schön 1983.

263 Vgl. zur Unterscheidung dieser Begriffe Luhmann 1984: 600ff., Willke1993:108ff. und 178ff. sowie Reinhardt 1993: 244ff. Für diese Arbeit spielt die Unterscheidung allerdings keine wesentliche Rolle.

264 Vgl. dazu Luhmann 1984: 617, Kirsch 1992: 400ff. und Reinhardt 1993: 284f.

- die Reflexionen auf der Ebene einzelner Organisationsmitglieder (Schritt 1) und
- Reflexionen auf der Ebene von Gruppen bzw. der Gesamtorganisation befördern (Schritt 2).

4.3.4.2.1 Schritt 1: Förderung Reflexionen individuellen Handelns

Der erste Schritt konzentriert sich zunächst auf die Perspektive eines einzelnen Organisationsmitgliedes.[265] Im Vordergund stehen konkrete Maßnahmen, wie die individuelle Fähigkeit zur Reflexion des eigenen Handelns und die damit in Verbindung stehenden Veränderungen in den Interaktionsbeziehungen mit der Umwelt aufgebaut und gesteigert werden können. Der Mensch als psychisches System soll dadurch in die Lage versetzt werden, eine Art Metawissen über seine eigene Wissensbasis und deren Restriktionen in Form der individuellen Wissens- und Lernbarrieren zu entfalten. Als Einzelmaßnahmen stehen dabei zur Verfügung:

- die Möglichkeit des Hinterfragens der eigenen Tätigkeit durch „handlungsentlastete Interaktionszusammenhänge“ und der Tolerierung von „organizational slack“,
- die Spiegelung individueller Identität in Coaching-Prozessen und
- die therapeutische Intervention zur Veränderung psychischer Systeme.

(1) Die Möglichkeit des Hinterfragens der eigenen Tätigkeit

Der Begriff *„handlungsentlasteter Interaktionszusammenhang“* kommt ursprünglich von Kirsch[266] der damit eine Habermassche Dichotomie erweitert. Habermas ging in seiner „Theorie des kommunikativen Handelns“ davon aus, daß jede Aktion entweder verständigungsorientierter oder strategischer Natur sein kann.[267] In beiden Fällen stehen das Handeln sowie die damit verbundenen Kommunikationen unter einem mehr oder weniger spürbaren Handlungsdruck und sind weitgehend zielgerichtet. Daneben existieren nach Kirsch aber auch solche Interaktionszusammenhänge, die keine teleologische Basis aufweisen - sie sind deshalb handlungsentlastet. Aus dieser Unterscheidung ergeben sich insgesamt drei Handlungstypen, die das Handeln von Individuen prägen können:[268]

---

[265] Vgl. dazu ausführlich Abschnitt 2.2.
[266] Kirsch 1990: 536f. und 1992: 82ff.
[267] Vgl. dazu Habermas 1981a sowie die Rezeption dieses Aspekts bei Kirsch 1992: 82ff.
[268] Vgl. Kirsch 1992: 85.

- Erstens der alltägliche, teleologische Handlungsbedarf, der im Rahmen der vorhandenen Wissensbasis abgearbeitet wird,
- zweitens alltägliche, handlungsentlastete Situationen und
- drittens außeralltägliche und bewußt handlungsentlastete Situationen.

Mit den *alltäglichen, handlungsentlasteten Situationen* sind die gewöhnlichen Gespräche, Argumentationen und Unterhaltungen angesprochen, die sich im Zuge gemeinsamer Mittagessen, Kaffeepausen, spontaner Konversationen am Arbeitsplatz etc. ergeben. In diesen Gesprächen ergibt sich gleichsam „natürlich" die Möglichkeit, das eigene Handeln, die gemachten Erfahrungen und die eigene Sicht der Dinge an denen der anderen Organisationsmitglieder zu spiegeln. Bei *außeralltäglichen, handlungsentlasteten Situationen* wird die Möglichkeit der Reflexion dagegen bewußt initiiert. Die Beteiligten begeben sich in einen anderen als den gewohnten Handlungskontext, der dem „Diskurs" zwischen den einzelnen Sichtweisen möglichst förderlich ist. Betriebsausflüge, Kamingespräche, Outdoor-Seminare etc. sind Beispiele dafür, wie jenseits der täglichen Arbeitsroutine die individuellen Einstellungen und Erfahrungen gemeinsam diskutiert werden können und sich daraus zusätzlich zum Selbst- ein Fremdbild entwickeln kann. In beiden Fällen ist es erforderlich, daß die Organisation handlungsentlastete Interaktionszusammenhänge prinzipiell ermöglicht und fördert bzw. das Auftauchen solcher Situationen nicht behindert. Nur wenn die Arbeitsprozesse so strukturiert sind, daß ein gewisses Maß an *„organizational slack"*[269] existiert, die Organisation also über mehr Ressourcen verfügt, als zum eigentlich effizienten Handlungsvollzug notwendig sind, werden sich derartige Interaktionszusammenhänge bilden können.

Die Betrachtung von „slack" kann auch unter dem Begriff der *Redundanz*[270] subsumiert werden, mit dem Überlappungen von Informationen, Geschäftstätigkeiten und Verantwortung bezeichnet sind. Innerhalb dieses strukturell gewährten „Freiraumes" kann der einzelne sein eigenes Erfahrungswissen mit dem der anderen konfrontieren und im Zuge dieser „öffentlichen" Diskussion[271] validieren.

(2) Die Spiegelung individueller Identität in Coaching-Prozessen

Die Möglichkeit der Reflexion in handlungsentlasteten Situationen ist eine Option, die sich, je nachdem, ob es sich um alltägliche oder außeralltägliche Interaktionszusammenhänge handelt, mehr oder weniger „natürlich" für alle Organisationsmitglie-

---

269 Vgl. dazu ausführlich Weidermann 1983 und Simon 1981.

270 Vgl. zur Bedeutung von Redundanz Staehle 1991 sowie Nonaka 1991 und 1992.

271 Vgl. dazu auch die Ausführungen in Abschnitt 4.3.3.2.2.

der ergibt. Demgegenüber stellt das *Coaching* einzelner Organisationsmitglieder eine eher „exklusive" Form der Förderung individueller Reflexionen dar.

Coaching[272] ist eine psychologisch-betriebliche Beratungsleistung, die durch spezialisierte Consultants vor allem für Top-Manager und obere Führungskräfte angeboten wird. Es geht konkret darum, eine eher *allgemeine persönliche Beratung* des Betreffenden hinsichtlich seiner eigenen Entwicklung, vor allem aber *gezieltes Feedback* auf eigene Aktionen und Erfahrungen zu geben. Dies zum einen deshalb, weil auf der Ebene des oberen und obersten Managements direktes Feedback aus der eigenen Organisation oftmals fehlt, zum anderen aber auch, weil persönliche Fehlentwicklungen und -entscheidungen in diesen Ebenen gravierende Auswirkungen auf die „Rest-Organisation" haben können. Sinnvolle Coachingprozesse zum Aufbau von Rationalitätswissen setzen allerdings die grundsätzliche Bereitschaft der Betroffenen voraus, sich selbst in Frage zu stellen.

(3) Die therapeutische Intervention zur Veränderung psychischer Systeme

Noch einen Schritt weiter als das Coaching geht die *therapeutische Intervention.* Beim Coaching werden Reflexionen dann katalysiert, wenn ein Coach seinem Schützling (kritisches) Handlungsfeedback gibt bzw. mit ihm zukünftige Handlungen und deren Konsequenzen bespricht. Das heutige Coachingverständnis geht über diese reine „Spiegelfunktion" noch hinaus und bezieht mittlerweile auch psychologisch fundierte Interventionen mit ein. „Psychologisch" deshalb, weil *gezielte* Interventionen in das psychische System „Mensch" erfolgen, die dessen komplexen, nichttrivialen Charakter berücksichtigen.[273] Das bedeutet aber nichts anderes, als daß *vor* der eigentlichen Intervention durch den Berater[274] das Beziehungsgefüge, die Kommunikationsmuster, das Regelsystem etc. des Betroffenen aufgearbeitet werden - also eine systematische Reflexion des Erfahrungswissens erfolgt.[275] In der Regel geschehen diese Reflexionen über *Meta-Kommunikationen.*[276]

Die Interventionen[277] selbst, die ja auf Veränderungen des jeweiligen Beziehungsgefüges, der Kommunikationsmuster, der Regelsysteme etc. ausgerichtet werden, sind allerdings nur dann möglich und erfolgreich, wenn sie vom Betroffenen akzeptiert

---

272 Vgl. dazu Gottschall 1989.

273 Vgl. dazu Willke 1994: 65ff.

274 Man muß davon ausgehen, daß therapeutische Interventionen in betriebswirtschaftlichen Kontexten meistens nicht unter dem Etikett der Therapie erfolgen, sondern weiterhin unter dem des Coachings, weil sonst eine ablehnende Haltung der Betroffenen sehr wahrscheinlich wäre.

275 Vgl. dazu auch Willke 1994: 92ff.

276 ebd.: 98.

277 ebd.: 120ff.

werden. Ungenügend vorbereitete Interventionen rufen beispielsweise die Aktivierung defensiver Routinen[278] hervor. Um dies zu verhindern, muß die Intervention so gestaltet sein, daß sie nicht nur anschlußfähig an die individuelle Wissensbasis ist - die wesentlichen Elemente der Wissensbasis hat man ja durch gemeinsame reflexive Prozesse aufgearbeitet -, sondern darüber hinaus als *eigene* Veränderungsinitiative des Betroffenen gelten kann.

4.3.4.2.2 Schritt 2: Förderung Reflexionen kollektiver Handlungen

Mit dem zweiten Schritt wird in Analogie zum ersten versucht, Reflexionen hinsichtlich der Perspektive der Gesamtorganisation[279] zu erzeugen. Die Maßnahmen zielen auf die Förderung der Selbstbeobachtung des sozialen Systems und dessen Interaktionszusammenhängen mit der Umwelt. Konkret geschieht dies durch

- ❑ die gemeinsame Auseinandersetzung mit den Rahmenbedingungen der Organisation, dem Beziehungsgefüge, den Werten und Normen bzw. dem Organisationszweck und
- ❑ die Betrachtung der Rolle der eigenen Organisation im gesellschaftlichen Umfeld.

(1) Die gemeinsame Auseinandersetzung mit den Bedingungen der Organisation

In einer Gesamtorganisation gibt es unterschiedliche Ebenen, auf denen die *Auseinandersetzung mit dem eigenen System* geschehen kann.[280]

Auf einer ersten Ebene können beispielsweise die „offiziellen“ Regelungen und Rahmenbedingungen einer Organisation Gegenstand der gemeinsamen Reflexion sein. Es wird dann beispielsweise versucht, die unternehmenspolitischen und strategischen Vorgaben eines neuen Leitbildes hinsichtlich der konkreten Bedeutung für den eigenen Arbeitsplatz bzw. der eigenen Gruppe zu hinterfragen. In diesem Prozeß wird den einzelnen, oftmals abstrakten Regelungen nicht nur konkreter Bedeutungsinhalt zugewiesen, sondern zusätzlich der Sinn solcher Regelungen für die Gesamtorganisation erörtert. Die Gesamtorganisation wird damit zum Gegenstand einer expliziten Auseinandersetzung.

Einen ähnlichen Effekt erreicht man auch, wenn man zweitens das Beziehungsgefüge der Organisationsmitglieder jenseits struktureller Regelungen thematisiert. Dadurch

---

278 Vgl. Abschnitt 3.2.3.5.

279 Vgl. dazu ausführlich Abschnitt 2.3.

280 Vgl. dazu auch Reinhardt 1993: 293ff.

erreicht man letztlich eine Betrachtung der kulturellen Werte und Normen einer Organisation bzw. eine Auseinandersetzung mit dem eigentlichen Zweck der Organisation. Auch hier werden die Organisationsmitglieder dazu gebracht, einmal aus einer Art „Vogelperspektive" auf das gesamte Organisationsgefüge zu blicken und sich die Frage zu stellen, „warum es so ist, wie es ist".

Die Auseinandersetzung mit dem eigenen Organisationsgefüge erfolgt allerdings nicht automatisch. Wie weiter oben bereits angesprochen, können z.B. *handlungsentlastete Interaktionszusammenhänge* die Möglichkeit eröffnen, die Beteiligten bewußt mit Fragen des eigenen Systems zu *belasten*. Offensichtlich geschieht dies in extra dafür geschaffenen Arenen, in denen Themen der eigenen Organisation im Vordergrund stehen, also beispielsweise in „strategischen Dialogen" und ähnlichen Workshopartigen Veranstaltungen.

Fallbeispiel: Werkstatt des Wandels bei Mercedes-Benz

Zum Auftakt der organisationsweit angelegten Veränderungsinitiative „MB-Erfolgsprogramm" gab es zwei Impulsveranstaltungen, in denen die Führungsbeziehungen innerhalb der Mercedes-Benz AG ausführlich diskutiert wurden. Die Teilnehmer - ausgewählte Führungskräfte des oberen und mittleren Managements - wurden dabei unter anderem durch externe Referenten dazu gebracht, einmal die wesentlichen kulturellen Werte der eigenen Organisation wie z.B. „Total Quality Management", „Kundenorientierung" etc. zu hinterfragen und deren Relevanz für das eigene Verhalten zu prüfen.[281]

Auch die Etablierung einer auf die Weiterentwicklung der eigenen Organisation *spezialisierten Einheit*, wie die schon angesprochene Abteilung „Unternehmensentwicklung"[282] kann Anstöße zur reflexiven Betrachtung der eigenen Organisationssituation liefern. Dies insbesonders dann, wenn potentielle Zukunftsentwürfe mit einer entsprechenden Analyse der Ist-Situation der organisatorischen Welt verbunden sind. Gleiches gilt auch für den Einsatz von *„change agents"* oder *Multiplikatoren*. Vor der Veränderungsarbeit im Rahmen von Organisationsentwicklungsmaßnahmen sind diese Personen nämlich meistens damit beschäftigt, zusammen mit den Betroffenen die Historie und momentane Realität der Organisation bzw. der fokalen Einheit zu reflektieren.

Fallbeispiel: Die Rekonstruktion der Ist-Situation durch Auditierung

Im Rahmen des „MB-Erfolgsprogrammes" waren alle Mitarbeiter der Mercedes-Benz AG dazu aufgerufen, die eigene Situation mit Hilfe einer Audit-Spinne zu reflektieren. Aber nicht allein die subjektive Sicht jedes einzelnen stand im Vordergrund des Veränderungsprozesses. In einer gemeinsamen Sitzung sollte man sich zusätzlich - moderiert durch einen change agent aus der Abteilung Unterneh-

---

281 Vgl. zum „MB-Erfolgsprogramm" das Fallbeispiel im Anhang.

282 Vgl. Abschnitt 4.3.2.2.1.

mensentwicklung und-kommunikation - entlang der einzelnen Dimensionen der Audit-Spinnen Gedanken über den gesamten eigenen Handlungsbereich (Abteilung, Unternehmensbereich, Gesamtorganisation) machen. Die Mitarbeiter wurden somit zu einer Reflexion des eigenen Handelns im Kontext der vernetzten Beziehungen der Gesamtorganisation gebracht.[283]

Dieses Beispiel weist bereits auf die aus der Organisationsentwicklungspraxis kommende Methode des *Survey-Feedback*[284]. Danach werden zuerst Daten über individuelle Einstellungen und die Funktionsweise der Organisation von einer breiten Masse der Organisation bzw. von allen Organisationsmitgliedern gesammelt. Die Daten werden dann verdichtet und zur Interpretation wieder an die Befragten zurückgegeben. Dies kann zum einen direkt geschehen, oder aber über Workshops, in denen jeder Vorgesetzte die Besprechung der Ergebnisse moderiert.

Die Reflexion der eigenen Systembedingungen unter Zuhilfenahme systemzugehöriger Personen oder Gruppen hat freilich seine Grenzen. Zum einen sind diese Personen und Gruppen selbst Teil des betrachteten Systems und haben insofern ähnliche kulturell bedingte Wahrnehmungsverzerrungen, wie die Organisationsmitglieder, mit denen die Rekonstruktion der Bedingungen geschehen soll.[285] Zum anderen gelten sie nur eingeschränkt als neutrale Instanzen. Es bietet sich deshalb an, die Reflexionsarbeit durch *externe Berater* zu unterstützen.

Neben den üblichen Formen der Analysearbeit,[286] kann dies bereits ausdrücklich unter dem Fokus des Wissensmanagements geschehen. Strasser schlägt in diesem Zusammenhang ein achtstufiges Vorgehen vor,[287] dessen Kern die *Rekonstruktion der Systemstruktur entlang einer überschaubaren Menge qualitativ-narrativer Interviews* ist.[288] Die ausgewählten Interviewpartner einer Organisation werden nach dieser Methode zunächst anhand von vorstrukturierten Interview-Leitfäden über ihre gegenwärtige Situation befragt und sollen möglichst viele ihrer Aussagen begründend erläutern. Daran anschließend erfolgt anhand einer speziellen Auswertungsmethodik[289] der Rückschluß auf die Systemstruktur, weil davon ausgegangen werden kann, daß

---

283 Vgl. nochmals das Fallbeispiel im Anhang.

284 Diese Methode wurde v.a. durch das Institute for Social Research in Micvhigan forciert. Vgl. dazu und zum folgenden Mann 1961, French/Bell 1990: 162ff und Kirsch et al. 1979: 216ff.

285 Vgl. dazu die entsprechende Wissens- und Lernbarriere in Abschnitt 3.2.3.2.

286 Vgl. Heimerl-Wagner 1992: 170ff. sowie ausführlich Bennet 1990.

287 Vgl. Strasser 1994: 29ff. und Strasser 1995.

288 Vgl. zu diesem Vorgehen auch Müller-Stewens 1995: 152ff., Gomez/Müller-Stewens 1994: 156ff. und allgemein Hopf 1991.

289 Vgl. Froschauer/Lueger 1992.

> „in allen Äußerungen eine objektive Bedeutung unabhängig vom sprechenden Subjekt zum Tragen kommt, die über dessen bewußte Handlungsabsichten und Meinungen hinausreicht. Dieser Bedeutungsgehalt repräsentiert die Struktur der diese Person umgebenden Lebenswelt und den darin vorherrschenden Normen und Regeln. In den verbalen Ausdrucksformen und Mitteilungen kristallisiert sich im Zusammenhang mit der impliziten Thematisierung relevanter Lebensweltbereiche die Handlungs- bzw. Systemlogik. Jede kleinste sprachliche Sinneinheit enthält schemenhaft die Struktur dieser Lebenswelt, die über viele solcher Sinneinheiten oder über die Argumentationslogik und die Besonderheiten der Textgestaltung zu entschlüsseln sind."[290]

Die Ergebnisse der Systemstrukturanalyse, die zum Teil noch hypothesenhaften Charakter aufweisen, können schließlich in Evaluierungs-Workshops mit den Betroffenen selbst überprüft und zur Reflexion der Organisationssituation genutzt werden. Besonders wenn es ein idealisiertes Zielbild der eigenen Organisationsentwicklung gibt, können rekonstruierte Ist-Wissensbasis und geforderte Ziel-Wissensbasis der Organisation[291] systematisch gegenübergestellt werden.

(2) Die Betrachtung der Rolle der eigenen Organisation im gesellschaftlichen Umfeld

Die Auseinandersetzung mit dem eigenen System zur Förderung kollektiver Reflexionen muß nicht immer direkt erfolgen. Im Gegenteil kann man zunächst auch eine *Betrachtung der Organisation im gesellschaftlichen Umfeld* vornehmen, was dann indirekt dazu beiträgt, die eigene Organisation als „Ganzes", ihre internen Vernetzungen und ihre Verflechtungen mit der Umwelt zu reflektieren.

Im Sinne des bereits beschriebenen Stakeholder-Ansatzes[292] erreicht man dies beispielsweise darüber, daß zunächst die relevanten Stakeholder der eigenen Organisation ermittelt werden, um in einem zweiten Schritt die Nutzenerwartungen der Stakeholder und den von der Organisation tatsächlich generierbaren Nutzen gegenüberzustellen. Die Organisation zeigt sich dann in einem Netzwerk unterschiedlicher Interessen, das zur Diskussion der Rolle in diesem Netzwerk und damit zur Reflexion der eigenen Position im organisatorischen Umfeld einlädt. Diese Vorgehensweise wird besonders wertvoll für den Aufbau von Rationalitätswissen, wenn die eigene Sichtweise von Nutzenerwartung und Nutzenstiftung mit einem bei den betroffenen Stakeholdern durch Interviews oder Fragebögen erhobenen Fremdbild gegenübergestellt wird. Gleichzeitig ergibt sich dadurch auch die Öffnung gegenüber externen Wis-

---

290 ebd.: 55f.

291 Vgl. dazu Abschnitt 4.3.2.2.1.

292 Vgl. Abschnitt 4.3.1.2.2 und zum folgenden Kirsch/Müller-Stewens 1995: 6.18ff. sowie Müller-Stewens i.V.

senspotentialen.[293] Abbildung 4-14 zeigt ein entsprechendes Formular mit dem diese Reflexionsarbeit geleistet werden kann.

	Nutzenerwartungen des Stakeholders		Nutzen des Stakeholders		Begründung der Differenz
Stakeholder	Eigene Sicht	Fremdbild	Eigene Sicht	Fremdbild	
Eigentümer					
Lieferanten					
Kunden					
Staat					
Medien					
...					

Abb. 4-14: Gegenüberstellung von Nutzenerwartungen und Nutzenstiftung von relevanten Stakeholdern zur Unterstützung kollektiver Reflexionen (in Anlehnung an Kirsch/Müller-Stewens 1995 6.23)

4.3.4.2.3 Zusammenfassung und Überblick

Das Management von Rationalitätswissen bezieht sich in Ergänzung des Managements von Erfahrungswissen auf das individuelle und kollektive Tiefen-Wissen. Die prinzipiell vorhandene Erfahrungsvarietät kommt in diesem Zusammenhang erst dann voll zur Geltung, wenn auch entsprechend zahlreiche Reflexionsmöglichkeiten des Erfahrenen bestehen und die für das Tiefen-Wissen charakteristischen kognitiven Verarbeitungsmuster, Handlungsstrategien und Normen entwickelt werden können. In einem ersten Schritt wird deshalb mit der Gewährung handlungsentlasteter Interaktionszusammenhänge, dem Aufbau von Coaching-Prozessen und therapeutischen Interventionen zunächst die Steigerung der Selbsreflexivität psychischer Systeme angegangen. Danach versucht der zweite Schritt Analoges für die sozialen Systeme zu erreichen. Tabelle 4-11 zeigt die einzelnen Maßnahmen noch einmal zusammenfassend.

---

293 Vgl. Abschnitt 4.3.1.2.

Maßnahme zum Management von Rationalitätswissen	**Kurzbeschreibung der Maßnahme**	**Intendierte Auswirkungen**
Gewährung handlungsentlasteter Interaktionszusammenhänge	Schaffung von alltäglichen und außeralltäglichen Freiräumen (slack, Redundanz) zur Auseinandersetzung mit individuellen Handlungen	Diskursive Reflexion individueller Handlungen und Erfahrungen; Möglichkeit Erfahrungen zu vergleichen und voneinander zu lernen
Coaching	Allgemeine persönliche Beratung und gezielte Abgabe von Feedback durch externen Coach	Reflexion von Persönlichkeitsentwicklung und individuellen Handlungen; Vermeidung von Fehlentwicklungen und Fehlentscheidungen
Therapeutische Intervention	Gezielte, psychologisch fundierte Intervention in das psychische System Mensch	Gezielte Änderung von Verhaltensmustern; Reflexion von Persönlichkeitsentwicklung und individuellen Handlungen; Abbau defensiver Routinen
Auseinandersetzung mit den Regelhaftigkeiten des Gesamtsystems	Explizite Thematisierung der Rahmenbedingungen in gemeinsamen Workshops, durch spezialisierte Abteilungen, Auditierung, Survey-Feedback, externe Berater etc.	Reflexion der Regelhaftigkeiten des Gesamtsystems und der Auswirkungen kollektiver Handlungen; Erkennen der Systemlogik und der Systemrestriktionen
Betrachtung der Organisation im gesellschaftlichen Umfeld	Aufarbeitung der Umweltkopplung sowie der damit verbundenen, vielfältigen Stakeholder-Beziehungen	Reflexion der Rolle bzw. Standortbestimmung der eigenen Organisation im gesellschaftlichen Umfeld; Erkennen der Verflechtungen, Nutzenerwartungen und Nutzenstiftung

Tab. 4-11: Überblick über Maßnahmen zum Management von Rationalitätswissen

Anhang 1 - Fallstudie zum Organisatorischen Lernen: Wissens- und Lernbarrieren als Behinderung des Wandelprozesses bei der Mercedes-Benz AG

Zum Schluß dieser Arbeit zeigt eine umfangreiche Fallstudie noch einmal die praktische Relevanz der bislang diskutierten Erkenntnisse über Organisatorisches Lernen, Wissens- und Lernbarrieren und Ansätze zu einem umfassenden Wissensmanagement. Die Fallstudie bezieht sich auf das organisationsweit angelegte Transformationsprojekt „MB-Erfolgsprogramm“ bei der Mercedes-Benz AG, mit dem der durch die Unternehmensspitze intendierte und in einigen Teilen bereits eingeleitete Wandel bewältigt werden soll.

Die Notwendigkeit zu diesem Wandel ergibt sich, wie im ersten Kapitel gezeigt, aus diversen äußeren und inneren Wandelfaktoren,[1] die etwa seit dem Ende der achtziger Jahre massive Probleme für Mercedes aufwerfen. Zum einen geriet die gesamte deutsche Automobilindustrie in eine einschneidende Krise. Die Produktionskosten waren im Vergleich zum globalen Wettbewerb um 30 bis 40% zu hoch und die Differenzierungsmöglichkeiten durch Qualität und Nutzenvorteile schmolzen angesichts der steilen Lernkurven japanischer und amerikanischer Produzenten kontinuierlich ab.[2] Zum anderen färbte die zunehmend kritische Reflexion der Diversifikationspolitik von Daimler-Benz in Bereiche der Rüstungsindustrie auch auf die Holdingtochter Mercedes ab. Die Präsentation des „Flaggschiffs“ von Mercedes - die neue S-Klasse - fiel darüber hinaus in eine Zeit, in der die ökologische Problematik des automobilen Verkehrs eine erhöhte Aufmerksamkeit gewann. Die ökonomischen Fakten spiegeln diesen Wandeldruck denn auch deutlich: 1993 wurde bei einem Umsatz von knapp 65 Mrd. DM nur noch ein Gewinn von 340 Mio. DM ausgewiesen, BMW konnte Mercedes nach verkauften Einheiten erstmals übertreffen (1992: BMW 595.000 Einheiten, Mercedes 530.000) und massiver Personalabbau (ca. 40.000 Mitarbeiter) mußte bewältigt werden. Bei Mercedes-Benz war also offensichtlich ein „Management des Wandels“ notwendig.

Neben den *strukturellen Interventionen*[3] wurde auch eine *strategische Neuausrichtung* vorgenommen, die unter dem Schlagwort „Produktoffensive“[4] eine Ausweitung

1 Vgl. Abschnitt 1.1.3.

2 Vgl. Womack et al. 1992.

3 Die Produktionswerke, die nationalen Vertriebsgesellschaften, zentrale Bereiche etc. sind als eigenverantwortliche Center strukturiert (vgl. Malioukova i.V.). Eine weitere massive Intervention war die Bereinigung der Führungsebenen von acht auf fünf zum Jahresbeginn 1993. Vgl. dazu Viehöfer (1992) und Linden (1992).

des Leistungsprogramms umfaßt, und außerdem auf eine umfangreiche Internationalisierung[5] des Konzerns zielt. Für die Verankerung der Neuausrichtung auf der *Verhaltensebene* wurde schließlich das MB-Erfolgsprogramm aus der Taufe gehoben. Das MB-Erfolgsprogramm ist eine unternehmensweite Initiative der Mercedes-Benz AG zur *Neuorientierung des Führungshandelns* und wird durch *vier Grundhaltungen* konkretisiert. Es richtet sich an die Führungskräfte aller Ebenen und soll die flächendeckende Mobilisierung im Sinne der Neuausrichtung des Unternehmens erzeugen.

Abschnitt 1 beschreibt zunächst die Entwicklungsgeschichte und das Design des Programms, bevor in Abschnitt 2 die Ergebnisse einer empirischen Untersuchung zur Akzeptanz und dem Umsetzungsgrad vorgestellt und diskutiert werden. Den Argumentationsgang dieser Fallstudie faßt Abbildung A-1 zusammen.

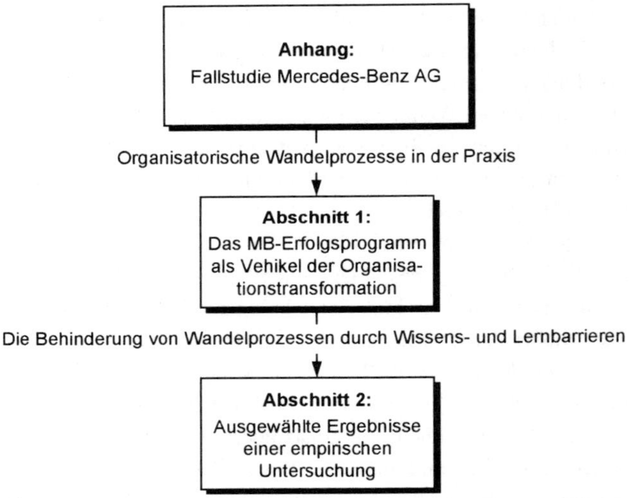

Abb. A-1: Die Argumentationsfolge der Fallstudie

4 Als Produktoffensive wird bei Mercedes-Benz die grundlegende Neugestaltung und Ausdifferenzierung der gesamten Produktpalette, sowohl im Nutzfahrzeugbereich, als auch im Personenwagenbereich bezeichnet. Bis 1998 wird Mercedes-Benz beinahe jede Marktnische mit einem eigenen Produkt abdecken, das entweder neu im Programm (z.B. A-Klasse, Swatchmobil, etc.), oder aber neu konzipiert (z.B. neue S-Klasse, schwere LKW, etc.) ist.

5 Durch den Aufbau ausländischer Produktionsstandorte, Bildung globaler Kooperationen etc.

A.1 Das MB-Erfolgsprogramm als Vehikel des Wandels

A.1.1 Die Entstehungsgeschichte

Konkreter Ausgangspunkt der Entstehungsgeschichte zum MB-Erfolgsprogramm war neben den gerade beschriebenen Wandelfaktoren eine Unternehmenssituation, in der von vielen Beteiligten ein *internes Kommunikationsdefizit* empfunden wurde. Als Reaktion darauf installierte man zwei „Direktoren-Strategie-Gespräche", die zu einer Reihe konkreter Projektgruppen führte. Ziel der Gruppen war es, in den fokussierten Themenbereichen Kostenverbesserungen und Effizienzsteigerungen herzustellen. Man merkte jedoch sehr schnell, daß eine Vielzahl isolierter Projektthemen allein nicht reichen würde, die aus den veränderten Rahmenfaktoren bedingte unternehmensweite Mobilisierung herzustellen und das Denken insgesamt zu verändern. Als integrierende Initiative wurde daher das MB-Erfolgsprogramm mit den vier Grundhaltungen entwickelt. Das MB-Erfolgsprogramm ist also kein singuläres Projekt, sondern die auf eine *umfassende Verhaltensänderung* zielende „innere Neuausrichtung" der Mercedes-Benz AG.

A.1.2 Die Zielsetzung

Zielgröße des MB-Erfolgsprogrammes ist also die *Verhaltensebene*, die den dritten Teil der Trias aus Strategie, Struktur und Kultur bildet.[6] Nachdem im Rahmen der *Produktoffensive* die strategische Neuausrichtung bereits vorgenommen worden ist, sind auch in der Unternehmensstruktur massive Strukturinterventionen durch die *Center-Bildung* erfolgt. Abbildung A-2 zeigt diesen Zusammenhang noch einmal im Überblick.

Alte Verhaltensweisen sollen im Zuge individueller und kollektiver Lernprozesse aufgebrochen werden und die Neuorientierung des gesamten Unternehmens ermöglichen. Der flächendeckende Transformationsprozeß nimmt vor allem die Führungskräfte als Multiplikatoren des Wandels ins Visier:

> „In einem Satz: Mit dem MB-Erfolgsprogramm setzen die Führungskräfte die Signale für die neuen Zeiten bei der Mercedes-Benz AG. Mit diesem Programm knacken wir die Vorurteile, brechen wir verkrustetes Denken auf, verändern wir Verhalten. Dieses Programm mobilisiert alle Führungskräfte, in der betrieblichen Praxis wirklich neu und effektiv zu handeln."[7]

---

6 Vgl. dazu Sattelberger 1991b und Bleicher 1991b.

7 Mercedes-Benz AG 1993a: 1.

Man geht davon aus, daß einmal gelernte Verhaltensweisen nicht „Gott gegeben“ sind, sondern hinterfragt und verändert werden können. Die tatsächliche Veränderung ist zunächst zwar eine sehr persönliche Sache eines jeden selbst, die Organisation kann die individuellen Lernprozesse aber in verschiedener Art und Weise unterstützen. Durch Etablierung veränderter Organisationsstrukturen, Anreiz- und Sanktionssysteme, Zielvereinbarungsprozesse etc., die auf die neuen Verhaltensorientierungen ausgerichtet sind, sollen materiale Voraussetzungen geschaffen werden, die die Umsetzung neuer Handlungsweisen begünstigen.

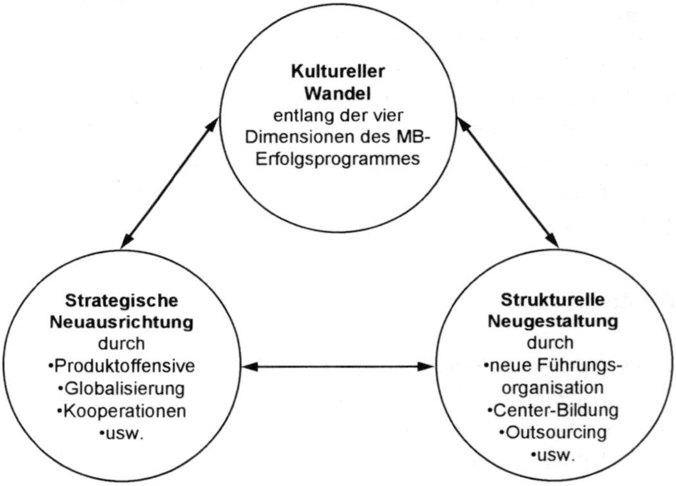

Abb. A-2: Wandel der Mercedes-Benz AG auf den Ebenen der Strategie, Struktur und Kultur

Damit die intendierten Verhaltensänderungen aber nicht in einem vollkommen unverbindlichen Rahmen steckenbleiben bzw. „versanden“, sind konkretere Zielgrößen formuliert worden. Demnach soll die innere Neuorientierung den Unternehmenserfolg durch *Leadership* in

- ❑ Kunden- und Marktorientierung,
- ❑ Unternehmensqualität,
- ❑ stetiger Effizienzsteigerung und
- ❑ der Befähigung von Mitarbeitern sichern,

wobei dieser Anspruch unternehmensweit für jede einzelne Aufgabe und jeden einzelnen Mitarbeiter gilt.

A.1.3 Die vier Grundhaltungen

Das MB-Erfolgsprogramm besteht, wie bereits mehrfach erwähnt, aus vier Grundhaltungen, für die jeweils ein verantwortlicher Vorstandspate definiert ist:

- Die *Kompromißlose Kunden- und Marktorientierung* rückt vor allem den externen Kundennutzen, aber auch die interne Kundenbeziehung in den Vordergrund.
- Das *Null-Fehler-Ziel* sichert vorher vereinbarte Qualitätstandards für interne und externe Kunden.
- Im Rahmen der *konsequenten Entscheidungsdelegation* entscheiden die Mitarbeiter im Rahmen von Aufgabe, Kompetenz und Verantwortung selbst und vereinbaren hierfür verbindliche Ziele.
- Die Ausrichtung auf einen *kontinuierlichen Verbesserungsprozeß* konzentriert die Arbeit auf die wesentlichen Prozesse und sucht neue Wege zu effizienter Ressourcen-Nutzung.

In den vier Grundhaltungen spiegeln sich zwei Segmente, in denen sich die Schubkraft der strategischen Stoßrichtungen der Mercedes-Benz AG entfalten soll. Zum einen gilt es, eine *konsequente Außenorientierung* im Rahmen der kompromißlosen Markt- und Kundenorientierung und des Null-Fehler-Ziels herzustellen, durch den die äußeren Wandelfaktoren angegangen sowie das Überleben und der Erfolg am Markt erreicht werden. Zum anderen liegt der Schwerpunkt durch konsequente Entscheidungsdelegation und den kontinuierlichen Verbesserungsprozeß in der *inneren Optimierung der organisatorischen Gestaltungsaufgabe,* die den inneren Wandelfaktoren Rechnung trägt.

Diese Segmentierung zeigt allerdings zwei Seiten derselben Medaille: Die Optimierung der inneren Strukturen und Prozesse erhöht aus Sicht der Binnenperspektive die Handlungsfähigkeit bei gleichzeitiger Vervollkommnung der Ressourcenallokation. Effektiv und effizient gestaltete Strukturen und Prozesse sind aber gleichzeitig eine elementare Voraussetzung für die angepeilten Markterfolge, für die darüber hinaus noch markt- und kundenorientierte Responsiveness vorhanden sein müssen. Markterfolge sind ihrerseits wiederum die Basis für die Reproduktion der eigenen Handlungsfähigkeit. Abbildung A-3 zeigt diese wechselseitige Verstrickung von Innen- und Außenorientierung.

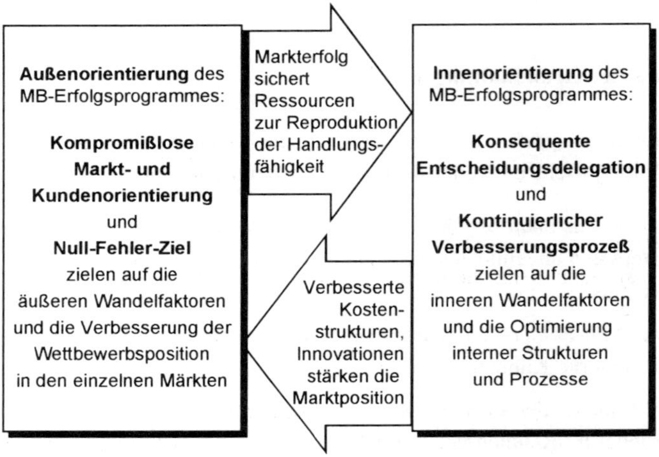

Abb. A-3: Innen- und Außenorientierung im MB-Erfolgsprogramm

A.1.3.1 Kompromißlose Kunden- und Marktorientierung

In den vergangenen Jahrzehnten gab es für die Mercedes-Benz AG eigentlich keine echten Absatzprobleme. Die Produkte von Mercedes waren so begehrt, daß Kunden sogar bereit waren, hohe Aufpreise auf den regulären Verkaufspreis zu zahlen und lange Wartezeiten in Kauf zu nehmen. Wer einen Mercedes kaufen konnte, hatte es „geschafft". Das Auto geriet zum Statussymbol und zum Zeichen des persönlich erreichten wirtschaftlichen Erfolges. Neben dem Image stimmte aber auch die Qualität des Produktes. Die Automobile von Mercedes-Benz waren der Inbegriff herausragender innovativer Technologie und solider Verarbeitungsqualität. Allein die zur Verfügung stehende Produktionskapazität war ein limitierender Faktor des Absatzes.

Von solchen Erfolgen verwöhnt, traf Mercedes-Benz die Krise zu Beginn der neunziger Jahre im angestammten Bereich des Automobilmarktes[8] besonders hart. Einer-

8 Auf die Diversifikationsbemühungen, z.B. durch die Käufe von MBB, MTU, Dornier, AEG etc. und die Entwicklung zur heutigen Daimler-Benz AG als „integrierter Technologiekonzern", in der die Mercedes-Benz AG nurmehr eine Tochter neben der DASA, der AEG und

seits wurde der Wettbewerb durch das Vordringen zusätzlicher und die Offensive bestehender Konkurrenten deutlich verschärft. Andererseits wurde der Automobilmarkt auch hinsichtlich vorliegender Kundenbedürfnisse zunehmend ausdifferenziert und fragmentiert. Das Bedürfnis nach automobiler Mobilität ist in diesem Zusammenhang ebenfalls nicht unangetastet geblieben. Ökologische und ökonomische Restriktionen haben über die Artikulation von Kundenbedürfnissen und entsprechende gesetzliche Regelungen mittlerweile auch die Produzenten unter massiven Druck gesetzt. Mercedes-Benz selbst ordnete die Ist-Situation in drei Problemfelder:[9]

- ❑ In dem hart umkämpften Automobilmarkt herrscht *keine Markt- und Kundentransparenz* mehr, die früher vorhandene Markenbindung ist zudem deutlich aufgeweicht.
- ❑ In der bestehenden „Erfolgskultur" von Mercedes-Benz ist die authentische *Orientierung an den Bedürfnissen der Kunden* deutlich unterentwickelt.
- ❑ Angesichts der radikalen Marktverschiebungen *fehlt* es der Mercedes-Benz AG an einer klaren *strategischen Ausrichtung*.

Vor diesem Hintergrund bedeutet kompromißlose Kunden- und Marktorientierung, die *Fokussierung auf den Kundennutzen* - egal, ob es sich um die externen Kunden, also die Käufer der Endprodukte oder Kunden innerhalb der Mercedes-Benz AG handelt. Die strukturell geschaffenen Center haben demnach ihr Handeln anhand kundenorientierter Leitbilder neu zu gestalten, jeder einzelne Mitarbeiter muß sein individuelles Leistungsverhalten am Kundennutzen ausrichten und für sich selbst, für die Arbeitsgruppe und das Gesamtunternehmen den kritischen Vergleich mit den jeweils Besten am Markt suchen. Konkret bedeutet das:[10]

- ❑ Im Rahmen der *strategischen Ausrichtung* sind Kunden, Lieferanten und Mitarbeiter in die Entwicklung der neuen Handlungsorientierungen zu involvieren bzw. umfassend darüber zu informieren.
- ❑ Ausgangspunkt jedweder *Produktneu- und -weiterentwicklung* sind allein die Kundenbedürfnisse und nicht mehr das technisch Machbare.
- ❑ Alle *Mitarbeiter* haben ihr Handeln bezüglich aller Produkte und Leistungen an den Kundenanforderungen auszurichten.

---

der debis darstellt, sei hier nur am Rande verwiesen. Vgl. dazu ausführlich Müller-Stewens et al. (1994).

9 Vgl. Mercedes-Benz AG 1993b.

10 Vgl. ebd.

- Als *methodische Instrumente* werden Benchmarking, Mitarbeiter- und Kundenbefragungen und regelmäßige „events“ mit Kunden etabliert.
- *Grundlagen der Kommunikation* sind Schnelligkeit und Direktheit bis zur Top-Ebene sowie umfassende Weitergabe kundenrelevanter Information in der Gesamtorganisation.
- Beschwerden der Kunden, Lieferanten und Mitarbeiter werden in diesem Kommunikationsprozeß nicht als Schuldzuweisung interpretiert, sondern dienen im Rahmen eines konsequenten Beschwerdemanagements als Auslöser von Verbesserungen.
- Diese Kommunikationsfähigkeiten, die Kontaktfähigkeit und ein „Dienstleistungswille“ sind in der Gesamtorganisation noch nicht ausreichend verankert und stellen daher ein wesentliches *Qualifizierungs- und Auswahlkriterium* für die bestehende und potentielle Mitarbeiterschaft dar.
- Strukturell ermöglicht und unterstützt werden die einzelnen Punkte der kompromißlosen Kunden- und Marktorientierung durch einen *organisatorischen Rahmen*, dessen Strukturen und Abläufe folgerichtig am Kundennutzen, den Kosten und der Qualität ausgerichtet sind.

A.1.3.2 Null-Fehler-Ziel

Zweite Grundhaltung und wie die kompromißlose Markt- und Kundenorientierung Teil der konsequenten Außenenorientierung ist das Null-Fehler-Ziel. Mercedes-Benz ist zwar noch heute, was die Verknüpfung der automobilen Produkte mit dem Begriff „Qualität“ angeht, deren Inbegriff; die herausgehobene Position weicht aber zunehmend auf. Die Ursachen dafür sind einerseits in eigenen Qualitätsproblemen, andererseits in deutlichen Qualitätssprüngen der Konkurrenz auszumachen. Besonders die japanischen Produzenten haben über einen Zeitraum von etwa zehn Jahren wahre „Quantensprünge“ auf der Qualitätsdimension vollzogen. Als Resultat dieser Entwicklung bietet „Qualität“ kein hervorstechendes Differenzierungskriterium im Wettbewerb und rechtfertigt damit auch keinerlei Preisprämie mehr.

In der Marketingstrategie der Mercedes-Benz AG findet dies seinen Niederschlag in der Unterscheidung von traditionellen Grundwerten und zeitgeistabhängigen Trendwerten. Die *Grundwerte* drücken dabei die traditionellen und weitgehend zeitbeständigen Werte von Mercedes-Benz aus, wie aktive und passive Sicherheit, Qualität, Zuverlässigkeit, sinnvolle Fortschrittlichkeit, Umweltverträglichkeit und bilden den Kern der Marken- und Kommunikationsstrategie. Daneben repräsentieren die *Trendwerte* die aktuellen und zeitgeistgeprägten Wertorientierungen. Zu den Trendwerten zählen z.B. Individualisierung, Außen- und Innendesign, Sportlichkeit, Leistung, Komfort und Ausstattung, kultiviertes Fahrverhalten.

In der Qualitätsdimension als Grundwert der Mercedes-Produkte bestehen nach eigener Einschätzung folgende Problemfelder:[11]

- ❑ Nachgelagerte Fehlerbehandlung, Kompetenzstreitigkeiten zwischen Funktionsbereichen und fehlende Kapazitäten für Fehlerverfolgung führen zu *Symptombehandlungen* im Produktionsprozeß, ohne die Ursachen von Qualitätsproblemen anzugehen.
- ❑ In der Produktion treten *Mengen- und Terminverzug* auf, es bestehen lange Durchlaufzeiten und es kommt zu Prozeßfehlern, auseinanderdriftenden Toleranzen, Fehlteilen und Produktionsausschuß.
- ❑ Ursache der Probleme sind *unklare Vereinbarungen* im Sinne unbestimmter Qualitätskriterien, unzureichender Befugnisse, hoher Nacharbeit, permanenter Änderungsaufträge und ungeklärter Zuständigkeitsbereiche.

Bezüglich dieser Problemfelder definiert das MB-Erfolgsprogramm das Null-Fehler-Ziel als *Garantie für interne und externe Kunden, die vereinbarte Qualität zu liefern und die Prozesse der Leistungserbringung fehlerfrei zu gestalten*. Als betroffene Zielgrößen werden zunächst die im gesamten Wertschöpfungsprozeß hergestellten Produkte und Dienstleistungen sowie die damit zusammenhängenden Arbeitsprozesse ins Visier genommen. Aber auch die innersystemischen Arbeitsbeziehungen und die Relationen mit dem extrasystemischen Umfeld sind Teil des davon betroffenen Qualitätsmanagements. Das Null-Fehler-Ziel richtet sich dabei

- ❑ auf eine Fehlerbehebung bereits am Ort des Entstehens,
- ❑ auf die konsequente Offenlegung und Verfolgung der Fehlerursachen und
- ❑ auf die Sicherstellung der vereinbarten Qualität mit dem Produkt- und Dienstleistungskonsumenten.

Jeder einzelne muß dazu an seinem Arbeitsplatz das Streben nach Qualität und Fehlervermeidung verankern und eine „Qualitätsdenke“ entwickeln. Aber nicht nur der eigene Arbeitsplatz ist darin einzubeziehen. Qualitätsorientiertes Verhalten und Handeln erfordert ein prozeßübergreifendes Verstehen der gesamten Produktion, zumindest aber der unmittelbar betroffenen Bereiche eigenen Wirkens - also der eigenen

---

11 Vgl. ebd.

sowie der vor- und nachgelagerten Wertschöpfungsstufen. Die Verantwortung für die Qualität liegt damit gesamthaft in der Linie.

A.1.3.3 Konsequente Entscheidungsdelegation

Dritte Grundhaltung und Teil der inneren Optimierung ist die konsequente Entscheidungsdelegation. Wie in jeder strukturell ausdifferenzierten Organisation, deren hervorstechende Merkmale hierarchische Gliederung und Spezialisierung der Arbeitsfunktionen sind, ist es auch bei der Mercedes-Benz AG zu einer weitgehenden Trennung von Aufgabenerfüllung, Kompetenz und Verantwortung gekommen. Das führte in vielen Fällen dazu, daß organisatorisches Wissen an vollkommen unterschiedlichen Orten produziert und verwendet wird. Jedenfalls ist Wissen und Kompetenz nicht immer in ausreichendem Maße dort vorhanden, wo es tatsächlich gebraucht wird.

Dazu kommt, daß in der besonderen „Erfolgskultur" der Mercedes-Benz AG viele neue Führungspositionen geschaffen wurden. Gleichzeitig hielt man die Führungsspannen insgesamt relativ klein, was zu dem Resultat einer besonders steilen Hierarchie mit den damit immer auch verbundenen Bürokratisierungsmechanismen führte. In der Organisation selbst erhielt man den Eindruck, es existierten „mehr Häuptlinge als Indianer". Auch die Strukturintervention zum Jahresbeginn 1993, mit der drei Hierarchieebenen komplett gestrichen wurden, konnte die mit der Hierarchie in Zusammenhang stehenden langwierigen Entscheidungsprozesse nicht wesentlich verändern. Die Ausgangssituation als Grundlage Programmkonstruktion war somit folgendermaßen charakterisiert:[12]

- ❑ Es existierte eine *Diskrepanz von Entscheidung und Ort der Handlung*, die aus unklaren Führungsbeziehungen, mangelnder Transparenz und Aufgabenüberschneidungen produziert wurde.
- ❑ Die insgesamt nicht ausreichende Entscheidungsqualität, persönliche Bequemlichkeit und enge Entscheidungsspielräume führten zu *mangelnder Eigenverantwortlichkeit.*
- ❑ Die *Entscheidungsprozesse* waren insgesamt *zu lang und zu langsam*, mit Problemstellungen wurde nicht pragmatisch, sondern bürokratisch umgegangen, es gab starke Bereichs- und Abteilungsegoismen und permanentes Zuständigkeitsgerangel.

---

12 Vgl. ebd.

Konsequente Entscheidungsdelegation bedeutet in diesem Zusammenhang, daß *alle Mitarbeiter im Rahmen von Aufgabe, Kompetenz und Verantwortung sowie im Rahmen vereinbarter Ziele selbst entscheiden*. Dadurch soll die künstliche bzw. durch übertriebene Bürokratisierung entstandene Trennung von Entscheidungskompetenz, Handlungs- und Ergebnisverantwortung wieder aufgehoben und am Ort des Geschehens reintegriert werden. Die Eigenverantwortlichkeit wird dadurch erhöht und führt zu gesteigerter Leistungsbereitschaft und kreativem Gestaltungswillen. Zusätzlich werden auch die Entscheidungsprozesse gravierend vereinfacht.

Die solchermaßen definierte Entscheidungsdelegation verändert damit grundlegende Konstituierungsprinzipien der Mercedes-Benz-Organisation und überführt die „Mißtrauensorganisation" in eine „Vertrauensorganisation": [13]

- ❑ Ein *neues Kontrollverständnis* etabliert ein ausgewogenes „Gegenstrom-Verfahren". Kontrolliert wird nicht mehr nur ausschließlich von „oben nach unten", sondern auch von „unten nach oben".
- ❑ *Neue Führungsbeziehungen* fokussieren das Problem, wer durch welche Barrieren in seinem Handeln behindert wird und welche Verantwortungsdelegation neu geschaffen werden muß.
- ❑ Voraussetzung der Delegation sind „echte" *Vertrauensbeziehungen.*
- ❑ *Entscheidungsdelegation* bedeutet den Aufbau neuer Verantwortlichkeiten, die dahingehend zu überprüfen sind, ob sie der übertragenen Aufgabe ausreichend Rechnung tragen.
- ❑ Neue Entscheidungsbereiche erfordern andere und in der Regel *erweiterte Qualifikationen*. Zudem ist der Teamorientierung Rechnung zu tragen.

Für jeden Bereich und jede einzelne Stelle bedeutet dies eine zum Teil gravierende Veränderung von Aufgabenstruktur, Kompetenz, Verantwortung, Kooperation und Integration. Dazu ist es erforderlich, die organisatorischen Gesamtprozesse in ihren Vernetzungen zu erkennen und Interdependenzen offenzulegen. In den meisten Fällen führt die konsequente Entscheidungsdelegation zur Übertragung ganzheitlicher Problemzusammenhänge an (teilautonome) Gruppen und zur Erweiterung von Handlungs- und Kontrollspielräumen.

---

13 Vgl. Bleicher 1991b: 70ff.

A.1.3.4 Kontinuierlicher Verbesserungsprozeß

Vierte Grundhaltung und Teil der inneren Optimierungsbemühungen ist der kontinuierliche Verbesserungsprozeß. Der Produktivitätsnachteil gegenüber den in Benchmarkingprozessen identifizierten weltbesten Wettbewerbern beträgt etwa 30 bis 40%. Die notwendige „Aufholjagd" muß allerdings nicht nur durch einen steilen Anstellwinkel schnelle und signifikante Anfangserfolge bringen, sondern angesichts der permanenten Fortentwicklung der Wettbewerber kontinuierlich über deren Niveau liegen.

Mercedes-Benz kennzeichnet die eigenen Problemfelder hinsichtlich fehlender Verbesserungspotentiale folgendermaßen:[14]

- ❑ Dysfunktional wirkende Richtlinien, Absicherungsmentalität, unübersichtliche Dienstleistungsprozesse und Aufträge ohne Umsetzungsrelevanz bedeuten ein hohes Maß an interner *Ressourcenverschwendung*.
- ❑ Zusätzlich herrscht ein *innovationshemmendes Klima* durch bürokratische Vorschlagsbearbeitung, Unterdrückung von Ideen und der Delegation von Innovationsverantwortung an dafür „zuständige" Bereiche.
- ❑ Zu lange Prozeßzeiten, die schon näher beschriebene funktional ausgeprägte Arbeitsteilung und Spezialisierung, fehlende und organisationsweit zementierte Traditionen bedingen eine *mangelnde Prozeßausrichtung* bzw. eine mangelnde Optimierung dieser Prozesse.

Die gesamte Arbeit bei Mercedes-Benz wird nunmehr auf die *zentralen, wettbewerbskritischen Prozesse* konzentriert. Erklärtes Ziel ist es, Ressourcenverschwendung großflächig zu vermeiden und dadurch Kosten einzusparen, neue Lösungen zur optimalen Ressourcenallokation zu suchen und die Gesamtorganisation an den Geschäftsprozessen auszurichten. Dazu sollen bekannte Verbesserungsprozesse für Mercedes-Benz übernommen und problemadäquat adaptiert werden, jeder einzelne Bereich seine Rangreihe hinsichtlich Kosten, Zeit und Qualität kennenlernen, bereichs- und hierarchieübergreifende Problemlösungen gesucht, Rationalisierungspotentiale aufgespürt und erschlossen werden, Wertschöpfungsstufen optimiert werden und jeder einzelne Mitarbeiter seinen eigenen Beitrag zur Gesamtwertschöpfung innerhalb der Mercedes-Benz-Prozeßkette kennen.

Als *Realisierungschritte* zur Erreichung dieser Eckwerte des kontinuierlichen Verbesserungsprozesses sind geplant:

---

14 Vgl. Mercedes-Benz AG 1993b.

- Schaffung einer innovationsfördernden Kultur in allen Bereichen und auf allen Führungsebenen,
- Konzentration auf die elementaren Kernprozesse und Prozeßmanagement,
- Konzentration auf tatsächlich wertschöpfende und Kundennutzen generierende Aktivitäten,
- Vermeidung von Ressourcenverschwendung und optimale Ressourcenallokation sowie
- schneller und unmittelbarer Kommunikationsfluß.

A.1.4 Das Ablaufdesign

Die Dramaturgie des über die vier Grundhaltungen konkretisierten organisatorischen Wandelprozesses soll auf drei verschiedenen Wegen vollzogen werden:[15]

- Erstens im jeweils *eigenen Bereich*,
- zweitens in den Arbeitsbeziehungen in und *zwischen den* mittlerweile gebildeten *Centern/Bereichen* und
- drittens im *Mercedes-Benz-Verbund der Center/Bereiche* insgesamt.

A.1.4.1 Weg 1: Handeln im eigenen Bereich

Der erste Weg in der Umsetzung des MB-Erfolgsprogrammes betrifft das Handeln im eigenen Bereich. Die Grundhaltungen sollen durch konsequentes Alltagshandeln implementiert und die dadurch geschaffenen neuen Freiräume durch eine entsprechende Motivierung der Mitarbeiter verantwortlich genutzt werden. Im Rahmen eines *vierstufigen Prozesses* wird dazu ein bereichsinterner Kommunikationsprozeß über alle Hierarchieebenen hinweg in Gang gesetzt:

Ausgangspunkt ist die *Auditierung der Ist-Situation*. Als Instrument wird dazu die sogenannte *Auditspinne* verwendet, die die vier Grundhaltungen anhand von drei Subdimensionen weiter spezifiziert[16] und den Erreichungsgrad durch Prozentmarken

---

15 Vgl. Mercedes-Benz AG 1993b: 41ff. und Mercedes-Benz AG o.J.: 17ff.

16 Die *Kompromißlose Kunden- und Marktorientierung* besteht aus „Interne Kundenorientierung", „Erhebung von Kunden und Marktdaten", „Strategische Ausrichtung"; Das *Null-Fehler-Ziel* umfaßt die Dimensionen „Prozeßsicherheit", „Konsequente Fehlerverfolgung", Erfüllungsgrad der Vereinbarungen": *Konsequente Entscheidungsdelegation* besteht aus

anzeigt. Jeder Mitarbeiter positioniert den jeweiligen Erreichungsgrad aus seiner *subjektiven* Sicht (Ist-Situation) und in Bezug auf eine anzustrebende Soll-Positionierung. Anschließend wird im Dialog eine „Gesamtspinne" der gesamten Arbeitsgruppe erzeugt. Parallel zu diesem Prozeß fertigt auch der direkte Vorgesetzte der Gruppe eine eigene Auditspinne an. Dieses Vorgehen setzt sich bis an die Spitze eines Gesamtbereiches fort: die Gruppenleiter einer Abteilung einigen sich auf eine „Abteilungsspinne", die Abteilungsleiter erstellen eine „Bereichsspinne", usw.

Als zweiter Schritt werden *konkrete Vereinbarungen mit den Führungskräften* mittels eines *Delta-Workshops* getroffen. Im Rahmen dieser Workshops werden die Differenzen der Ist- und Soll-Positionen bzw. die in aller Regel vorhandenen Diskrepanzen zwischen Gruppe und Vorgesetztem diskutiert. Die Meinungsunterschiede sollen im Rahmen eines „echten Dialogs" festgehalten und - das ist besonders wichtig - begründet werden:

> „Nur wer sich Differenzen in der Auffassung oder der Einschätzung einer Situation bewußt macht und bereit ist, über solche Meinungsunterschiede zu sprechen, hat eine Chance, sie aus dem Weg zu räumen. Das heißt: Der Dialog ist das einzige Mittel, um etwas in Bewegung zu setzen, das durch unterschiedliche Einschätzung ins Stocken geriet. Der Dialog also als Motor für Entwicklung und Fortschritt - die Delta-Workshops sind die geeignete Plattform dafür."[17]

Wenn innerhalb dieses Aushandlungsprozesses eine gemeinsame Situationsdefinition erfolgt ist, werden darauf aufbauende Ziele und Verbesserungsprogramme miteinander vereinbart. Die Ziele erhalten verbindlichen Charakter für alle Beteiligten und sind Ausgangspunkt für die Planung der Umsetzungsmaßnahmen.

Mit dem dritten Schritt beginnt die *konkrete Umsetzungsplanung* in den fokalen Bereichen. Anhand einer *Ziel-Matrix* leitet jeder Bereich aus den kollektiv geltenden Zielvereinbarungen die zur Erreichung notwendigen Maßnahmen ab und definiert eindeutige Verantwortlichkeiten. Dabei gilt, daß möglichst viel Entscheidungskompetenz bei den von den Maßnahmen Betroffenen liegt. Die Koordination der Umsetzung liegt bei einem „Grundhaltungs-Verantwortlichen".

Das Ziel aller Bemühungen ist es schließlich, die Grundhaltungen im vereinbarten Ausmaß in das *Alltagshandeln* einfließen zu lassen, oder anders formuliert: Die Grundorientierungen sollen sich in der individuellen und kollektiven Wissensbasis langfristig verankern. Zur Erfolgssicherung werden die vereinbarten Maßnahmen

---

„Übereinstimmung der Handlungs- und Entscheidungsbefugnis", „Umsetzungsgrad Eigenverantwortlichkeit", „Einfachheit der Entscheidungsabläufe"; *Kontinuierliche Verbesserung* wird schließlich spezifiziert durch „Permanente Innovation", „Effiziente Ressourcennutzung", „Optimierte Geschäftsprozesse" (vgl. Mercedes-Benz AG 1993c).

17 Mercedes-Benz AG 1994: 6.

durchgeführt und die Implementierung anhand der *Umsetzung- und Kontroll-Matrix* überprüft. Die Matrix visualisiert die jeweilige Verantwortlichkeit, informiert über den Stand des Umsetzungsprozesses und zeigt Abweichungen an.

A.1.4.2 Weg 2: Arbeitsbeziehungen in und zwischen den Centern/Bereichen

Zweiter Umsetzungspfad ist die Renovierung der Arbeitsbeziehungen in und zwischen den einzelnen Leistungscentern bzw. Direktionsbereichen. Dieser Weg betont vor allem

- ❑ die Definition kollektiv geltender Rahmenbedingungen trotz der nunmehr geforderten eigenverantwortlichen Centerleitung,
- ❑ die übergreifende Betrachtung von Mercedes-Benz-internen Prozeßketten und
- ❑ ein konstruktives Wettbewerbsklima innerhalb des gesamten Verbundes.[18]

Die zuvor bereits ausführlich geschilderten vier Stufen bestimmen auch für diesen Weg den angestrebten Umsetzungsprozeß - natürlich in entsprechend angepaßter Version.

A.1.4.3 Weg 3: Der MB-Verbund der Center/Bereiche

Schließlich sollen auf einem dritten Weg innerhalb des Gesamtverbundes von Mercedes-Benz Veränderungsimpulse weitertransportiert werden. Die Veränderungsprozesse der einzelnen Bereiche werden dadurch weitgehend transparent und es besteht die Möglichkeit eines internen Benchmarkings und Austauschs von „best-practice"-Beispielen. Eine flächendeckende Ausbreitung der Grundhaltungen wird damit konsequent unterstützt. Als Forum dafür dient die halbjährlich veranstaltete „Werkstatt des Wandels", bei der die Führungskräfte ihre eigene „Fortschrittsbilanz" präsentieren. Das Forum fungiert damit als unmittelbare Vergleichsmöglichkeit mit anderen Vorschlägen, insgesamt als eine Art „Ideenbörse". Insgesamt wird durch diesen dritten Weg unternehmensweit weitere Motivation zur konsequenten Umsetzung der Grundhaltungen erzeugt und Verbindlichkeit des Handelns eingefordert.

---

18 Damit wird zwischen den Zeilen deutlich konzediert, daß die Strukturierung in eigenverantwortliche Center systemimmanent immer auch suboptimale Lösungen hinsichtlich des Gesamtnutzens produziert. Vgl. dazu die Beschreibung des suboptimalen Nutzens in Malioukova/Strasser 1994.

A.1.5 Die Führungskräfte als Multiplikatoren

Das MB-Erfolgsprogramm richtet sich zwar ausdrücklich an alle Mitarbeiter des Mercedes-Benz-Konzerns, die Konstruktion des Programmes ist aber so gewählt, daß als Zielgruppe zur Verhaltensänderung zunächst die Führungskräfte anvisiert sind:

> „Das MB-Erfolgsprogramm als mentale Basis der strategischen Stoßrichtungen ist der bewußt gewollte Aufbruch zu einem neudefinierten Führungsbewußtsein und konsequent gelebten Führungshandeln. Es führt zu einer MB-spezifischen Form des Aufbruchs-, Erfolgs- und Change-Managements, das die Fähigkeiten der Führungskräfte und Mitarbeiter als strategisches Erfolgspotential bündelt.“[19]

Als Ansatzpunkt werden erstens neue Personen in sogenannte „Schlüsselpositionen“ gebracht, was nichts anderes bedeutet, als daß man sich „gewünschtes Verhalten“ extern besorgt. Und zweitens wird mit intern bereits vorhandenen Inhabern von Schlüsselpositionen besonders intensiv gearbeitet, um auch hier die Grundhaltungen zu verankern. Von den Schlüsselpositionen aus soll die Verhaltensänderung dann entlang der einzelnen Bereiche diffundieren.

Dabei sollte immer dort begonnen werden, wo der größte Hebeleffekt vermutet wird. Ansatzpunkte zur Verhaltensänderung sind die Arbeitsstrukturen, die verwendeten Führungsinstrumente, die Anreiz- und Sanktionssysteme, sowie die dahinterliegenden individuell und kollektiv geltenden Normen. Das bedeutet, daß in jedem Bereich im Prinzip für jede einzelne Stelle der Organisationsstruktur und jeden einzelnen Aufgabenträger spezifische Lösungen gefunden werden. Nur so wird man der ausdifferenzierten Realität eines so komplexen Gebildes wie der Mercedes-Benz AG gerecht.

A.1.6 Die theoretische Fundierung

A.1.6.1 Organisationsentwicklung „top-down“

Das MB-Erfolgsprogramm ist vor dem Hintergrund des mittlerweile „klassischen“ Organisationsentwicklungs-Paradigmas Kurt Lewins[20] konzipiert worden.[21] Die aus den dargelegten äußeren und inneren Wandelfaktoren notwendige Transformation

---

19 Mercedes-Benz AG 1993b: 5.

20 Vgl. Lewin 1963.

21 Vgl. auch Comelli 1993 und Gebert 1974.

der Mercedes-Benz-Kultur soll im modifizierten Rahmen des Lewinschen Drei-Phasen-Modells,

- „defreeze" (Auftauen der heutigen Situation),
- „change" (Veränderung und Transformation) und
- „freeze" (Stabilisierung der geänderten Kultur) vorangetrieben werden.

Auditspinnen und Delta-Workshops dienen dabei vor allem dem *Auftauen* der heute als hinderlich wahrgenommenen „Mercedes-Benz-Erfolgskultur"[22]. Das Entlernen alter Verhaltensweisen schafft Raum für die Implementierung neuer Formen - konkret: für die als normativ geltenden vier Grundhaltungen. Die massiven Interventionen im Zuge der möglichst flächendeckenden „Kulturrevolution" und die damit angestrebte *Diffusion der neuen Werte* soll dann später wieder in eine Phase der Stabilisierung münden. Das bedeutet allerdings nicht, daß die Organisation wieder in einer anderen Kultur erstarrt, vielmehr ist erklärtes Ziel die „evolutionäre Entwicklung des Human Potentials"[23] und damit eine permanent laufende Evolution des Gesamtunternehmens.

Besonderes Merkmal des Transformationsprozesses bei Mercedes-Benz ist die *verbindliche Vorgabe der vier Grundhaltungen durch die Unternehmensspitze*. Damit wurde ein top-down-Ansatz gewählt, der das Herstellen einer gemeinsamen Zukunft über die elitäre Produktion einer Vision mit der darauf folgenden Rezeption durch die „Rest-Organisation" vorsieht[24]. Das neue, visionäre Verhaltensraster soll in einem kaskadenartigen Verlauf von der obersten Führung Vorstand als „Strategen des Wandels" angestoßen und von den nachrangigen Führungskräften als „Promotoren" und „Multiplikatoren" weitergetragen werden. Schließlich führt dies idealerweise zu einer breiten Mobilisierung der Gesamtorganisation. Der Bereich Unternehmensentwicklung und -kommunikation fungiert dabei als unterstützender, moderierender Prozeßbegleiter.

---

22 Stellvertretend hier das Zitat des Vorstandsvorsitzenden Helmut Werner in einem Interview mit der Wirtschaftswoche: „Mercedes war vom Erfolg verwöhnt wie nur wenige andere Unternehmen auf der Welt. Wir hatten eine Kultur aufgebaut, die sich jetzt, in den schlechten Zeiten, als Unkultur präsentiert. Und dann müssen Sie den gesamten Konzern umkrempeln und Dinge in Frage stellen, die über Jahrzehnte als selbstverständlich galten." (Schlote/Schweer 1994: 52)

23 Mercedes-Benz AG o.J.: 10.

24 Neben dem „elitären" Ansatz zur Organisationsentwicklung kann man auch einen „demokratischen" wählen. Hier wird bereits zu Beginn die breite Masse der Organisationsmitglieder involviert, damit es zu einem „Druck von unten" und dadurch zu den gewünschten Veränderungen kommt. Vgl. zu dieser Unterscheidung Rosenstiel 1987 und French/Bell 1977.

A.1.6.2 Organisatorischer Wandel als dreistufiger Mobilisierungsprozeß

Der eben beschriebenen Wandelaskade liegt also eigentlich ein Drei-Phasen-Konzept der Mobilisierung zu Grunde.

Erste Phase ist die Vorbereitungsphase in der die Geschäftsleitung die Notwendigkeit des Wandels erkennt und die oberste Führungsmannschaft auf den kommenden Veränderungsprozeß verpflichtet. Kennzeichen dieser Phase ist in der Regel die Erarbeitung neuer Organisationsziele, die eine Reaktion bzw. Antizipation bezüglich veränderter Umwelt- und Inweltbedingungen darstellen. Für Mercedes-Benz bedeutete dies zunächst die *strategische Neuausrichtung* des Unternehmens mit einer aggressiven Ausweitung der Produktpalette.

Mit der *zweiten Phase* beginnt der eigentliche Mobilisierungsprozeß. Auf Basis der strategischen Neuausrichtung wird zunächst der erweiterte obere Führungskreis in die Veränderungsinitiativen miteinbezogen. Sogenannte „change champions" mit starkem Einfluß auf die Gesamtorganisation dienen als Multiplikatoren der neuen Grundorientierungen. Sie leben die „neuen Werte" authentisch vor und sorgen dafür, daß sich das Wertesystem nach und nach in ihrem Einflußbereich fortpflanzt. Die Mobilisierung beginnt eine Eigendynamik zu entwickeln, wenn die ersten Auswirkungen der Veränderungsinitiativen im individuellen Arbeitsumfeld erlebbar werden und damit möglichst alle Betroffenen durch erfolgreich vollzogene Lernschleifen erste Verhaltensänderungen produzieren. Bei Mercedes wurde die Organisationsstruktur durch den Abbau von drei Hierarchieebenen vereinfacht und insgesamt in kleinere autonome Einheiten (Center/Bereiche) zerlegt. Zentralbereiche konzentrieren sich nur noch auf wenige Klammerfunktionen, die sie als Dienstleistungen den anderen Centern anbieten. Sowohl in der Produktion, als auch in zentralen Funktionsbereichen werden ganzheitliche Aufgabenzusammenhänge auf Gruppen verteilt, die selbständig über die Gestaltung der Arbeitsprozesse entscheiden.

In der *dritten Phase* erfolgt schließlich die Ausbreitung und Absicherung des Wandels. Mittlerweile ist die gesamte Organisation von den Veränderungsprozessen erfaßt. Die permanent absolvierten individuellen Lernschleifen haben zum Aufbau neuer individueller und kollektiver Fähigkeiten geführt und diese in der Organisationskultur (Tiefen-Wissen) verankert. Im Rahmen des hier betrachteten MB-Erfolgsprogrammes wird die Motivierung der gesamten Mitarbeiterschaft weitergetrieben und der permanente Ausbau von Fähigkeiten im Rahmen einer Lernenden Organisation angestrebt.

Abbildung A-4 zeigt dieses Phasenmodell am Beispiel der Mercedes-Benz AG noch einmal im Überblick.

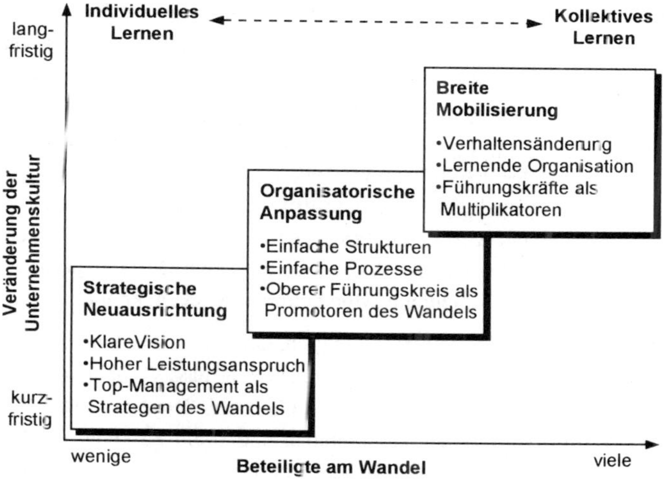

Abb. A-4: Drei-Phasen-Modell des Wandels

A.1.6.3 Barrieren im Wandelprozeß

Der Lernprozeß der Organisation ist in der vorliegenden Dramaturgie eine Art „vision learning". Erfolgsfaktor des Wandels ist, ob es tatsächlich gelingt, die durch die Unternehmensspitze gesetzte *Soll-Kultur* tatsächlich großflächig zu implementieren. Dies wird zum einen von den Multiplikatoren des Wandels als eigentlichen Trägern des Veränderungsprozesses abhängen und zum anderen davon, inwieweit die gesetzten Normen anschlußfähig an die bestehenden Werte der Ist-Kultur sind und authentischen Entwicklungsspielraum für die spezifische Adaption in den subkulturell geprägten Organisationseinheiten lassen. Es besteht bei derartigen Wandelprozessen immer die Gefahr, daß der organisatorische Lernprozeß eben nicht genügend individuelle und kollektive Träger findet und damit in einer Art „Lehmschicht" versickert. Besonders die eigentlichen Multiplikatoren des Veränderungsprozesses, also das Gros der Führungskräfte im mittleren Management, sind dann nicht Katalysatoren des Wandels, sondern im Gegenteil dessen *Bremser*.

Diese Situation ist meistens das Ergebnis von zwei Faktoren. Erstens wird der Wandelbedarf bei derartigen Top-down-Modellen „exklusiv" an der Spitze der Organisation produziert und berücksichtigt daher die Interessen des mittleren Managements, wenn überhaupt, nur in unzureichendem Maße. Was fehlt, ist demnach die Berücksichtigung direkt betroffener Interessenlagen. Eine wahrgenommene Inkompatibilität führt aber zumeist zu bewußtem oder unbewußtem Abwehrverhalten und somit zum „Versanden" der Veränderungsinitiativen, in abgeschwächter Form zu deutlichen Streuungsverlusten. Zweitens befindet sich das mittlere Management in einer unglücklichen „Sandwich-Position", in der sowohl ein starker Veränderungsdruck „von oben", als auch eine gewaltiger Beharrungsdruck „von unten" auf die Führungskräfte wirkt. Die „Mittelschicht wird in die Zange genommen"[25], was dazu führen kann, daß sich Mobilisierungsstrategien als Verunsicherung und Destabilisierung auswirken und dadurch nicht das entscheidende Momentum entwickeln können.

Außerdem ist es keineswegs selbstverständlich, daß die Übernahme der neu gesetzten Normen tatsächlich langfristige Auswirkungen auf das Verhalten der Organisationsmitglieder hat. In vielen Fällen kann es zu einer bloßen Adaption der Normen im Sinne einer „good-boy-orientation"[26] kommen und somit zu keiner wirklichen Veränderung des organisationalen Lernniveaus. In opportunistischer Einstellung wird die neue Vision zwar öffentlich befürwortet, innerlich aber nicht akzeptiert. Die Inhalte der Vision sind dann vollkommen fungibel, weil das individuelle und kollektive Verhalten weiterhin vor dem Hintergrund des bislang bestehenden Tiefen-Wissens produziert wird. Es ist allerdings nicht ausgeschlossen, daß die notwendige „Übersetzungsleistung", die erforderlich ist, um das eigene Verhalten im Sinne der neuen Führungsinhalte opportun zu gestalten, langfristig nicht auch zur Veränderung der Wissensbasis führt.

A.1.6.4 Herausfordernde Projekte als Transmissionsriemen

In der Modellvorstellung der Prozeßgestalter bei Mercedes-Benz sollte der individuelle und organisatorische Lernprozeß durch das MB-Erfolgsprogramm idealerweise über herausfordernde Projekte geschehen. Die im Kontext des Projektes vereinbarten ehrgeizigen Ziele und Maßnahmenpakete verpflichten möglichst viele Betroffene zu verantwortlichem Handeln und damit zur potentiellen Erprobung neuer Verhaltensmuster im unmittelbaren Arbeitsfeld. Anvisiert wird die Wiedervereinigung von Aufgabe, Kompetenz und Verantwortung, oder anders ausgedrückt: die erneute Verbindung von relevanten Wissensquellen mit den davon unmittelbar betroffenen Ent-

---

25 Sattelberger 1993: 20.

26 Vgl. Kohlberg 1969.

scheidungsträgern. *Action learning* im eigenen Verantwortungsbereich wird somit zur generellen Handlungsmaxime.

Erreicht wird dies durch die Installation temporärer Lernarrangements im Zusammenspiel individueller und struktureller Komponenten. Man traut dem einzelnen die Bewältigung der Veränderung prinzipiell zu und schafft die zur Produktion entsprechender Verhaltensweisen notwendigen strukturellen Ermöglichungschancen:

> „Haltungen sind nicht angeboren, sondern werden erlernt. So ist es möglich sie auch wieder zu ändern und die Zukunft durch neu zu erlernende Haltungen erfolgreich zu gestalten. Haltungsänderung kann nur vom einzelnen selbst ausgehen. Wir können sie aber stützen, indem wir anzustrebendes Verhalten belohnen und durch strukturelle Maßnahmen und Zielvereinbarungen den Rahmen gestalten. Entschiedenes Vorleben und konsequente Überzeugungsarbeit führen über kurz oder lang zum Ziel."[27]

In letzter Konsequenz will man keine langfristig stabilen und qua Stellenbeschreibung festgezurrten Verantwortlichkeiten mehr aufbauen, sondern Kompetenzen um auftauchende Aufgaben und Prozesse herumgruppieren und damit den Weg zur „virtuellen Organisation" beschreiten.

27 Mercedes-Benz AG 1993b: 40.

A.2 Die Behinderung von Wandelprozessen durch Wissens- und Lernbarrieren: Ausgewählte Ergebnisse einer empirischen Untersuchung bei der Mercedes-Benz AG

Das MB-Erfolgsprogramm ist sicherlich allein aufgrund seiner sehr umfassenden Konstruktion und der damit verbundenen grundlegenden Auseinandersetzung mit dem Phänomen des organisatorischen Wandels bzw. dem Lernen von und in Organisationen ein wertvoller Beitrag zu der hier diskutierten Thematik. An beinahe jeder Stelle könnte eine Querverbindung zu den theoretischen Aspekten der vorangegangenen vier Kapitel erfolgen. Die herausragenden *Anknüpfungspunkte* sind vor allem:

- Die Wandelthematik steht in einem expliziten Bezug zu äußeren und inneren Wandelfaktoren.[28]
- Die Notwendigkeit des Wandels von Organisationen wird ausdrücklich in den Kontext des Lernens von Individuen und Kollektiven gestellt.[29]
- Hinsichtlich der Produktion von Handlungen auf individueller und kollektiver Ebene wird durch Unterscheidung der Begriffe „Alltagshandeln" und „Normen" die Differenzierung in eine Oberflächen- und Tiefenstruktur des Handelns vollzogen.[30]
- Für organisatorische und individuelle Lernprozesse wird einerseits die herausragende Bedeutung der Kommunikation, andererseits die Relevanz unmittelbar eigener Erfahrung betont.[31]
- Barrieren im Prozeß des organisatorischen Wandels werden ausdrücklich mitthematisiert.[32]

Vor diesem Hintergrund wurde das MB-Erfolgsprogramm in einer empirischen Untersuchung vor allem hinsichtlich potentieller Hindernisse des Wandels bzw. der damit zusammenhängenden Wissens- und Lernbarrieren untersucht. Die folgenden Abschnitte zeigen einige ausgewählte Ergebnisse dieser Studie.

---

28 Vgl. Abschnitt 5.1.3 und 1.1.3.

29 Vgl. Abschnitt 5.1.2, 2.2 und 2.3.

30 Vgl. Abschnitt 5.1.4.1, 2.2.3 und 2.3.3; in interpretativer Weise auch Abschnitt 5.1.6.2.

31 Vgl. Abschnitt 5.1.4, 5.1.6.4, 2.3.2, 4.3.3, 4.3.4.1.

32 Vgl. Abschnitt 5.1.6.3 und das gesamte dritte Kapitel.

A.2.1 Die Zielsetzung

Ob das MB-Erfolgsprogramm tatsächlich zu einer umfassenden Kulturänderung innerhalb der Mercedes-Benz AG führt, muß die Zeit zeigen und kann letztlich nur an einem „objektiven" Kriterium festgemacht werden: dem langfristigen Erfolg der Mercedes-Benz AG auf ihren Märkten. Darüber hinaus ist es aber in jedem Fall von Interesse, bei den Betroffenen selbst, also bei den Mitarbeitern der Mercedes-Benz AG, die *Akzeptanz* des Mobilisierungsprogrammes zu überprüfen und danach zu fragen, ob das Programm aus der subjektiven Sicht der Organisationsmitglieder zu einer Verhaltensänderung einzelner bzw. ganzer Gruppen im Unternehmen geführt hat.

In Zusammenarbeit mit der für das MB-Erfolgsprogramm verantwortlichen Abteilung „Unternehmensentwicklung und -kommunikation" (UEK) ist deshalb eine Evaluierungsuntersuchung gestartet worden. Ziel der Untersuchung war es, Anhaltspunkte dafür zu gewinnen, ob aus Sicht der Befragten

- auf der Ebene des eigenen Verhaltens,
- auf der Ebene des Verhaltens von Kollegen,
- auf der Ebene des Verhaltens des direkten Vorgesetzten und
- auf der Ebene des Verhaltens des Top-Managements

Veränderungen im Zuge der Umsetzung des MB-Erfolgsprogrammes zum Zeitpunkt der Befragung festzustellen waren. Daneben wurden Hinweise auf potentielle Wissens- und Lernbarrieren sowie Kritik hinsichtlich der Vorgehensweise des MB-Erfolgsprogrammes gesucht.

A.2.2 Das Untersuchungsdesign

Der zentrale Teil der Untersuchung bestand aus der Befragung eines ausgewählten Direktionsbereiches der Mercedes-Benz AG anhand eines standardisierten Fragebogens mit geschlossenen und offenen Fragen.[33]

Bevor der Fragebogen allerdings konzipiert werden konnte, waren einige Vorbereitungsarbeiten notwendig. Als erster Schritt wurden die von UEK produzierten schriftlichen Materialien zu den Konstruktionsprinzipien des MB-Erfolgsprogrammes im Rahmen einer *Dokumentenanalyse* geprüft. Danach folgten umfangreiche *quali-*

---

33 Vgl. die Konstruktion des Fragebogens am Ende dieses Anhangs.

tative Interviews mit mehreren Mitarbeitern von UEK.[34] Drittens wurden zahlreiche Workshops mit dem von Wandel als Multiplikatoren betroffenen Führungskräften im Rahmen einer *teilnehmenden Beobachtung* ausgewertet.[35] Schließlich wurde der daraufhin konstruierte standardisierte Fragebogen in einem *Pre-Test* mit einigen Mitarbeitern des ausgewählten Direktionsbereiches getestet.

Die Befragung selbst wurde dann im Januar 1995 in einem 520 Mitarbeiter starken Direktionsbereich mit sieben Teilbereichen durchgeführt. Dazu wurde der Fragebogen mit einem Anschreiben des Direktors und des Betriebsrates an die Mitarbeiter verschickt. Die Beantwortung der Fragebögen erfolgte ohne Namensnennung, aber unter Angabe von hierarchischer Stellung und Zugehörigkeit zu einem der Teilbereiche. In den darauffolgenden Monaten fand die Auswertung statt. Den Abschluß der Untersuchung bildete eine Präsentation der Ergebnisse vor den Führungskräften des Direktionsbereiches im April 1995 und der Überprüfung der Ergebnisse in zwei Evaluierungs-Workshops.

A.2.3 Zur Interpretation der Ergebnisse

Von den 520 versandten Fragebögen konnten insgesamt 148 ausgewertet werden, was einer Rücklaufquote von 28% entspricht. Die konkrete Verteilung des Rücklaufes nach *hierarchischen Ebenen*[36] und den sieben Teilbereichen des *Direktionsbereiches*[37] zeigen die Tabellen A-1 und A-2.

Aus den Rücklaufquoten ergibt sich für die Interpretation der Ergebnisse eine leichte Verzerrung hinsichtlich des Gewichts der Hierarchieebenen. Durch die überdurchschnittliche Beteiligung der Ebenen E2/3 (59% Rücklaufquote) und E4 (50% Rücklaufquote) wird deren Gewicht für Aussagen hinsichtlich des Gesamtbereiches die eigentliche Bedeutung dieser Ebenen als Anteil der befragten Grundgesamtheit übersteigen. Die Ebene der Werker/Sachbearbeiter (19% Rücklaufquote) ist entsprechend nicht in einem vollkommen repräsentativen Umfang in der Auswertungsgesamtheit vertreten.

---

34 Vgl. die Liste der Interviewpartner am Ende dieses Anhangs.

35 Vgl. die Liste der Workshops am Ende dieses Anhangs.

36 Die Hierarchie gliedert sich in fünf Ebenen unter dem Vorstand. E5 bezeichnet die Werker/Sachbearbeiter, E4 die Gruppenleiter, E3 die Abteilungsleiter, E2 die Bereichsleiter und E1 den Direktionsleiter. Aufgrund einer Absprache mit dem Betriebsrat, mußten die Ebenen E3 und E2 zusammengelegt werden, damit in jedem Fall Anonymität gewährleistet werden konnte.

37 Die Teilbereiche gliedern sich um bestimmte Aufgabengruppen und sind hier anonymisiert.

Auswertungs-kategorie	Gesamtzahl Mitarbeiter	Anteil Mitar-beiter an Grund-gesamtheit	Rücklauf Fragebögen	Rücklauf-Quote	Anteil Frage-bögen an Auswertungs-gesamtheit
Ebene 5	395	76%	77	19%	52%
Ebene 4	98	19%	49	50%	33%
Ebene 3/2	27	5%	16	59%	11%
keine Angabe	-	-	6	-	4%
Gesamt	**520**	**100%**	**148**	**28%**	**100%**

Tab. A-1: Rücklauf des Fragebogens nach Hierarchieebenen

Insgesamt lassen die Ergebnisse zwar keine allgemeingültige Aussage hinsichtlich eines Erfolgs oder Mißerfolgs des MB-Erfolgsprogrammes für die Mercedes-Benz AG zu - dazu ist die Repäsentativität eines ausgewählten Direktionsbereiches für das Gesamtunternehmen nicht hinreichend geklärt.

Auswertungs-kategorie	Gesamtzahl Mitarbeiter	Anteil Mitar-beiter an Grund-gesamtheit	Rücklauf Fragebögen	Rücklauf-Quote	Anteil Frage-bögen an Auswertungs-gesamtheit
XY1	55	11%	15	27%	10%
XY2	95	18%	20	21%	14%
XY3	40	8%	13	33%	9%
XY4	22	4%	11	50%	7%
XY5	116	22%	38	33%	25%
XY6	102	20%	29	28%	20%
XY7	90	17%	18	20%	12%
keine Angabe	-	-	4	-	3%
Gesamt	**520**	**100%**	**148**	**28%**	**100%**

Tab. A-2: Rücklauf des Fragebogens nach Teilbereichen

Eine plausible und valide Aussage zur Akzeptanz derartiger Veränderungsinitiativen und der dort auftretenden Barrieren ist aber dennoch möglich. Dies nicht zuletzt aufgrund der Tatsache, daß in zwei Evaluierungs-Workshops mit den Befragten die Plausibilität der Ergebnisse für den jeweils eigenen Teilbereich sowie für die Stimmung im Gesamtunternehmen in jeder Hinsicht bestätigt wurde.

A.2.4 Zusammenfassung ausgewählter Ergebnisse

Das durch die Vorarbeiten zum Fragebogen und durch die Befragung selbst erhobene empirische Material ist so reichhaltig, daß eine umfassende Darstellung der Ergebnisse die vorliegende Arbeit sprengen würde. An dieser Stelle sollen daher nur die wesentlichen allgemeinen und die speziell auf Veränderungsbarrieren gerichteten Ergebnisse vorgestellt werden.[38]

A.2.4.1 Verhaltensänderung und Akzeptanz des MB-Erfolgsprogrammes

In dem untersuchten Direktionsbereich ist zum Zeitpunkt der Befragung *keine flächendeckende Verhaltensänderung* festzustellen. Nur etwa einem Drittel bis knapp der Hälfte der Organisationsmitglieder attestieren die Befragten eine starke oder zumindest teilweise Veränderung ihres Verhaltens. Die höchsten Veränderungsquoten werden besonders dem eigenen Verhalten zugebilligt. Tabelle A-3 zeigt die Befragungsergebnisse im Überblick.

Die Veränderungsquoten sind angesichts des Aufwandes, der allein für die Erfassung der Ist-Situation mit den Auditspinnen und die Feststellung des Veränderungsbedarfs in Delta-Workshops getrieben wurde[39] zunächst enttäuschend. Hinzu kommt, daß sich die Befragten selbst offensichtlich eine stärkere Änderung zuschreiben als ihren Kollegen. Damit kommt eine *Diskrepanz in der Selbst- und Fremdeinschätzung* eigener Verhaltensänderungen zu Tage,[40] die bereits auf eine wesentliche Änderungsbarriere hinweist: Man glaubt, sich selbst bereits verändert zu haben, auch wenn „die

---

38 Die ausführliche Darstellung der Gesamtergebnisse liegt in Form einer Chart-Sammlung vor. Vgl. dazu Schüppel 1995d.

39 Wenn man sich überlegt, daß die Auditierung jedes einzelnen, die Einigung auf Gruppenspinnen etc. und die Durchführung der Delta-Workshops mindestens einen halben Tag dauerte, kann man sich die immensen Kosten dieses Verfahrens näherungsweise errechnen.

40 Noch deutlicher wird dies bei genauer Betrachtung der Ebene 3: 63% der befragten Abteilungsleiter schrieben sich selbst eine starke oder teilweise Veränderung zu, während die von der Führung dieser Ebene betroffenen Mitarbeiter der Ebene nur zu 26% eine Verhaltensänderung attestieren.

anderen" dies nicht so sehen. Gleichzeitig wird der größte Veränderungsbedarf erkennbar eben eher bei „den anderen" gesehen. Dies weist deutlich in Richtung *skilled incompetence*,[41] die eine Erklärung dafür bietet, warum man vor sich selbst und anderen immer plausible Argumente für die Beibehaltung alter Routinen findet.

	Eigenes Verhalten	**Verhalten direkter Kollegen**	**Verhalten Kollegen anderer Bereiche**	**Verhalten direkte Vorgesetzte**	**Verhalten Top-Management**
Keine bzw. kaum Verhaltensänderung	57%	65%	61%	65%	53%
Starke bzw. teilweise Verhaltensänderung	43%	35%	39%	35%	47%

Tab. A-3: Verhaltensänderung aus Sicht der Befragten

Die geringen Veränderungsquoten überraschen auf den zweiten Blick allerdings nicht mehr so sehr. Ein Grund dafür liegt darin, daß *persönliche Werte und Verhaltensweisen* - und auf die zielen die Grundhaltungen ausdrücklich - ein *hohes Beharrungsvermögen* aufweisen. Zum Zeitpunkt der Befragung war das MB-Erfolgsprogramm indessen etwa erst seit einem Jahr ein zentrales Thema. Bei konsequenter Weiterverfolgung in den nächsten Jahren sollte sich entsprechend eine weitere Verbesserung der Veränderungsquoten einstellen.[42]

Ein weiterer Grund, die Ergebnisse nicht allzu negativ zu interpretieren, liegt überdies darin, daß die *Umsetzungserfolge zwischen den einzelnen Bereichen sehr stark schwanken*. So gibt es sehr wohl Bereiche, in denen ein offensichtlicher „Ruck" durch die Mitarbeiterschaft gegangen ist. Dort, wo die Dramaturgie des MB-Erfolgsprogramms (Audit-Spinnen, Delta-Workshops etc.) konsequent umgesetzt wurde, zahlreiche konkrete Maßnahmen zur Veränderung vereinbart werden konnten, diese Maßnahmen auch die tatsächlichen Probleme des Arbeitsalltages treffen und

41 Vgl. Abschnitt 3.2.1.5.

42 Die Befragung wird deshalb auch nach einem Jahr wiederholt werden.

entsprechend konsequent implementiert werden, sind deutlich höhere Veränderungsquoten und eine insgesamt bessere Akzeptanz des MB-Erfolgsprogrammes festzustellen. Der Bereich XY1 ist beispielsweise ein solcher Bereich, in dem die hartnäckige Verfolgung der Zielsetzungen des MB-Erfolgsprogrammes zu entsprechend guten Erfolgen führt. Tabelle A-4 zeigt die Differenzierung der Ergebnisse nach den sieben Teilbereichen.

	Eigene Veränderung	**Veränderung Kollegen**	**Veränderung andere Bereiche**	**Veränderung Vorgesetzter**	**MBE konsequent durchgeführt**	**Vereinbarung konkreter Maßnahmen**	**Maßnahmen treffen Probleme**	**Maßnahmen konsequent umgesetzt**
XY1	67%	54%	40%	41%	74%	74%	74%	67%
XY2	45%	40%	45%	45%	85%	85%	85%	80%
XY3	31%	8%	31%	31%	54%	39%	69%	23%
XY4	36%	64%	64%	18%	55%	64%	64%	46%
XY5	35%	24%	42%	39%	27%	29%	47%	29%
XY6	38%	38%	31%	31%	62%	59%	62%	55%
XY7	44%	39%	28%	34%	67%	73%	73%	67%
Gesamt	**43%**	**35%**	**39%**	**35%**	**57%**	**56%**	**65%**	**51%**

Tab. A-4: Die Befragungsergebnisse in den einzelnen Teilbereichen

Insgesamt ist hinsichtlich der Akzeptanz des Programms eine deutliche *Lücke in der Anschlußfähigkeit an die Realität der Befragten* zu konstatieren. Dies äußert sich z.B. darin, daß

- die Sprache des MB-Erfolgsprogramms von den Befragten als nicht verständlich kritisiert wird und

- das Programm mit seinen Veränderungsinitiativen, entgegen der ausdrücklichen Absicht der Verantwortlichen, nicht an den, von den Betroffenen als relevant wahrgenommenen Problemen des Arbeitsalltags ansetzt.

Besonders der letzte Aspekt muß zu denken geben. Offensichtlich hat es bei der Konzeption des MB-Erfolgsprogrammes keine bzw. keine ausreichend tiefe Auseinandersetzung mit der Realität aus Sicht der betroffenen Organisationsmitglieder und der organisatorischen Gruppen sowie deren individueller bzw. kollektiver Wissensbasis gegeben. Das Programm wird im Gegenteil als weitgehend „künstlich" empfunden. Verschärfend kommt hinzu, daß die mangelnde Akzeptanz hauptsächlich in der (quantitativ) breiten Masse der Werker/Sachbearbeiter anzutreffen ist.

Wenn aber die Verbindung zu den Wissensbasen nicht in einer kritischen Menge hergestellt werden kann, dann wird die flächendendeckende Veränderung auch nicht in absehbarer Zeit erfolgen können. Empfehlenswert wäre es demnach, beispielsweise im Anschluß an die hier vorgestellte Untersuchung, nach den Erfolgs- und Mißerfolgskriterien „guter" und „weniger guter" Umsetzung zu forschen und damit den eigenen Veränderungs- und Lernprozeß ins Zentrum weiterer Überlegungen zum MB-Erfolgsprogramm zu rücken. Man könnte dadurch - ganz im Sinne der in dieser Arbeit vorgestellten Dramaturgie des Wissensmanagements[43] - zur Aufarbeitung der von Bereich zu Bereich unterschiedlich geprägten kollektiven Wissensbasis kommen, die Spezifika des jeweiligen Lernprozesses herausarbeiten und weitere Maßnahmen konsequent daran ausrichten.

A.2.4.2 Veränderungsbarrieren

Ein Schwerpunkt der Befragung war der Aspekt potentieller Barrieren, die der eigenen Verhaltensänderung entgegenstehen könnten. Gefragt wurde zum einen mit der Frage 1.6 entlang von 38 Items „Wie stark treffen die folgenden Aussagen auf Ihr eigenes Verhalten, Ihre persönliche Arbeitssituation bzw. Ihre Meinung zu?", zum anderen mit der offenen Frage 1.7 „Was ist das größte Hindernis für Ihre eigene Verhaltensänderung?"[44] Die Auswahl der Items aus Frage 1.6 orientierte sich weitgehend an den im dritten Kapitel genannten Wissens- und Lernbarrieren, die allerdings vom Sprachstil an die Kultur des untersuchten Bereiches angepaßt wurden. Durch diese Maßnahme, die aus dem Auswertungs-Workshop des Pre-Tests resultierte, ist der unmittelbare Rückschluß auf die genannten Wissens- und Lernbarrieren zwar nur-

43 Vgl. Abschnitt 4.2.2.

44 Vgl. den Fragebogen am Ende dieses Anhangs.

mehr eingeschränkt möglich, einige deutliche Hinweise aus der Auswertung der Tabellen A-5, A-6 und A-7 ergeben sich aber dennoch.

A.2.4.2.1 Die „wichtigsten" Barrieren

Die erste Erkenntnis aus den Tabellen A-5 und A-6 ist, daß es offensichtlich *drei Gruppen* von Barrieren gibt, die aus Sicht der Befragten die größte Rolle in Bezug auf die eigene Verhaltensänderung spielen. Es sind dies

- das *mangelnde* materielle oder immaterielle *Feedback* auf Verhaltensänderungen,
- *strukturelle Faktoren* des unmittelbaren Arbeitsumfeldes und
- das *mangelnde Vorbild* durch die Führungskräfte.

Nr.	**Fragebogen-Item (leicht verändert)**	**trifft völlig zu**	**trifft weitgehend zu**
16	Kein Feedback über Verhaltensänderungen	17%	39%
21	Führungskräfte mit Realitätsverzerrung	19%	36%
27	Keine Honorierung von Verhaltensänderungen	23%	28%
14	Arbeitsbelastung läßt keine Zeit für Änderungen	12%	37%
37	Komme auch bei Verhaltensänderung nicht weiter	20%	28%
34	Neue Ideen sind nur schwer durchzusetzen	11%	31%
1	Auf meiner Position kann ich nur wenig verändern	5%	36%
12	Habe keinen Einfluß auf Entscheidungen	10%	28%
10	Kein Freiraum für Verhaltensänderungen	8%	30%

Tab. A-5: Die wichtigsten Barrieren für Verhaltensänderungen aus Sicht der Befragten (Auswertung Frage 1.6)

Mangelndes oder unzureichendes Feedback korrespondiert mehr oder weniger mit den im dritten Kapitel diskutierten individuell-kulturellen Barrieren des audience learning[45], superstitious learning[46] und learning under ambiguity[47]. Den Befragten miß-

[45] Vgl. Abschnitt 3.2.2.2.

fällt es erkennbar, daß, wenn sie verändertes Verhalten zeigen und damit ein Signal ihrer Veränderungsbereitschaft abgeben, sie auf ein ebenso *deutliches Signal der Honorierung* aus ihrem Umfeld warten. Explizites, eindeutiges und unmittelbares Feedback auf Veränderungen im Sinne verhaltensbestärkender Nachfolgebedingungen[48] scheint also auch aus Sicht der hier befragten Mitarbeiter ein wesentliches Kriterium für Wandel bzw. Lernen zu sein.[49]

Beschreibung des Hindernisses (offene Frage)	**Nennung**
Kapazitätsengpässe durch Arbeitsbelastung	16%
Kein Vorleben von Veränderungen durch Vorgesetzte	12%
Widerstand durch Umfeldbedingungen	12%
Keine Honorierung von Verhaltensänderungen	5%

Tab. A-6: Die größten Hindernisse für Verhaltensänderungen aus Sicht der Befragten (Auswertung Frage 1.7)

Als strukturelle Faktoren des Umfeldes sind beispielsweise Restriktionen des Handlungsspielraumes, geringe Partizipationsmöglichkeiten, das Fehlen experimenteller Freiräume und der Widerstand von Kollegen angesprochen. Diese Beispiele verweisen vor allem auf die kollektiv-strukturellen Barrieren der Spezialisierung und Zentralisierung[50], der Machtverteilung und Partizipationsregeln[51] sowie der Kooperationskonflikte[52]. Wie in dieser Arbeit bereits mehrfach betont, scheint die Dysfunktionalität der Trennung von Aufgabe, Kompetenz und Verantwortung bzw. der geringe Freiheitsgrad der Stellen auch aus der Sicht der Befragten die Durchsetzung alternativer (neuer) Verhaltensweisen weitgehend auszuschließen. Außerdem fühlen die Befragten offenbar eine Art „Ohnmacht" gegenüber „der Struktur", wenn sie für ihre

46 Vgl. Abschnitt 3.2.2.3.
47 Vgl. Abschnitt 3.2.2.4.
48 Vgl. Abschnitt 2.2.2.
49 Vgl. als Lösungsvorschlag auch die Ausführungen zur Herstellung von Feedbackschleifen und der Unmittelbarkeit von Erfahrungen in Abschnitt 4.3.4.1.2.
50 Vgl. Abschnitt 3.2.3.2.
51 Vgl. Abschnitt 3.2.3.3.
52 Vgl. Abschnitt 3.2.3.4.

eigenen Ideen nur wenig Umsetzungsmöglichkeiten sehen, was wiederum auf den kollektiven Rollenzwang[53] und das audience learning[54] verweist.

Mangelndes Vorbildverhalten des Vorgesetzten bezieht sich weitgehend auf die Aspekte des Modellernens.[55] Die Befragten suchen offensichtlich nach einem konkreten und für ihren unmittelbaren Erlebnisrahmen relevanten, handlungsleitenden Beispiel, das sie als „Beobachter" entsprechend nachahmen können. Dahinter steckt aber auch die möglicherweise restriktiv empfundene Beschränkung des eigenen Verhaltens durch das kollektiv geltende Tiefen-Wissen und damit die kollektiv-kulturellen Wissens- und Lernbarrieren.[56] Die Befragten trauen sich anscheinend noch nicht wirklich, die neuen Verhaltensnormen des MB-Erfolgsprogrammes als handlungsleitend zu akzeptieren. Zum einen sind vermutlich die alten kulturellen Werte noch zu stark verankert, zum anderen traut man sich erst, wenn es der Vorgesetzte tatsächlich „vorlebt". Durch das Vorbild werden die Verhaltensnormen also gleichsam „offiziell".

A.2.4.2.2 Die „unwichtigsten" Barrieren

Interessant ist auch die Betrachtung derjenigen Barrieren, die aus Sicht der Befragten erkennbar keine Rolle für potentielle Verhaltensänderungen und die damit verbundenen Lernprozesse darstellen. Sieht man sich diese Barrieren aus Tabelle A-7 etwas genauer an, dann fällt auf, daß es sich weitgehend um solche der *unmittelbar eigenen Persönlichkeit* handelt, oder anders ausgedrückt, um eher individuell-strukturelle Wissens- und Lernbarrieren.[57] Die Befragten befürchten durch eine Änderung ihres eigenen Verhaltens also augenscheinlich keinen Machtverlust, empfinden Veränderungen nicht als bedrohlich, ändern ihr Verhalten auch ohne Druck, verwenden keine „Killerphrasen", reden sich bei gemachten Fehlern nicht heraus, sind offen für Neues, gestehen dem Arbeitgeber Einfluß auf die persönlichen Verhaltensweisen zu und können sich in neuen Situationen zielsicher entscheiden.

Warum - diese Frage drängt sich förmlich auf - ist bei einer derart umfassend positiven Einstellung der überwältigenden Mehrheit der Befragten zum Wandel bzw. Lernen *keine flächendeckendere Verhaltensänderung* im untersuchten Direktionsbereich auszumachen? Die Antwort darauf liegt vermutlich nicht allein im Vorhandensein

---

53 Vgl. Abschnitt 3.2.2.1.
54 Vgl. Abschnitt 3.2.2.2.
55 Vgl. Abschnitt 2.3.2.1.
56 Vgl. Abschnitt 3.2.4.
57 Vgl. Abschnitt 3.2.1.

der zuvor genannten Barrieren des mangelnden Feedbacks, der strukturellen Umfeldrestriktionen und des mangelnden Vorlebens der Vorgesetzten.

Nr.	Fragebogen-Item (leicht verändert)	trifft kaum zu	trifft nicht zu
19	Machtverlust durch Verhaltensänderung	30%	67%
11	Veränderungen als bedrohliche Situation	20%	76%
25	Verhaltensänderung nur unter äußerem Druck	31%	63%
17	Killerphrasen („das bringt doch nichts", etc.)	43%	50%
4	Kein Änderungsbedarf: konjunkturelle Probleme	20%	73%
30	Gute Ausreden für gemachte Fehler	36%	57%
8	Neues ist nicht immer besser; bleibe lieber bei Altem	51%	37%
35	Mein Verhalten geht Arbeitgeber nichts an	28%	62%
32	Kann mich zwischen viel Neuem nicht entscheiden	31%	57%

Tab. A-7: Die unwichtigsten Barrieren für Verhaltensänderungen aus Sicht der Befragten (Auswertung Frage 1.6)

Vielmehr ist davon auszugehen, daß in diesem Zusammenhang gerade eine der wesentlichsten Barrieren für Wandel überhaupt wirkt: *skilled incompetence*.[58] Die Befragten sind erkennbar nicht bereit, Veränderungsbarrieren zuzugeben, die aus der eigenen Persönlichkeitsstruktur herrühren und die eigenen Ängste betreffen. Wie bereits gezeigt, werden nur extern attribuierte Barrieren als relevant angesehen, Schuld sind insofern immer „die anderen".[59]

In diese Argumentation paßt auch die schon festgestellte Diskrepanz zwischen der an sich selbst wahrgenommenen und den anderen zugestandenen Verhaltensänderungen. Das eigene Verhalten wir „schöngeredet", das der anderen massiv angeprangert. Die folgenden Zitate aus der Auswertung der offenen Frage 1.7 „Was ist das größte Hindernis für Ihre eigene Verhaltensänderung?" gibt dafür beredtes Zeugnis:[60]

> „Im Führungsbereich gibt es zu viele Betonkönpfe, die sind inflexibel."

58 Vgl. Abschnitt 3.2.1.5.

59 Vgl. den Begriff „shifting-the-burden" bei Senge 1990.

60 Es handelt sich ausschließlich um wörtliche Zitate aus dem Fragebogen.

> „Ich würde mich ja gerne ändern, aber die Bereitschaft des Umfeldes dazu ist meistens nicht vorhanden."
>
> „Die Struktur in der wir uns bewegen und die damit verbundenen Repressalien verhindern eine Veränderung."
>
> „Für meine eigene Verhaltensänderung gibt es keine Hindernisse."
>
> „Ich sehe für mich selbst keine Probleme/Hindernisse in meiner eigenen Verhaltensänderung, da ich schon immer progressiv und engagiert meine Positionen erkennen ließ und vertreten habe!"

Die Abwehrmechanismen von skilled incompetence wirken also in einer Weise, in der das eigene Verhalten mindestens als angemessen und das der anderen als eigentlicher Grund des Scheiterns von Neuem aufgefaßt wird. Gleichzeitig wirkt dieses Verhalten auch tatsächlich flächendeckend. Nur zwei der Befragten, die auf die offene Frage nach dem größten Hindernis eine Antwort abgaben, konzedierten eigene Schwächen:[61]

> „Es ist schwer nach 16 Jahren 'Alltag' etwas Neues sofort umzusetzen."
>
> „Wenn ich neue Verhaltensweisen lerne, habe ich auch mit inneren Widerständen zu kämpfen."

Es scheint also so zu sein, daß die Reflexion des eigenen Verhaltens nur in Ausnahmefällen gelingt und der Blick bei intendierten Veränderungen zunächst immer nach außen gerichtet wird. Organisatorisches Lernen wird damit aber schon am Beginn massiv behindert, wenn die Wahrnehmung von Umweltsignalen, die ja stellvertretend durch die einzelnen Organisationsmitglieder geschieht, keine Rückkopplung zur eigenen Verhaltensweise mehr zuläßt, sondern Reiz-Reaktionsmuster im allgemeinen mit ausschließlich externen Attribuierungen prozessiert.

A.2.4.3 Abschließende Diskussion

Die Betrachtung dieser Ergebnisse und der Vergleich mit den Intentionen des MB-Erfolgsprogramms offenbart also eine mehr oder weniger *gravierende Lücke*. Umfassender organisatorischer Wandel bzw. tiefgreifende Lernprozesse scheinen zumindest in dem untersuchten Bereich noch nicht vollzogen worden zu sein. Dies ist hinsichtlich eines - natürlich spekulativen - Rückschlusses auf die Gesamtorganisation insofern bemerkenswert, als bei der Auswahl des Bereiches betont wurde, daß es sich um eine Art „Vorzeige-Bereich" handelt, der das MB-Erfolgsprogramm insgesamt sehr konsequent durchgeführt habe.

---

61 Auch dies sind Originalaussagen.

Als *Gründe* dafür kommen vor dem Hintergrund des in dieser Arbeit entfalteten theoretischen Bezugsrahmens in Betracht:

- Die Anschlußfähigkeit der Inhalte des MB-Erfolgsprogrammes an die unmittelbare Arbeitswirklichkeit der betroffenen Organisationsmitglieder ist offensichtlich nicht hergestellt worden. Das zeigt sich letztlich auch daran, daß in der Befragung nur wenig konkrete Beispiele für die Umsetzung der Grundhaltungen am eigenen Arbeitsplatz gegeben werden konnten.
- Das Vorgehen des MB-Erfolgsprogrammes blieb eher technokratisch. Die Systematik der Grundhaltungen ist zwar intellektuell überzeugend und als Gesamtzusammenhang einleuchtend - eine zündende, motivierende Vision, wie man in Zukunft anders handeln könnte wurde aber nicht entwickelt. Lernen indes findet, wie gezeigt, nicht nur auf kognitiver Ebene statt, sondern braucht auch entsprechende Reizkonstellationen.
- Das Multiplikatorenkonzept, das vorsieht, die Führungskräfte als Katalysatoren des Wandel zu verwenden ist offensichtlich fehlgeschlagen. Zum einen befinden sich die Führungskräfte in einer besonders durch Kapazitätsengpässe gekennzeichneten Situation. Zum anderen gelingt es ihnen anscheinend nicht, die Grundhaltungen authentisch vorzuleben. Handlungsleitende Vorbilder werden von der Mitarbeitern allerdings ausdrücklich gefordert. Schließlich waren die Führungskräfte auf ihre Rolle als „change agents“ nicht ausreichend vorbereitet.
- Externe Hilfe durch die Prozeßberater von UEK war zwar vorhanden, aber im Hinblick auf die Mammutaufgabe, einen ganzen Konzern mit weit über hunderttausend Mitarbeitern zu mobilisieren, viel zu spärlich. Hier spiegelt sich sicherlich auch die mangelnde Ausstattung dieser Abteilung mit den entsprechenden Ressourcen und das damit verbundene „halbherzige“ Committment des Top-Managements zum MB-Erfolgsprogramm.
- Mit der Auditierung und den Delta-Workshops wurde zwar letztlich jeder einzelne Mitarbeiter der Gesamtorganisation erfaßt, die erhoffte Breitenwirkung blieb aber dennoch aus. Das Instrumentarium war auch hier offenbar zu technokratisch und konnte vor allem keine raschen Anfangserfolge produzieren.

Die Idee einer zügigen, organisationsweiten Mobilisierung im Zuge der von außen geforderten individuellen und kollektiven Lernprozesse muß vor diesem Hintergrund illusionslos gesehen werden. Psychische und soziale Systeme sind eben nicht bloße Input-Output-Maschinen, die als verbindlich vorgegebene Normen problemlos und schnell verarbeiten. Im Gegenteil fallen die Vorgaben auf jeweils sehr unterschiedlich ausgeprägte Erwartungen, kognitive Strukturen, Kommunikationsmuster etc., die jeweils arteigene Reaktionen und Lernprozesse produzieren. Die Aufarbeitung des spezifischen Oberflächen- und Tiefen-Wissens sowie die in den Lernprozessen von Systemen wirkenden Wissens- und Lernbarrieren sollten demnach immer Ausgangspunkt von Interventionen sein, um deren Anschlußfähigkeit auch tatsächlich gewährleisten zu können.

Literaturverzeichnis

Abell, D.F. (1978), Strategic Windows, in: Journal of Marketing, July, 21-26.

Abell, D.F. (1980), Defining the Business: The Starting Point of Strategic Planning, Englewood Cliffs.

Albrecht, F. (1993), Strategisches Management der Unternehmensressource Wissen. Inhaltliche Ansatzpunkte und Überlegungen zu einem konzeptionellen Gestaltungsrahmen, Frankfurt u.a.

Amthauer, R. (1970), Intelligenz-Struktur-Test, Göttingen.

Anderson, J.R. (1983), The Architecture of Cognition, Cambridge.

Ansoff, I. (1966), Management Strategie, München.

Ansoff, I. (1976), Managing Surprise and Discontinuity - Strategic Response to Weak Signals, in: Zeitschrift für betriebswirtschaftliche Forschung, Nr. 28, 129-152.

Argyris, C. (1964), Integrating the Individual and the Organization, New York.

Argyris, C. (1990), Overcoming Organizational Defenses - Facilitating Organizational Learning, Boston.

Argyris, C./Schön, D. (1978), Organizational Learning. A Theory of Action Perspective, Reading.

Bae, D. (1983), Arbeitsdesign, Job design: Entwicklungskontext, Praxis, Perspektive, Dissertation Köln.

Bales, R.F. (1950), Interaction Process Analysis: A Method for the Study of Small Groups, Cambridge.

Bales, R.F. (1970), Personality and Interpersonal Behaviour, New York.

Bandura, A. (1976), Lernen am Modell. Ansätze zu einer sozial-kognitiven Lerntheorie, Stuttgart.

Bandura, A. (1979), Sozial-kognitive Lerntheorie, Stuttgart.

Bateson, G. (1972), Steps to an Ecology of Mind, San Francisco.

Becker, M. (1993), Personalentwicklung: Die personalwirtschaftliche Herausforderung der Zukunft, Bad Homburg.

Beckhard, R./Harris, R. (1987), Organizational Transitions: Managing Complex Change, 2. Aufl., Reading.

Bell, D. (1964), The Post-Industrial Society, in: Ginzberg, E. (Hrsg.), Technology and Social Change, New York. 44-59.

Bell, D. (1973), The Coming of the Post-Industrial Society. A Venture in Social Forecasting, New York.

Bell, D. (1974), A Reply to Peter N. Stearns, in: Society, Nr. 11, 23-24.

Bell, D. (1975), Die nachindustrielle Gesellschaft, Frankfurt und New York.

Bell, D. (1976), The Coming of Post-Industrial Society. A Venture in Social Forecasting, New York.

Bell, D. (1979), The Social Framework of the Information Society, in: Dertouzos, M.L./Moses, J. (Hrsg.), The Computer Age: A Twenty-Year View, Cambridge, 163-211.

Bellinger, M. (1995), Freisetzung verborgener Mitarbeiterpotentiale im Rahmen eines Restrukturierungsprogrammes, in: Wildemann, H. (Hrsg.), 603-651.

Bendixen, P. (1976) Kreativität und Unternehmensorganisation, Köln.

Bennet, R. (1990), Choosing and Using Management Consultings, London.

Bennis, W. (1966), Changing Organizations, Essays on the Development and Evolution of Human Organizations, New York.

Bennis, W.G./Benne, K.D./Chin, R. (1961, Hrsg.), The Planning of Change, New York.

Berger, P.L./Luckmann, T. (1966), The Social Construction of Reality, New York.

Berger, P.L./Luckmann, T. (1977), Die gesellschaftliche Konstruktion der Wirklichkeit. Eine Theorie der Wissenssoziologie, 5. Aufl., Frankfurt.

Berkel, K. (1984), Konfliktforschung und Konfliktbewältigung. Ein organisationspsychologischer Ansatz, Berlin.

Bierfelder, W.H. (1989), Innovationsmanagement, München und Wien.

Blau, P.M./Schoenherr, R.A. (1971), The Structure of Organizations, New York.

Bleicher, K. (1991a), Das Konzept integriertes Management, Frankfurt und New York.

Bleicher, K. (1991b), Organisation: Strategien - Strukturen - Kulturen, 2. Aufl. Wiesbaden.

Bleicher, K. (1994), Normatives Management: Politik, Verfassung und Philosophie des Unternehmens, Frankfurt und New York.

Block, F. (1985), Postindustrial Development and the Obsolence of Economic Categories, in: Politics and Society, Nr. 14, 71-104.

Böhme, G. (1988), Coping with Science, in: Graduate Faculty Philosophy Journal, Nr. 12, 1-47.

Bohn, K. (1990), Wissensbasierte Risikoprüfung in der Praxis, in: Praxis der Informationsverarbeitung und Kommunikation, Nr. 13, 7-11.

Bokranz, R. (1989), Arbeitsgestaltung, in: Strutz, H. (Hrsg.), Handbuch Personalmarketing, Wiesbaden, 421-437.

Bolman, L.G./Deal, T.E. (1991), Reframing Organizations: Artistry, Choice and Leadership, San Francisco.

Bolz, N. (1992), Die Welt als Chaos und Simulation, München.

Bolz, N. (1993), Das Design der Chaosgesellschaft, in: gdi impuls, Nr. 1, 12-21.

Bonoma, T.V./Slevin, D.P. (1978), Management and Type II Error, in: Business Horizons, Nr. 4, 61ff.

Bonora, E.A./Revang, O. (1993), A Framework for Analysing the Storage and Protection of Knowledge in Organizations, in: Lorange, P. (Hrsg.), 191-213.

Borgmann, A. (1992), Crossing the Postmodern Divide, Chicago.

Bösenberg, D./Metzen, H. (1993), Lean Management - Vorsprung durch schlanke Konzepte, 3. Aufl., Landsberg.

Boulding, K. (1966), The Economics of Knowledge and the Knowledge of Economics, in: American Economic Review, Nr. 56, 1-13.

Bower, G.H./Hilgard, E.R. (1983), Theorien des Lernens, 5. Aufl., Stuttgart.

Bray, D.W./Grant, D.L. (1966), The Assessment Center in the Measurement of Potential for Business Management, in: Psychological Monograph General and Applied, Nr. 80.

Bredenkamp, K./Weinert, F. (1976), Lernprozesse, Bd. 1: Soziales Lernen, Tübingen.

Broadbent, D.E. (1958), Perception and Communication, London.

Brodbeck, M (1958), Methodological Individualism: Definition and Reduction, in: Philosophy of Science, Nr. 25, 1-22.

Bullinger, H.-J./Kornwachs, K. (1990), Expertensysteme: Anwendungen und Auswirkungen im Produktionsbetrieb. Eine Studie aus dem Frauenhofer-Institut für Arbeitswissenschaft und Organisation, Stuttgart und München.

Bungard, W. (1993), Personalentwicklung und Gruppenarbeit, in: Schwuchow, K./Gutmann, J./Scherer, H.-P. (Hrsg.), Jahrbuch Weiterbildung 1993, Düsseldorf, 221-224.

Bungard, W./Antoni, C. (1992), Gruppenorientierte Interventionstechniken, in: Schuler, H. (Hrsg.), Lehrbuch der Organisationspsychologie, Bern.

Capra, F. (1988), Wendezeit - Bausteine für ein neues Weltbild, München.

Carqueville, P./Esser, W.M./Kirsch, W./Müller-Stewens, G. (1991), Prozeßberatung zur Einführung eines Strategischen Managements, in: Kirsch, W. (Hrsg.): 41-161.

Castiglioni, E. (1994), Organisatorisches Lernen in Produktinnovationsprozessen. Eine empirische Untersuchung, Wiesbaden.

Chakravarthy, B.S. (1982), Adaptation: A Promising Metaphor for Strategic Management, in: Academy of Management Review, Nr. 7, 35-44.

Charlier, M./Henke, R./Rother, F. (1994), Medien für die Weiterbildung: Scheibe statt Flug, in: Wirtschaftswoche, Nr. 48, 120-122.

Chomsky, N. (1973), Sprache und Geist, Frankfurt.

Clark, B.R. (1972), The Organizational Saga in Higher Education, in: Administrative Science Quaterly, Nr. 172, 178ff.

Cleveland, H. (1985), The Knowledge Executive, New York.

Cohen, M.D./March, J.G./Olson, J.P. (1976), People, Problems, Solutions and the Ambiguity of Relevance, in: March, J.G./Olson, J.P. (Hrsg.), 24ff.

Coleman, J.S. (1988), Social Capital in the Creation of Human Capital, in: American Journal of Sociology, Supplement, 95-120.

Comelli, G. (1985), Training als Beitrag zur Organisationsentwicklung, Wien.

Comelli, G. (1993), Organisationsentwicklung, in: Rosenstiel, L.v./Regnet, E./Domsch, M. (Hrsg.), Führung von Mitarbeitern: Handbuch für erfolgreiches Management, 2. Aufl., Stuttgart.

Conradi, W. (1983), Personalentwicklung, Stuttgart.

Cyert, R./March, J.G. (1963) A Behavioral Theory of the Firm, New Jersey.

Daft, R.L./Weick, K.E. (1984), Toward a Model of Organizations as Interpretation Systems, in: Academy of Management Review, Nr. 9, 284-295.

Daniel, D.R. (1961), Management Information Crisis, in: Harvard Business Review, Nr. 5, 111-121.

Daniel, M. (1990), Ansätze zur menschengerechten Gestaltung von Expertensystemanwendungen, in: Künstliche Intelligenz, Nr. 4, 18-25.

Decker, F. (1985), Aus - und Weiterbildungsprogramme am Arbeitsplatz: Neue Ansätze und erprobte berufspädagogische Programme, München.

DeGeuss, A. (1988), Planning as Learning. At Shell, Planning Means Changing Minds, Not Making Plans, in: Harvard Business Review, March-April, 70-74.

DeGeuss, A. (1992), Modelling to Predict or to Learn?, in: European Journal of Operational Research, Nr. 59, 1-5.

Deiser, R. (1995), Vom Wissen zum Tun und zurück: Strategisches Know-how Management an den Grenzen der Organisation, Workshop-Unterlagen zur Tagung „Know-how flott machen" des Gottlieb-Duttweiler-Instituts am 9./10.2.1995, Rüschlikon.

Deppe, J. (1992), Quality Circle und Lernstatt: ein integrativer Ansatz, 3. Aufl., Wiesbaden.

Deutsch, J.A./Deutsch, D. (1963), Attention: Some Theoretical Considerations, in: Psychological Review, Nr. 70, 80-90.

Deutsche Aerospace AG (1993), Management- und Nachwuchs-Initiativen 1993/1994: Gerade jetzt in schwierigen Zeiten. Beiträge des Bereichs Zentrale Bildung, München.

Dörner, D. (1979), Kognitive Merkmale erfolgreicher und erfolgloser Problemlöser beim Umgang mit sehr komplexen Systemen, in: Ueckert, H./Rhenius, D. (Hrsg.), Komplexe menschliche Informationsverarbeitung, Bern, 185-195.

Dörner, D. (1988), Wissen und Verhaltensregulation, in: Mandl, H./Spanda, H. (Hrsg.), 264-279.

Doz, Y. (1989), Competence and Strategy, in: Punset, E./Sweeney, G. (Hrsg.), Information Resources and Corporate Growth, London, 47-55.

Driver, M.J./Seufert: (1969), Integrative Complexity: An Approach to Individuals and Groups as Information-Processing-Systems, in: Admistrative Science Quarterly, 272ff.

Drucker, P. (1969), The Age of Discontinuity. Guidelines to Our Changing Society, New York.

Drucker, P. (1986), The Changed World Economy, in: Foreign Affairs, Nr. 64, 768-791.

Duncan, R./Weiss, A. (1979), Organizational Learning: Implications for Organizational Design, in: Research in Organizational Behavior, Nr. 1, 75-123.

Eden, C. (1992), On the Nature of Cognitive Maps, in: Journal of Management Studies, May, 261-266.

Eder, K. (1991), Geschichte als Lernprozeß? Zur Pathogenese politischer Modernität in Deutschland, Frankfurt.

Edvinsson, L. (1995), Intellectual Capital and Knowledge Counts - Strategies and Approaches to Count, Value and Leverage Organizational IQ, Workshop-Unterlagen zur Tagung „Know-how flott machen" des Gottlieb-Duttweiler-Instituts am 9./10.2.1995, Rüschlikon.

Eibl-Eibesfeldt, I. (1973), Der vorprogrammierte Mensch. Das Ererbte als bestimmender Faktor im menschlichen Verhalten, 3. Aufl., Wien.

Esser, W.-M. (1975), Individuelles Konfliktverhalten in Organisationen, Stuttgart.

Etzioni, A. (1961), A Comparative Analysis of Complex Organizations. On Power, Involvement, and Their Correlates, New York.

Etzioni, A. (1975), Die aktive Gesellschaft, Opladen.

Etzioni, A. (1978), Soziologie der Organisationen, 5. Aufl., München.

Eysenck, H.J. (1973), Conditioning, Introversion-extraversion and the Strength of the Nervous System, in: Eysenck, H.J. (Hrsg.), Eysenck on Extraversion, London, 156-169.

Fechner, G. (1860), Elemente der Psychophysik, Leipzig.

Feger, H. (1972), Gruppensolidarität und Konflikt, in: Graumann, C. (Hrsg.), Handbuch der Psychologie, Bd. 7: Sozialpsychologie, Göttingen, 1594-1653.

Festinger, L. (1957), A Theory of Cognitive Dissonance, Evanston.

Festinger, L. (1964), Conflict, Decision and Dissonance, Stanford.

Feyerabend, P. (1976), Wider den Methodenzwang. Skizze einer anarchistischen Erkenntnistheorie, Frankfurt.

Fiol, C.M./Lyles, M.A. (1985), Organizational Learning, in: Academy of Management Review, Nr. 10, 803-813.

Fischer, G./Risch: (1995), Gore-Geist, in: Manager Magazin, Nr. 6, 162-167.

Fohmann, L. (1990a), Wissensmanagement ist ein Schlüssel zum Unternehmenserfolg, in: Computerwoche Nr. 20, 8.

Fohmann, L. (1990b), Strategisches Wissensmanagement - Begriffe, Aufgaben, Vorgehen, in: IBM Deutschland (Hrsg.), 4. Symposium „Wissensbasierte Systeme“ am 18./19. September 1990, Karlsruhe.

Freiburghaus, D. (1991), Le Developement des Moyens de L'Action Etatique, in: Morand, C.-A. (Hrsg.), L'Etat propulsif. Contribution à l'étude des instruments d'action de l'Etat, Paris.

French, J.R.P./Raven, B. (1959), The Cases of Social Power, in: Cartwright, D. (Hrsg.), Studies in Social Power, Ann Arbour, 150-167.

French, W.L./Bell, C.H. (1973), Organization Development, Englewood Cliffs.

French, W.L./Bell, C.H. (1977), Organisationsentwicklung, Bern und Stuttgart.

French, W.L./Bell, C.H. (1990), Organisationsentwicklung: Sozialwissenschaftliche Strategien zur Organisationsveränderung, 3. Aufl., Bern und Stuttgart.

Frese, M./Greif, S./Semmer, N. (1978, Hrsg.), Industrielle Psychopathologie, Bern u.a.

Freud, S. (1972), Abriss der Psychoanalyse, Gesammelte Werke Bd. 17, Frankfurt (Erstausgabe 1940).

Frey, P. (1989), Innerbetriebliche Wissenspotentiale und deren Nutzungsmöglichkeiten, in: Hofmann, M./Sertl, W. (Hrsg.), Management Consulting: Ausgewählte Probleme und Entwicklungstendenzen in der Unternehmensberatung, Berlin u.a., 179-237.

Frick, K./Hess, G. (1994), Diesseits der Hierarchien. Fakten und Fiktionen, in: gdi-impuls, Nr. 4, 64.

Froschauer, U./Lueger, M. (1992), Das qualitative Interview zur Analyse sozialer Systeme, Wien.

Fuchs, J./Besier, K. (1992), Personalentwicklung mit Perspektive - Querdenker statt Aufsteiger, in: Fuchs, J. (Hrsg.), Das biokybernetische Modell: Unternehmen als Organismen, Wiesbaden, 182-204.

Fülling, N. (1995), Radikale Kundenorientierung: Die Lenkung bestimmt die Richtung, in: Wildemann, H. (Hrsg.), 103-141.

Fulmer, R.M. (1993, Hrsg.), Anticipatory Learning: Learning for the Twenty-first Century, Sonderheft des Journal of Management Development.

Gabele, E. (1981), Die Leistungsfähigkeit der Portfolio-Analyse für die strategische Unternehmensführung, in: Rühli, E./Thommen, J.-P. (Hrsg.), Unternehmensführung aus finanz- und bankwirtschaftlicher Sicht, Stuttgart, 45-61.

Gaitanides, M. (1979), Konstruktion von Entscheidungsmodellen und „Fehler dritter Art“, in: Wirtschaftswissenschaftliches Studium, 8ff.

Garrat, B. (1990), Creating a Learning Organization: A Guide to Leadership, Learning and Development, Cambridge.

Gebert, D. (1974), Organisationsentwicklung, Stuttgart.

Gebhardt, W./Heitmeyer, K. (1985), Die Lernstatt als Instrument der Personal- und Organisationsentwicklung, Arbeitspapier Nr. 22 der Universität zu Köln.

Geißler, H. (1993), Informationsmanagement und ganzheitliche Bildung, in: Gesellschaft für Bildung und Organisation (Hrsg.), Netzwerk: Informationen aus der Gesellschaft für Bildung und Organisation - Sektion der GPI e.V., Heft 1, Ahrensburg, 2-19.

Geißler, H. (1994), Grundlagen des Organisationslernens, Weinheim.

Geißler, H. (1995a, Hrsg.), Organisationslernen und Weiterbildung: Die strategische Antwort auf die Herausforderungen der Zukunft, Neuwied.

Geißler, H. (1995b), Organisationslernen und Weiterbildung im Spannungsfeld zwischen den Paradigmen linearen Denkens, zirkulärer Kausalität und hermeneutischer Selbstreferentialität, in: Geißler (Hrsg.), 1-17.

Gerke, P.R. (1987), Wie denkt der Mensch?, München.

Gibbons, M./Limoges, C./Nowotny, H./Schwartzman, S. (1994), The New Production of Knowledge. The Dynamics of Science and Research in Contemporary Society, London.

Gloor, R. (1987), Die Rolle der Metapher in der Betriebswirtschaftslehre, Bern.

Gomez, P. (1988), Die Organisation der Autonomie, in: Zeitschrift für Führung und Organisation, Nr. 6, 389ff.

Gomez, P. (1992), Neue Trends in der Konzernorganisation, in: Zeitschrift für Führung und Organisation, Nr. 3, 166-172.

Gomez, P. (1993), Wertmanagement. Vernetzte Strategien für Unternehmen im Wandel, Düsseldorf u.a.

Gomez, P./Hahn, D./Müller-Stewens, G./Wunderer, R. (1994, Hrsg.), Unternehmerischer Wandel: Konzepte zur organisatorischen Erneuerung; Knut Bleicher zum 65. Geburtstag, Wiesbaden.

Gomez, P./Müller-Stewens, G. (1994), Corporate Transformation: Zum Management fundamentalen Wandels großer Unternehmen, in: Gomez, P./Hahn, D./Müller-Stewens, G./Wunderer, R. (Hrsg.), 135-198.

Gomez, P./Probst, G. (1987), Vernetztes Denken im Management. Methodik des ganzheitlichen Problemlösens, in: Die Orientierung, Nr. 89, Bern.

Gomez, P./Zimmermann, T. (1992), Unternehmensorganisation - Profile, Dynamik, Methoden, Frankfurt.

Gottschall, D. (1989), Ein Partner für alle Fälle, in: Manager Magazin, Nr. 2, 116-121.

Grabitz, H.-J. (1969), Experimentelle Untersuchungen zur Bewertung von Informationen vor Entscheidungen, Mannheim.

Grant, D.L./Bray, D.W. (1969), Contributions of the Interview to Assessment of Managerial Potential, in: Journal of Applied Psychology, Nr. 53, 24-34.

Grässle, A. (1993), Quantensprung: Durch Veränderungsmanagement zur Unternehmensidentität, München.

Gregerman, I.B. (1989), Knowledge Worker Produktivity, New York.

Greiner, L.E. (1972), Evolutions and Revolutions as Organizations Grow, in: Harvard Business Review, Juli-August, 37-46.

Grochla, E./Szyperski, N. (1972), Management Informationssysteme, Wiesbaden.

Große-Oetringhaus, W.F. (1993), Sozialkompetenz - ein neues Anspruchsniveau für die Personalpolitik, in: Zeitschrift für betriebswirtschaftliche Forschung, Nr. 3.

Guetzkow, H. (1965), Communications in Organizations, in: March, J.G. (Hrsg.), Handbook of Organizations, Chicago, 534ff.

Habermas, J. (1968), Soziologische Notizen zum Verhältnis von Arbeit und Freizeit, in: Giseke, H. (Hrsg.), Freizeit und Konsumerziehung, Göttingen.

Habermas, J. (1981a), Theorie des kommunikativen Handlens, Bd. 1: Handlungsrationalität und gesellschaftliche Rationalisierung, Frankfurt.

Habermas, J. (1981b), Theorie des kommunikativen Handelns, Bd. 2: Zur Kritik der funktionalistischen Vernunft, Frankfurt.

Hacker, W. (1973), Allgemeine Arbeits- und Ingenieurpsychologie, Berlin.

Hackman, J.R. (1976), Group Influence on Individuals, in: Dunnete, M.D. (Hrsg.), Handbook of Industrial and Organizational Psychology, Chicago.

Hajos, A. (1980), Einführung in die Wahrnehmungpsychologie, Darmstadt 1980.

Hammer, M/Champy, J. (1993), Reengineering the Corporation, New York.

Handy, C. (1993), Understanding Organizations, New York u.a.

Haug, N. (1995), KVP - Der Kontinuierliche Verbesserungsprozeß als eine Methode zur Intensivierung des Lean Management in Produktions- und Dienstleistungsbetrieben, in: Geißler, H./Behrmann, D./Petersen, J. (Hrsg.), Lean Management und Personalentwicklung, Frankfurt u.a., 313-318.

Hayek, F.A.v. (1949), The Use of Knowledge in the Society, Chicago.

Heckhausen, H. (1980), Motivation und Handeln, Berlin.

Hedberg, B. (1981), How Organizations Learn and Unlearn, in: Nystrom, P./Starbuck, W.H. (Hrsg.), Handbook of Organizational Design, New York, 3-27.

Hedberg, B. (1984), Organizations as Tents - Über die Schwierigkeiten, Organisationsstrukturen flexibel zu gestalten, in: Hinterhuber, H./Laske (Hrsg.), Zukunftsorientierte Unternehmungspolitik, Freiburg, 13-47.

Hedlund, G. (1994), A Model of Knowledge Management and the N-Form Corporation, in: Strategic Management Journal, Summer, 73-91.

Hedlund, G./Nonaka, I. (1993), Models of Knowledge Management in West and Japan, in: Lorange, P. (Hrsg.), 117-145.

Heeg, F.J./Töller, H. (1994), Projektmanagement zur Planung und Steuerung betrieblicher Personal- und Organisationsentwicklungs-Maßnahmen, in: Heeg, F.J./Meyer-Dohm, P. (Hrsg.), Methoden der Organisationsgestaltung und Personalentwicklung: Vorgehensweisen, Methoden und Techniken bei der Umsetzung von Lean-Management-Konzepten und der Einführung gruppenorientierter Strukturen, München und Wien, 191-290.

Heimerl-Wagner, P. (1992), Strategische Organisationsentwicklung. Inhaltliche und methodische Konzepte zum Lernen von und in Organisationen, Heidelberg.

Heinen, E./Dietel, B. (1990), Informationswirtschaft, in: Heinen, E. (Hrsg.), Industriebetriebslehre: Entscheidungen im Industriebetrieb, 8. Aufl. Wiesbaden, 889-1074.

Helson, H. (1964) Adaptation Level Theory, New York.

Hentze, J. (1989), Personalwirtschaftslehre, Bd. 1: Grundlagen, Personalbedarfsermittlung, -beschaffung, -entwicklung, -einsatz, Bern und Stuttgart.

Henzler, H. (1979), Blick von draußen nach drinnen, in: Industrie Magazin, Nr. 11, 112-114.

Henzler, H. (1980), Strategisches Marketing als Impulsgeber der 80er Jahre, in: Zeitschrift für betriebswirtschaftliche Forschung, Sonderheft 1980: Neue Technologien - Neue Märkte, 70-86.

Henzler, H./Späth, L. (1993), Sind die Deutschen noch zu retten? Von der Krise in den Aufbruch, Gütersloh.

Hertz, D.B. (1988), The Expert Executive, New York.

Herzberg, F. (1969), Work on the Nature of Man, 3. Aufl., Cleveland.

Hinterhuber, H.H. (1989), Unternehmensführung I - Strategische Unternehmensführung, Bd. 1: Strategisches Denken, 4. Aufl., Berlin und New York.

Hofstätter, P.R. (1957), Psychologie, Frankfurt.

Holzner, O./Bloemer, V. (1991), Unternehmensintelligenz - Corporate IQ als Maß für langfristigen Erfolg, in: Zeitschrift für Führung und Organisation, Nr. 2, 88-91.

Hopf, C. (1991), Qualitative Interviews in der Sozialforschung: Ein Überblick, in: Flick, U. (Hrsg.), Handbuch qualitative Sozialforschung: Grundlagen, Konzepte, Methoden und Anwendungen, München, 177-182.

Horizont (1995a), S&S verliert die erste Runde, in: Horizont, Nr. 7.

Horizont (1995b), Etats im April, in: Horizont, Nr. 19.

Hoyos, Graf C. (1974), Arbeitspsychologie, Stuttgart.

Hull, C.L. (1952), A Behavior System, New Haven.

Imai, M. (1993), Kaizen: Der Schlüssel zum Erfolg der Japaner im Wettbewerb, München.

Intrilligator, M.D. (1982), Research on Conflict Theory, in: Journal of Conflict Resolution, Nr. 26, 307ff.

Irle, M. (1971), Macht und Entscheidungen in Organisationen, Frankfurt.

Irrgang, B./Klawitter, J. (1990, Hrsg.), Künstliche Intelligenz, Stuttgart.

Isaacs, W.N. (1993), Taking Flight: Dialogue, Collective Thinking, and Organizational Learning, in: Organizational Dynamics, Autumn, 24-39.

Itami, H. (1987), Mobilizing Invisible Assets, Cambridge.

Jamieson, D./O'Mara, J. (1991), Managing Workforce 2000. Gaining the Diversity Advantage, San Francisco.

Janis, I.L. (1972), Victims of Groupthink. A Psychological Study of Foreign Policy Decisions and Fiascoes, Boston.

Janisch, M. (1993), Das strategische Anspruchsgruppenmanagement: Vom Shareholder Value zum Stakeholder Value, Bern.

Jarillo, J.C. (1988), On Strategic Networks, in: Strategic Management Journal, Nr.9, 31-41.

Jelinek, M. (1979), Institutionalizing Innovations. A Study of Organizational Learning Systems, New York u.a.

Jung, C.G. (1960), Psychologische Typen, 9. Aufl., Zürich.

Katzenbach, J.R./Smith, D.K. (1993), Teams: Der Schlüssel zur Hochleistungsorganisation, Wien.

Kets de Vries, M./Miller, D. (1984), The Neurotic Organization: Diagnosing and Changing Counterproductive Styles of Management, San Francisco.

Kets de Vries, M./Miller, D. (1986), Persönlichkeit, Kultur und Organisation, in: Organisationsentwicklung, Nr. 1, 13-36.

Keupp, H. (1990), Riskante Chancen. Wie lebt man in der Postmoderne ?, in: Feuilleton-Beilage der Süddeutschen Zeitung, Nr. 166, I.

Kick, T./Scherm, E. (1993), Individualisierung in der Personalentwicklung, in: Neuberger, O. (Hrsg.), Schwerpunktheft Personalentwicklung der Zeitschrift für Personalforschung.

Kiechl, R. (1993a), Managing Diversity: Postmoderne Kulturarbeit in der Unternehmung, in: Die Unternehmung, Nr. 1, 67-73.

Kiechl, R. (1993b), Im multikulturellen Betrieb ist der gegenseitige Respekt wichtig, in: io Management Zeitschrift, Nr. 4, 22-25.

Kilman, R.H./Covin, T.J. (1989, Hrsg.), Corporate Transformation. Revitalizing Organizations for a Competitive World, San Francisco und London.

Kim, D. H. (1993a), A Framework and Methodology for Linking Individual and Organizational Learning: Application in TQM and Product Development, Cambridge.

Kim, D. H. (1993b), The Link between Individual and Organizational Learning, in: Sloan Management Review, Fall, 37-50.

Kirsch, W. (1971), Entscheidungsprozesse, Bd. 3: Entscheidungen in Organisationen, Wiesbaden.

Kirsch, W. (1978), Die Handhabung von Entscheidungsproblemen, München.

Kirsch, W. (1979), Die Idee der fortschrittsfähigen Organisation, in: Wunderer, R. (Hrsg.), Humane Personal- und Organisationsentwicklung, Berlin.

Kirsch, W. (1988), Die Handhabung von Entscheidungsproblemen. München.

Kirsch, W. (1990), Unternehmenspolitik und strategische Unternehmensführung, München.

Kirsch, W. (1991, Hrsg.), Beiträge zum Management strategischer Programme, München.

Kirsch, W. (1992), Kommunikatives Handeln, Autopoise, Rationalität. Sondierungen zu einer evolutionären Führungslehre, München.

Kirsch, W. (1993), Betriebswirtschaftslehre. Eine Annäherung aus der Perspektive der Unternehmensführung, München.

Kirsch, W./Esser, W.-M. (1975), Konflikthandhabung im Betrieb, in: Gaugler, E. (Hrsg.), Handwörterbuch des Personalwesens, Stuttgart, 1125ff.

Kirsch, W./Esser, W.-M./Gabele, E. (1979), Das Management des geplanten Wandels von Organisationen, Stuttgart.

Kirsch, W./Klein, H.K. (1977), Managementinformationssysteme, Bd. 1, Stuttgart u.a.

Kirsch, W./Knyphausen, D.z./Ringlstetter, M. (1991), Strategie und Struktur in der Unternehmenspraxis, in: Kirsch, W. (Hrsg.), 297-335.

Kirsch, W./Müller-Stewens, G. (1995), Den Herausforderungen begegnen: Das Management des Wandels, Hypo-Forum für Unternehmer 1995, München.

Kleinhans, A. (1989), Wissensverarbeitung im Management. Möglichkeiten und Grenzen wissensbasierter Managementunterstützungs-, Planungs- und Simulationsansätze, Frankfurt.

Klimecki, R./Probst, G./Eberl, P. (1991), Systementwicklung als Managementproblem, in: Staehle, W.H./Sydow, J. (Hrsg.), Managementforschung 1, Berlin und New York, 103-162.

Kluwe, R.H. (1990), Wissen, in: Sarges, W. (Hrsg.), 174-181.

Knyphausen, D.z. (1993), Why are Firms different?, in: Die Betriebswirtschaft, Nr. 6, 771-792.

Koechlin, D. (1995), Die Bewertung von Wissen im Unternehmen, Workshop-Unterlagen zur Tagung „Know-how flott machen" des Gottlieb-Duttweiler-Instituts am 9./10.2.1995, Rüschlikon.

Kogut, B./Zander, U. (1991), Knowledge of the Firm and the Replication of Technology, in: Organizational Science.

Kohlberg, L. (1969), Stage and Sequence: The Cognitive-Developmental Approach to Socialisation, in: Goslin, D.A. (Hrsg.), Socialisation, Chicago, 347-480.

Köhler, W. (1920), Die physischen Gestalten in Ruhe und in stationärem Zustand, Erlangen.

Köhler-Frost, W. (1995, Hrsg.), Outsourcing: eine strategische Allianz besonderen Typs, Berlin.

Kolb, D. A. (1984), Experiental Learning, Englewood Cliffs.

Kolb, D.A./Lublin, S./Spoth, J./Baker, R. (1991), Strategic Management Development: Experiential Learning and Managerial Competencies, in: Henry, J. (Hrsg.), Creative Management, London, 221-231.

König, W. (1988), Der Einsatz Wissensbasierter Systeme im Wettbewerb der Unternehmen, in: IBM Deutschland (Hrsg.), Wissensverarbeitung. Zweites Symposium „Wissensbasierter Systeme" am 28./29.9.1988, Würzburg.

Koselleck, R. (1977), Neuzeit. Zur Semantik moderner Bewegungsbegriffe, in: Koselleck, R. (Hrsg.), Studien zum Beginn der neuen Welt, Stuttgart, 19-36.

Kosiol, E. (1972), Die Unternehmung als wirtschaftliches Aktionszentrum, Reinbek bei Hamburg.

Kosiol, E. (1976), Organisation der Unternehmung, 2. Aufl., Wiesbaden.

Koslowski, P./Spaemann, R./Löw, R. (1986, Hrsg.), Moderne oder Postmoderne? Zur Signatur des gegenwärtigen Zeitalters, Weinheim.

Kotter, J.P. (1990), A Force for Change: How Leadership Differs from Management, New York.

Kozielecki, I. (1966), Radicalism in Dynamic Information Processing, Warschau.

Krüger, W. (1976), Macht in der Unternehmung, Stuttgart.

Krüger, W. (1994), Transformations-Management. Grundlagen, Strategien, Anforderungen, in: Gomez, P./Hahn, D./Müller-Stewens, G./Wunderer, R. (Hrsg.), 199-228.

Krystek, U./Müller-Stewens, G. (1993), Frühaufklärung für Unternehmen: Identifikation und Handhabung zukünftiger Chancen und Belohnungen, Stuttgart.

Kuhn, T.S. (1967), Die Struktur wissenschaftlicher Revolutionen, Frankfurt.

Kurbel, K. (1989), Entwicklung und Einsatz von Expertensystemen. Eine anwendungsorientierte Einführung in wissensbasierte Systeme, Berlin u.a.

Lane, R.E. (1966), The Decline of Politics and Ideology in a Knowledgeable Society, in: American Sociological Review Nr. 31, 649-662.

Lantermann, E. (1982), Integration von Kognitionen und Emotionen in Handlungen, in: Hoefert, H.-W. (Hrsg.), Person und Situation - interaktionspsychologische Untersuchungen, Göttingen, 67-84.

Laske, O.E. (1989), Ungelöste Probleme bei der Wissensakquisition für wissensbasierte Systeme, in: Künstliche Intelligenz, Nr. 3, 4-12.

Lattman, C. (1982), Die verhaltenswissenschaftlichen Grundlagen der Führung, Bern und Stuttgart.

Laukamm, T./Walsh, I. (1986), Strategisches Management der Human-Ressourcen, in: Arthur D. Little (Hrsg.), Management im Zeitalter der strategischen Führung, Wiesbaden, 77-112.

Lawrence, P./Lorsch, J. (1967), Organization and Environment: Managing Differentiation and Integration, Homewood.

LeBon, G. (1953), Psychologie der Massen, Stuttgart.

Leibfried, K.H./McNair, C.J. (1993), Benchmarking - Von der Konkurrenz lernen, die Konkurrenz überholen, Freiburg.

Leiter, K. (1980), A Primer on Ethnomethodology, New York.

Leonard-Barton, D. (1992), The Factory as a Learning Laboratory, in: Sloan Management Review, Fall, 23-38.

Leonard-Barton, D. (1994), Das lernende Unternehmen II: Die Fabrik als Ort der Forschung, in: Harvard Manager, Nr. 1, 87-99.

Leonard-Barton, D./Sviokla, J. (1989), Expertensysteme setzen sich durch, in: Harvard Manager, Nr. 1, 98-105.

Leuba, C. (1955), Toward Some Integration of Learning Theories: The Concept of Optimal Stimulation, in: Psychological Reports, Nr. 12, 7-33.

Levy, A./Merry, U. (1986), Organizational Transformation. Approaches, Strategies, Theories. New York.

Lewin, K. (1921-1934, Hrsg.), Untersuchungen zur Handlungs- und Affektpsychologie: Psychologische Forschung Bde. 1-19, ohne Ort.

Lewin, K. (1963), Die Feldtheorie in den Sozialwissenschaften, Bern und Stuttgart.

Linden, F.A. (1992), Mr. Mercedes denkt um, in: Manager Magazin, Nr. 10, 77-89.

Linstone, H.A. (1978), Von der Theorie zur Praxis: Die fehlenden Stufen, in: Bruckmann, G. (Hrsg.), Langfristige Prognosen, 2. Aufl., Würzburg und Wien, 393ff.

Lipsey, R.G. (1992), Global Change and Economic Policy, in: Stehr, N./Ericson, R.V. (Hrsg.), The Culture and Power of Knowledge: Inquiries into Contemporary Societies, Berlin und New York, 279-299.

Lorange, P. (1993, Hrsg.), Implementing Strategic Processes: Change, Learning and Co-Operation, Oxford.

Luft, A. (1991), Informatik als Wissenstechnik, unveröffentlichtes Arbeitspapier, Erlangen.

Luhmann, N. (1976), Funktionen und Folgen formaler Organisation, 3. Aufl., Berlin .

Luhmann, N. (1984), Soziale Systeme: Grundriß einer allgemeinen Theorie, Frankfurt.

Lullies, V./Bollinger, H./Weltz, F. (1993), Wissenslogistik: Über den betrieblichen Umgang mit Wissen bei Entwicklungsvorhaben, Frankfurt und New York.

Lundberg, C.C. (1989), On Organizational Learning: Implications and Opportunities for Expanding Organizational Development, in: Woodman, R.W., Pasmore W.A. (Hrsg.), Research in Organizational Change and Development, Vol. 3, Greenwich, 61-82.

Lyotard, F. (1986), Das postmoderne Wissen. Ein Bericht, Graz und Wien 1986.

Machlup, F. (1962), The Production and Distribution of Knowledge in the United States, Princeton.

Machlup, F. (1980), Knowledge: Its Creation, Distribution, and Economic Significance, Princeton.

Machlup, F. (1981), Knowledge and the Knowledge Production, Princeton.

Machlup, F. (1983), Semantic Quirks in Studies of Information, in: Machlup, F./Mansfield, U. (Hrsg.), The Study of Information, New York.

Machlup, F. (1984), The Economics of Information and Human Capital, Princeton.

Machlup, F./Kronwinkler, T. (1975), Workers Who Produce Knowledge: A Steady Increase 1900-1970, in: Weltwirtschaftliches Archiv, Nr. 3, 752-759.

Maciejewski, P. (1989), Künstliche Intelligenz. Die Bedeutung wissensbasierter Systeme für die Informationsbearbeitung, Heidelberg.

Malioukova, I. (i.V.), Die Center-Konzeption, Dissertation St. Gallen in Vorbereitung.

Malioukova, I./Strasser, G. (1994), Bericht einer Interview-Analyse: Brauchen Unternehmen Revolutionen?, Diskussionsbeitrag Nr. 8 des Instituts für Betriebswirtschaft an der Hochschule St. Gallen.

Mandl, H./Friedrich, H.F./Hron, A. (1988), Theoretische Ansätze zum Wissenserwerb, in: Mandl, H./Spada, H. (Hrsg.), 123-160.

Mandl, H./Spada, H. (1988a, Hrsg.), Wissenspsychologie, München und Weinheim 1988

Mandl, H./Spada, H. (1988b), Wissenspsychologie: Einführung, in: Mandl, H./Spada, H. (Hrsg.), 1-16.

Mann, F.C. (1961), Studying and Creating Change, in: Bennis, W.G./Benne, K.D./Chin, R. (Hrsg.), The Planning of Change, 605-613.

Mannheim, K. (1929), Ideologie und Utopie, Bonn.

Mannheim, K. (1952), Essays on the Soziology of Knowledge, New York.

Mannheim, K. (1964), Wissenssoziologie, Neuwied.

Manville, B. (1995), Thoughts on the Past and the Future of Our Knowledge Strategies, Workshop-Unterlagen zur Tagung „Know-how flott machen" des Gottlieb-Duttweiler-Instituts am 9./10.2.1995, Rüschlikon.

March, J. (1991), Exploration and Exploitation in Organizational Learning, in: Organization Science, Nr. 2.

March, J.G./Olson, J.P. (1976, Hrsg.), Ambiguity and Choice in Organizations, Bergen u.a.

March, J.G./Simon, H.A. (1958), Organizations, New York.

Marx, K. (1939-1941), Grundrisse der Kritik der politischen Ökonomie, Berlin.

Maslow, A.H. (1954), Motivation and Personality, New York.

Maukisch, H. (1978), Einführung in die Eignungsdiagnostik, in: Mayer, A. (Hrsg.), Organisationspsychologie, Stuttgart, 105-136.

Mayntz, R. et al. (1988), Differenzierung und Verstelbständigung. Zur Entwicklung gesellschaftlicher Teilsysteme, Frankfurt.

Mc Clearn, G.E./De Fries, J.C. (1973), Introduction to Behavioral Genetics, San Francisco.

Meja, V./Stehr, N. (1982, Hrsg.), Der Streit um die Wissenssoziologie, Bd. 1: Die Entwicklung der deutschen Wissenssoziologie, Frankfurt.

Mercedes-Benz AG (1993a), Gesagt - Getan, Nr. 1, Stuttgart.

Mercedes-Benz AG (1993b), MB-Erfolgsprogramm: Orientierungsrahmen - Grundhaltungen, Stuttgart.

Mercedes-Benz AG (1993c), Instrument Weg 2: Audit-Spinne, Stuttgart.

Mercedes-Benz AG (1994), Gesagt - Getan, Nr. 1, Stuttgart.

Mercedes-Benz AG (o.J.), MB-Erfolgsprogramm: Wege in eine neue Zeit, Stuttgart.

Meyer, M.H./Utterback, J.M. (1993), The Product Family and the Dynamics of Core Capability, in: Strategic Management Review, Spring, 29-47.

Miles, R.H./Randolph, W.A. (1980), Influence of Organizational Learning Styles on Early Development, in: Komberly, J.R./Miles, R.H. (Hrsg.), The Organizational Life Cycle: Issues in the Creation, Transformation, and Decline of Organizations, San Francisco, 44-82.

Mill, U./Weissbach, H.-J. (1993), Netzwerkwirtschaft: Funktionsprinzipien, in: gdi impuls, Nr. 1, 30-38.

Miller, D./Friesen, P. (1984), Organizations. A Quantum View, Englewood Cliffs 1984.

Miller, J.G. (1962), Information Input Overload, in: Yorits, M.C./Jacobi, G.T./Goldstein, G.D. (Hrsg.), Self-Organizing Systems, Washington, 61ff.

Miller, M. (1986), Kollektive Lernprozesse. Studien zur Grundlegung einer soziologischen Lerntheorie, Frankfurt.

Mintzberg, H. (1979), The Structuring of Organizations, Englewood Cliffs.

Mintzberg, H. (1981), Organization Design: Fashion or Fit?, in: Harvard Business Review, Nr. 59, 103ff.

Mitroff, I.I./Kilman, R.H. (1976), On Organization Stories: An Approach to the Design and Analysis of Organizations through Myths and Stories, in: Kilman, R.H./Pondy, L.R./Slevin D.P. (Hrsg.), The Management of Organization Design - Strategies and Implementation, 2 Bde., New York u.a., 189ff.

Mittag, H. (1985), Technologiemarketing: Die Vermarktung von industriellem Wissen unter besonderer Berücksichtigung des Einsatzes von Lizenzen, Dissertation Bochum.

Morgan, G. (1986), Images of Organizations, London.

Morrison, A.M. (1992), The New Leaders: Guidelines on Leadership Diversity in America, San Francisco.

Mühlemann, S. (1995), Das verschüttete Kapital, in: Bilanz, Nr. 1, 76-80.

Müller, J.B. (1972), Bedürfnis, in: Brunner, O./Conze, W./Koselleck, R. (Hrsg.), Geschichtliche Grundbegriffe, Bd. 1, Stuttgart, 467-489.

Müller-Stewens, G. (1990), Strategische Suchfeldanalyse, 2. Aufl., Wiesbaden.

Müller-Stewens, G. (1995), Zur Anschlußfähigkeit von Führungsinterventionen am Beispiel Daimler-Benz, in: Müller-Stewens, G./Spickers, J. (Hrsg.), 139-180.

Müller-Stewens, G. (i.V.), Das Management strategischer Programme, Frankfurt u.a.

Müller-Stewens, G./Bohnenkamp, G./Bruch, G./Gocke, A./Scholl, H./Schubert, V./Sprenger, A./Strasser, G. (1994), Entwicklung der Daimler-Benz AG, unveröffentlichte Fallstudie, St. Gallen.

Müller-Stewens, G./Osterloh, M. (1994), Kooperationsinvestitionen besser nutzen: Interorganisationales Lernen als Know-how-Transfer oder Kontext-Transfer? Unveröffentlichtes Arbeitspapier, St. Gallen.

Müller-Stewens, G./Pautzke, G. (1991), Führungskräfteentwicklung und organisatorisches Lernen, in: Sattelberger, T. (Hrsg.), 183-205.

Müller-Stewens, G./Spickers, J. (1993), Akquisitionsmanagement als Organisation des Wandels, in: Staehle, W.H./Sydow, J. (Hrsg.), Managementforschung 3, Berlin und New York, 203-270.

Müller-Stewens, G./Spickers, J. (1995), Unternehmerischen Wandel erfolgreich bewältigen: Change Management als Herausforderung; St. Galler Executive Forum, Wiesbaden.

Nadler, D.A. (1989), Organizational Frame Bending: Types of Change in the Complex Organization, in: Kilman, R.H./Covin, T.J. (Hrsg.), 66-83.

Nadler, D.A./Tushman, M.L. (1986), Managing Strategic Organizational Change: Frame-Bending and Frame-Breaking, New York.

Naisbitt, J. (1984), Megatrends - Ten New Directions Transforming Our Lives, Bern und Stuttgart.

National Science Board (1989), Science and Engeneering Indicators, Washington.

Naumann, C. (1982), Strategische Steuerung und integrierte Unternehmensplanung, München.

Neubauer, R. (1980), Die Assessment-Center-Technik: Ein verhaltensorientierter Ansatz zur Führungskräfteauswahl, in: Neubauer, R./Rosenstiel, L.v. (Hrsg), Handwörterbuch der Arbeitspsychologie, München, 122-158.

Nonaka, I. (1990), Management of Knowledge Creation: A Theory of Organizational Knowledge Creation, Tokio.

Nonaka, I. (1991), The Knowledge Creating Company, in: Harvard Business Review, November-December, 96-104.

Nonaka, I. (1992), Wie japanische Konzerne Wissen erzeugen, in: Harvard Manager Nr. 2, 95-103.

Nonaka, I. (1994), A Dynamic Theory of Organizational Knowledge Creation, in: Organization Science, Nr. 1, 14-37.

Nonaka, I./Johansson, J. (1985), Japanese Management: What about the „Hard Skills"?, in: Academy of Management Review, Nr. 10.

Nonaka, I./Konno, N./Tokuoka, K./Kawamura, T. (1992), Hypertext Organization for Accelerating Organizational Knowledge Creation, in: Diamond Harvard Business, August-September.

Nordsieck, F. (1961), Betriebsorganisation. Lehre und Technik, Stuttgart.

Nowotny, H./Schmutzer, M.E.A. (1974), Gesellschaftliches Lernen, Wissenserzeugung und die Dynamik von Kommunikationsstrukturen, Frankfurt und New York.

O'Reilly, C.A. (1980), The Intentional Distortion of Information in Organizational Communication: A Laboratory and Field Investigation, in: Katz, D./Kahn, R.L./Adams, J.S. (Hrsg.), The Study of Organizations, San Francisco u.a.

Ochsenbauer, C. (1989), Organisatorische Alternativen zur Hierarchie in Theorie und Praxis der betriebswirtschaftlichen Organisation, München.

Oerter, R. (1977), Psychologie des Denkens, 5. Aufl., Donauwörth.

Oerter, R. (1988), Wissen und Kultur, in: Mandl, H./Spada, H. (Hrsg.), 333-356.

Papert; S. (1988), Mindstorms: Children, Computers and Powerful Ideas, New York.

Parsons, T. (1965), An Outline of the Social System, in: Parsons, T./Shils E./Naegele, K.D./Pitts, J.R. (Hrsg.), Theory of Society, New York.

Pautzke, G. (1989), Die Evolution der organisatorischen Wissensbasis. Bausteine zu einer Theorie des organisatorischen Lernens, München.

Pawlow, I.P. (1953), Die gemeinsamen Typen der höheren Nerventätigkeit der Tiere und des Menschen, Sämtliche Werke Bd. 3, Berlin.

Pawlowsky, P. (1992), Betriebliche Qualifikationsstrategien und organisationales Lernen, in: Staehle, W./Conrad, P. (Hrsg.), Managementforschung 2, Berlin und New York, 177-238.

Pawlowsky, P. (1994), Wissensmanagement in der lernenden Organisation, Habilitationsschrift Gesamthochschule Paderborn.

Pawlowsky, P. (1995), Von betrieblicher Weiterbildung zum Wissensmanagement, in: Geißler, H. (Hrsg.), 435-456.

Pedler, M./Burgoyne, J./Boydell, T. (1994), Das lernende Unternehmen: Potentiale freilegen, Wettbewerbsvorteile sichern, Frankfurt und New York.

Perich, R. (1992), Unternehmungsdynamik: Zur Entwicklungsfähigkeit von Organisationen aus zeitlich-dynamischer Sicht, Bern u.a.

Petersen, J. (1994), Bildungstheoretische Aspekte des Organisationslernens - Auf dem Wege zur „gebildeten Unternehmung“, Dissertation Hamburg.

Pfeiffer, W. (1980), Innovationsmanagement als Know-how-Management, in: Hahn, D. (Hrsg.), Führungsprobleme industrieller Unternehmungen. Festschrift für Friedrich Thomeé zum 60. Geburtstag, Berlin und New York, 421-452.

Pinchot, G./Pinchot, E. (1993), The End of Bureaucracy & the Rise of the Intelligent Organization, San Francisco.

Polanyi, M. (1962), The Republic of Science, its Political and Economic Theory, Chicago.

Polanyi, M. (1966), The Tacit Dimension, New York.

Polanyi, M. (1985), Implizites Wissen, Frankfurt.

Porat, M.U./Rubin, M.R. (1977), The Information Economy, Washington.

Porter, L.W./Lawler, W./Hackman, J.R. (1975), Behavior in Organizations, New York.

Porter, M.E. (1986), Wettbewerbsvorteile, Frankfurt.

Prahalad, C.K./Hamel, G. (1990), The Core Competence of the Corporation, in: Harvard Business Review, May-June, 79-91.

Prahalad, C.K./Hamel, G. (1991), Nur Kernkompetenzen sichern das Überleben, in: Harvard Manager, Nr. 2, 66ff.

Preißler, H. (1995), Von Gräben und Brücken, Workshop-Unterlagen zur Tagung „Know-how flott machen“ des Gottlieb-Duttweiler-Instituts am 9./10.2.1995, Rüschlikon.

Probst, G. (1987), Selbstorganisation, Berlin.

Probst, G./Büchel, B. (1994), Organisationales Lernen: Wettbewerbsvorteil der Zukunft, Wiesbaden.

Probst, G./Büchel, B. (1994), Organisationales Lernen: Wettbewerbsvorteil der Zukunft, Wiesbaden.

Probst, G./Gomez, P. (1989, Hrsg.), Vernetztes Denken. Unternehmen ganzheitlich führen, Wiesbaden.

Probst, G./Gomez, P. (1991), Vernetztes Denken - Ganzheitliches Führen in der Praxis, 2. Aufl., Wiesbaden.

Probst, G./Naujoks, H. (1993), Autonomie und Lernen im entwicklungsorientierten Management, in: Zeitschrift für Organisation, Nr. 6, 368-374.

Probst, G./Tikart, J. (1994), Erfahrungen mit dem Organisationalen Lernen, in: Siegwart, H./Arnold, A./Kramer, M. (Hrsg.), Critical Choices, Tagungsband 24. Internationales Management-Gespräch an der Hochschule St. Gallen, 81-93.

Pucik, V. (1988), Strategic Alliances, Organizational Learning and Competitive Advantage: The Human Resource Agenda, in: Human Resource Management, Nr. 1, 77-93.

Pümpin, C. (1989), Das Dynamik-Prinzip: Zukunftsorientierungen für Unternehmer und Manager, Düsseldorf.

Pümpin, C./Imboden, C. (1991), Unternehmungs-Dynamik, in: Die Orientierung, Nr. 98, Zürich.

Puppe, F. (1990), Problemlösungsmethoden in Expertensystemen, Berlin u.a.

Putz-Osterloh, W. (1988), Wissen und Problemlösen, in: Mandl, H./Spanda, H. (Hrsg.), 247-263.

Putz-Osterloh, W. (1990), Problemlösen, in: Sarges, W. (Hrsg.), 193-199.

Quinn, J.B. (1992), Intelligent Enterprise, New York.

Quinn, J.B. (1994), Intelligente Unternehmen, in: gdi impuls, Nr.4, 48-54.

Rall, W. (1993), Flexible Formen internationaler Organisations-Netze, in: Schmalenbach-Gesellschaft - Deutsche Gesellschaft für Betriebswirtschaft e.V. (Hrsg.), Internationalisierung der Wirtschaft - Eine Herausforderung an Betriebswirtschaft und Unternehmenspraxis, Kongress-Dokumentation 46. Deutscher Betriebswirtschafter-Tag 1992, Stuttgart, 73-93.

Raven, B. (1965), Social Influence and Power, in: Steiner, I.D./Fishbein, M. (Hrsg.), Current Studies in Social Psychology, New York, 371-382.

Reinhardt, R. (1993), Das Modell Organisationaler Lernfähigkeit und die Gestaltung Lernfähiger Organisationen, Frankfurt u.a.

Revans, R.W. (1982, Hrsg.), The Origins and Growths of Action Learning, Chartwell-Bratt.

Revans, R.W. (1983), The ABC of Action Learning, Chartwell-Bratt.

Richta, R. (1977), The Scientific and Technological Revolution and the Prospects of Social Development, in: Dahrendorf, R. (Hrsg.), Scientific-Technological Revolution: Social Aspects, London, 25-72.

Rickson, R.E. (1976), Knowledge Management in Industrial Society and Environment Quality, in: Human Organization, Nr. 35, 239-251.

Rieker, J. (1994), Leise Wellen im Goldfischteich, in: Manager Magazin, Nr. 11, 242-246.

Riekmann, H./Sievers, B. (1978), Lernende Organisation - Organisiertes Lernen. Systemveränderung und Lernen in sozialen Organisationen, in: Bartölke, K./Kappler, E./Laske, S./Nieder, P. (Hrsg.), Arbeitsqualität in Organisationen, Wiesbaden, 259-276.

Rockart, J.F. (1979), Chief Executives Define Their Own Data, in: Harvard Business Review, Nr. 2, 81-93.

Rockart, J.F. (1989), Topmanager sollten ihren Datenbedarf selbst definieren, in: Harvard Manager (Hrsg.), Informations- und Datentechnik, Bd. 1, München, 9-22.

Roethlisberger, F.J./Dickson, W.J. (1939), Management and the Worker, Cambridge.

Rohpol, G. (1978), Bedürfnisforschung und soziotechnische Praxis. Ein vorläufiges Resümee, in: Moser:/Ropohl, G./Zimmerli, W. (Hrsg.), 111-133.

Rosenstiel, L.v. (1987), Grundlagen der Organisationspsychologie: Basiswissen und Anwendungshinweise, 2. Aufl., Stuttgart.

Rosenstiel, L.v. (1993), Die Arbeitsgruppe, in: Rosenstiel, L.v./Regnet, E./Domsch, M. (Hrsg.), Führung von Mitarbeitern: Handbuch für erfolgreiches Personalmanagement, 2. Aufl., Stuttgart, 311-329.

Rosenstiel, L.v./Molt, W./Rüttinger, B. (1986), Organisationspsychologie, 6. Aufl., Stuttgart.

Rosenstiel, L.v./Weinkamm, M. (1980, Hrsg.), Humanisierung der Arbeitswelt - Vergessene Verpflichtung?, Stuttgart.

Roventa, P. (1979), Portfolio-Analyse und Strategisches Management, München.

Rubin, M.R./Huber, M.T. (1986), The Knowledge Industry in the United States 1960-1980, Princeton.

Ryle, G. (1958), The Concept of Mind, London.

Sackmann, S. (1991), Cultural Knowledge in Organizations: Exploring the Collective Mind, Newbury Park.

Sackmann, S. (1992), Culture and Subcultures: An Analysis of Organizational Knowledge, in: Administrative Science Quarterly, Nr.37.

Sadler, P. (1988), Managerial Leadership in the Post-Industrial Society, Aldershot.

Sahlberg, M./Schüppel, J. (1995), Mozart und Madonna - Moderne und postmoderne Identitäten von Künstlern als Spiegel der Gesellschaft, in: Hickl, T. (Hrsg.), Mozart, Markt und Mythen, Salzburg.

Sandner, K. (1992), Prozesse der Macht: Zur Entstehung, Stabilisierung und Veränderung der Macht von Akteuren in Unternehmen, 2. Aufl., Heidelberg.

Sarges, W. (1990, Hrsg.), Managementdiagnostik, Göttingen.

Sarges, W. (1992), Veränderungen von Organisationsstrukturen und ihr Einfluß auf das Personalmanagement, in: Kienbaum, J. (Hrsg.), Visionäres Personalmanagement, Wiesbaden, 241-367.

Sattelberger, T. (1989), Personalentwicklung als strategischer Erfolgsfaktor, in: Sattelberger, T. (Hrsg.), Innovative Personalentwicklung. Grundlagen, Konzepte, Erfahrungen, Wiesbaden, 15-37

Sattelberger, T. (1991a, Hrsg.) Die lernende Organisation: Konzepte für eine neue Qualität der Unternehmensentwicklung, Wiesbaden.

Sattelberger, T. (1991b), Die lernende Organisation im Spannungsfeld von Strategie, Struktur und Kultur, in: Sattelberger, T. (Hrsg.), 11-55.

Sattelberger, T. (1993), unveröffentlichtes Transkript eines Interviews vom 1.9.1993, München.

Schein, E. (1984), Coming to a New Awareness of Corporate Culture, in: Sloan Management Review, Winter.

Schein, E.H. (1993), On Dialogue, Culture, and Organizational Learning, in: Organizational Dynamics, Autumn, 40-51.

Scheler, M. ([1926] 1960), Die Wissensformen und die Gesellschaft, Bern.

Scheler, M. (1924), Versuche zu einer Soziologie des Wissens, Sammelband des Forschungsinstitutes für Sozialwissenschaften Köln, München und Leipzig.

Schlote, S./Schweer, D. (1994), Interview mit Helmut Werner, in: Wirtschaftswoche, Nr. 10, 51-54.

Schmidt, J. (1993), Von "der Linie" zu Netzwerken - Design für einen ungeplanten "Sprung" in der Organisationsentwicklung, in: Organisationsentwicklung, Nr. 1, 40-51.

Schmidt, S.J. (1991, Hrsg.), Gedächtnis: Probleme und Perspektiven der interdisziplinären Gedächtnisforschung, Frankfurt.

Schneider, H.D. (1978), Sozialpsychologie der Machtbeziehungen, Stuttgart.

Schnotz, W. (1988), Textverstehen als Aufbau mentaler Modelle, in: Mandl, H./Spada, H. (Hrsg.), 299-330.

Scholz, C. (1993), Personalmanagement: Informationsorientierte und verhaltenstheoretische Grundlagen, 3. Aufl., München.

Schön, D.A. (1983), The Reflective Practitioner, New York.

Schönborn, C. (1988), Informationssuche und Informationsgewichtung im Kontext der Personalselektion, Dissertation Mannheim.

Schönpflug, W./Schönpflug, U. (1989), Psychologie: Allgemeine Psychologie und ihre Verzweigungen in die Entwicklungs-, Persönlichkeits- und Sozialpsychologie, 2. Aufl., München.

Schöpplein, L. (1995), Beschleunigung organisatorischer Lernprozesse in der Gruppenarbeit, in: Wildemann, H. (Hrsg.), 437-451.

Schreyögg, G. (1989), Zu den problematischen Konsequenzen starker Unternehmenskulturen, in: Zeitschrift für Betriebswirtschaftliche Forschung, Nr. 41, 93-113.

Schreyögg, G./Noss, C. (1994), Hat sich das Organisieren überlebt? Grundfragen der Unternehmenssteuerung in neuem Licht, in: Die Unternehmung, Nr. 1, 17-33.

Schuldt. R. (1994), Gruppenarbeit am Montageband, in: io Management Zeitschrift, Nr. 6, 37-41.

Schulz, D.H. (1977), Die Initiative zu Entscheidungen, Tübingen.

Schüppel, J. (1990), Bedürfnis, Beruf, Eigentum, Industrie. Begriffsgeschichtliche Studien im Rahmen einer Theorie evolutionsfähiger Organisationen, unveröffentlichte Diplomarbeit, München.

Schüppel, J. (1995a), Organsationslernen und Wissensmanagement, in: Geißler, H. (Hrsg.), 185-219.

Schüppel, J. (1995b), Vorsprung durch Wissensmanagement, in: Management & Seminar, Nr. 7-8, 6-7.

Schüppel, J. (1995c), Wissensmanagement, in: Süddeutsche Zeitung, Nr. 155, V1/11.

Schüppel, J. (1995d), Mitarbeiterbefragung zum MB-Erfolgsprogramm, unveröffentlichtes Arbeitspapier, St. Gallen.

Scott-Morgan, P. (1994), Die heimlichen Spielregeln. Die Macht der ungeschriebenen Gesetze im Unternehmen, Frankfurt.

Scribner, S. (1984), Denkweisen und Sprechweisen. Neue Überlegungen zu Kultur und Logik, in: Schöfthaler, T./Goldschmidt, D. (Hrsg.), Soziale Struktur und Vernunft, Frankfurt, 311-388.

Seemann, S./Stucky, S. (1995), Practical Management of Knowledge, Workshop-Unterlagen zur Tagung „Know-how flott machen" des Gottlieb-Duttweiler-Instituts am 9./10.2.1995, Rüschlikon.

Senge, P. (1990), The Fifth Discipline. The Art and Practice of the Learning Organization, New York.

Servatius, H.-G. (1990), Koordination internationaler strategischer Allianzen, in: Zeitschrift für betriebswirtschaftliche Forschung, Sonderheft 27, 49-66.

Shannon, C.E./Weaver, W. (1949), The Mathematical Theory of Communication, Urbana.

Shrivastava, P. (1983), A Typology of Organizational Learning Systems, in: Journal of Management Review, Vol. 20, 7-28.

Sigismund-Huff, A. (1990, Hrsg.), Mapping Strategic Thought, Chicester u.a.

Simon, H. (1991), Bounded Rationality and Organizational Learning, in: Organization Science, Nr. 2, 125-134.

Simon, H.A. (1953), Birth of an Organization: The Economic Cooperation Administration, in: Public Administration Review, Vol. 13, 97-213.

Simon, H.A. (1981), Entscheidungsverhalten in Organisationen, München.

Skinner, B.F. (1974), About Behaviorism, 2. Aufl., New York. (Deutsche Fassung: Was ist Behaviorismus?, Hamburg.)

Sloterdijk, P. (1989), Eurotaoismus: Zur Kritik der politischen Kinetik, Frankfurt.

Smith, A. (1986), Technology, Identity and the Information Machine, in: Daedalus Nr. 115, 155-169.

Smith, C.G. (1971), Conflict Resolution: Contribution of the Behavioral Sciences, London.

Sorg, S. (1982), Informationspathologien: Erkenntnisfortschritt in Organisationen, München.

Spickers, J. (1995), Unternehmenskauf und Organisation: Gestaltungs- und Erklärungsdimension eines ganzheitlich-systemorientierten Akquisitionsmanagements, Bern.

Spinner, H.F. (1973), Science without Reduction. A Criticism with Special Reference to Hummel and Opp's „Sociology without Sociology", in: Inquiry, Nr. 16, 16-94.

Spinner, H.F. (1994), Die Wissensordnung. Ein Leitkonzept für die dritte Grundordnung des Informationszeitalters, Opladen.

Spranger, E. (1930), Lebensformen, Halle.

Stadler, M./Seeger, F./Raeithel, A. (1975), Psychologie der Wahrnehmung, München.

Staehle, W. (1991), Redundanz, Slack und lose Kopplung in Organisationen: Eine Verschwendung von Ressourcen?, in: Staehle, W./Sydow, J. (Hrsg.), Managementforschung 1, Berlin und New York, 313-345.

Starbuck, W.H. (1990), Knowlegde Intensive Firms: Learning to Survive in Strange Environment, in: Lindmark, L. (Hrsg.), Kunskap som kritisk resurs, en artikelsamling om kunskapsföretag, Umea University, 10-20.

Stefanou, C. (1988), Wissensmanagement. Ein ganzheitlicher Ansatz des Informationsmanagements, unveröffentlichte Diplomarbeit, Stuttgart.

Stehr, N. (1994), Arbeit, Eigentum und Wissen: Zur Theorie von Wissensgesellschaften, Frankfurt.

Stehr, N./Böhme, G. (1986, Hrsg.), The Knowledge Society, Dordrecht.

Steinle, C. (1985), Organisation und Wandel: Konzepte - Mehr-Ebenen-Analyse (MEA) - Anwendungen, Berlin und New York.

Steinmann, H./Hennemann, C. (1992), Personalentwicklung und strategisches Management, Diskussionsbeitrag Nr. 67 des Lehrstuhles für Allgemeine Betriebswirtschaftslehre und Unternehmensführung der Universität Erlangen-Nürnberg.

Steinmann, H./Schreyögg, G. (1993), Management. Grundlagen der Unternehmensführung: Konzepte - Funktionen - Fallstudien, 3. Aufl., Wiesbaden.

Stewart, T.A. (1992), The Search for the Organization of Tomorrow, in: Fortune 18.5.1992, 92-98.

Stewart, T.A. (1994), Your Company's Most Valuable Asset: Intellectual Capital, in: Fortune 3.10.1994, 28-33.

Strasser, G. (1991), Zur Evolution von Unternehmungen, München 1991.

Strasser, G. (1993), Wissensmanagement: Forschungsprojekt zur Handhabung fundamentalen Wandels in großen Unternehmen, Diskussionsbeitrag Nr. 4 des Instituts für Betriebswirtschaft an der Hochschule St. Gallen, St. Gallen.

Strasser, G. (1994), Wandel, Lernen von Organisationen, Wissensmanagement: Zur Wirkung organisatorischen Wissens im Wandelprozeß, Diskussionsbeitrag Nr. 6 des Instituts für Betriebswirtschaft an der Hochschule St. Gallen.

Strasser, G. (1995), Handbuch zur Unternehmenskulturanalyse, unveröffentlichtes Arbeitspapier, St. Gallen.

Strombach, M.E. (1992), Personalentwicklung, Würzburg.

Sveiby, K.E./Lloyd, T. (1990), Das Management des Know-how: Führungs- und Beratungs-, Kreativ- und Wissensunternehmen, Frankfurt.

Sydow, J. (1991), Strategische Netzwerke in Japan, in: Zeitschrift für betriebswirtschaftliche Forschung, Nr. 3, 238-254.

Thom, N. (1991), Betriebliches Vorschlagswesen, ein Instrument der Betriebsführung: Empirische Erkenntnisse und Gestaltungsempfehlungen, 3. Aufl., Bern.

Thomas, R.R. (1991), Beyond Race and Gender: Unleashing the Power of Your Total Work Force by Managing Diversity, New York.

Thompson, J. (1967), Organizations in Action, New York.

Thorndike, E.L. (1913), The Psychology of Learning (Educational psychology Bd. 2), New York.

Thorndike, E.L. (1932), The Fundamentals of Learning, New York.

Thorsrud, E./Emery, F.E. (1964), Industrielt Demokrati, Oslo.

Tichy, N.M./Devanny, M.A. (1986), The Transformational Leader, New York.

Tietz, B. (1988), Franchising, in: Das Wirtschaftsstudium, Nr.17, 205-210.

Tikart, J. (1995), Qualität durch Mitarbeiterorientierung, in: Schwuchow, K./Gutmann, J. (Hrsg.), Jahrbuch Weiterbildung 1995, Düsseldorf, 40-44.

Toffler, A. (1970), Future Shock, New York.

Toffler, A. (1980), The Third Wave, New York.

Tolman, E.C. (1932), Purposive Behavior in Animals and Men, New York.

Tolman, E.C./Honzik, C.H. (1930), „Insight“ in Rats, in: University of California Publications in Psychology, Nr. 4, 215-232.

Triandis H.C. et al. (1980, Hrsg.), Handbook of Cross-Cultural Psychology, Boston.

Trux, W./Müller-Stewens, G./Kirsch, W. (1988), Das Management Strategischer Programme, 1. Halbband, 3. Aufl., München.

Türk, K. (1976), Grundlagen einer Pathologie der Organisation, Stuttgart.

Tushman, M.L./Newman, W.H./Romanelli, E. (1986), Convergence and Upheaval. Managing the Unsteady Pace of Organizational Evolution, in: California Management Review, Nr. 29, 29-44.

Tushman, M.L./Romanelli, E. (1985), Organizational Evolution: A Metamorphosis Model of Convergence and Reorientation, in: Cummings, L.L./Staw, B.M. (Hrsg.), Research in Organizational Behavior, 171-222.

Ulich, D. (1982) Das Gefühl: Eine Einführung in die Emotionspsychologie, München.

Ulrich, H. (1994), Reflexionen über Wandel und Management, in: Gomez, P./Hahn, D./Müller-Stewens, G./Wunderer, R. (Hrsg.), 5-29.

Ulrich, H./Probst, G. (1988), Anleitung zum ganzheitlichen Denken und Handeln, Bern.

Unesco (1990), Statistical Yearbook, United Nations Educational, Scientific and Cultural Organization, Paris.

Varela, F.J./Thompson, E./Rosch, E. (1991), Embodied Mind: Cognitive Science and Human Experience, Cambridge.

Viehöfer, U. (1992), Neue Führungsstruktur: Wer die Verlierer sind, in: Wirtschaftswoche, Nr. 26, 123.

Vilmar, F. (1973), Menschenwürde im Betrieb, Reinbek.

Von Krogh, G./Roos, J./Slocum, K. (1994), An Essay on Copotrate Epistemology, in: Strategic Management Journal, Vol. 15, 53-71.

Vroom, V.H. (1967), Work and Motivation, 3. Aufl., New York.

Wack, P. (1985a), Scenarios: Unchartered Water Ahead, in: Harvard Business Review, September-October.

Wack, P. (1985b), Scenarios: Shooting the Rapids, in: Harvard Business Review November-December.

Wacker, W. (1971), Betriebswirtschaftliche Informationstheorie, Opladen.

Walsh, J.P./Ungson, G.R. (1991), Organizational Memory, in: Academy of Management Review, Nr. 16, 57-91.

Walton, R. (1970), How to Choose between Strategies of Conflict and Collaboration, in: Golembiewski, R.T./Blumberg, H.H. (Hrsg.), Sensitivity Training and Laboratory Approach, Itasca.

Warnecke, G. (1988), Produktionsfaktor Wissen, in: Zeitschrift des Verbands der deutschen Ingenieure, Nr. 130, 12-16.

Warnecke, H.-J. (1992), Die fraktale Fabrik: Revolution der Unternehmenskultur, Berlin u.a.

Watzlawick, P. (1988), Die erfundene Wirklichkeit, München.

Weber, M. (1972), Wirtschaft und Gesellschaft. Grundriss der verstehenden Soziologie, 2 Halbbd., 5. Aufl., Tübingen.

Weick, K.E. (1969), The Social Psychology of Organizing, Reading.

Weidermann, P. (1983), Das Mangement des Organizational Slack, München.

Weinert, A. (1974), Einflüsse der Organisationsstruktur auf betrieblichen Streß, in: Industrielle Organisation, 493-498.

Welsch, W. (1988a), Unsere postmoderne Moderne, 2. Aufl., Weinheim.

Welsch, W. (1988b, Hrsg.), Wege aus der Moderne - Schlüsseltexte der Postmoderne-Diskussion, Weinheim.

Welsch, W. (1992), Identität im Übergang. Philosophische Überlegungen zur aktuellen Affinität von Kunst, Psychiatrie und Gesellschaft, in: Welsch, W. (Hrsg.), Ästhetisches Denken, Stuttgart, 168-200.

Wever, U. (1990), Unternehmenskultur in der Praxis: Erfahrungen eines Insiders bei 2 Spitzenunternehmen, 2. Aufl., Frankfurt und New York.

Wexley, K.N./Latham, G.P. (1994), Ressourcen in Organisationen, Stuttgart.

Widmer, S. (1980), Erfolg mit Lizenzen, Zürich.

Wikström, S./Norman, R. (1994), Knowledge and Value. A New Perspective on Corporate Transformation, London.

Wildemann, H. (1995, Hrsg.), Schnell lernende Unternehmen - Quantensprünge in der Wettbewerbsfähigkeit, München.

Wilensky, H.L. (1967), Organizational Intelligence - Knowledge and Policy in Government and Industry, New York und London.

Willke, H. (1993), Systemtheorie: Eine Einführung in die Grundprobleme der Theorie sozialer Systeme, 4. Aufl., Stuttgart und Jena.

Willke, H. (1994), Systemtheorie II: Interventionstheorie. Grundzüge einer Theorie der Intervention in komplexe Systeme, Stuttgart und Jena.

Willke, H. (1995), Anschluß gesucht: Die Wissensgesellschaft und ihre Unternehmen, Workshop-Unterlagen zur Tagung „Know-how flott machen" des Gottlieb-Duttweiler-Instituts am 9./10.2.1995, Rüschlikon.

Wittmann, W. (1959), Unternehmung und unvollkommene Information, Opladen.

Wittmann, W. (1977), Betriebswirtschaftslehre, in: Albers, W. (Hrsg.), Handwörterbuch der Wirtschaftswissenschaften, Bd. 1, Stuttgart u.a., 585-609.

Wittmann, W. (1979), Wissen in der Produktion, in: Kern, W. (Hrsg.), Handwörterbuch der Produktion, Stuttgart, 2261-2271.

Wolff, E.N./Baumol, W.J. (1989), Sources of Postwar Growth of Information Activity in the United States, in: Osberg, L./Wolff, E.N./Baumol, W.J. (Hrsg.), The Information Economy: The Implications of Unbalanced Growth, Halifax, 17-46.

Wolff, R. (1982), Der Prozeß des Organisierens: Zu einer Theorie des organisationalen Lernens, Spardorf.

Wolfsteiner, W. (1995), Das Management der Kernfähigkeiten: Ein ressourcenorientierter Strategie- und Strukturansatz, Dissertation St. Gallen.

Womack, J.P./Jones, D.T./Roos, D. (1990), The Machine that Changed the World, New York.

Womack, J.P./Jones, D.T./Roos, D. (1992), Die zweite Revolution in der Autoindustrie. Konsequenzen aus der weltweiten Studie des Massachussetts Institute of Technology, 7. Aufl., Frankfurt.

World Bank (1992), World Development Report 1992, Development and the Environment, New York.

Wunderer, R./Grunwald, R. (1980), Führungslehre, Bd 1: Grundlagen der Führung, Berlin und New York.

Yerkes, R.M./Dogson, J.D. (1908), The Relation of Strength of Stimulus to Rapidity of Habit Formation, in: Journal of Comparative Neurology and Psychology, Nr.18, 459-482.

Yuasa, Y. (1987), The Body: Toward an Eastern Mind-Body-Theory, New York.

Zand, D.E. (1969), Managing the Knowledge Organization, in: Drucker, P. (Hrsg.), Preparing Tomorrow's Business Leaders Today, Englewood Cliffs, 112-136.

Zbinden, W. (1995), Know-how-Transfer an der Schnittstelle Produktion/Entwicklung, in: Wildemann, H. (Hrsg.), 453-525.

Zelewski, S. (1986), Expertensysteme - Übersicht über Konzeptionen und betriebswirtschaftliche Anwendungsmöglichkeiten. Arbeitsbericht Nr. 17 des Seminars für Allgemeine Betriebswirtschaftslehre, Industriebetriebslehre und Produktionswirtschaft der Universität zu Köln.

Zelewski, S. (1989), Einsatz von Expertensystemen in den Unternehmen, Böblingen.

Zetkin, M./Schaldach, H. (1974, Hrsg.), Wörterbuch der Medizin, Bd. 3, Stuttgart.

Zucker, B./Schmitz, C. (1994), Knowledge Flow Management: Wissen nutzen statt verspielen, in: Gablers Magazin Nr. 11-12, 62-65.

Zucker, B./Schmitz, C. (1995), „Meinen Kopf kriegt ihr nicht...". Knowledge Flow Management - ein Hindernislauf?, Workshop-Unterlagen zur Tagung „Know-how flott machen" des Gottlieb-Duttweiler-Instituts am 9./10.2.1995, Rüschlikon.

Anhang 2

Verzeichnis der geführten Interviews

Herr Sattelberger	Deutsche Aerospace AG Zentrale Bildung München, 1.9.1993
Frau Boehm-Tettelbach	Deutsche Aerospace AG Zentrale Bildung München, 3.9.1993
Herr Maier	Deutsche Aerospace AG Zentrale Bildung München, 10.9.1993
Herr Fischer	Mercedes-Benz AG Unternehmensentwicklung- und kommunikation Stuttgart, 3.3.1994
Herr Lesser	Mercedes-Benz AG Unternehmensentwicklung- und kommunikation Stuttgart, 5.7.1994
Herr Brunner	Mercedes-Benz AG Unternehmensentwicklung- und kommunikation Stuttgart, 5.7.1994
Frau Dickes	Mercedes-Benz AG Unternehmensentwicklung- und kommunikation Stuttgart, 5.7.1994
Frau Schardt	Mercedes-Benz AG Unternehmensentwicklung- und kommunikation Stuttgart, 11.7.1994

Herr Coers	Mercedes-Benz AG Unternehmensentwicklung- und kommunikation Stuttgart, 19.7.1994
Herr Doll	Mercedes-Benz AG Unternehmensentwicklung- und kommunikation Stuttgart, 19.7.1994
Herr Willke	Universität Bielefeld Fakultät für Soziologie Rüschlikon, 8.2.1995
Frau Seemann	Hoffman LaRoche AG Knowledge Systems Basel, 13.3.1995

Verzeichnis der besuchten Workshops bei der Mercedes-Benz AG

Autorenforum V	„Strategische Konzentration und Lieferanten-integration“ Stuttgart, 6.6.1994
Autorenforum VI	„Überschaubarkeit und Unternehmertum“ Stuttgart, 21.6.1994
Autorenforum VII	„Risikominimierung in der Entwicklung“ Stuttgart, 27.6.1994
Autorenforum VIII	„Einfachheit durch Differenzierung“ Stuttgart, 4.7.1994

Verzeichnis der Vorarbeiten zur Erstellung des Fragebogens

3 Mitarbeiter des Bereichs XY, 1 Mitglied des Betriebsrats	Entwicklung des Fragebogens Stuttgart, August bis September 1994
8 Mitarbeiter des Bereichs XY	Pre-Test des Fragebogens Stuttgart, 29.11.1994

Fragebogen zum MB-Erfolgsprogramm

Hinweise zur Beantwortung des Fragebogens

Bitte beantworten Sie den Fragebogen ehrlich und spontan. Bei jeder Frage wird nach Ihrer eigenen, persönlichen Sicht gefragt.

Der Fragebogen umfaßt insgesamt fünf Fragenblöcke. Jeder Fragenblock beginnt mit einer neuen Seite. Die Beantwortung aller Fragen wird etwa **45 Minuten** dauern.

Im Fragebogen werden **zwei verschiedene Arten** von Fragen vorkommen: Offene und geschlossene Fragen.

Offene Fragen: Diese Fragen beantworten Sie bitte in **kurzen Sätzen** oder mit **Stichwörtern**. Sollte der vorgegebene Platz zur Beantwortung nicht ausreichen, können Sie unter Angabe der Fragenziffer auf der Rückseite weiterschreiben. Ein Beispiel:

1.4	Können Sie ein Beispiel nennen, bei dem Ihnen eine oder mehrere der Grundhaltungen zur Umsetzung von Veränderungen am eigenen Arbeitsplatz geholfen hat?

....

....

Geschlossene Fragen: Bitte kreuzen Sie jeweils das Antwortfeld an, das Ihrer Meinung nach am besten zutrifft. Ein Beispiel:

1.1	Wie stark haben Sie Ihr eigenes Verhalten im Zusammenhang mit dem MB-Erfolgsprogramm bereits verändert?	*stark verändert*	*zum Teil verändert*	*kaum verändert*	*überhaupt nicht verändert*

Den ausgefüllten Fragebogen senden Sie bitte bis spätestens **27. Januar 1995** mit dem beigelegten Antwort-Couvert zurück. An der Rücksendeadresse (XY, Hauspostcode XY) werden die Couverts gesammelt und an mich weitergeleitet. Die Couverts werden im Hause Mercedes-Benz nicht geöffnet. Die Befragung ist **anonym** und wird an der Hochschule St. Gallen ausgewertet. Rückschlüsse auf einzelne Mitarbeiter sind weder möglich noch gewollt.

Mit herzlichem Dank für Ihre Mitarbeit und freundlichen Grüßen

Dipl.-Kfm. Jürgen Schüppel

1. Mein eigener Verhaltens- und Arbeitsbereich

Gemeint ist, wie Sie Ihr eigenes Verhalten beurteilen und Ihre eigene Arbeit erleben.

1.1	Wie stark haben Sie Ihr eigenes Verhalten im Zusammenhang mit dem MB-Erfolgsprogramm bereits verändert?	*stark verändert*	*zum Teil verändert*	*kaum verändert*	*überhaupt nicht verändert*

1.2	Wenn Sie Ihr eigenes Verhalten verändert haben: Was sind die zwei wichtigsten Veränderungen?

(1)...

....

(2)...

....

1.3	Wie sehr helfen Ihnen die vier Grundhaltungen für die Umsetzung von Veränderungen an Ihrem eigenen Arbeitsplatz?	*helfen sehr*	*helfen ganz gut*	*helfen kaum*	*helfen überhaupt nicht*

1.4	Können Sie ein Beispiel nennen, bei dem Ihnen eine oder mehrere der Grundhaltungen zur Umsetzung von Veränderungen am eigenen Arbeitsplatz geholfen hat?

....

....

1.5	Im Sinne der vier Grundhaltungen habe ich schon vor Einführung des MB-Erfolgsprogrammes gehandelt.	*trifft zu*	*trifft nicht zu*

1.6	Wie stark treffen die folgenden Aussagen auf Ihr eigenes Verhalten, Ihre persönliche Arbeitssituation bzw. Ihre Meinung zu? Bitte beantworten Sie möglichst alle Statements.

	Aussage:	*trifft völlig zu*	*trifft weitgehend zu*	*trifft kaum zu*	*trifft überhaupt nicht zu*
1.6.1	Auf meiner eigenen Position kann ich nur wenig verändern.				
1.6.2	Ich versuche mein Verhalten zu verändern, aber meine alten Verhaltensweisen bleiben noch bestimmend.				
1.6.3	Wenn ich mein Verhalten verändere, muß ich auch Fehler machen dürfen. Das ist in meinem Bereich leider nicht möglich.				
1.6.4	Die Probleme in unserem Unternehmen waren nur konjunkturell bedingt, tiefgreifende Veränderungen sind deshalb nicht notwendig.				
1.6.5	Ich finde immer gute Argumente für die Beibehaltung meiner alten Verhaltensweisen.				
1.6.6	In meinem Bereich besteht kein Klima für Veränderungen.				
1.6.7	Mit dem MB-Erfolgsprogramm kann man ein so großes Unternehmen, wie die Mercedes-Benz AG, nicht mobilisieren.				
1.6.8	Neues ist nicht immer besser. Ich bleibe lieber bei meinen alten Erfolgsrezepten.				
1.6.9	Mein Vorgesetzter unterstützt die Umsetzung des MB-Erfolgsprogrammes überhaupt nicht.				

	Aussage:	*trifft völlig zu*	*trifft weit-gehend zu*	*trifft kaum zu*	*trifft überhaupt nicht zu*
1.6.10	Durch Reglementierungen und Vorschriften besteht wenig Freiraum für Verhaltensänderungen.				
1.6.11	Veränderungen empfinde ich als bedrohliche Situationen und suche deshalb nach Auswegen.				
1.6.12	Ich habe auf die wesentlichen Entscheidungen in meinem Bereich so wenig Einfluß, daß meine Veränderungsbeiträge niemals zum Tragen kommen werden.				
1.6.13	In meinem Bereich finden Veränderungen nur durch Krisendruck statt.				
1.6.14	Die Arbeitsbelastung ist wegen des Kapazitätsabbaus so verschärft worden, daß ich keine Zeit habe, über Verhaltensänderungen nachzudenken.				
1.6.15	Veränderungen erfordern sehr viel Energie, die ich lieber woanders einsetze.				
1.6.16	In meinem Bereich gibt es kein Feedback darüber, ob Verhaltensänderungen auch tatsächlich etwas bewirken.				
1.6.17	Vorschläge kommentiere ich oft mit Sätzen, wie „das ist doch nicht neu“, „das bringt doch nichts“ oder „bei uns ist die Situation anders“.				
1.6.18	In meinem Bereich komme ich am besten zurecht, wenn ich mich so verhalte, wie bisher.				
1.6.19	Durch eine Verhaltensänderung würde ich einen Machtverlust in meinem Bereich riskieren.				

	Aussage:	*trifft völlig zu*	*trifft weit-gehend zu*	*trifft kaum zu*	*trifft überhaupt nicht zu*
1.6.20	Ich kann bestimmte Verhaltensweisen nicht verändern, wenn die dafür notwendigen Mittel nicht vorhanden sind.				
1.6.21	Ich denke, daß unsere Führungskräfte von den Erfolgen der Vergangenheit verwöhnt sind und die heutige Realität als gar nicht so problematisch wahrnehmen.				
1.6.22	Ich werde mich hüten, im meinem Bereich mit eigenen Veränderungen vorzupreschen.				
1.6.23	Durch Programme wie das MB-Erfolgs-programm ändert sich doch nie etwas.				
1.6.24	Ich konzentriere mich lieber auf die Opti-mierung meiner eigentlichen Aufgaben, be-vor ich über Verhaltensänderungen nach-denke.				
1.6.25	Ohne äußeren Druck werde ich mein Ver-halten nicht ändern.				
1.6.26	Über Verhaltensänderungen im Rahmen des MB-Erfolgsprogrammes wurde ich nur un-zureichend informiert.				
1.6.27	In meinem Bereich werden Verhaltensände-rungen nicht honoriert.				
1.6.28	Ziel und Inhalt des MB-Erfolgsprogrammes kenn ich ganz gut, aber ich weiß nicht, wel-che Rolle mir in diesem Prozeß zufällt.				
1.6.29	Ich bemühe mich, den Anforderungen aus dem MB-Erfolgsprogramm gerecht zu wer-den, fühle mich diesen aber nicht in jedem Fall gewachsen.				
1.6.30	Für gemachte Fehler finde ich immer gute Ausreden.				

	Aussage:	*trifft völlig zu*	*trifft weit-gehend zu*	*trifft kaum zu*	*trifft überhaupt nicht zu*
1.6.31	Die Bewältigung von Veränderungen ist eigentlich nicht meine Aufgabe.				
1.6.32	Ich kann mich für viele neue Dinge begeistern, aber die Entscheidung, was ich mit Nachdruck verfolgen soll, fällt mir schwer.				
1.6.33	Für die Verhaltensänderungen brauche ich Programme wie das MB-Erfolgsprogramm nicht.				
1.6.34	Neue Ideen sind in unserem Bereich nur schwer durchzusetzen.				
1.6.35	Meine persönlichen Verhaltensweisen gehen meinen Arbeitgeber nichts an.				
1.6.36	Durch Programme wie das MB-Erfolgsprogramm kann ich persönlich nichts dazulernen.				
1.6.37	Selbst wenn ich mein Verhalten jetzt ändere, komme ich in meinem Bereich nicht weiter.				
1.6.38	Vergleichbare Programme wie das MB-Erfolgsprogramm hatten wir bei Mercedes-Benz schon zu oft.				

1.7	Was ist das größte Hindernis für Ihre eigene Verhaltensänderung im Zusammenhang mit dem MB-Erfolgsprogramm? Bitte beschreiben Sie kurz Ursache und Auswirkung des Hindernisses.

....

....

....

....

2. Die Zusammenarbeit mit Arbeitskollegen und anderen Bereichen.

Gemeint ist, wie Sie das Verhalten Ihrer Kollegen in Ihrem Bereich bzw. in anderen Bereichen beurteilen.

2.1	Wie stark hat sich das Verhalten Ihrer unmittelbaren Kollegen im Zusammenhang mit dem MB-Erfolgsprogramm verändert?	*stark verändert*	*zum Teil verändert*	*kaum verändert*	*überhaupt nicht verändert*

2.2	Wenn sich das Verhalten Ihrer Kollegen verändert hat: Was hat sich positiv oder negativ verändert?

Positiv:...

....

Negativ:...

....

2.3	Wie stark hat sich die übergreifende Zusammenarbeit mit anderen Bereichen der Mercedes-Benz AG im Zusammenhang mit dem MB-Erfolgsprogramm verändert	*stark verändert*	*zum Teil verändert*	*kaum verändert*	*überhaupt nicht verändert*

2.4	Wenn sich die Zusammenarbeit mit anderen Bereichen verändert hat: Was hat sich positiv oder negativ verändert?

Positiv:...

....

Negativ:...

....

3. Das Verhalten des direkten Vorgesetzten.

Gemeint ist, wie Sie das Verhalten Ihres direkten Vorgesetzten beurteilen.

3.1	Wie stark hat sich das Verhalten Ihres direkten Vorgesetzten im Zusammenhang mit dem MB-Erfolgsprogramm verändert?	*stark verändert*	*zum Teil verändert*	*kaum verändert*	*überhaupt nicht verändert*

3.2	Wenn sich das Verhalten Ihres unmittelbaren Vorgesetzten verändert hat: Was hat sich positiv oder negativ verändert?

Positiv:..

....

Negativ:..

....

3.3	Wie wichtig schätzen Sie die Vorbildfunktion Ihrer/Ihres direkten Vorgesetzen für das MB-Erfolgsprogramm ein?	*wichtig*	*unwichtig*

3.4	Wenn die Vorbildfunktion wichtig ist: Warum ist sie aus Ihrer Sicht wichtig?

....

....

....

....

....

4. Das Verhalten des Top-Managements.

Gemeint ist, wie Sie das Verhalten der oberen Führung (Vorstand, Direktoren) beurteilen.

4.1	Wie stark hat sich das Verhalten des Top-Managements im Zusammenhang mit dem MB-Erfolgsprogramm verändert?	*stark verändert*	*zum Teil verändert*	*kaum verändert*	*überhaupt nicht verändert*

4.2	Wenn sich das Verhalten des Top-Managements verändert hat: Was hat sich positiv oder negativ verändert?

Positiv:...

....

Negativ:...

....

4.3	Wie wichtig schätzen Sie die Vorbildfunktion des Top-Managements für das MB-Erfolgsprogramm ein?	*wichtig*	*unwichtig*

4.4	Wenn die Vorbildfunktion wichtig ist: Warum ist sie aus Ihrer Sicht wichtig?

....

....

....

....

....

5. Die Vorgehensweise im MB-Erfolgsprogramm.

Gemeint ist, wie Sie die Vorgehensweise des MB-Erfolgsprogrammes beurteilen.

5.1	Wie ist die Vorgehensweise des MB-Erfolgsprogrammes (Audit-Spinnen, Delta-Workshops, etc.) aus Ihrer Sicht geeignet, die notwendigen Veränderungen innerhalb der Mercedes-Benz AG herzustellen?	*sehr gut*	*gut*	*mäßig*	*schlecht*

5.2	Wie konsequent ist in Ihrem Bereich die Vorgehensweise des MB-Erfolgsprogramms durchgeführt worden?	*sehr konse-quent*	*weit-gehend konse-quent*	*eher inkonse-quent*	*inkonse-quent*

5.3	Wie viele konkrete Maßnahmen wurden im Rahmen MB-Erfolgsprogramm vereinbart?	*viele*	*einige*	*wenige*	*keine*

5.4	Wenn Maßnahmen vereinbart wurden: Wie stark treffen die vereinbarten Maßnahmen aus Ihrer Sicht die zugrundeliegenden Problemstellungen?	*treffen stark*	*treffen zum Teil*	*treffen kaum*	*treffen überhaupt nicht*

5.5	Wenn Maßnahmen vereinbart wurden: Wie konsequent wird die Umsetzung der vereinbarten Maßnahmen angegangen und sind erste Erfolge sichtbar? („den Worten folgen Taten")	*sehr konse-quent*	*weit-gehend konse-quent*	*eher inkonse-quent*	*inkonse-quent*

5.6	Bitte beschreiben Sie ein positives und/oder ein negatives Beispiel aus der bisherigen Umsetzung des MB-Erfolgsprogrammes.

Positiv:..

....

Negativ:...

....

5.7	Welche Kritikpunkte an der Vorgehensweise des MB-Erfolgsprogramm treffen aus Ihrer Sicht zu und welche nicht? (Bitte beantworten Sie möglichst alle Statements)

	Kritikpunkt:	*trifft zu*	*trifft nicht zu*
5.7.1	Die Sprache des MB-Erfolgsprogrammes ist nicht verständlich.		
5.7.2	Das MB-Erfolgsprogramm setzt nicht an den tatsächlichen Problemen meines Arbeitsalltags an.		
5.7.3	Das MB-Erfolgsprogramm setzt nicht an den tatsächlichen Problemen der Mercedes-Benz AG an.		
5.7.4	Auch durch das MB-Erfolgsprogramm werden die eigentlichen Probleme wieder einmal nicht angesprochen.		
5.7.5	Das MB-Erfolgsprogramm und die geforderten Veränderungen berücksichtigen die Vergangenheit und gegenwärtige Situation der Mercedes-Benz AG nicht ausreichend.		
5.7.6	Mit einem Programm wie dem MB-Erfolgsprogramm kann man Änderungswiderstände nicht umgehen.		
5.7.7	Die Grundhaltungen sind auf meine Arbeitssituation kaum übertragbar.		
5.7.8	Die Veränderungen im Rahmen des MB-Erfolgsprogrammes werden von Personen gefördert, die für die heutige Situation der Mercedes-Benz AG verantwortlich sind.		
5.7.9	Das MB-Erfolgsprogramm dient einigen Führungskräften nur zu deren eigenen Profilierung.		
5.7.10	Im Kommunikationsprozeß des MB-Erfolgsprogrammes herrscht letztlich wieder keine "ungeschminkte" Kommunikation.		
5.7.11	Die Umsetzungsbeauftragten für das MB-Erfolgsprogramm sind sich über ihre Rolle selbst nicht im klaren.		

	Kritikpunkt:	*trifft zu*	*trifft nicht zu*
5.7.12	Die Information über das MB-Erfolgsprogramm ist nicht ausreichend gewesen.		
5.7.13	Bei der Aufarbeitung der entdeckten Probleme fehlte eine professionelle interne Unterstützung (Vorgesetze, UEK, etc.).		
5.7.14	Bei der Aufarbeitung der entdeckten Probleme fehlte eine professionelle externe Unterstützung (Berater, etc.).		
5.7.15	Unter dem Etikett „MB-Erfolgsprogramm“ werden Veränderungen erfaßt, die schon lange vorher in Angriff genommen wurden.		

5.8	Gibt es aus Ihrer Sicht weitere Anregungen oder Kritikpunkte hinsichtlich des MB-Erfolgsprogrammes?

....

....

....

....

....

6. Statistische Angaben

Zum Schluß noch zwei Fragen für die Statistik.

6.1	Welcher Ebene gehören Sie an?	*E2/E3*	*E4*	*Sach-bearbeiter, Sekretä-rin,...*

6.2	In welchem Bereich arbeiten Sie?

- ☐ XY1
- ☐ XY2
- ☐ XY3
- ☐ XY4
- ☐ XY5
- ☐ XY6
- ☐ XY7